慎终如始,止于至善!

陆全荣

2020.7.28

A股上市公司并购重组与并购基金(2019)

重点问题及案例评析

陈金荣 / 著

图书在版编目（CIP）数据

A 股上市公司并购重组与并购基金 . 2019：重点问题及案例评析 / 陈金荣著 . —— 北京：华夏出版社有限公司，2020.8
ISBN 978-7-5080-9970-5

Ⅰ . ① A… Ⅱ . ①陈… Ⅲ . ①上市公司 – 企业兼并 – 研究 – 中国 Ⅳ . ① F279.246

中国版本图书馆 CIP 数据核字 (2020) 第 114333 号

A 股上市公司并购重组与并购基金（2019）：重点问题及案例评析

著　　者	陈金荣
策划编辑	张　平
责任编辑	曾　华　裘挹红
出版发行	华夏出版社有限公司
经　　销	新华书店
印　　刷	三河市少明印务有限公司
装　　订	三河市少明印务有限公司
版　　次	2020 年 8 月北京第 1 版 2020 年 8 月北京第 1 次印刷
开　　本	787mm×1092mm　1/16
印　　张	23.75
字　　数	474 千字
定　　价	89.00 元

华夏出版社有限公司　　地址：北京市东直门外香河园北里 4 号　邮编：100028
　　　　　　　　　　　网址：www.hxph.com.cn　　　电话：（010）64618981
若发现本版图书有印装质量问题，请与我社营销中心联系调换。

前　言

　　上市公司并购重组是企业外延式扩张的重要方式，也是产业转型升级的重要途径。随着我国经济的发展，企业并购重组规模越来越大，方式越来越多，跨境并购层出不穷。并购基金通过收购目标企业股权，获得对企业的影响力或控制权，对其重组来提升内在价值，再通过上市、出售等方式获得投资利润。并购基金投资是资本市场里投行、投资中的高端业务，在华尔街被誉为"皇冠上的明珠"。

　　本人对投行与并购业务一直保持着浓厚的兴趣并践行其中。20年前在中国人民银行研究生部（现清华大学五道口金融学院）就读时，本人的硕士论文就是围绕上市公司并购重组进行研究的。毕业后，本人作为保荐代表人长期在券商从事投资银行工作，负责了众多企业上市融资、资本运作项目。2016年创办宝鼎资本，主要从事并购基金投资及相关业务，成功为多家上市公司提供了并购及融资服务。从资本市场中介转为投资方，工作内容迥异，遇到的挑战与承受的压力完全不一样。

　　做好并购投资工作需要密切跟踪市场动态并针对性地做好专项研究。宝鼎资本虽小，仍设立了研究部。2019年度，本人在研究部的支持下基本上以每月2次的频率在内部分享会上讨论资本市场并购重组动态，分析代表性并购重组案例及特色并购基金相关情况。在此基础上，本人汇集历次分享会上的成果，重新梳理而成本书，希望能够抛砖引玉。需要说明的是，书中所呈现的观点只是一家之言，未必严谨；本书不是讲述如何进行并购的实操书，也不是学术著作，缺乏理论的深度与国际对比的广度；由于资本市场瞬息万变，监管部门的规章制度不断推陈出新，本书一些数据统计（除非另有说明，本书数据均源于Wind、上市公司年报及信息披露平台）可能存在不完整甚至遗漏的情形，请读者明鉴。

毋庸讳言，并购基金在中国资本市场发挥着重要作用，但相比欧美市场还存在相当差距。在当前环境下，国内基金募资难的现状短期难以改变，被投企业普遍面临业绩下滑的压力，并购退出难度加大，并购基金的生存环境整体偏严峻。本人认为，一个成功的并购基金投资案例，应该在资产价值提升的基础上，叠加财务杠杆、市场套利（享受 A 股市场的溢价）等综合要素。资产价值的提升作为并购基金未来收益的主要来源，需要基金对并购标的精心选择、成功赋能后抓住时机精准退出。实现这个目标，既考验投资管理团队的专业能力与资源禀赋，也需要资本市场改革以及更宽松融资环境的支持。此外，随着行业的整合，在可见的未来，并购基金的市场参与者会减少，并购交易数量也会有所下降，但国资背景及（或）少数头部的基金管理人会继续活跃，并购交易金额仍会保持较高水平。与此同时，富有特色的并购基金管理人仍将在国内资本市场占有一席之地。

成立刚满 4 年的宝鼎资本，虽然享受过成功的喜悦，但目前依然弱小。未来的路还很长，宝鼎资本将继续对优秀同行保持敬佩与学习之心，努力发现价值、创造价值，期望未来以富有特色的成功案例和优厚的收益来回馈投资人。宝鼎资本有信心以专业水准和特色服务在中国并购市场占有一席之地。

创业维艰！未来我们将持续保持"市场虐我千百遍，我待市场如初恋"的工作热情，为了理想痛并快乐着，不忘初心，砥砺前行！

陈金荣

2020.06.15

目　录

第一章　2019年上市公司并购重组、审核及监管情况 ………………… 1
一、2019年A股上市公司并购重组基本情况 ……………………… 1
二、2019年并购重组项目的审核情况 ……………………………… 8
三、并购重组监管演变及趋势 ……………………………………… 13
四、并购重组市场中介机构服务情况 ……………………………… 23
附件1：2019年并购重组委无条件通过重组项目情况一览表 …… 30
附件2：2019年并购重组委附条件通过重组项目情况一览表 …… 33
附件3：2019年并购重组委未通过重组项目情况一览表 ………… 47
附件4：2019年并购项目配套融资情况一览表 …………………… 52
附件5：2019年过会项目股价涨跌情况一览表 …………………… 54

第二章　2019年上市公司并购重组被否案例解析 ……………………… 59
一、第一次被否、第二次过会的重组项目情况 …………………… 59
二、部分被否案例的解析 …………………………………………… 72

第三章　我国并购基金及2019年参与上市公司并购重组分析 ………… 91
一、并购基金的定义和溯源 ………………………………………… 91
二、国内并购基金主要模式及与境外基金之区别 ………………… 95
三、并购基金的主要融资模式与国内资管新规的影响 …………… 101
四、2019年国内并购基金的基本情况 ……………………………… 105

第四章　上市公司控股权转让的新情况与新特点 ……………………… 117
一、2019年度A股上市公司控股权转让概览 ……………………… 117
二、2019年上市公司控股权转让的新特征 ………………………… 121
附件1：2019年A股上市公司控股权转让一览表 ………………… 133
附件2：2019年A股上市公司控股权转让后股价表现一览表 …… 140

第五章　纾困与产业整合背景下的国资收购上市公司 ································· 145

一、国资 2019 年收购上市公司控股权的特点 ································· 145
二、纾困并购中的国资主体情况及业绩承诺安排 ································· 148
三、国资收购上市公司的代表性案例 ································· 153
附件 1：2019 年政府纾困并购民营上市公司股价涨跌情况一览表 ································· 172
附件 2：2019 年政府纾困收购民营上市公司情况一览表 ································· 174

第六章　境内PE机构和并购基金收购上市公司控股权 ································· 179

一、东方富海在 A 股市场的三次资本运作 ································· 179
二、近 5 年境内 PE 机构并购 A 股上市公司的统计分析 ································· 181
三、PE 机构和并购基金控股收购上市公司的机遇与挑战 ································· 187
四、他山之石：黑石对塞拉尼斯的并购、整合及退出 ································· 189
五、推进 PE 机构通过并购基金更好地服务于实体经济的政策建议 ································· 191

第七章　借壳上市政策、市场情况及案例解析 ································· 193

一、借壳上市政策及市场综述 ································· 193
二、爱旭科技借壳上海新梅：并购基金出让上市公司控制权 ································· 199
三、居然新零售借壳武汉中商：民企借壳国企，协同效应显著 ································· 207
四、罗欣药业借壳东音股份：港股创业板公司私有化回归 A 股 ································· 219
五、协鑫智慧能源借壳霞客环保：港股光伏公司拆分回归 A 股 ································· 234

第八章　上市公司对赌与支付的2.0时代 ································· 247

一、上市公司并购重组中对赌的要求及基本情况 ································· 247
二、定向可转债用于支付并购价款和募集配套资金 ································· 253
三、2019 年上市公司并购重组中对赌与支付案例评析 ································· 266
附件：2019 年上市公司并购重组采用资产评估方法及对赌情况一览表 ································· 282

第九章　上市公司跨境并购与并购基金过桥收购 ································· 285

一、跨境并购市场综述 ································· 285
二、2019 年跨境并购情况分析 ································· 288
三、跨境并购面临的国内监管审核 ································· 291
四、境外并购标的所在国审查机构及审查要求 ································· 298
五、上市公司发股收购境外标的：上海莱士跨境并购西班牙 GDS ································· 306

第十章　韦尔股份：接力产业并购基金跨境收购美国豪威 ························311
一、交易背景 ····················311
二、并购基金、私有化及股权结构调整 ····················312
三、上市公司发行股份收购豪威科技 ····················318
四、案例评析 ····················322

第十一章　汤臣倍健：通过"上市公司+PE"基金模式过桥收购澳洲LSG ·······327
一、交易背景 ····················327
二、"上市公司+PE"基金模式组建SPV完成跨境并购 ····················329
三、上市公司发行股份购买汤臣佰盛46.67%的股权 ····················334
四、案例评析 ····················335

第十二章　继峰股份：通过"大股东+PE"基金模式过桥要约收购格拉默 ·······345
一、交易背景 ····················345
二、组建并购基金，通过增持、要约收购成为标的公司大股东 ····················348
三、上市公司调整方案，以"股票+可转债+现金"方式收购标的公司 ····················357
四、案例评析 ····················358

后记 ····················367

第一章

2019年上市公司并购重组、审核及监管情况

一、2019年A股上市公司并购重组基本情况

上市公司并购重组是企业通过外延式扩张实现迅速发展壮大的重要方式，是产业转型升级的重要途径。随着我国经济的发展，A股市场并购重组规模越来越大、方式越来越多，服务的中介机构也在快速成长，政策监管也随之适时调整并完善。总体而言，经历了从热转冷的周期演变，2019年A股并购重组市场进一步降温，呈现了新的特点。

（一）并购重组项目分类情况

本章的统计口径为2019年全年经证监会并购重组审核委员会（简称"并购重组委"）审核的126单并购重组项目，涉及118家A股上市公司，其中103家上市公司获得核准通过（见附件1、附件2），另有15家上市公司未能通过审核（见附件3），全部项目的过会率为87.29%。

1. 按照交易所板块统计

上交所过会率为91.11%，为全部板块中最高。深交所整体过会率为84.93%，其中中小板过会率最高，达到86.21%，其次为深交所主板，为85.71%。过会率最低的是创业板，为83.33%。（见表1-1）

表1-1 2019年上会并购重组所属交易所板块

单位：单

项目	上交所	深交所主板	深交所中小板	深交所创业板	合计
无条件过会	14	3	6	11	34

续表

项目	上交所	深交所主板	深交所中小板	深交所创业板	合计
附条件过会	27	9	19	14	69
未过会	4	2	4	5	15
合计	45	14	29	30	118

资料来源：证监会官网。

2. 按照交易目的分类

按照交易目的分类，并购重组项目可分为外延扩张、整体上市和借壳上市三类。

外延扩张：上市公司收购与控股股东无关联关系的第三方资产，根据标的资产行业的关联性，可细分为横向收购、纵向收购以及以多元化为目的的跨界收购。

整体上市：上市公司控股股东或关联人将自身资产注入所控制的上市公司，提高实际控制人权益比例，且上市公司实际控制权不发生变动。

借壳上市：取得上市公司控制权并注入资产进而改变上市公司主营业务。形式上表现为上市公司对外收购资产，本质上是以上市公司作为并购重组对象的反向收购，目的是标的公司获得上市资格。

2019年A股通过证监会审核的并购交易中，外延扩张和整体上市类型的交易均为47单，占比45%，借壳上市占比约10%。与往年相比，整体上市交易占比明显提高，这是由于2017年及以前年度"三高"（高估值、高商誉、高业绩）型外延扩张并购的风险在2018—2019年度集中暴露。受此影响，上市公司在2019年的并购重组大幅下降，当年跨界并购交易仅有通产丽星（002243.SZ）收购力合科创和河池化工（000953.SZ）收购南松医药2个案例。其中，通产丽星是在继续保持原有高端化妆品塑料包装业务的基础上，跨界提升科技创新服务业务的竞争优势和盈利能力；河池化工是在大股东遭遇破产重组的同时，由原来传统的大化工产业向医药中间体等精细化工产业发展延伸，通过南松医药从事医药中间体的研发、生产与销售业务，实现主营业务的转型升级。具体情况见表1-2。

表1-2 2019年上会并购重组交易类型

单位：单

项目	外延扩张	整体上市	借壳上市	合计
无条件过会	19	13	2	34
附条件过会	28	34	7	69
未过会	6	8	1	15
合计	53	55	10	118

资料来源：证监会官网。

3．所涉行业的统计分析

按照证监会行业一级分类，2019年并购重组委审核的上市公司所处行业及过会情况见表1-3。

表1-3　2019年上会项目证监会行业划分及统计

行业分类	无条件过会（单）	附条件过会（单）	未过会（单）	过会率（%）	总计（单）
制造业	22	48	9	88.61	79
电力、热力、燃气及水生产和供应业	2	4	2	75.00	8
信息传输、软件和信息技术服务业	1	4	1	83.33	6
房地产业	1	3	1	80.00	5
建筑业	2	1	1	75.00	4
批发和零售业	1	3	0	100.00	4
采矿业	2	1	0	100.00	3
交通运输、仓储和邮政业	1	1	0	100.00	2
金融业	1	1	0	100.00	2
科学研究和技术服务业	0	2	0	100.00	2
文化、体育和娱乐业	0	1	1	50.00	2
水利、环境和公共设施管理业	1	0	0	100.00	1
总计	34	69	15	87.29	118

资料来源：证监会官网。

统计结果显示，2019年上会审核的项目中，制造业上市公司数量最多，达到79家，过会70家，过会率88.61%，与整体过会率相当。文化、体育和娱乐业上市公司并购项目上会2家，1家附条件过会，50%的过会率在统计中列为最低。

按照中信证券一级行业分类，2019年度申请重组审核的上市公司所处行业及过会情况见表1-4。

从表1-4可知，周期性行业和传统行业如有色金属、医药、建筑、通信、钢铁、汽车、轻工制造、非银行金融、交通运输、商贸零售、食品饮料、家电、农林牧渔、消费者服务及综合行业过会率均较高，仅有电力及公用事业行业过会率较低，过会率最低的行业为传媒和纺织服装。

电子行业上市公司被否交易数量最多，有3单交易未能过会，分别为欧比特（300053.SZ）收购佰信蓝图与浙江合信、海洋王（002724.SZ）收购明之辉，以及万魔声学借壳共达电声（002655.SZ）的交易。

表 1-4 2019 年上会项目中信行业划分及统计

行业分类	无条件过会（单）	附条件过会（单）	未过会（单）	过会率（%）	总计（单）
基础化工	5	10	2	88.24	17
电子	3	6	3	75.00	12
机械	4	5	2	81.82	11
电力及公用事业	2	3	2	71.43	7
电力设备及新能源	1	5	1	85.71	7
房地产	1	5	1	85.71	7
计算机	1	4	1	83.33	6
有色金属	2	4	0	100.00	6
国防军工	1	3	1	80.00	5
医药	0	5	0	100.00	5
建筑	2	2	0	100.00	4
通信	2	2	0	100.00	4
传媒	0	2	1	66.67	3
纺织服装	2	0	1	66.67	3
钢铁	1	2	0	100.00	3
汽车	2	1	0	100.00	3
轻工制造	1	2	0	100.00	3
非银行金融	1	1	0	100.00	2
交通运输	1	1	0	100.00	2
商贸零售	0	2	0	100.00	2
食品饮料	0	2	0	100.00	2
家电	1	0	0	100.00	1
农林牧渔	0	1	0	100.00	1
消费者服务	1	0	0	100.00	1
综合	0	1	0	100.00	1
总计	34	69	15	87.29	118

资料来源：证监会官网。

4．公司所有权性质分析

从上市公司所有权性质来看，过会项目中国有企业占比为 40.78%，与未过会项目中的国有企业占比 40.00% 相当，故重组过会率与企业所有权性质无关。（见表 1-5）

表 1-5 2019 年上会并购重组项目企业性质统计

项目	国有企业（单）	国有占比（%）	民营企业（单）	民营占比（%）	合计（单）
无条件过会	12	35.29	22	64.71	34
附条件过会	30	43.48	39	56.52	69
过会项目合计	42	40.78	61	59.22	103
未过会	6	40.00	9	60.00	15

资料来源：证监会官网。

（二）重大资产重组涉及配套融资统计

在全年 103 单过会的并购重组项目中，总计 58 单进行了配套融资，占比 56.31%；募资金额 561.01 亿元，占 58 单项目交易总金额 2,113.36 亿元的 26.55%。具体统计情况见本章附件 4。上市公司在并购重组项目中配套融资的募投方向有三类：一是支付交易的现金部分对价和相关税费，二是投入标的资产在建项目建设，三是补充上市公司流动资金。

在发行种类上，新劲刚（300629.SZ）收购宽普科技的交易首开发行可转债募集配套资金先河，全年共有 8 单交易明确以发行可转债，或者以发行股份结合可转债方式进行配套融资，以可转债进行配套融资的总额为 36.96 亿元，占总融资额的 6.59%。在股市波动风险较高的时期，以发行可转债进行再融资对投资者具有吸引力。

从融资额度上看，《〈上市公司重大资产重组管理办法〉第十四条、第四十四条的适用意见——证券期货法律适用意见第 12 号》（2019 年 10 月 18 日）规定：上市公司发行股份购买资产同时募集配套资金，所配套资金比例不超过拟购买资产交易价格 100% 的，一并由并购重组委予以审核；超过 100% 的，一并由发行审核委员会（简称"发审委"）予以审核。从实践上看，截至目前，A 股上市公司在并购中尚未出现过配套融资比例超过拟购买资产交易价格 100% 的情况，主要为避免出现跨部门审批。能在并购重组委一次性核准的项目，如果增加发审委审核环节，除了延长审核周期外，还会降低过会概率。

另外，在证监会审核中，部分上市公司由于在配套融资方案中所披露的募投项目的可行性和必要性不足，可能被要求取消募集配套资金。如沃施股份（300483.SZ）在 2018 年收购中海沃邦的项目中，因为前次募集资金未使用完毕，且使用进度和效果与披露情况不一致，所以被否决，在 2019 年取消配套融资方案后才得以重新过会。

（三）并购重组上市公司的股价表现

并购重组项目过会的 103 家上市公司，全年股价上涨的有 81 家，占总量的

78.64%，股价下跌的有 22 家，具体统计数据详见本章附件 5。考虑到沪深 300 指数在 2019 年上涨了 35.78%，这 103 家上市公司仅有 36 家跑赢了沪深 300 指数，占比 34.95%，大致而言，并购重组题材整体跑输了 A 股大市。2019 年，部分上市公司并购重组在公告或者获得审批时股价即大幅下跌。2018 年年报披露时大量上市公司因以前年度并购形成的商誉而集中暴雷，令投资者对 A 股并购重组有了更理性的认识。市场投资逻辑从"炒概念"向"产业逻辑""价值投资"方向回归，并购重组概念和"炒壳"等行为不再轻易被追捧。

1．半导体公司重组后涨幅居前

涨幅靠前的 4 家公司分别为韦尔股份（603501.SH，全年涨幅 389.56%）、北京君正（300223.SZ，全年涨幅 378.05%）、闻泰科技（600745.SH，全年涨幅 337.77%）和兆易创新（603986.SH，全年涨幅 229.97%），这 4 家公司全年涨幅排在 A 股全市场第一、第三、第四和第六，且均为半导体行业的企业。除这 4 家公司外，处于半导体产业链上的晶锐股份、华铭智能和中京电子涨幅也分别达到 140.12%、69.34% 和 63.70%，大幅跑赢市场指数。根据 Wind 指数数据，Wind 半导体指数（886063.WI）2019 年全年涨幅 66.11%，位列全部 67 个一级行业之榜首。2019 年，由于中美贸易战中中兴通信被美制裁、华为遭遇芯片断供等事件的影响，同时受到 5G 驱动的通信基建、数据中心景气度的提升共振，以芯片工业为首的半导体行业成为 2019 年 A 股最耀眼的明星。在业绩和行业景气度的双加持下，2019 年上述公司的股价大幅上涨，这是产业并购逻辑在 A 股市场的有效印证。

2．新兴产业公司借壳上市仍受投资者追捧

全年完成的 9 单借壳上市交易中，有 4 单属于战略新兴产业公司借壳传统行业，其全年股价表现超过了市场平均水平。其中，山东罗欣药业借壳东音股份（002793.SZ），帮助上市公司从传统业务向仿制药和化学创新药行业转型，全年股价涨幅达到 130.55%；天下秀借壳 ST 慧球（600556.SH），助力业务几乎空心化的上市公司向互联网大数据、新媒体营销服务行业转型，全年股价涨幅达到 95.18%；爱旭科技借壳 ST 新梅（600732.SH），实现了向光伏行业晶硅太阳能电池研发和生产的转型，全年股价涨幅达到 72.35%；居然新零售借壳武汉中商（000785.SZ），实现了向泛家居建材销售的转型，并跻身阿里新零售生态链企业，成为国内新零售实践的引领企业，全年股价涨幅达到 52.53%。此外，还有其他 5 单借壳交易，由于借壳资产本身处于传统行业或产能较为饱和的行业，借壳完成后成长性不足，公司股价未受到投资者追捧。

3．产业并购获市场认可

绝大部分股价涨幅较大的上市公司，包括前述4家半导体上市公司在内，其并购交易均属于产业逻辑清晰、协同效应明显的产业型并购，其中：

（a）岷江水电（600131.SH）收购国网信息资产。通过交易，大股东向上市公司注入科技创新或新兴产业资产，置出原有水力发电资产，完成从传统能源行业向通信网络建设和增值电信服务行业的转型。公司股价全年涨幅达到226.03%。

（b）中航善达（001914.SZ）收购招商物业，打造央企物业管理旗舰企业。交易后上市公司管理面积达到1.49亿平方米，较重组前增长1倍，且可结合各自在住宅和商业办公类业务中的优势，进一步巩固一体化服务商的定位。2019年全年涨幅达到179.01%。

（c）大冶特钢（000708.SZ）收购兴澄特钢。本次交易为中信集团内部特钢产业的整体上市。交易完成后，上市公司成为全球范围内规模最大、品类最全的专业化特钢生产企业，并能发挥统一供应链管理的优势，减少关联交易。重组完成后，2019年公司净利润预增920%—978%。2019年全年涨幅达到177.50%。

（d）赛腾股份（603283.SH）收购菱欧科技。赛腾股份在重组前主要从事自动化设备的研发生产，针对的主要领域是消费电子行业；菱欧科技则深耕汽车零部件和锂电池行业的自动化设备。通过本次并购，赛腾股份将产品领域拓展至汽车及新能源领域，跻身索尼、日产等国际客户的核心供应商。2019年全年涨幅达到79.05%。

（e）博威合金（601137.SH）收购博德高科。本次收购为上市公司收购母公司博威集团旗下的细密丝产品线。本次重组前，上市公司主营业务以高性能有色合金棒线板带等新材料为主。重组完成后，公司主营产品将广泛应用于精密模具、汽车制造、工业机器人、航空航天等领域，大幅提升了未来市场空间和发展前景。2019年全年涨幅达到66.65%。

4．二级市场没有认可的并购项目共性

2019年成功进行并购重组的A股上市公司中，22家全年股价涨幅为负，原因不一：一部分是由于自身所处行业的外部环境不景气（如万达电影），一部分是上市经过炒作后自然下跌的次新股（如汉嘉设计），还有一部分是由于并购重组项目本身市场前景有限或标的公司业绩体量有限，无法有效增厚上市公司业绩（如大烨智能、南纺股份）。此外，还有一部分上市公司自身财务表现不佳，收购并不能扭转业绩下滑的趋势（如蓝黛传动）。这些因素导致并购后其股价未能得到二级市场的认可。

二、2019 年并购重组项目的审核情况

(一) 并购重组审核概览

并购重组委 2019 年及近 5 年审核过会数据统计见表 1-6 和表 1-7。

表 1-6 2015—2019 年并购重组委审核数据

项目	2019 年	2018 年	2017 年	2016 年	2015 年
召开重组会议（次）	74	72	78	103	113
上会项目数（单）	118	140	173	275	361
其中：无条件通过（单）	34	69	97	130	194
有条件通过（单）	69	54	64	121	145
未通过（单）	15	17	12	24	22
过会率（%）	87.29	87.86	93.06	91.27	93.91

资料来源：证监会官网。

表 1-7 2019 年并购重组审批时间统计

分类	具体情况	项目数（单）	平均审批时间（天）
全部过会项目	—	103	87
是否附条件	无条件过会	34	68
	附条件过会	69	97
上会次数	一次性过会	97	77
	二次过会①	6	256
并购目的	外延扩张	48	90
	整体上市	46	78
	借壳上市	9	119
是否配套融资（不含借壳）	有配套融资	36	87
	无配套融资	58	82

资料来源：证监会官网。

注：二次过会项目用时的计算方法为：从证监会第一次受理日期算起，到第二次上会过会截止，包含中间经历一次否决并修订方案重新申报的时间。

并购重组委在 2019 年全年召开了 74 次会议，累计上会审核 124 个并购重组项目，涉及 A 股上市公司 118 家①。总体来看，自 2015 年以来，并购重组上会项目数量持续下降，与此相应，过会率和无条件通过率均呈明显的下降趋势。2019 年上

---

① 有 6 个上市公司重组并购项目为二次上会，实际审核项目为 118 个。

会项目较 2018 年减少 15.71%，过会率与 2018 年持平，较往年 90% 以上的通过率下降明显。无条件通过率从 2017 年的 56.07% 下降至 2019 年的 28.81%，审核趋严。

从审核时间上看，103 单过会项目从证监会受理到过会平均用时 87 天，其中 97 单一次性过会项目的平均审核时间为 77 天，6 单二次过会项目的平均审核时间为 256 天。另外，9 单借壳上市项目的平均审核时间为 119 天。近年来，随着大幅取消和简化行政许可，90% 以上的 A 股并购重组交易已无须证监会审核，仅有发行股份购买资产、重组上市和吸收合并三类并购重组交易（含配套融资）须在证监会层面审核，其他不涉及这三类情况的交易的权限均下放给了交易所，在有效激发市场活力的同时也进一步压缩了证监会的审核时间。

2019 年共有 6 单交易符合证监会"小额快速"的审核条件，在受理材料后 15 天内即完成了审批，具体情况见表 1-8。

表 1-8　2019 年适用"小额快速"审核条件的并购项目

序号	上市公司	并购项目	募集配套资金（万元）	审核时间（天）
1	鼎龙股份	北海绩迅 59% 股权	—	7
2	亨通光电	华为海洋 51% 股权	—	8
3	宜昌交运	九凤谷 100% 股权	0.42	10
4	天瑞仪器	磐合科仪 37.03% 股权	0.42	12
5	朗姿股份	朗姿医疗 41.19% 股权	0.50	14
6	纳尔股份	墨库图文 34.33% 股权	0.50	15

资料来源：证监会官网。

（二）并购重组委审核结果分类及分析

1. 无条件通过重组项目基本情况

2019 年，共有 34 家上市公司的重大资产重组项目经并购重组委审核无条件通过。其中 12 家为国有企业，22 家为民营企业，国有企业占比达到 35%。全部 34 单并购交易总规模为 1,001.86 亿元，占 34 家上市公司市值[1] 8,590.39 亿元的 10.56%。除去美的集团、中国中铁和中信证券 3 家高市值公司后，这一比例为 23.36%，明显低于附条件通过项目和未通过项目的比例。重组方案中安排了配套融资的项目有 19 单，占全部项目的 56%；融资金额总计 105.82 亿元，占这 19 单项目总规模 381.72 亿元的 28%。

---

[1] 以全部上市公司 2019 年 1 月 1 日市值进行统计，下同。

2. 附条件通过的项目的情况

2019年并购重组委审核的附条件通过的重组项目共计69个，涉及69家公司。69家公司中有30家为国有企业，39家为民营企业，国有企业占比达到43%。全部69单并购交易总规模为3,605.80亿元，占69家上市公司总市值6,427.02亿元的56.10%。方案中安排了配套融资交易的有39单，占全部交易的57%；融资金额总计455.19亿元，占39单交易总规模1,731.64亿元的26%。证监会在审核意见中出现次数较多的9类条件内容见表1-9。

表1-9 证监会审核通过所附条件归纳

序号	所附条件内容及例证	出现（次）
1	**持续盈利能力和业绩承诺可实现性问题** 如对国农科技（000004.SZ）收购智游网安100%股权项目的审核意见：请申请人结合标的资产的核心技术、研发投入、客户开拓能力以及行业特点等情况，补充披露标的资产高毛利率和高销售净利率的合理性，以及业绩高增长的可持续性。	17
2	**资产评估过程及结果的合理性问题** 如对盛屯矿业（600711.SH）收购四环锌锗97.22%股权项目的审核意见：请申请人进一步补充说明标的资产收益现值法（简称"收益法"）评估中资本性支出和非经营性资产界定的合理性、口径一致性及其对评估结果的影响。	8
3	**关联交易问题** 如对宁波热电（600982.SH）收购明州热电100%股权等一系列资产项目的审核意见：请申请人补充说明本次交易完成后关联交易占比提高对上市公司的影响，防范控股股东利用关联交易输送利益以及规范关联交易的具体措施及有效性。	8
4	**会计核算问题** 如对东湖高新（600133.SH）收购泰欣环境70%股权项目的审核意见：请申请人结合标的资产业务模式及合同条款，进一步说明收入确认原则是否符合企业会计准则。	8
5	**资产独立性及关联方依赖问题** 如对新力金融（600318.SH）收购手付通99.85%股权项目的审核意见：请申请人补充说明标的资产与平台公司合作模式的稳定性、可持续性，以及对平台公司是否存在重大依赖，对持续盈利能力是否有不利影响。	5
6	**同业竞争问题** 如对协鑫智慧能源借壳霞客环保（002015.SZ）项目的审核意见：请申请人进一步补充说明标的公司与实际控制人及其一致行动人控制企业之间不存在同业竞争的相关依据。	4
7	**诉讼事项对交易前景影响问题** 如对世纪华通（002602.SZ）收购盛跃网络100%股权项目的审核意见：请申请人补充披露标的公司所涉知识产权纠纷的最新进展情况。请申请人补充披露报告期内和预测期内标的公司所涉知识产权纠纷相关产品的销售收入在标的公司营业收入中的占比，以及若上述纠纷解决结果不利于标的公司因而对标的公司稳定经营和持续盈利能力的影响及相关应对措施。	4

续表

序号	所附条件内容及例证	出现（次）
8	**交易目的和必要性问题** 如对科力远（600478.SH）收购 CHS 公司 36.97% 股权项目的审核意见：请申请人补充披露本次交易的必要性及交易完成后改善上市公司财务状况、增强盈利能力的应对措施。	3
9	**商誉减值风险和应对措施问题** 如对新开源（300109.SZ）收购新开源生物 83.74% 股权项目的审核意见：请申请人结合标的资产核心竞争力，补充披露本次交易中大额商誉形成的合理性、减值风险及应对措施。	3

资料来源：证监会官网。

3. 未通过的项目重点类别问题归纳

根据证监会公开披露的信息，2019 年度共有 21 个上市公司的并购重组项目被否，有 6 单二次上会后过会，剩余 15 单截至目前仍未过会。15 家公司中有 6 家为国有企业，9 家为民营企业，国有企业占比达到 40%。全部 15 单并购交易总规模为 244.97 亿元，占 15 家上市公司总市值 639.99 亿元的 38.28%。方案中安排了配套融资交易的有 11 单，占全部交易的 73%；融资金额总计 53.57 亿元，占这 15 单交易总规模 186.26 亿元的 29%。

21 单被否并购重组项目的意见可归纳为 8 个重点大类问题，如图 1-1 所示。

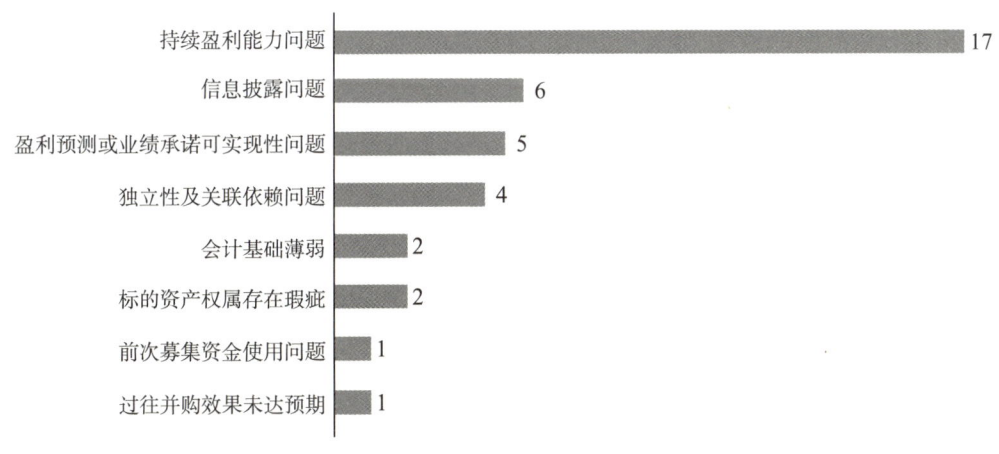

图 1-1　2019 年上会被否项目未通过原因统计

资料来源：证监会官网。

（1）持续盈利能力问题

标的公司的持续盈利能力问题是被否并购重组项目最集中的问题，共有 17 单交易因此未获通过，仅4单不涉及这一问题，分别是：大烨智能（300670.SZ）收购苏州国宇、赛摩电气（300466.SZ）收购广浩捷、中体产业（600158.SH）收购华体集团资产，以及万魔声学借壳共达电声（002655.SZ）。

（2）信息披露问题

6个重组项目涉及信息披露方面的问题，主要存在以下4类情况：

（a）标的公司财务会计信息披露不充分。涉及项目为大烨智能收购苏州国宇，以及海洋王（002724.SZ）收购明之辉。

（b）标的资产历史沿革信息披露不充分。欧比特（300053.SZ）收购佰信蓝图等资产的项目中，标的资产历次股权转让相关会计处理的合规性披露不充分。万魔声学借壳共达电声项目中，标的资产近三年实际控制人未发生变更的披露不充分。

（c）技术发展、政策变化等对标的资产业务的影响披露不足。涉及项目为汇金科技（300561.SZ）收购尚通科技。

（d）对上市公司自身过往并购效果披露不充分。赛摩电气收购广浩捷项目中，申请人关于历次并购对上市公司资产质量、持续经营能力的影响及管控风险披露不充分。

（3）盈利预测或业绩承诺可实现性问题

5个上市公司重组项目存在的问题均为业绩预测的依据和合理性不足，或盈利承诺可实现性不足，涉及的公司分别有赛摩电气收购广浩捷、大烨智能收购苏州国宇、万邦德（002082.SZ）收购万邦德制药、嘉麟杰（002486.SZ）收购北极光电，以及奥普光电（002338.SZ）收购广华微电子。

（4）独立性及关联依赖问题

4个上会项目因涉及关联交易与独立性相关的问题而未获并购重组委认可，其中：中体产业、兰太实业（600328.SH）、金浦钛业（000545.SZ）均为收购母公司集团旗下的资产，引起关联交易增加和独立性降低的情形；万魔声学借壳共达电声，则是由于万魔声学的销售收入和利润对关联方小米集团的依赖性较强。

（5）其他问题

有2个上会项目因会计基础薄弱而未能获得通过，涉及的上市公司分别为金浦钛业和多喜爱（002761.SZ）；有2个上会项目因标的资产权属存在瑕疵而被否，涉及的上市公司分别为中体产业和建投能源（000600.SZ）。此外，欧比特收购佰信蓝图等资产因存在前次募集资金使用问题而被否，赛摩电气收购广浩捷100%股权因过往并购效果未达预期而被否。

三、并购重组监管演变及趋势

中国资本市场并购重组是随着2014年国务院发布的《关于进一步促进资本市场健康发展的若干意见》(俗称"新国九条")而活跃的。2015年8月,财政部、国资委、证监会、银监会四部委联合发文《关于鼓励上市公司兼并重组、现金分红及回购股份的通知》,支持上市公司兼并重组,扩大并购重组规模,取消行政审批范围,简化审批程序,通过批量安排上并购重组委会议,提高审核效率。之后,为规范市场发展、保护投资者利益,证监会、交易所出台了一系列政策,其中仅《上市公司重大资产重组管理办法》就经历了两次修订,推动并购重组监管不断适应新的市场形势。整理近五年并购重组相关政策,有助于理解证监会对并购重组监管的思路演变和当前的监管思路。

(一)并购重组监管的思路变革及趋势

2014—2015年我国经济面临转型升级,"大众创业,万众创新"成为经济转型的新路径,并购重组政策进入相对宽松周期。2015年证监会出台《关于上市公司发行股份购买资产同时募集配套资金用途等问题与解答》,大幅扩大配套融资比例,允许配套资金占拟购买资产交易价格的比例从之前的不超过25%扩增至100%,由并购重组委审核。上市公司并购重组开始爆发式增长,大量跨界并购给上市公司带来增长前景的同时,也刺激了题材炒作式的股价大涨,这反过来又增强了公司再次进行并购的能力,成为2014—2015年牛市的主要推动因素之一。随着高商誉风险逐渐暴雷,2016年下半年开始,并购重组和再融资政策收紧:证监会在2016年9月发布了《关于修改〈上市公司重大资产重组管理办法〉的决定》。该决定彻底明确了控制权变更期限,并完全取消了借壳上市的配套融资。2017—2018年年中,证监会通过了"史上最严借壳标准""减持新规""信披新规",严控炒壳。自此开始,A股并购市场进入监管趋严周期。

2018年9月以来,为提升上市公司资产质量,证监会发布了《关于发行股份购买资产发行价格调整机制的相关问题与解答》等数个文件,这被视为监管政策放松的信号。同年10月,证监会推出"小额快速"并购审核机制,推动并购审核提速,允许所募资金用于补充流动性和偿还债务,并将IPO(Initial Public Offering,首次公开发行股票)被否后可重组上市的期限由3年缩短为6个月,政策宽松意图明显。在再融资方面,推行定向可转债并购试点,再融资工具和资金方面显著放松。2019年6月,证监会就修改《上市公司重大资产重组管理办法》公开征求意见并在10月

18日正式施行，以较大幅度放宽重组上市标准及范围，进一步释放了谨慎提高重组上市包容度的信号，继续鼓励产业并购和抑制短期套利，对重组中的"三高"问题也依然给予了高压态度，市场基本已确立政策宽松趋势。

从大方向上看，此轮并购重组监管放宽操作相对谨慎，体现为先后从定价、审核、配套资金、信息披露和再融资渠道等方面小步伐、多方位放宽，而对盲目并购、跨界并购依然严格审批。政策意在放宽富有行业竞争力的并购重组，鼓励优质资产注入，也兼顾保护中小股东的利益，引导并购重组和再融资市场良性发展。

（二）近五年涉及并购重组相关政策一览（见表1-10）

表1-10　2015—2019年并购重组、再融资及相关信息披露政策

出台时间	发布者	政策文件	主要内容
2015-04	证监会	《关于上市公司发行股份购买资产同时募集配套资金用途等问题与解答》	上市公司发行股份购买资产同时所募集的配套资金占拟购买资产交易价格的比例从之前的不超过25%扩增至100%，由并购重组委审核；超过100%的，由发审委审核。
2015-08	财政部、国资委、证监会、银监会	《关于鼓励上市公司兼并重组、现金分红及回购股份的通知》	四部委联合发文支持上市公司兼并重组，并购重组监管中将进一步简政放权，扩大并购重组，取消行政审批的范围，简化审批程序，通过批量安排上市公司并购重组委会议，提高审核效率。
2016-09	证监会	《关于修改〈上市公司重大资产重组管理办法〉的决定》	（1）明确重组上市的7项基本标准和60个月的"累计首次原则"计算期间。 （2）重组上市后，上市公司原实际控制人及关联人36个月不得减持。 （3）购买的资产总额占控制权变更前一年度资产总额的比例达到100%以上，不得配套融资。
2017-05	证监会、上交所、深交所	《上市公司股东、董监高减持股份的若干规定》	（1）扩大受限制主体范围，将两类特定股东纳入减持监管，全方位规范上市公司大股东、特定股东、董监高的减持行为。 （2）细化减持限制，强化关于减持的信息披露。
2017-07	证监会	《上市公司收购管理办法》	强化收购方的信息披露义务，要求持股介于5%—20%之间的第一大股东或实际控制人按照收购人的标准履行信息披露义务等。

续表

出台时间	发布者	政策文件	主要内容
2018-02	证监会	《关于IPO被否企业作为标的资产参与上市公司重组交易的相关问题与解答》	企业在IPO被否决后至少应运行3年才可筹划重组上市。
2018-02	上交所	《2018年重点支持新技术、新业态通过并购重组进入上市公司》	着力提升主动服务国家战略大局和上市公司发展的意识和能力,重点支持新技术、新业态、新产品通过并购重组进入上市公司。
2018-09	证监会	《关于发行股份购买资产发行价格调整机制的相关问题与解答》	允许基于保护股东利益的目的设置发行价格双向调整方案,价格调整方案须建立在市场和同行业指数变动的基础上,且上市公司的股票价格相比最初确定的发行价格须同时发生重大变化。
2018-10	证监会	《推出"小额快速"并购重组审核机制》	适用于小额交易,通过大幅取消和简化行政许可,90%以上的并购重组交易目前已无须证监会审核。
2018-10	证监会	《关于IPO被否企业作为标的资产参与上市公司重组交易的相关问题与解答(2018年修订)》	企业在IPO被否决后6个月即可筹划重组上市。
2018-10	证监会	《关于上市公司发行股份购买资产同时募集配套资金的相关问题与解答(2018年修订)》	(1)配套资金可以用于补充上市公司和标的资产流动资金、偿还债务。 (2)募集配套资金用于补充公司流动资金、偿还债务的比例不应超过交易作价的25%,或者不超过募集配套资金总额的50%。
2018-10	证监会	《上市公司筹划重大事项停复牌业务指引(征求意见稿)》	(1)上市公司的其他事项如筹划非公开发行、签订重大合同等,都不得申请停牌。 (2)为兼顾重大资产重组的锁价需求和投资者的交易权利,仅允许以股份方式支付交易对价的重组申请停牌,且停牌时间不超过10个交易日。 (3)上市公司筹划重组申请停牌的,应当在停牌时即披露交易标的、交易方式及对手方。
2018-10	证监会	《关于并购重组审核分道制"豁免/快速通道"产业政策要求的相关问题与解答》	新增并购重组审核分道制"豁免/快速通道"产业类型:高档数控机床和机器人、航空航天装备、海洋工程装备及高技术船舶、先进轨道交通装备、电力装备、新一代信息技术、新材料、环保、新能源、生物产业。

续表

出台时间	发布者	政策文件	主要内容
2018-10	证监会	《关于对参与上市公司并购重组纾解股权质押问题的私募基金提供备案"绿色通道"相关安排的通知》	支持私募基金管理人和证券期货经营机构募集设立的私募基金和资产管理计划参与市场化、法治化并购重组,纾解当前上市公司股权质押问题。
2018-11	证监会	《证监会试点定向可转债并购支持上市公司发展》	(1)支持上市公司在并购重组中可定向发行可转换债券作为支付工具。 (2)允许符合条件的企业发行优先股、定向可转换债券作为兼并重组支付方式。
2019-8	证监会	《科创板上市公司重大资产重组特别规定》	(1)放宽发行定价至市场参考价的80%。 (2)界定标准增加营业收入和资产净额最低金额。 (3)支付方式多元。 (4)标的资产须符合科创属性。 (5)允许借壳上市,并根据表决权是否有差异化安排设置不同标准。
2019-10	证监会	《上市公司重大资产重组管理办法(2019年修正)》	(1)取消重组上市认定标准中的净利润指标。 (2)缩短累计首次原则计算期间至36个月。 (3)放开创业板借壳,但借壳标的须符合国家战略的高新技术产业和战略性新兴产业相关资产定位。 (4)允许重组上市配套融资。

资料来源：发布者官网。

(三)《上市公司重大资产重组管理办法（2019年修正）》主要修订内容分析

证监会在2019年6月20日就修改《上市公司重大资产重组管理办法》公开征求意见，并于2019年10月18日正式施行《上市公司重大资产重组管理办法（2019年修正）》，这是该办法制定以来的第四次修订。

本次修正的一个重要方面是缩短重组上市"累计首次原则"的期限，由60个月缩短到36个月。实践已经证明，累计期过长不利于引导收购人及其关联方控制公司后加快注入优质资产。

取消重组上市认定标准中的"净利润"指标是本次修正的另一个重要方面。2016年修订《上市公司重大资产重组管理办法》时，重组上市认定标准中设定了资产总额、资产净额、营业收入、净利润等多项指标，其中净利润认定指标为"购买的资产净额占上市公司控制权发生变更的前一个会计年度经审计的合并财务会计报告期末净资产额的比例达到 100% 以上"。本次修改删除了净利润指标，对一些经营业绩一般甚至困难的上市公司来说，若注入规模不大但盈利能力较强的资产，就不再容易触及净利润指标而被认定为构成重组上市。这有利于推动上市公司资源整合和产业升级，充分发挥并购重组的功能。

《上市公司重大资产重组管理办法（2019 年修正）》第十三条第一款规定，上市公司自控制权发生变更之日起 36 个月内，向收购人及其关联人购买资产，导致上市公司发生以下根本变化情形之一的，构成重大资产重组，应当按照规定报经中国证监会核准：

（a）购买的资产总额占上市公司控制权发生变更的前一个会计年度经审计的合并财务会计报告期末资产总额的比例达到 100% 以上；

（b）购买的资产在最近一个会计年度所产生的营业收入占上市公司控制权发生变更的前一个会计年度经审计的合并财务会计报告营业收入的比例达到 100% 以上；

（c）购买的资产净额占上市公司控制权发生变更的前一个会计年度经审计的合并财务会计报告期末净资产额的比例达到 100% 以上；

（d）为购买资产发行的股份占上市公司首次向收购人及其关联人购买资产的董事会决议前一个交易日的股份的比例达到 100% 以上；

（e）上市公司向收购人及其关联人购买资产虽未达到本款第（a）至第（d）项标准，但可能导致上市公司主营业务发生根本变化；

（f）中国证监会认定的可能导致上市公司发生根本变化的其他情形。

2013 年 11 月发布的《关于在借壳上市审核中严格执行首次公开发行股票上市标准的通知》禁止创业板公司实施重组上市。本次修改允许符合国家战略的高新技术产业和战略性新兴产业相关资产在创业板重组上市，其他资产不得在创业板重组上市。相关资产应符合《上市公司重大资产重组管理办法》规定的重组上市一般条件以及《首次公开发行股票并在创业板上市管理办法》规定的发行条件。此次修订有利于进一步强化创业板对于高新技术产业和战略性新兴产业的重组融资功能。

《上市公司重大资产重组管理办法（2019 年修正）》第十三条第五款规定，创业板上市公司自控制权发生变更之日起，向收购人及其关联方购买符合国家战略的高新技术产业和战略性新兴产业相关资产，导致本条第一款规定任一情形的，所购买资产对应的经营实体应当是股份有限公司或者有限责任公司，且符合《首次公开发行股票并在创业板上市管理办法》规定的其他发行条件。

2016 年《上市公司重大资产重组管理办法》取消了重组上市的配套融资，目的是抑制投机和滥用融资。为了多渠道支持上市公司和置入资产改善现金流、发挥协同效应，重点引导社会资金向具有自主创新能力的高科技企业集聚，2019年修正后的重组管理办法取消了2016年对重组配套融资的限制，恢复了重组上市配套融资，大力支持高新技术企业发展。

《上市公司重大资产重组管理办法（2019年修正）》第四十四条第一款规定，上市公司发行股份购买资产的，可以同时募集部分配套资金，其定价方式按照现行相关规定办理。

针对重组承诺履行中出现的各种问题，修正后的重组管理办法明确加强业绩承诺监管，规定重大资产重组的交易对象作出业绩补偿承诺的，应当严格履行补偿义务。超期未履行或违反业绩补偿承诺的，可以对其采取相应的监管措施。持续从严监管并购重组的"三高"问题，遏制忽悠式重组、盲目跨界重组、高估值商誉等现象，有利于促进重组后上市公司质量的真实提升和市场的稳定发展。

《上市公司重大资产重组管理办法（2019年修正）》第五十九条规定，重大资产重组实施完毕后，凡因不属于上市公司管理层事前无法获知且事后无法控制的原因，上市公司所购买资产实现的利润未达到资产评估报告或者估值报告预测金额80%的，或者实际运营情况与重大资产重组报告书中管理层讨论与分析部分存在较大差距的，上市公司的董事长、总经理以及对此承担相应责任的会计师事务所、财务顾问、资产评估机构、估值机构及其从业人员应当在上市公司披露年度报告的同时，在同一报刊上作出解释，并向投资者公开道歉；实现利润未达到预测金额的50%的，中国证监会可以对上市公司、相关机构及其责任人员采取监管谈话、出具警示函、责令定期报告等监管措施。

交易对方超期未履行或者违反业绩补偿协议、承诺的，由中国证监会责令改正，并可以采取监管谈话、出具警示函、责令公开说明、认定为不适当人选等监管措施，将相关情况记入诚信档案。

（四）科创板上市公司重大资产重组

1. 科创板上市公司重大资产重组审核规则要点

2019年8月23日，证监会发布《科创板上市公司重大资产重组特别规定》（简称《特别规定》），同日上交所就《科创板上市公司重大资产重组审核规则》（简称《审核规则》）公开征求意见，并于11月29日正式发布，距离科创板7月22日开张仅过了4个月。与A股其他板块相比，"信息披露为中心"是贯穿科创板注册制改革的核心理念，这一理念也全面渗透到科创公司重大资产重组规则之中。另外，上交所的审核标准也体现了对并购项目的高包容性，把决定权限交给上市公司和市场，具体则主要体现为调整重大资产重组收入指标、放宽发行股份购买资产的价格下限等。

（1）放宽发行定价至市场参考价的 80%

结合科创公司运作的实际情况，监管层设定了更具弹性的股份发行定价机制。《特别规定》第六条规定，科创公司发行股份的价格不得低于市场参考价的 80%。市场参考价为本次发行股份购买资产的董事会决议公告日前 20 个交易日、60 个交易日或者 120 个交易日的公司股票交易均价之一。而 A 股其他板块对发行价格的规定均为不低于市场参考价的 90%。作出这一安排的原因是考虑到科创企业的估值逻辑与成熟行业有所区别，通过放宽发行价格下限，更有利于重组以发行股份方式开展，发行对象可以获得更有利的发行条件，促进交易的成功。

（2）界定标准增加营业收入和资产净额最低金额

在《上司公司重大资产重组管理办法》（简称《重组办法》）的界定标准的基础上，《审核规则》对重大资产重组的界定增加了营业收入和资产净额最低标准：

（a）购买、出售的资产在最近一个会计年度所产生的营业收入占上市公司同期经审计的合并财务会计报告营业收入的比例达到 50% 以上，且超过 5,000 万元人民币；

（b）购买、出售的资产净额占上市公司最近一个会计年度经审计的合并财务会计报告期末净资产额的比例达到 50% 以上，且超过 5,000 万元人民币。

鉴于科创企业收入规模和净资产规模可能很低，如果仅以比例指标判定重大资产重组的话，部分企业可能发起并购的上限太低。设置最低门槛便于体量较小的科创企业发起并购，不必每次都触及重大资产重组审核。

（3）支付方式多元

《审核规则》第九条规定，科创公司发行优先股、非公开发行可转债、定向权证、存托凭证购买资产或与其他公司合并的，参照适用《重组办法》、本规定等有关规定。在《重组办法》中，仅规定上市公司可以发行股份、可转债和定向权证购买资产，而针对科创板企业则特别增加了中国存托凭证（CDR）这一新的支付方式，配合了《证券法》的最新修订。允许科创公司将存托凭证作为重大资产重组的支付方式，是延续了《国务院办公厅转发证监会关于开展创新企业境内发行股票或存托凭证试点若干意见的通知》《关于在上海证券交易所设立科创板并试点注册制的实施意见》《科创板首次公开发行股票注册管理办法》中关于允许符合条件的红筹企业申请发行存托凭证并在科创板上市的规定，为创新试点红筹企业实施重大资产重组提供了较为灵活的支付方式。

（4）标的资产须符合科创属性

《审核规则》第七条规定，科创公司实施重大资产重组或者发行股份购买资产的，标的资产应当符合科创板定位，所属行业应当与科创公司处于同行业或者上下游，且与科创公司主营业务具有协同效应。

第二十一条规定，科创公司应当充分披露标的资产是否符合科创板定位，与科创公司主营业务是否具有协同效应。前款所称协同效应，是指科创公司因本次交易而产生的超出单项资产收益的超额利益，包括下列一项或者多项情形：

（a）增加定价权；

（b）降低成本；

（c）获取主营业务所需的关键技术、研发人员；

（d）加速产品迭代；

（e）产品或者服务能够进入新的市场；

（f）获得税收优惠；

（g）其他有利于主营业务发展的积极影响。

根据《关于在上海证券交易所设立科创板并试点注册制的实施意见》对科创板的定位，科创板主要服务于符合国家战略、突破关键核心技术、市场认可度高的科技创新企业，重点支持新一代信息技术、高端装备、新材料、新能源、节能环保以及生物医药等高新技术产业和战略性新兴产业，推动互联网、大数据、云计算、人工智能和制造业深度融合。上交所明确要求重大资产重组的标的资产应当符合科创板定位，所属行业应当与科创公司处于同行业或者上下游，且与科创公司主营业务具有协同效应，有利于让科创板更好地为符合国家战略、突破关键核心技术、市场认可度高的科技创新企业提供资本运作的便利，并限制通过并购重组"炒壳""卖壳"。

（5）允许借壳上市，并根据表决权是否有差异化安排设置不同标准

《特别规定》允许科创板上市公司实施重组上市（即借壳上市），但根据拟借壳资产对应的经营性资产是否存在表决权差异安排了两套判断标准。

①表决权不存在差异安排

标的资产对应的经营实体应当是符合《科创板首次公开发行股票注册管理办法（试行）》（简称《注册管理办法》）规定的相应发行条件的股份有限公司或者有限责任公司，并符合下列条件之一：

（a）最近两年净利润均为正且累计不低于人民币5,000万元；

（b）最近一年营业收入不低于人民币3亿元，且最近3年经营活动产生的现金流量净额累计不低于人民币1亿元。

前款所称净利润以扣除非经常性损益前后的孰低者为准，所称净利润、经营活动产生的现金流量净额均指经审计的数值。

②**表决权存在差异安排**

除符合《注册管理办法》规定的相应发行条件外，其表决权安排等应当符合《上市规则》等规则的规定，并符合下列条件之一：

（a）最近一年营业收入不低于人民币5亿元，且最近两年净利润均为正且累计不低于人民币5,000万元；

（b）最近一年营业收入不低于人民币5亿元，且最近3年经营活动产生的现金流量净额累计不低于人民币1亿元。

由此可见，对于同股不同权安排的科创企业，在借壳上市中的要求更高，但均给予了未盈利企业借壳登陆科创板的机会。相比科创板IPO的条件，科创板重组上市仅选用了净利润和营业收入等财务指标，对市值类指标则未做要求，对借壳上市的其他标准则视同科创板IPO，这一点安排与A股其他板块一致。

（6）要求新试点红筹企业适用中国会计准则

《特别规定》和《审核规则》对在科创板上市的创新试点红筹企业实施重大资产重组或发行股份购买资产，或者科创公司拟购买资产涉及创新试点红筹企业明确提出了特别要求。

《特别规定》**第七条规定**，实施重大资产重组或者发行股份购买资产的科创公司为创新试点红筹企业，或者科创公司拟购买资产涉及创新试点红筹企业的，在计算重大资产重组认定标准等监管指标时，应当采用根据中国企业会计准则编制或调整的财务数据。科创公司中的创新试点红筹企业实施重大资产重组，可以按照境外注册地法律法规和公司章程履行内部决策程序，并及时披露重组报告书、独立财务顾问报告、法律意见书以及重组涉及的审计报告、资产评估报告或者估值报告。

《审核规则》**第十三条规定**，科创公司实施重大资产重组或者发行股份购买资产，标的资产涉及红筹企业的，应当按照《公开发行证券的公司信息披露编报规则第24号——科创板创新试点红筹企业财务报告信息特别规定》《科创板创新试点红筹企业财务报告信息披露指引》的规定，在重大资产重组报告书中披露标的资产的财务会计信息。

对于红筹企业，证监会和上交所既提出了要求，也给予了便利。一方面，在计算重大资产重组认定标准等监管指标时，要求按照中国企业会计准则编制或调整财务数据；另一方面，在程序上，也允许科创公司按照境外注册地法律法规和公司章程履行内部决策程序，并及时披露相关报告。

2. 科创板并购重组第一单：华兴源创（688001.SH）收购欧立通

2019年12月6日，科创板上市公司华兴源创发布公告，拟通过发行股份及支付现金的方式购买苏州欧立通自动化科技有限公司100%的股权，交易金额为11.5亿元。华兴源创是国内领先的检测设备与整线检测系统解决方案提供商，主要从事平板显示及集成电路的检测设备研发、生产和销售，公司主要产品为检测设备和检测治具，于2019年7月22日登陆科创板，为首批登陆科创板的公司之一。标的公司欧立通致力于为客户提供各类自动化智能组装、检测设备，其产品可广泛应用于以可穿戴产品为代表的消费电子行业，主要用于智能手表等消费电子终端的组装和测试环节。通过本次重组，双方拟在采购渠道、技术开发、客户资源等方面产生协同效应，上市公司能够进一步拓展产品种类，获得新的利润增长点。该笔交易作为科创板第一笔并购重组交易，具有示范意义。

（五）"小额快速"审核机制适用范围

2018年10月8日，中国证监会发布《关于并购重组"小额快速"审核适用情形的相关问题与解答》。

1. "小额快速"审核适用范围

上市公司发行股份购买资产，不构成重大资产重组，且满足下列情形之一的，即可适用"小额快速"审核，证监会受理后直接交并购重组委审议：

（a）最近12个月内累计交易金额不超过5亿元；

（b）最近12个月内累计发行的股份不超过本次交易前上市公司总股本的5%且最近12个月内累计交易金额不超过10亿元。

"累计交易金额"是指以发行股份方式购买资产的交易金额；"累计发行的股份"是指用于购买资产而发行的股份。未适用"小额快速"审核的发行股份购买资产的行为，无须纳入累计计算的范围。

2. "小额快速"审核不适用情形

有下列情形之一的，不适用"小额快速"审核：

（a）募集配套资金用于支付本次交易现金对价的，或募集配套资金金额超过5,000万元的；

（b）按照"分道制"分类结果属于审慎审核类别的。

适用"小额快速"审核的，独立财务顾问应当对以上情况进行核查并发表明确意见。

根据前述规定，上市公司在并购重组中如果希望适用证监会受理后直接交并购重组委审议的"小额快速"审核通道，则配套融资不得用于支付现金对价，且总额不能超过 5,000 万元。

2019 年有 6 单过会的并购重组交易属于"小额快速"审核的情况。

四、并购重组市场中介机构服务情况

（一）财务顾问

在 2019 年 103 项过会项目中，共有 40 家券商作为独立财务顾问参与了项目，其中：92 单项目聘请了 1 家财务顾问，11 单项目聘请了 2 家财务顾问，1 单项目聘请了 3 家财务顾问，还有 1 单项目聘请了 4 家财务顾问。在华菱钢铁（000932.SZ）收购华菱集团旗下华菱湘钢等资产项目中，上市公司聘请了中信证券、华泰联合和财富证券等 3 家独立财务顾问；在居然之家借壳武汉中商（000785.SZ）上市项目中，上市公司则同时聘请了华泰联合、天风证券、中信建投、中信证券等 4 家独立财务顾问。

由统计可见，2019 年并购重组财务顾问完成数量位居三甲的是中信证券、华泰联合、中信建投，均完成了 10 个以上项目，合计市场占有率达到 31.71%；行业前 10 名市场占有率达到 60.98%，全行业集中度较为明显。根据中国证券业协会公布的证券公司名单，截至 2019 年年底全国共有 134 家券商，除去部分专业子公司，共有 98 家全牌照证券公司，仅 40 家在 2019 年并购重组过会项目中担任财务顾问，业务排行见表 1-11，剩余 58 家券商则未能参与当年任何并购重组项目。

表 1-11　2019 年过会项目独立财务顾问业务排行

单位：单

排名	独立财务顾问	数量
1	中信证券股份有限公司	15
2	华泰联合证券有限责任公司	12
3	中信建投证券股份有限公司	12
4	中国国际金融股份有限公司	7
5	国泰君安证券股份有限公司	6
6	民生证券股份有限公司	6
7	申万宏源证券承销保荐有限责任公司	6
8	中天国富证券有限公司	5

续表

排名	独立财务顾问	数量
9	东兴证券股份有限公司	3
10	光大证券股份有限公司	3
11	国信证券股份有限公司	3
12	海通证券股份有限公司	3
13	平安证券股份有限公司	3
14	天风证券股份有限公司	3
15	招商证券股份有限公司	3
16	东方花旗证券有限公司	2
17	东吴证券股份有限公司	2
18	国金证券股份有限公司	2
19	国元证券股份有限公司	2
20	华西证券股份有限公司	2
21	兴业证券股份有限公司	2
22	长江证券承销保荐有限公司	2
23	中德证券有限责任公司	2
24	财富证券有限责任公司	1
25	第一创业证券承销保荐有限责任公司	1
26	东北证券股份有限公司	1
27	东海证券股份有限公司	1
28	国海证券股份有限公司	1
29	华安证券股份有限公司	1
30	华融证券股份有限公司	1
31	华英证券有限责任公司	1
32	汇丰前海证券有限责任公司	1
33	开源证券股份有限公司	1
34	南京证券股份有限公司	1
35	西南证券股份有限公司	1
36	英大证券有限责任公司	1
37	浙商证券股份有限公司	1
38	中国银河证券股份有限公司	1
39	中泰证券股份有限公司	1
40	中原证券股份有限公司	1
总计		123

资料来源：Wind。

注：本资料系 Wind 数据排名摘录，未考虑完成数量相同的券商并列排名的情况，请读者明察。本条说明也适用于本章后律师事务所、会计师事务所及资产评估机构的排名数据。

（二）法律顾问

2019 年共计 34 家律师事务所作为法律顾问参与了上述 103 单过会并购重组项目。其中：102 单聘请了 1 家律师事务所，1 单聘请了 2 家律师事务所。在美的集团（000333.SZ）吸收合并小天鹅（000418.SZ）项目中，收购方美的集团和被收购方小天鹅分别聘请了北京市嘉源、上海市广发两家律师事务所作为法律顾问。

与财务顾问一样，法律顾问行业头部效应突出，业务排行见表 1-12。金杜律师事务所、国浩律师事务所、中伦律师事务所、锦天城律师事务所、嘉源律师事务所在 A 股并购重组业务中较同行业优势大，业内前 5 名市场占有率达到 53.85%，业内前 10 名市场占有率达到 69.23%。

表 1-12　2019 年过会项目法律顾问业务排行

单位：单

排名	法律顾问	数量
1	金杜律师事务所	20
2	国浩律师事务所	12
3	中伦律师事务所	9
4	锦天城律师事务所	8
5	嘉源律师事务所	7
6	安徽承义律师事务所	4
7	君合律师事务所	4
8	天元律师事务所	4
9	大成律师事务所	2
10	德恒律师事务所	2
11	观韬中茂律师事务所	2
12	国枫律师事务所	2
13	海润天睿律师事务所	2
14	康达律师事务所	2
15	通商律师事务所	2
16	湖南启元律师事务所	2
17	世纪同仁律师事务所	2
18	万商天勤律师事务所	2
19	安徽天禾律师事务所	1
20	金诚同达律师事务所	1
21	海问律师事务所	1
22	汉坤律师事务所	1
23	竞天公诚律师事务所	1

续表

排名	法律顾问	数量
24	隆安律师事务所	1
25	中银律师事务所	1
26	北京雍行律师事务所	1
27	江苏泰和律师事务所	1
28	辽宁申盟律师事务所	1
29	内蒙古加度律师事务所	1
30	上海嘉坦律师事务所	1
31	上海市广发律师事务所	1
32	上海泽昌律师事务所	1
33	四川联一律师事务所	1
34	浙江天册律师事务所	1
总计		104

资料来源：Wind。

（三）审计机构

2019年共计28家会计师事务所参与了上述103单过会并购重组项目的审计业务。其中：88单聘请了1家会计师事务所，15单聘请了2家会计师事务所。

由表1-13可知，立信、天健、大华、普华永道中天等4家会计师事务所在A股并购重组业务中完成业务10单以上，业内前5名市场占有率达到49.15%，业内前10名市场占有率达到71.19%。

表1-13　2019年过会项目审计机构业务排行

单位：单

排名	审计机构	数量
1	立信会计师事务所	17
2	天健会计师事务所	13
3	大华会计师事务所	11
4	普华永道中天会计师事务所	10
5	致同会计师事务所	8
6	信永中和会计师事务所	7
7	天职国际会计师事务所	6
8	中兴华会计师事务所	6
9	瑞华会计师事务所	4
10	大信会计师事务所	3

续表

排名	审计机构	数量
11	天衡会计师事务所	3
12	中汇会计师事务所	3
13	中审众环会计师事务所	3
14	毕马威华振会计师事务所	2
15	福建华兴会计师事务所	2
16	公证天业会计师事务所	2
17	广东正中珠江会计师事务所	2
18	容诚会计师事务所	2
19	中勤万信会计师事务所	2
20	中审亚太会计师事务所	2
21	中兴财光华会计师事务所	2
22	华普天健会计师事务所	2
23	安永华明会计师事务所	1
24	德勤华永会计师事务所	1
25	上会会计师事务所	1
26	四川华信（集团）会计师事务所	1
27	中审华会计师事务所	1
28	众华会计师事务所	1
总计		118

资料来源：Wind。

（四）资产评估机构

2019年37家资产评估机构参与了上述103单过会并购重组项目的资产评估业务（不含矿业资产评估机构）。有3个项目聘请了2家资产评估机构，分别为爱旭科技借壳上海新梅（600732.SH）、晶澳太阳能借壳天业通联（002459.SZ），以及浙建集团借壳多喜爱（002761.SZ），原因是这3个项目均属借壳上市，采取了净壳收购的形式，故对置入资产和置出资产分别聘请了资产评估机构。另外，美的集团收购小天鹅为两家A股上市公司公开市场吸收合并，由券商出具估值报告，未聘请资产评估机构。

由表1-14可知，在并购重组领域，资产评估行业较其他证券服务机构更为分散。业务量超过10单的公司仅有中联资产评估集团有限公司和北京中企华资产评估有限责任公司2家，业内前5名市场占有率为50.48%，业内前10名市场占有率达到64.76%。仅中联资产1家即占据了市场总份额的19.05%。

表 1-14 2019年过会项目资产评估业务排行

单位：单

排名	审计机构	数量
1	中联资产评估集团有限公司	20
2	北京中企华资产评估有限责任公司	10
3	坤元资产评估有限公司	8
4	上海东洲资产评估有限公司	8
5	北京天健兴业资产评估有限公司	7
6	北京国融兴华资产评估有限责任公司	3
7	北京中同华资产评估有限公司	3
8	北京卓信大华资产评估有限公司	3
9	天源资产评估有限公司	3
10	中水致远资产评估有限公司	3
11	中通诚资产评估有限公司	3
12	上海立信资产评估有限公司	3
13	安徽中联国信资产评估有限责任公司	2
14	广东中广信资产评估有限公司	2
15	江苏中企华中天资产评估有限公司	2
16	开元资产评估有限公司	2
17	沃克森（北京）国际资产评估有限公司	2
18	重庆华康资产评估土地房地产估价有限责任公司	2
19	北京华亚正信资产评估有限公司	1
20	北京亚超资产评估有限公司	1
21	北京中天华资产评估有限责任公司	1
22	福建联合中和资产评估土地房地产估价有限公司	1
23	湖北众联资产评估有限公司	1
24	江苏金证通资产评估房地产估价有限公司	1
25	立信会计师事务所（特殊普通合伙）	1
26	辽宁众华资产评估有限公司	1
27	容诚会计师事务所（特殊普通合伙）	1
28	厦门市大学资产评估土地房地产估价有限责任公司	1
29	上海申威资产评估有限公司	1
30	深圳市鹏信资产评估土地房地产估价有限公司	1
31	万邦资产评估有限公司	1
32	银信资产评估有限公司	1
33	中和资产评估有限公司	1
34	中京民信（北京）资产评估有限公司	1

续表

排名	审计机构	数量
35	中瑞世联资产评估（北京）有限公司	1
36	中天资产评估有限公司	1
37	中资资产评估有限公司	1
总计		105

资料来源：Wind。

附件1：2019年并购重组委无条件通过重组项目情况一览表

序号	上会日期	上市公司	审核时间（天）	项目概要	项目规模①（亿元）
1	01-17	同有科技	48	向杨建利等6名对象发行股份及支付现金购买其持有的鸿秦科技100%的股权，并发行股份募集配套资金。	5.80
2	01-23	赛腾股份	41	以发行可转换债券、股份及支付现金的方式购买张玺等3名对象持有的菱欧科技100%的股权，并发行股份募集配套资金。	2.10
3	02-20	美的集团	48	发行股份换股吸收合并无锡小天鹅股份有限公司。	143.83
4	02-27	中工国际	56	以发行股份的方式向国机集团收购其持有的中国中元100%的股权，并发行股份募集资金。	12.71
5	03-06	鄂尔多斯	69	向羊绒集团发行股份购买其合计持有的电力冶金14.06%的股权，并发行股份募集配套资金。	24.53
6	03-06	国机汽车	62	向国机集团发行股份购买其持有的中汽工程100%的股权，并发行股份募集配套资金。	31.05
7	03-13	云南旅游	117	向华侨城集团及3名自然人股东以发行股份及支付现金的方式购买其所有的持文旅科技100%的股权。	20.17
8	03-25	皖能电力	90	以发行股份的方式向皖能集团购买其持有的神皖能源24%的股权。	23.01
9	04-03	长川科技	42	发行股份购买国家产业基金、硅谷天堂以及上海装备合计持有的长新投资90%的股权。	4.90
10	04-24	中泰股份	110	发行股份及支付现金相结合，购买杭州金晟硕琦股权投资基金合伙企业（有限合伙）等5名对象持有的山东中邑100%的股权，并发行股份募集配套资金。	14.55
11	04-26	利安隆	84	发行股份购买韩厚义等4名对象持有的凯亚化工100%的股权。	6.00
12	05-05	中国中铁	141	向中国国新等9名对象发行股份收购其持有的中铁二局25.32%的股权、中铁三局29.38%的股权、中铁五局26.98%的股权、中铁八局23.81%的股权。	116.55
13	06-05	纳尔股份	15	发行股份及支付现金，向前海匠台等3名对象购买其合计持有的墨库图文34.33%的股权，并发行股份募集配套资金。	0.91
14	06-27	广东骏亚	147	发行股份及支付现金购买陈兴农等10名自然人持有的深圳牧泰莱和长沙牧泰莱100%的股权。	7.28
15	07-04	继峰股份	51	以发行股份、可转换债券和支付现金的方式购买东证继涵等6名对象持有的继烨投资100%的股权。	37.54

续表

序号	上会日期	上市公司	审核时间（天）	项目概要	项目规模①（亿元）
16	07-04	朗姿股份	14	向申东日等5名对象发行股份购买其持有的朗姿医疗41.19%的股权，并发行股份募集配套资金。	3.16
17	09-10	汇川技术	80	发行股份和支付现金购买贝思特100%的股权，并发行股份募集配套资金。	24.87
18	09-26	优博讯	91	向陈建辉等26名交易对象发行股份及支付现金购买其持有的佳博科技100%的股权，并发行股份募集配套资金。	8.15
19	09-27	鼎龙股份	7	以发行股份及支付现金的方式向杨浩等3名对象购买其持有的北海绩迅59%的股权。	2.48
20	10-09	赤峰黄金	117	发行股份购买赵美光、瀚丰中兴、孟庆国持有的瀚丰矿业100%的股权，并发行股份募集配套资金。	5.10
21	10-22	中航善达	32	以发行股份的方式购买招商蛇口、深圳招商地产合计持有的招商物业100%的股权。	29.90
22	10-25	重庆港九	77	发行股份购买果园港务100%的股权、珞璜港务49.82%的股权、渝物民爆67.17%的股权，交易对方为港务物流集团和国投交通。	18.57
23	10-30	中信证券	113	广州证券先将其持有的广州期货99.03%的股权以及金鹰基金24.01%的股权剥离给大股东越秀金控。随后中信证券向越秀金控及其全资子公司金控有限发行股份购买广州证券100%的股权，并指定全资子公司中信证券投资持有标的公司0.10%的股权。	134.60
24	10-31	国泰集团	64	以发行股份、可转换债券及支付现金的方式向刘升权等8名自然人及太格云创购买其持有的太格时代69.83%的股权，并发行可转债募集配套资金。	5.70
25	10-31	必创科技	49	以发行股份、可转换债券及支付现金的方式向丁良成等40名股东购买其持有的卓立汉光100%的股权，并发行股份、可转债募集配套资金。	6.20
26	11-06	科斯伍德	58	以发行股份、可转换债券及支付现金的方式收购马良铭等15名交易对象持有的龙门教育50.17%的股权，并发行股份募集配套资金。	8.13
27	11-28	中金黄金	76	向中国黄金发行股份及支付现金购买内蒙古矿业90.00%的股权；向国新资产、国新央企基金、中鑫基金、东富国创和农银投资等发行股份购买其持有的中原冶炼厂60.98%的股权，并发行股份募集配套资金。	85.05
28	11-28	福能股份	50	以发行股份购买资产的方式向福能集团购买其持有的宁德核电10%的股权。	15.31

续表

序号	上会日期	上市公司	审核时间（天）	项目概要	项目规模①（亿元）
29	11–29	多喜爱	153	浙建集团借壳整体上市。浙建集团与陈军、黄娅妮于2019年4月12日签署《股权转让协议》，受让其持有的多喜爱29.83%的股权。在本次交易中，上市公司以其拥有的置出资产与国资运营公司拥有的部分置入资产的交易定价等值部分进行置换，同时，上市公司向交易对象以非公开发行股份的方式购买置入资产差额部分，并对浙建集团进行吸收合并。	79.98
30	12–10	金杯电工	53	发行股份及支付现金向长沙共举、湖南资管购买其持有的武汉二线79.33%的股权。	7.52
31	12–11	天瑞仪器	12	本次交易前上市公司已持有磐合科仪62.4252%的股权，上市公司发行股份购买赵学伟等36名对象持有的磐合科仪37.0265%的股权，同时发行股份募集配套资金。	1.44
32	12–12	亨通光电	8	以发行股份及支付现金的方式购买华为投资持有的华为海洋51%的股权。	10.04
33	12–17	晶瑞股份	68	以发行股份及支付现金的方式购买李虎林、徐萍持有的载元派尔森100%的股权，并发行股份募集配套资金。	4.10
34	12–18	中国动力	57	分别向中国华融、大连防务投资、国家军民融合产业投资基金、中银投资、中国信达、太平国发、中船重工集团、中国重工发行普通股和可转换公司债券购买其持有的广瀚动力7.79%的股权、长海电推8.42%的股权、中国船柴47.82%的股权、武汉船机44.94%的股权、河柴重工26.47%的股权、陕柴重工35.29%的股权、重齿公司48.44%的股权。上市公司在发行普通股和可转换公司债券购买资产的同时，非公开发行可转换公司债券募集配套资金。	100.63

资料来源：证监会官网。

注：①项目规模为收购和置出资产总价值，不含募集配套资金规模。

附件2：2019年并购重组委附条件通过重组项目情况一览表

序号	上会时间	上市公司	审核时间（天）	项目概要	审核意见	项目规模（亿元）
1	01-17	盛屯矿业	57	发行股份及支付现金购买盛屯集团、刘强等21名交易对象持有的四环锌锗97.22%的股权，并发行股份募集配套资金。	进一步补充说明标的资产收益法评估中资本性支出和非经营性资产界定的合理性、口径一致性及其对评估结果的影响。	21.39
2	01-23	科力远	32	发行股份购买吉利集团、华普汽车合计持有的CHS公司36.97%的股权。	补充披露本次交易的必要性及交易完成后改善上市公司财务状况、增强盈利能力的应对措施。	8.21
3	01-29	新力金融	48	向王剑等75名手付通股东发行股份及支付现金购买其合计持有的手付通99.85%的股权，并发行股份募集配套资金。	补充说明标的资产与平台公司合作模式的稳定性、可持续性，以及对平台公司是否存在重大依赖，对持续盈利能力是否有不利影响。进一步说明配套融资的必要性。	4.03
4	02-20	世纪华通	81	向曜瞿如等29名交易对象发行股份及支付现金购买其合计持有的盛跃网络100%的股权，并非公开发行股票募集本次重组的配套资金。	补充披露标的公司所涉知识产权纠纷的最新进展情况，报告期内和预测期内标的公司所涉知识产权纠纷相关产品的销售收入在标的公司营业收入中的占比，以及若上述纠纷解决结果不利于标的公司因而对标的公司稳定经营和持续盈利能力的影响及相关应对措施。	298.03
5	02-27	万达电影	67	向万达投资等20名交易对象发行股份购买其持有的万达影视95.7683%的股权。	结合现有电影、电视剧的储备情况及完成情况，以及电影业务在预测期版权收入和广告收入的情况，进一步说明标的资产预测期业绩增长的依据和可实现性。	105.24
6	02-28	青松股份	47	发行股份及支付现金购买香港诺斯贝尔等19名交易对象合计持有的诺斯贝尔90%的股权，同时发行股份募集配套资金。	进一步说明本次交易完成后保持上市公司控制权稳定性的措施安排。	24.30

续表

序号	上会时间	上市公司	审核时间（天）	项目概要	审核意见	项目规模（亿元）
7	02-28	云南白药	37	通过向控股股东白药控股的三家股东云南省国资委、新华都及江苏鱼跃发行股份的方式对白药控股实施吸收合并。	进一步补充说明本次交易的必要性与合法性。 进一步说明资产剥离涉及的相关转让款、往来款项的回收保障措施。	180.17
8	03-13	蓝黛传动	53	向晟方投资等33名交易对象以发行股份及支付现金的方式购买台冠科技89.6765%的股权，并发行股份募集配套资金。	进一步披露报告期内经营性现金流和净利润不匹配的原因及合理性。	7.15
9	03-19	霞客环保	84	协鑫能科重组上市。上市公司拟将除保留资产以外的全部资产与负债作为置出资产，与标的资产协鑫能科75%股权的等值部分进行置换。差额以发行股份的方式向标的公司股东上海其辰等4名对象购买。	进一步补充说明标的公司与实际控制人及其一致行动人控制企业之间不存在同业竞争的相关依据。 补充说明标的公司的业务结构变化及市场环境和相关行业政策的变化是否对标的公司的持续盈利能力构成重大不利影响。	43.97
10	03-19	汉嘉设计	70	以发行股份及支付现金的方式向高重建等97名交易对象收购杭设股份85.68%的股权。	根据申请人与交易对象签订的《购买资产协议》及申请人与杭州城建投签署的《期后事项安排协议》的约定，在业绩承诺期内，涉及标的公司的重大经营事项须经董事会全票通过，标的公司董事会中杭州城建投有权委派一名董事。请申请人补充披露上述协议安排对标的公司正常经营及本次交易完成后上市公司对标的公司的有效控制是否构成影响。	5.83
11	03-25	新开源	152	向芜湖长谦等6名对象发行股份购买其合计持有的新开源生物83.74%的股权，主要资产为间接持有BioVision 100%的股权，并发行股份募集配套资金。	结合标的资产的核心竞争力，补充披露本次交易中大额商誉形成的合理性、减值风险及应对措施。 结合标的资产商标和专利情况、核心技术人员的聘用等，进一步说明对标的资产未来生产经营的影响及应对措施。	17.00

第一章　2019年上市公司并购重组、审核及监管情况

续表

序号	上会时间	上市公司	审核时间（天）	项目概要	审核意见	项目规模（亿元）
12	03-27	宁波热电	90	向能源集团发行股份购买其持有的明州热电100%的股权、科丰热电98.93%的股权、久丰热电40%的股权、宁波热力100%的股权和宁波海运100%的股权，向开投集团发行股份购买其持有的溪口水电51.49%的股权。	结合燃料价格变化、电力市场改革、市场环境变化、环保要求及产能淘汰等因素的影响，进一步说明标的资产持续盈利能力的稳定性。补充说明本次交易完成后关联交易占比提高对上市公司的影响，防范控股股东利用关联交易输送利益以及规范关联交易的具体措施及有效性。	11.40
13	03-27	上海临港	83	向漕总公司发行股份及支付现金购买其持有的合资公司65%的股权、高科技园公司100%的股权及科技绿洲公司10%的股权；向天健置业等5名对象发行股份购买其持有的南桥公司45%的股权、双创公司15%的股权及华万公司55%的股权，并发行股份募集配套资金。	补充说明本次交易是否有利于充分有效地解决上市公司与实际控制人的同业竞争问题。	188.99
14	04-03	兆易创新	259	以发行股份及支付现金的方式收购联意香港等11名对象合计持有的上海思立微100%的股权，并发行股份募集配套资金。	进一步披露未决诉讼事件对标的资产持续经营能力的影响。	17.00
15	04-11	博威合金	44	以发行股份及支付现金的方式购买博威集团等5名对象合计持有的博德高科93%的股份，博威合金全资子公司博威板带以支付现金的方式购买博威集团持有的博德高科7%的股份。	补充披露标的资产从事套期保值业务的情况、内部控制措施及相关会计政策。	9.90
16	04-11	露笑科技	43	发行股份购买东方创投等4名交易对象持有的顺宇股份92.31%的股权，并发行股份募集配套资金。	补充披露预测期内标的资产现金流滚动的预测情况，以及存在资金缺口情况下的应对措施。	14.85
17	04-16	汤臣倍健	89	向中平国璟等4名对象发行股份购买其合计持有的汤臣佰盛46.67%的股权。	补充说明可比上市公司法评估中主要财务指标选取及评分结果以及市场法评估结果选择赋值方式的合理性及公允性。	14.00

续表

序号	上会时间	上市公司	审核时间（天）	项目概要	审核意见	项目规模（亿元）
18	04-22	朗新科技	89	发行股份购买徐长军等22名对象持有的易视腾科技96%的股权和邦道科技50%的股权。	补充披露标的资产易视腾科技的核心竞争力，以及在行业竞争和运营模式变化较快的情况下，大客户依赖对易视腾科技业务和盈利稳定性的影响。	37.53
19	04-28	东湖高新	120	以发行股份及支付现金的方式购买久泰投资等5名对象持有的泰欣环境70%的股权，并发行股份募集配套资金。	结合标的资产业务模式及合同条款，进一步说明收入确认原则是否符合企业会计准则；补充披露交易作价的合理性及业绩承诺可实现性的保障措施。	4.19
20	04-28	中孚信息	176	以发行股份及支付现金的方式购买黄建等5人持有的武汉剑通信息技术有限公司99%的股权，并发行股份募集配套资金。	结合2018年度标的资产收入、利润实现情况，进一步说明本次交易作价的合理性。披露交易对价分摊及商誉备考的合理性。	9.41
21	05-06	韦尔股份	131	发行股份购买绍兴韦豪等25名股东持有的北京豪威85.53%的股权、思比科42.27%的股权及9名股东持有的视信源79.93%的股权，并发行股份募集配套资金。	补充披露标的公司预测期技术研发材料全部费用化与实际相关会计处理不一致，是否影响交易对方应作出的利润承诺。补充披露北京豪威因税收规划可能造成的主要经营收益长期留存境外的情形是否符合相关税收、外汇监管要求，是否有利于维护上市公司及中小股东利益。	152.00
22	06-05	闻泰科技	37	以发行股份的方式收购云南省城投等7名对象持有的中闻金泰54.54%的股权，以支付现金的方式收购宁波圣盖柏等4名对象持有的境内基金LP份额，以发行股份和支付现金相结合的方式收购德信盛弘持有的境内基金LP份额，以发行股份的方式收购珠海融林、上海矽胤持有的合肥广讯LP份额。	补充披露针对前次重大现金收购及本次交易支付现金对价所产生的大额境内外债务的偿债资金来源、偿还能力以及对上市公司改善财务状况、增强持续盈利能力的影响。	199.25

续表

序号	上会时间	上市公司	审核时间（天）	项目概要	审核意见	项目规模（亿元）
23	06-19	中欣氟材	79	向香港高宝、雅鑫电子发行股份及支付现金购买其合计持有的高宝矿业100%的股权，并发行股份募集配套资金。	进一步补充披露标的资产业绩承诺可实现性及盈利能力稳定性的相关依据。结合上市公司经营发展战略，进一步补充披露收购完成后整合协同的不确定性及相关风险。进一步核实本次并购重组过程中是否充分识别可辨认净资产的公允价值，准确确认商誉。	8.00
24	06-26	福鞍股份	182	向中科环境发行股份购买其持有的设计院100%的股权。	进一步披露标的资产EPC业务增长对现金流、可持续经营的影响及应对措施。补充披露标的资产政策性税收优惠对评估值的影响及应对措施。	11.36
25	06-27	兴发集团	47	发行股份向宜昌兴发、金帆达购买其合计持有的兴瑞硅材料50.00%的股权，并发行股份募集配套资金。	进一步披露本次交易的必要性及合理性。进一步披露关联交易与非关联交易价格差异的原因。	17.82
26	07-05	宜昌交运	10	向道行文旅等2名对象发行股份购买九凤谷100%的股权，并发行股份募集配套资金。	结合后续整体规划、客源市场、消费特点等，补充披露标的资产盈利保持稳定并合理增长的依据。补充披露标的资产土地租金预测、土地出让金、无风险报酬率对估值的影响。	0.91
27	07-11	双汇发展	76	向罗特克斯发行股份收购双汇集团100%的资产及负债，发行完毕后注销双汇集团主体，同时注销双汇集团原持有的双汇发展股票。	结合上市公司行业特点和现有运输模式，进一步说明本次吸收合并未将双汇物流注入上市公司的原因和合理性，是否有利于上市公司业务的完整和独立。	3.90
28	07-11	新劲刚	65	向圆厚投资等16名对象以发行股份、可转换债券及支付现金的方式购买宽普科技100%的股权，并发行股份和可转换债券募集配套资金。	进一步补充披露标的公司《武器装备科研生产许可证》许可范围与《武器装备科研生产许可目录》存在差异的情况，对军品增值税免税范围及未来盈利能力的影响。	6.50

续表

序号	上会时间	上市公司	审核时间（天）	项目概要	审核意见	项目规模（亿元）
					结合所处行业的竞争格局和行业地位，进一步补充披露标的公司的核心竞争力。	
29	07-17	易成新能	60	向控股股东中国平煤神马集团等15名对象发行股份购买开封碳素100%的股权。	进一步披露标的资产预测期主要原材料（针状焦）成本预测的具体依据和测算过程以及对标的资产估值的影响。进一步披露标的资产与SANGRAF（三姆格拉芙国际公司）合同纠纷的起因、进展、对标的资产估值的影响以及保障上市公司利益的风险防范措施。	57.66
30	07-25	乐凯胶片	63	向控股股东中国乐凯发行股份购买乐凯医疗100%的股权，并发行股份募集配套资金。	披露标的资产实现预测产能拟采取的技术工艺措施及其可行性，以及标的资产核心产品被电子化替代的风险。结合标的资产与控股股东在业务、技术、商标、土地、房产等方面的关系，进一步披露本次交易对上市公司独立性的影响。进一步披露配套募集资金拟投产项目的收益预测情况。	6.49
31	07-25	华铭智能	50	向韩智等52名对象发行股份、可转换债券及支付现金购买聚利科技100%的股权，并发行可转换债券募集配套资金。	进一步披露上市公司对标的资产的整合和管控措施及其风险。	8.65
32	07-26	大冶特钢	57	向实际控制人中信集团旗下的泰富投资等6名对象发行股份购买兴澄特钢86.50%的股权。	进一步说明并披露交易完成后上市公司股权分布是否符合上市条件。	231.79
33	08-01	上海新梅	68	爱旭科技重组上市。上市公司置出资产5.17亿元，置入爱旭科技100%的股权作价58.85亿元，差额由上市公司以发行股份的方式向爱旭科技的全体股东购买。	结合整个行业的市场需求、产能扩张、竞争态势与标的公司的技术壁垒，进一步披露标的公司保持现有毛利率水平的可能性和未来业绩的可实现性。	58.85

续表

序号	上会时间	上市公司	审核时间（天）	项目概要	审核意见	项目规模（亿元）
					进一步披露标的公司业绩承诺期间可能的债务风险及解决措施。进一步披露交易完成后，上市公司健全防范资金占用和关联交易相关的内部控制措施。结合与相关主体的投资框架协议和补助约定等，补充披露将义乌基地产业发展补助计入当期损益的原因和依据；请进一步披露标的资产实际控制人代客户偿还应收账款的合规性，并说明相关会计处理是否符合企业会计准则的有关规定。	
34	08-07	康拓红外	68	向北京控制工程研究所发行股份收购轩宇空间100%的股权、轩宇智能100%的股权，并发行股份募集配套资金。	补充披露标的资产轩宇智能申请获得中核集团《合格供应商证书》范围扩项的具体内容、条件、程序及风险。	9.70
35	08-08	慧球科技	65	天下秀重组上市。慧球科技向天下秀全体股东发行股份购买天下秀100%的股权进行吸收合并，注销天下秀法人资格。交易完成后，天下秀全体股东将成为上市公司的股东。	结合行业发展趋势和竞争格局，进一步披露标的资产的核心竞争力和持续盈利能力。请评估师进一步核实并披露溢余资产计算的准确性。	39.95
36	08-14	华菱钢铁	78	向华菱集团等9名对象发行股份购买华菱湘钢13.68%的股权、华菱涟钢44.17%的股权、华菱钢管43.42%的股权。以现金购买华菱节能100%的股权。	补充披露未来环保资本性支出计划及对公司业绩的影响。结合行业情况，补充披露存货和应收账款减值计提是否充分。	104.66
37	09-10	长春高新	74	向金磊等2名对象发行股份及可转换债券购买金赛药业29.50%的股权。	补充披露对标的公司生长激素直销模式下客户的核查情况，包括但不限于客户的医疗资质、采购和销售数据、患者数量，以及标的公司的销售回款情况。	56.37

续表

序号	上会时间	上市公司	审核时间（天）	项目概要	审核意见	项目规模（亿元）
38	09-19	中国海防	112	发行股份购买海声科技100%的股权、辽海装备100%的股权等关联资产，并发行股份募集配套资金。	补充披露标的资产的独立性和关联交易情况，以及增强独立性和减少关联交易的具体措施。补充披露过渡期内标的资产与研究所开展业务合作的具体模式，以及对免征增值税和经营业绩的影响。	67.50
39	09-19	天业通联	90	天业通联实现重组上市。向华建兴业出售截至评估基准日之全部资产与负债，华建兴业以现金方式支付对价。向晶泰福等9名对象发行股份购买其合计持有的晶澳太阳能100%的股权。	补充披露《长期供应协议》的具体内容、会计处理的合规性及对标的公司未来经营业绩的影响。补充披露标的公司资产负债率较高对公司持续经营能力的影响，以及防范偿债风险的具体措施。	75.00
40	09-24	建研院	94	发行股份及支付现金购买冯国宝等11名自然人所持有的中测行100%的股权，并发行股份募集配套资金。	补充说明是否充分识别标的资产的各项可辨认资产，以及相关会计处理的合规性。	2.91
41	09-24	合肥城建	60	发行股票向工业控股购买工业科技100%的股权，并发行股份募集配套资金。	结合工业地产业务特点及所处区域产业发展态势，补充披露标的资产部分项目去化率较低的原因及其变动趋势。	12.86
42	09-27	华峰氨纶	49	向华峰新材全体股东发行股份及支付现金购买其合计持有的华峰新材100%的股权，并发行股份募集配套资金。	补充披露本次交易完成后减少关联交易、消除同业竞争的具体措施。	120.00
43	09-19	中京电子	79	以发行可转换债券、股份和支付现金的方式向胡可等8名对象购买珠海亿45.00%的股权，向新迪公司等9名对象购买元盛电子23.88%的股权，同时发行可转换债券募集配套资金。	结合行业竞争格局以及标的资产近三年客户结构的变化情况，补充披露标的资产未来营业收入的可实现性和较高毛利率的可持续性。	2.70
44	10-09	威华股份	103	发行股份购买盛屯集团等6名股东持有的盛屯锂业100%的股权，并发行股份募集配套资金。	结合标的资产矿山建设相关证书和手续的办理进展情况，补充披露确保2019年产出产品并实现销售的具体措施。	9.23

续表

序号	上会时间	上市公司	审核时间（天）	项目概要	审核意见	项目规模（亿元）
					补充披露本次交易完成后上市公司提升内控有效性、健全公司治理和保障中小投资者合法权益的具体措施。	
45	10-10	雷科防务	48	向交易对象发行股份、可转换债券及支付现金购买西安恒达及江苏恒达100%的股权，并发行可转换债券募集配套资金。	补充披露连续收购后的经营和管控风险。 补充披露标的资产各项可辨认净资产的公允价值以及应对商誉减值风险的具体措施。	6.25
46	10-17	武汉中商	111	居然新零售重组上市。以非公开发行股份的方式购买居然控股等23名交易对象持有的居然新零售100%的股权。交易完成后，上市公司控股股东由武汉商联变更为居然控股。	补充披露标的资产内部控制建立、运行的有效性，及其对标的资产独立性和财务报表核算准确性的影响。 补充披露标的资产存在权属瑕疵物业的具体情况及对经营稳定性的影响。 补充披露标的资产加盟业务的收入构成及会计核算政策；本次交易完成后，合并成本的确认方式及所形成商誉的后续影响。	356.50
47	10-21	通产丽星	111	向清研投控等9家企业发行股份购买其持有的力合科创100%的股权，并发行股份募集配套资金。	补充披露本次交易完成后保障上市公司双主业持续稳定运行的制度安排和具体措施。 补充披露避免标的资产和深投控未来潜在同业竞争的制度安排和具体措施。	55.02
48	10-21	大烨智能	369	发行股份及支付现金购买吴国栋等3人持有的苏州国宇70%的股权。	补充披露本次交易完成后上市公司对标的资产财务资金管理、产品质量控制的制度安排和具体措施。	3.09
49	10-30	中闽能源	76	向投资集团发行股份和可转换债券购买中闽海电100%的股权，并发行可转换债券募集配套资金。	补充披露标的资产二期项目未按计划施工的原因、对业绩承诺的影响，以及确保该项目如期完工的具体措施。 补充披露剥离三期项目不构成同业竞争的依据。	25.39

续表

序号	上会时间	上市公司	审核时间（天）	项目概要	审核意见	项目规模（亿元）
50	11-01	岷江水电	84	将除保留资产外的全部资产、负债及业务作为置出资产，与信产集团持有的中电飞华67.31%的股权、继远软件100%的股权、中电普华100%的股权、中电启明星75%的股权等值部分进行置换。发行股份向信产集团、龙电集团和西藏龙坤购买资产：（1）向信产集团购买上述重大资产置换的差额部分；（2）向龙电集团和西藏龙坤购买其分别持有的中电飞华5%的股权和27.69%的股权。支付现金向加拿大威尔斯购买其持有的中电启明星25%的股权。发行股份募集配套资金。	请中介机构就本次交易是否符合《上市公司重大资产重组管理办法》第四十三条第一款中有利于减少关联交易的相关规定发表明确意见。结合标的资产报告期内审计重大调整事项的具体原因、依据、受影响的科目，以及会计处理的恰当性，补充披露会计基础的规范性和内部控制的有效性。	33.54
51	11-01	南纺股份	49	发行股份向夫子庙文旅购买其持有的秦淮风光51.00%的股权，并向控股股东旅游集团非公开发行股份募集配套资金。	补充披露标的资产特许经营权本次评估较前次评估大幅增值的原因及合理性。	5.33
52	11-04	江苏索普	258	发行股份及支付现金购买索普集团醋酸及衍生品业务相关经营性资产和负债，现金购买化工新发展主要经营性资产和负债，同时向镇江国控发行股份募集配套资金。	补充披露本次交易拟剥离金融负债的期后偿还情况，上市公司是否存在法律风险及相关应对措施。补充披露本次交易完成后上市公司保持独立性的具体措施和制度安排。	40.52
53	11-06	国农科技	99	发行股份购买彭澎等19名交易对象合计持有的智游网安100%的股权。	结合标的资产的核心技术、研发投入、客户开拓能力以及行业特点等情况，补充披露标的资产高毛利率和高销售净利率的合理性、业绩高增长的可持续性。	12.81
54	11-06	兰太实业	200	发行股份及支付现金向吉兰泰集团购买其持有的氯碱化工100%的股权，高分子公司100%的股	补充披露保障上市公司关联交易定价公允的制度安排和具体措施。	41.48

续表

序号	上会时间	上市公司	审核时间（天）	项目概要	审核意见	项目规模（亿元）
				权、纯碱业务经营性资产及负债，中盐昆山100%的股权，并发行股份募集配套资金。		
55	11-13	上海莱士	225	发行股份购买基立福持有的GDS已发行在外的40股A系列普通股（占GDS已发行在外的100股A系列普通股的40%）以及已发行在外的50股B系列普通股（占GDS已发行在外的100股B系列普通股的50%），合计45%GDS股权。	补充披露未来确保上市公司控制权稳定性的具体措施。 结合标的资产历次收购及整合情况，补充披露商誉减值测试情况和相关风险。 补充披露交易完成后上市公司规范关联交易、保证价格公允的具体措施。	132.46
56	11-13	东方能源	68	发行股份购买国家电投、南网资本、云能资本、国改基金、中豪置业合计持有的资本控股100%的股权（资本控股持有国家电投财务24%的股权、国家电投保险经纪100%的股权、百瑞信托50.24%的股权、先融期货44.20%的股权、永诚保险6.57%的股权）。	补充披露交易完成后标的资产下属国家电投集团财务有限公司规范和减少关联交易的具体安排。	151.12
57	11-14	北京君正	54	北京君正及其全资子公司合肥君正以发行股份及支付现金的方式购买屹唐投资、华创芯原、上海瑾矽、民和志威、闪胜创芯、Wordwide Memory Co., Limited、Asia-Pacific Memory Co., Limited、厦门芯华持有的北京矽成59.99%的股权，以及武岳峰集电、上海集岑、北京青禾、万丰投资、承裕投资持有的上海承裕100%的财产份额，并发行股份募集配套资金。	补充披露标的资产评估中选择2%永续增长率的依据及合理性。 结合标的资产的行业地位、核心技术等，补充披露商誉减值风险。 补充披露标的资产经销模式下具体的收入核算政策，研发费用和委外研发费用的构成，委外研发的形成原因及主要合作方。	72.00
58	11-20	航天长峰	77	向防御院和朝阳电源发行股份购买其合计持有的航天朝阳电源100%的股权。防御院为上市公司控股股东。	补充披露标的资产采取代理商销售模式的合理性和经营风险，以及交易完成后上市公司对标的资产的管控措施。	9.61

续表

序号	上会时间	上市公司	审核时间（天）	项目概要	审核意见	项目规模（亿元）
59	11-20	沃施股份	179	公司发行股份购买沃晋能源增资后41%的股权。本次交易前，公司已持有沃晋能源51%的股权，公司直接及间接享有中海沃邦的权益比例为37.17%。本次交易后公司持有沃晋能源92%的股权，公司直接及间接享有中海沃邦的权益比例为48.32%。	补充披露标的资产所涉探采矿权证未及时取得对生产经营的影响。补充披露本次评估所涉所得税率、探采矿权证以及开采规模等假设的合理性。	6.10
60	12-04	辉隆股份	55	向辉隆投资、蚌埠隆海以及解凤贤等40名自然人发行股份、可转换公司债券及支付现金购买其持有的海华科技100%的股权，同时发行股份及可转换债券募集配套资金。	结合标的资产产品市场供需状况、竞争态势、后续产能扩张及产业延伸等方面，补充披露标的资产盈利能力的稳定性及业绩预测的合理性。	8.28
61	12-04	天津磁卡	341	向渤化集团非公开发行股份购买其持有的渤海石化100%的股权，并发行股份募集配套资金。	结合丙烯－丙烷价差波动情况、下游客户需求变化和行业新增产能情况，补充披露其对标的资产盈利能力稳定性的影响。补充披露标的资产关联销售占比下降的合理性和可持续性，以及相关规范措施。	18.81
62	12-10	润邦股份	96	向王春山、宁波舜耕等9名交易对象以发行股份的方式购买其合计持有的中油优艺73.36%的股权。本次交易完成后上市公司合计控制中油优艺100%的股权。	结合标的资产产能建设、产能利用率和市场情况等，补充披露前两次业绩承诺未实现的原因、本次交易盈利预测的可实现性和业绩承诺补偿的保障措施。	9.90
63	12-11	河池化工	53	重大资产出售：向鑫远投资出售上市公司尿素生产相关的实物资产、河化有限和河化安装100%的股权及部分负债，交易价格为1元。发行股份购买资产及配套融资：向徐宝珠等8名自然人发行股份及支付现金购买南松医	结合上市公司控股股东与长城国瑞诉讼的最新进展情况，补充披露上述纠纷是否会对本次重组构成实质性影响及解决措施。	5.51

续表

序号	上会时间	上市公司	审核时间（天）	项目概要	审核意见	项目规模（亿元）
				药 93.41% 的股份，并发行股份募集配套资金。 上述重大资产出售、发行股份及支付现金购买资产互为前提。		
64	12-17	东音股份	173	罗欣药业重组上市。 重大资产置换：东音股份将截至评估基准日扣除保留资产外的全部资产及负债作为置出资产，与交易对象持有的罗欣药业 99.65% 股权中的等值部分进行资产置换，拟置出资产承接主体为方秀宝指定的主体。 股份转让：上市公司控股股东、实际控制人方秀宝及其一致行动人李雪琴、方东晖、方洁音合计转让 60,260,900 股东音股份股票，占比 16.80%，交易对价合计为 8.60 亿元。上述股票的受让方为得怡欣华、得怡恒佳、得怡成都。 发行股份购买资产：东音股份以非公开发行 A 股股份的方式向交易对象按其各自持有拟置入资产的比例发行股份购买拟置入资产与拟置出资产的差额部分 66.36 亿元。 上述重大资产置换、股份转让和发行股份购买资产同时生效、互为前提。	结合标的资产行业政策变化、核心竞争力、新药研发上市进展等，补充披露标的资产盈利能力的稳定性及盈利预测的可实现性。 结合本次置出资产特征，补充披露置出资产估值的合理性及其对本次交易作价的影响。	75.39
65	12-25	国睿科技	70	向十四所发行股份购买其持有的国睿防务 100% 的股权，向国睿集团、张少华等 5 名对象发行股份及支付现金购买其合计持有的国睿信维 95% 的股权，并发行股份募集配套资金。	补充披露国睿大厦评估方法的选取依据及作价合理性。	68.61

续表

序号	上会时间	上市公司	审核时间（天）	项目概要	审核意见	项目规模（亿元）
66	12-25	置信电气	57	发行股份向英大集团等8名对象收购英大信托73.49%的股权和英大证券96.67%的股权，并发行股份募集配套资金。	补充披露本次交易完成后上市公司应对新增金融业务风险、保障双主业平稳运行的管控措施。补充披露英大信托拓展非关联客户的可行性、确保关联交易定价公允的具体措施。	143.98
67	12-26	荣科科技	43	发行股份及支付现金购买徐州瀚举创业投资合伙企业（有限合伙）等5名对象合计持有的今创信息70%的股权，并发行股份募集配套资金。	结合标的资产在行业细分领域的优势、行业进入壁垒等，补充披露标的资产的核心竞争力。补充披露对标的公司无形资产的识别和估值情况，及其对合并商誉的影响。	2.10
68	12-30	万邦德	214	向万邦德集团、九鼎投资等27名对象发行股份购买其合计持有的万邦德制药100%的股权。	结合标的资产产品销售和研发情况，补充披露标的资产未来持续盈利能力的稳定性。结合标的资产OTC销售模式，补充披露相关收入确认政策的合理性和收入核算的规范性。补充披露标的资产2019年1—11月经营性现金流净额与净利润背离的原因及合理性。	27.30
69	12-31	华友钴业	40	向信达新能以发行股份的方式购买其持有的华友衢州15.68%的股权，并发行股份募集配套资金。交易完成后上市公司将持有华友衢州100%的股权。	结合标的资产产能、市场需求等，补充披露标的资产盈利预测的合理性和可实现性。	8.05

资料来源：证监会官网。

附件3：2019年并购重组委未通过重组项目情况一览表

序号	上会时间	上市公司	项目概要	审核意见	项目规模（亿元）
1	01-23	欧比特	发行股份和支付现金购买樊海东等持有的佰信蓝图99.73%的股权；购买朱正荣等持有的浙江合信100%的股权，并发行股份募集配套资金。	1.标的资产持续盈利能力存在较大不确定性，不符合《上市公司重大资产重组管理办法》第四十三条的相关规定。 2.本次交易募集配套资金不符合《创业板上市公司证券发行管理暂行办法》第十一条第一款的相关规定。 3.标的资产历次股权转让相关会计处理的合规性披露不充分，不符合《上市公司重大资产重组管理办法》第四条的相关规定。	4.21
2	01-29	向日葵	发行股份购买向日葵投资持有的贝得药业100%的股权。	标的资产未来盈利能力的稳定性具有重大不确定性，不符合《上市公司重大资产重组管理办法》第十一条、第四十三条的相关规定。	7.50
3	04-03	赛摩电气	发行股份和支付现金购买杨海生等持有的广浩捷100%的股权，并发行股份募集配套资金。	1.申请人关于历次并购对上市公司资产质量、持续经营能力的影响及管控风险披露不充分，不符合《上市公司重大资产重组管理办法》第四条的相关规定。 2.本次标的公司盈利预测可实现性存在不确定性，不符合《上市公司重大资产重组管理办法》第四十三条的相关规定。	6.68
4	04-24	天津磁卡	向渤化集团非公开发行股份购买其持有的渤海石化100%的股权，并发行股份募集配套资金。后经二次上会通过。	标的公司持续盈利能力的稳定性披露不充分，不符合《上市公司重大资产重组管理办法》第四十三条的相关规定。	18.81
5	05-09	大烨智能	发行股份及支付现金购买吴国栋等人持有的苏州国宇70%的股权。后经二次上会通过。	申请文件披露的相关财务信息与标的公司实际经营情况存在不一致，申请材料关于标的公司现金流预测依据及合理性披露不充分，不符合《上市公司重大资产重组管理办法》第四条和第四十三条的相关规定。	3.15

续表

序号	上会时间	上市公司	项目概要	审核意见	项目规模（亿元）
6	05-16	江苏索普	发行股份及支付现金购买索普集团醋酸及衍生品业务相关经营性资产和负债，以支付现金的方式购买化工新发展主要经营性资产和负债，并发行股份募集配套资金。后经二次上会通过。	标的资产主要产品价格波动较大，持续盈利能力存在重大不确定性，不符合《上市公司重大资产重组管理办法》第四十三条的相关规定。	48.92
7	06-26	中体产业	发行股份及支付现金向华体集团等对象购买中体彩科技51%的股权和国体认证62%的股权，拟通过支付现金的方式购买中体彩印务30%的股权和华安认证100%的股权，并发行股份募集配套资金。	本次交易标的部分资产权属不清晰，交易完成后将增加上市公司关联交易，不符合《上市公司重大资产重组管理办法》第十一条和第四十三条的相关规定。	10.83
8	06-27	博瑞传播	向控股股东成都传媒集团以发行股份的方式购买其持有的现代传播100%的股权及公交传媒70%的股权。	标的资产持续盈利能力存在不确定性，不符合《上市公司重大资产重组管理办法》第四十三条的相关规定。	7.12
9	07-24	建投能源	向控股股东建投集团发行股份购买张河湾公司45%的股权、秦热公司40%的股权。	申请人未充分披露标的资产与上市公司主营业务具有显著协同效应，标的资产持续盈利能力的稳定性具有重大不确定性，标的资产房屋建筑物存在权属瑕疵，不符合《上市公司重大资产重组管理办法》第十一条和第四十三条的相关规定。	10.49
10	07-24	兰太实业	发行股份及支付现金购买控股股东中盐吉兰泰盐化集团旗下氯碱化工100%的股权、高分子公司100%的股权、纯碱业务经营性资产及负债，中盐昆山100%的股权，并发行股份募集配套资金。后经二次上会通过。	未充分披露本次交易有利于保持和增强上市公司独立性的具体措施，标的资产持续盈利能力存在重大不确定性，不符合《上市公司重大资产重组管理办法》第十一条和第四十三条的相关规定。	41.48

第一章 2019年上市公司并购重组、审核及监管情况

续表

序号	上会时间	上市公司	项目概要	审核意见	项目规模（亿元）
11	07-26	金浦钛业	向金浦东部投资等对象发行股份购买其合计持有的古纤道绿色纤维100%的股权，并发行股份募集配套资金。	标的资产会计基础薄弱，缺乏独立性，持续盈利能力存在不确定性，不符合《上市公司重大资产重组管理办法》第十一条和第四十三条的相关规定。	56.00
12	09-24	科恒股份	以发行股份及支付现金的方式购买肖谊荣等9名交易对象合计持有的誉辰自动化100%的股权、14名交易对象合计持有的诚捷智能100%的股权，并发行股份募集配套资金。	标的资产未来持续盈利能力存在较大不确定性，不符合《上市公司重大资产重组管理办法》第十一条和第四十三条的相关规定。	6.84
13	09-25	万邦德	向万邦德集团等27名对象发行股份购买其合计持有的万邦德制药100%的股权。后经二次上会通过。	申请人未能充分说明标的资产盈利预测的合理性及持续盈利能力稳定的依据，不符合《上市公司重大资产重组管理办法》第四条和第四十三条的相关规定。	27.30
14	09-26	多喜爱	浙建集团重组上市。浙建集团受让多喜爱29.83%的股权后，多喜爱拟将截至评估基准日的全部资产及负债全部置入下属全资子公司后置出，上市公司以置出资产与国资运营公司拥有的部分置入资产的交易定价等值部分进行置换，同时，上市公司向交易对象以非公开发行股份的方式购买差额部分，吸收合并浙建集团。后经二次上会通过。	标的资产的资产负债率较高，经营性现金流和投资性现金流持续大额为负，持续盈利能力和流动性存在不确定性，不符合《上市公司重大资产重组管理办法》第十一条和第四十三条的相关规定。标的资产内部控制存在较大缺陷，会计基础薄弱，不符合《首次公开发行股票并上市管理办法》第十七条和第二十二条的相关规定。	72.82
15	10-22	嘉麟杰	以发行股份的方式购买上海永普及深圳和普合计持有的北极光电100%的股权，并发行股份募集配套资金。	申请人未充分说明标的资产承诺业绩的可实现性及未来盈利能力的稳定性，不符合《上市公司重大资产重组管理办法》第四十三条的相关规定。	2.60

续表

序号	上会时间	上市公司	项目概要	审核意见	项目规模（亿元）
16	10-25	汇金科技	以发行股份、可转换公司债券及支付现金的方式向新余尚为等14名股东购买其持有的尚通科技100%的股权，并发行可转换债券募集配套资金。	申请人未能充分披露技术发展、政策变化等对标的资产业务的影响，标的资产未来盈利能力存在重大不确定性，不符合《上市公司重大资产重组管理办法》第四条和第四十三条的相关规定。	5.94
17	11-21	中船科技	发行股份购买中船集团和中船电科分别持有的海鹰集团41.65%和58.35%的股权，并发行股份募集配套资金。本次交易完成后，海鹰集团将成为上市公司的全资子公司。	标的资产未来持续盈利能力存在重大不确定性，不符合《上市公司重大资产重组管理办法》第四十三条的相关规定。	21.10
18	11-29	海洋王	发行股份及支付现金购买朱恺、童莉和莱盟建设持有的明之辉51%的股权，其中交易对价的75%以发行股份的方式支付，交易对价的25%以现金的方式支付，并发行股份募集配套资金。	标的资产的坏账准备计提、资产减值准备计提和呼和浩特亮化工程项目相关资产债务剥离等信息披露不充分，盈利能力存在不确定性。	2.71
19	12-12	共达电声	万魔声学重组上市。在本次交易前，万魔声学（本次交易标的）通过股权融资的方式筹集资金，以子公司爱声声学为主体，收购了共达电声15.27%的股权。在本次交易中，共达电声拟向万魔声学全体股东非公开发行股份收购万魔声学100%的股权，从而对万魔声学实施吸收合并。完成后，万魔声学将注销法人资格，共达电声作为存续公司，承接万魔声学的全部资产、债权、	申请人关于标的资产近三年实际控制人未发生变更的披露不充分，不符合《首次公开发行股票并上市管理办法》第十二条和《上市公司重大资产重组管理办法》第十三条的相关规定。标的资产销售和利润来源对关联方依赖度较高，不符合《上市公司重大资产重组管理办法》第四十三条的相关规定。	33.60

续表

序号	上会时间	上市公司	项目概要	审核意见	项目规模（亿元）
			债务、业务、人员及相关权益，同时注销爱声声学所持公司15.27%的股份。		
20	12-26	三峡水利	向新禹投资、周泽勇等25名对象发行股份及支付现金购买其持有的联合能源88.55%的股权、长兴电力100%的股权，并发行股份募集配套资金。	申请人未能充分说明并披露本次交易有利于提高上市公司资产质量、改善财务状况和增强持续盈利能力，不符合《上市公司重大资产重组管理办法》第四十三条的相关规定。	65.44
21	12-26	奥普光电	向光机所等8名对象发行股份及支付现金购买其合计持有的广华微电子100%的股权，并发行股份募集配套资金。	申请人未能充分说明标的资产新产品业绩预测的依据和合理性，标的资产未来盈利能力可实现性存在重大不确定性，不符合《上市公司重大资产重组管理办法》第四条和第四十三条的相关规定。	3.91

资料来源：证监会官网。
注：这里的统计包含了6个二次上会获得通过的项目。

附件4：2019年并购项目配套融资情况一览表

序号	上市公司	项目规模（亿元）	配融规模（亿元）	配融占比（%）	可转债融资（亿元）	可转债融资占比（%）
1	闻泰科技	199.25	70.00	35.13	—	0.00
2	上海临港	188.99	60.00	31.75	—	0.00
3	中国海防	67.50	32.01	47.43	—	0.00
4	世纪华通	298.03	31.00	10.40	—	0.00
5	置信电气	143.98	30.00	20.84	—	0.00
6	国机汽车	31.05	23.98	77.23	—	0.00
7	韦尔股份	152.00	20.00	13.16	—	0.00
8	华峰氨纶	120.00	20.00	16.67	—	0.00
9	中金黄金	85.05	20.00	23.52	—	0.00
10	天津磁卡	18.81	18.00	95.69	—	0.00
11	北京君正	72.00	15.00	20.83	—	0.00
12	中国动力	100.63	15.00	14.91	15.00	100.00
13	岷江水电	33.54	14.81	44.16	—	0.00
14	盛屯矿业	21.39	10.60	49.56	—	0.00
15	长春高新	56.37	10.00	17.74	—	0.00
16	合肥城建	12.86	10.00	77.76	—	0.00
17	兆易创新	17.00	9.78	57.52	—	0.00
18	康拓红外	9.70	8.25	85.03	—	0.00
19	兰太实业	41.48	8.00	19.29	—	0.00
20	华友钴业	8.05	8.00	99.38	—	0.00
21	继峰股份	37.54	7.98	21.26	—	0.00
22	青松股份	24.30	7.00	28.81	—	0.00
23	威华股份	9.23	6.60	71.51	—	0.00
24	辉隆股份	8.28	6.44	77.79	5.14	79.82
25	中孚信息	9.41	5.80	61.65	—	0.00
26	新开源	17.00	5.60	32.94	—	0.00
27	中闽能源	25.39	5.60	22.06	5.60	100.00
28	赤峰黄金	5.10	5.10	100.00	—	0.00
29	鄂尔多斯	24.53	5.00	20.38	—	0.00
30	通产丽星	55.02	5.00	9.09	—	0.00
31	中泰股份	14.55	4.40	30.24	—	0.00
32	蓝黛传动	7.15	4.00	55.94	—	0.00

续表

序号	上市公司	项目规模（亿元）	配融规模（亿元）	配融占比（%）	可转债融资（亿元）	可转债融资占比（%）
33	中欣氟材	8.00	4.00	50.00	—	0.00
34	江苏索普	40.52	4.00	9.87	—	0.00
35	雷科防务	6.25	3.97	63.52	3.97	100.00
36	露笑科技	14.85	3.84	25.86	—	0.00
37	乐凯胶片	6.49	3.50	53.93	—	0.00
38	优博讯	8.15	3.50	42.94	—	0.00
39	同有科技	5.80	3.48	60.00	—	0.00
40	汇川技术	24.87	3.20	12.87	—	0.00
41	新劲刚	6.50	3.00	46.15	0.75	25.00
42	科斯伍德	8.13	3.00	36.90	—	0.00
43	晶瑞股份	4.10	3.00	73.17	—	0.00
44	国泰集团	5.70	2.85	49.99	2.85	100.00
45	必创科技	6.20	2.50	40.32	1.25	50.00
46	中京电子	2.70	2.40	88.89	2.40	100.00
47	东湖高新	4.19	2.20	52.51	—	0.00
48	建研院	2.91	1.99	68.44	—	0.00
49	赛腾股份	2.10	1.40	66.67	—	0.00
50	华铭智能	8.65	1.20	13.87	—	0.00
51	河池化工	5.51	1.20	21.78	—	0.00
52	荣科科技	2.10	1.18	56.00	—	0.00
53	南纺股份	5.33	0.80	15.01	—	0.00
54	朗姿股份	3.16	0.50	15.82	—	0.00
55	宜昌交运	0.91	0.42	46.15	—	0.00
56	天瑞仪器	1.44	0.42	28.82	—	0.00
57	纳尔股份	0.91	0.32	34.85	—	0.00
58	中工国际	12.71	0.20	1.57	—	0.00
合计		2,113.36	561.01	26.55	36.96	6.59

资料来源：证监会官网。

附件5：2019年过会项目股价涨跌情况一览表

排名	证券简称	行业	全年股价涨幅（%）	超过沪深300同期涨幅情况①（%）
1	韦尔股份	电子	389.56	353.78
2	北京君正	电子	378.05	342.27
3	闻泰科技	通信	337.77	301.99
4	兆易创新	电子	229.97	194.19
5	岷江水电	电力及公用事业	226.03	190.25
6	中孚信息	计算机	224.15	188.37
7	中航善达	房地产	179.01	143.23
8	大冶特钢	钢铁	177.50	141.72
9	置信电气	电力设备及新能源	159.12	123.34
10	长春高新	医药	156.11	120.33
11	晶瑞股份	基础化工	140.12	104.34
12	东音股份	机械	130.55	94.77
13	慧球科技	房地产	95.18	59.40
14	赛腾股份	机械	79.05	43.27
15	东方能源	电力及公用事业	74.81	39.03
16	上海新梅	房地产	72.35	36.57
17	华友钴业	有色金属	70.71	34.93
18	华铭智能	电子	69.34	33.56
19	博威合金	有色金属	66.65	30.87
20	同有科技	计算机	64.74	28.96
21	中京电子	电子	63.70	27.92
22	美的集团	家电	62.22	26.44
23	康拓红外	计算机	62.15	26.37
24	荣科科技	计算机	61.77	25.99
25	宜昌交运	交通运输	60.88	25.10
26	中信证券	非银行金融	60.48	24.70
27	科斯伍德	基础化工	60.41	24.63
28	鼎龙股份	基础化工	55.82	20.04
29	汇川技术	机械	53.41	17.63
30	武汉中商	商贸零售	52.53	16.75
31	华峰氨纶	基础化工	50.01	14.23
32	长川科技	电子	48.40	12.62

续表

排名	证券简称	行业	全年股价涨幅（%）	超过沪深300同期涨幅情况①（%）
33	国农科技	医药	40.92	5.14
34	朗新科技	计算机	39.01	3.23
35	航天长峰	国防军工	36.73	0.95
36	露笑科技	电力设备及新能源	36.18	0.40
37	天业通联	机械	33.57	−2.21
38	万邦德	有色金属	28.05	−7.73
39	乐凯胶片	基础化工	26.45	−9.33
40	赤峰黄金	有色金属	26.07	−9.71
41	沃施股份	建筑	25.89	−9.89
42	双汇发展	食品饮料	25.64	−10.14
43	江苏索普	基础化工	25.61	−10.17
44	云南白药	医药	24.10	−11.68
45	兰太实业	基础化工	23.26	−12.52
46	中欣氟材	基础化工	22.75	−13.03
47	天瑞仪器	机械	22.62	−13.16
48	鄂尔多斯	钢铁	22.46	−13.32
49	易成新能	电力设备及新能源	20.92	−14.86
50	国泰集团	基础化工	20.37	−15.41
51	新开源	医药	19.76	−16.02
52	中国海防	通信	19.38	−16.40
53	重庆港九	交通运输	19.22	−16.56
54	上海临港	房地产	19.13	−16.65
55	利安隆	基础化工	19.00	−16.78
56	润邦股份	机械	17.52	−18.27
57	金杯电工	电力设备及新能源	17.17	−18.61
58	盛屯矿业	有色金属	16.22	−19.56
59	朗姿股份	纺织服装	15.15	−20.63
60	必创科技	电子	13.37	−22.41
61	科力远	电子	12.82	−22.96
62	辉隆股份	基础化工	12.54	−23.24
63	新劲刚	机械	12.09	−23.69
64	国睿科技	国防军工	11.57	−24.21
65	河池化工	基础化工	11.57	−24.21

续表

排名	证券简称	行业	全年股价涨幅（%）	超过沪深300同期涨幅情况[①]（%）
66	福能股份	电力及公用事业	11.07	−24.71
67	霞客环保	基础化工	10.71	−25.07
68	天津磁卡	轻工制造	10.58	−25.20
69	华菱钢铁	钢铁	10.46	−25.32
70	继峰股份	汽车	9.62	−26.16
71	中泰股份	机械	9.56	−26.22
72	威华股份	农林牧渔	9.05	−26.73
73	通产丽星	轻工制造	8.89	−26.89
74	中闽能源	电力设备及新能源	8.81	−26.98
75	合肥城建	房地产	8.74	−27.04
76	青松股份	基础化工	7.39	−28.39
77	福鞍股份	机械	7.23	−28.55
78	多喜爱	纺织服装	2.18	−33.60
79	兴发集团	基础化工	1.89	−33.90
80	雷科防务	国防军工	1.68	−34.10
81	广东骏亚	电子	0.90	−34.88
82	中金黄金	有色金属	−0.96	−36.74
83	新力金融	非银行金融	−1.69	−37.47
84	汤臣倍健	食品饮料	−2.03	−37.81
85	皖能电力	电力及公用事业	−2.28	−38.06
86	云南旅游	消费者服务	−2.41	−38.19
87	纳尔股份	轻工制造	−2.41	−38.19
88	优博讯	通信	−2.87	−38.65
89	亨通光电	通信	−3.72	−39.50
90	国机汽车	汽车	−4.95	−40.73
91	上海莱士	医药	−7.37	−43.15
92	宁波热电	电力及公用事业	−7.46	−43.24
93	中工国际	建筑	−10.06	−45.84
94	中国动力	国防军工	−10.19	−45.97
95	世纪华通	传媒	−11.73	−47.51

续表

排名	证券简称	行业	全年股价涨幅（%）	超过沪深300同期涨幅情况[①]（%）
96	中国中铁	建筑	−13.27	−49.05
97	东湖高新	房地产	−14.65	−50.43
98	建研院	综合	−16.25	−52.03
99	万达电影	传媒	−16.86	−52.64
100	蓝黛传动	汽车	−17.79	−53.57
101	南纺股份	商贸零售	−18.54	−54.32
102	大烨智能	电力设备及新能源	−23.33	−59.11
103	汉嘉设计	建筑	−25.23	−61.01
中位数			19.38	−16.40

资料来源：Wind。

注：①沪深300指数在2019年度上涨了35.78%。

第二章
2019年上市公司并购重组被否案例解析

一、第一次被否、第二次过会的重组项目情况

在21个被否的上市公司并购重组项目中，有6个项目再次申报并在当年第二次上会后予以有条件通过。其中：

天津磁卡（600800.SH）向渤化集团非公开发行股份购买其持有的渤海石化100%的股权并发行股份募集配套资金，4月24日因标的公司持续盈利能力的稳定性披露不充分而被否，在12月4日再次上会予以有条件通过。并购重组委要求发行人补充披露其对标的资产盈利能力稳定性的影响、标的资产关联销售占比下降的合理性和可持续性以及相关规范措施。

5月9日，大烨智能发行股份及支付现金购买吴国栋等人持有的苏州国宇70%股权的重组被否，原因在于申请文件披露的相关财务信息与标的公司实际经营情况存在不一致，申请材料关于标的公司现金流预测依据及合理性披露不充分。10月21日项目重新上会获得有条件通过。

7月24日，兰太实业发行股份及支付现金购买控股股东中盐吉兰泰盐化集团旗下资产并发行股份募集配套资金在第一次上会时被否，原因是未充分披露本次交易有利于保持和增强上市公司独立性的具体措施；标的资产持续盈利能力存在重大不确定性。11月6日项目再次上会获得有条件通过。

9月26日，浙建集团受让多喜爱29.83%的股权并通过重大资产重组以实现借壳上市，因标的资产负债率较高，经营性现金流和投资性现金流持续大额为负，持续盈利能力和流动性存在不确定性，以及标的资产内部控制存在较大缺陷，会计基础薄弱等原因而被否。11月29日项目第二次上会获得无条件通过，是在用时最短、申报关注事项基本没有什么变化的情况下完成的。这样的情况比较少见。

本章介绍江苏索普收购关联方标的资产、万邦德制药向关联方借壳上市两个二次审核过会的案例。

（一）江苏索普二次收购关联方标的资产：业绩承诺与估值调整

1. 项目基本信息

收购方背景：江苏索普（600746.SH）主要从事化工原料及产品的制造和销售业务，以及电力和蒸汽的生产业务，自营和代理各类商品和技术的进出口，生产隔膜烧碱、离子膜烧碱、ADC发泡剂和漂粉精等产品，于1996年在上交所上市。镇江城市建设产业集团有限公司持有索普集团100%的股权，通过索普集团持有上市公司54.81%的股份。公司实际控制人为镇江市国资委。

江苏索普2017—2018年分别实现销售收入77,731.44万元、47,433.18万元，实现归属母公司股东的净利润7,503.17万元、358.32万元。

标的资产背景：本次交易的标的资产为索普集团醋酸及衍生品业务相关的经营性资产和负债，索普集团职工持股会的全资子公司镇江索普化工新发展有限公司（简称"化工新发展"）的经营性资产和负债、衍生品业务相关的经营性资产和负债。采取收购资产而非股权的交易形式，是为了规避标的公司复杂的历史沿革，同时避免购入标的公司非主营业务资产。

索普集团醋酸及其衍生品业务，通过索普集团下设的六大分厂和各职能部门开展。其中，六大分厂包括气化厂、甲醇厂、醋酸厂、动力厂、热电厂及电仪厂，该六大分厂承担了索普集团醋酸产业链的所有生产工作。除此之外，索普集团通过下设的其他职能部门共同完成生产经营的管理及辅助性工作。截至2018年12月31日，纳入重组范围的经营性资产总计315,402.15万元，经营性负债总计114,086.87万元。标的资产2016—2018年模拟经营数据见表2-1。

表2-1 标的资产2016—2018年模拟经营数据

单位：万元

项目	2018年	2017年	2016年
营业收入	538,930.16	430,746.34	291,649.64
净利润	146,365.88	42,468.64	−5,508.07

资料来源：《江苏索普发行股份及支付现金购买资产并募集配套资金暨关联交易报告书》（2019-12-12）。

江苏索普拟通过发行股份及支付现金的方式购买索普集团醋酸及衍生品业务相关经营性资产和负债，以支付现金方式购买化工新发展主要经营性资产和负债。

2．并购重组委的两次审核意见

证监会并购重组委 2019 年第 22 次会议于 5 月 16 日召开。江苏索普发行股份购买资产项目被否未获通过，审核意见为：标的资产主要产品价格波动较大，持续盈利能力存在重大不确定性，不符合《上市公司重大资产重组管理办法》第四十三条的相关规定。

本次被否后，上市公司在同年 6 月 4 日继续推进该交易事项。在证监会并购重组委 2019 年 11 月 4 日的第 56 次会议上，该项目获得有条件通过，审核意见为：

（a）请申请人补充披露本次交易拟剥离金融负债的期后偿还情况，上市公司是否存在法律风险及相关应对措施。

（b）请申请人补充披露本次交易完成后上市公司保持独立性的具体措施和制度安排。

3．两次上会方案比较

（1）估值方面

在第一次并购重组方案中，购买索普集团、化工新发展的相关经营性资产和负债交易对价合计 489,154.27 万元，而第二次并购重组方案调低了索普集团标的的对价，略微调高了化工新发展标的的对价，对价总体降低了 84,002.12 万元，调整后的交易对价合计 405,152.15 万元。（见表 2-2）

表 2-2　标的资产收益法下资产评估结果

项目	标的资产	账面价值（万元）	评估值（万元）	增值率（%）
第一次评估基准日：2018-12-31	醋酸及衍生品资产负债	200,827.51	474,477.67	136.26
	化工新发展资产负债	8,016.84	14,676.60	83.07
	合计	208,844.35	489,154.27	134.22
第二次评估基准日：2019-05-31	醋酸及衍生品资产负债	193,195.99	386,564.16	100.14
	化工新发展资产负债	7,659.20	18,587.99	142.69
	合计	200,855.19	405,152.15	101.71

资料来源：《江苏索普发行股份及支付现金购买资产并募集配套资金暨关联交易报告书》（2019-12-12、2019-04-27 两版）。

两次评估结论的差额见表 2-3。

该交易标的资产估值结果对应 2018 年度净利润 P/E 为 3.34 倍，第二次上会调整后对应 2018 年度净利润 P/E 为 2.77 倍，有较大幅度下调。但对应 3 年业绩承诺期的平均净利润，P/E 倍数在第二次重组时由 8.64 倍反而上升到 8.81 倍。（见表 2-4）

表 2-3　标的资产两次资产评估结果差额

单位：万元

标的资产	交易对象	第一次	第二次	差额
醋酸及衍生品资产负债	索普集团	474,477.67	386,564.16	−87,913.51
经营性资产负债	化工新发展	14,676.60	18,587.99	3,911.39
合计		489,154.27	405,152.15	−84,002.12

资料来源：《江苏索普发行股份及支付现金购买资产并募集配套资金暨关联交易报告书》（2019-12-12、2019-04-27 两版）。

表 2-4　标的资产市盈率估值

方案类型	标的资产	估值（万元）	对应上一年业绩（万元）		对应承诺期业绩（万元）	
			2018 年净利润	P/E	平均净利润	P/E
第一次上会方案	醋酸及衍生品资产负债	474,477.67	144,500.48	3.28	54,570.48	8.69
	化工新发展资产负债	14,676.60	1,865.40	7.87	2,054.65	7.14
	合计	489,154.27	146,365.88	3.34	56,625.13	8.64
第二次上会方案	醋酸及衍生品资产负债	386,564.16	144,500.48	2.68	43,738.45	8.84
	化工新发展资产负债	18,587.99	1,865.40	9.96	2,243.22	8.29
	合计	405,152.15	146,365.88	2.77	45,981.67	8.81

资料来源：《江苏索普发行股份及支付现金购买资产并募集配套资金暨关联交易报告书》（2019-12-12、2019-04-27 两版）。

（2）业绩承诺方面

索普集团对收购标的 2019—2021 年度净利润相应作了承诺。

由于行业的客观情况，第二次重组方案中醋酸及衍生品资产对 2019—2021 年的承诺净利润都有下调，其中 2019 年下调了 16,803.18 万元，2020—2021 年均调减了 7,800 万元以上，三年总计下调超过了 32,000 万元净利润。化工新发展资产则在 2019 年下调了 344.86 万元承诺净利润，2020—2021 年分别增加了 461.20 万元、449.38 万元净利润。（见表 2-5）

对于索普集团而言，基于行业的波动性，第二次重组上会时标的公司的估值虽然合计下调了 8.4 亿元，但承诺业绩总额下调了 3.2 亿元。这个结果对上市公司中小股东而言更易实现，也减轻了大股东的对赌压力。

索普集团应当就实现业绩数低于承诺数对应的资产总估值差额对上市公司进行补偿，醋酸及衍生品资产的补偿优先以股份进行补偿，股份不足时以现金进行补偿；化工新发展资产以本次交易中获得的现金对价为上限以现金方式补偿。

表 2-5　两次上会方案的业绩承诺变化

单位：万元

方案类别	标的资产	2019 年	2020 年	2021 年
第一次上会方案	醋酸及衍生品资产	55,102.35	54,608.75	54,000.35
	化工新发展资产	2,118.05	2,030.61	2,015.28
	合计	57,220.40	56,639.36	56,015.63
第二次上会方案	醋酸及衍生品资产	38,299.17	46,729.17	46,187.02
	化工新发展资产	1,773.19	2,491.81	2,464.66
	合计	40,072.36	49,220.98	48,651.68
第二次相比第一次承诺业绩差额	醋酸及衍生品资产	−16,803.18	−7,879.58	−7,813.33
	化工新发展资产	−344.86	461.20	449.38
	合计	−17,148.04	−7,418.38	−7,363.95

资料来源：《江苏索普发行股份及支付现金购买资产并募集配套资金暨关联交易报告书》（2019-12-12、2019-04-27 两版）。

（3）募集配套资金不变

两次上会的募集配套资金方案相同。江苏索普拟向镇江国控发行股份募集配套资金，募集配套资金总额不超过 40,000 万元，拟用于支付索普集团醋酸及衍生品业务相关经营性资产现金对价 20,000 万元、化工新发展经营性资产现金对价 14,676.60 万元，剩余部分用于支付本次交易的中介机构费用及交易税费。

4．方案调整分析

（1）产品价格波动较大，持续盈利能力存在重大不确定性

从报告期内的经营业绩可以看出，在醋酸价格处于高位的 2018 年，标的资产盈利 14.64 亿元，而在行业产能过剩的 2016 年，标的资产盈利 −0.56 亿元，业绩波动巨大。（见图 2-1 和表 2-6）

造成产品价格剧烈波动的主要原因是产品市场供需关系转变较快，包括：产品受市场供需关系转变的影响，国外大量醋酸产能停车导致国外需求旺盛；国内 PTA 装置开工率的提升推动了国内的需求；甲醇价格持续上涨助推了醋酸价格的上涨。标的资产对未来 3 年的业绩预测主要基于过去 5 年即 2014—2018 年的业绩，标的资产平均净利润为 58,892.15 万元。证监会据此认为标的资产持续盈利能力存在重大不确定性，未批准本次重组方案。

（2）降低交易对价和业绩承诺

在第二次上会的方案中，上市公司总结了过去十余年醋酸市场价格的波动情况，认为醋酸价格多数时间在每吨 2,800 元以上，显著低于每吨 2,800 元的概率很小。

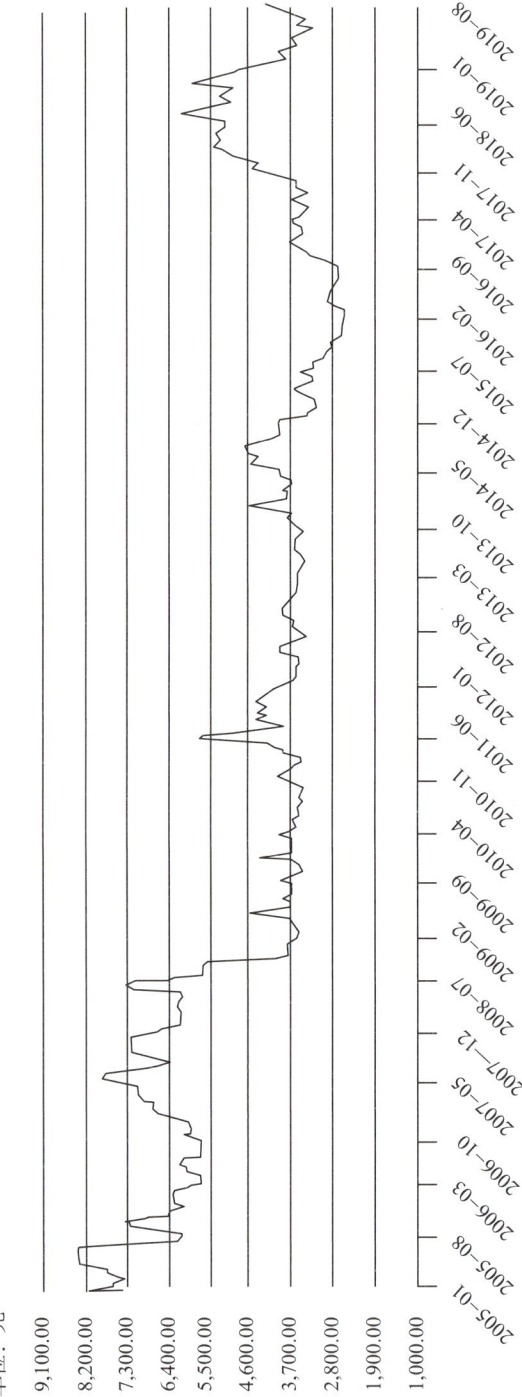

图 2-1 华东地区醋酸价格走势图

资料来源:《江苏索普发行股份及支付现金购买资产并募集配套资金暨关联交易报告书》(2019-12-12)。

表 2-6　标的资产历史业绩

项目	2018 年	2017 年	2016 年	2015 年	2014 年
营业收入（万元）	529,992.67	421,825.30	282,379.14	361,273.86	462,016.49
营业成本（万元）	325,865.72	336,847.94	267,461.09	309,977.19	338,078.46
毛利额（万元）	204,126.94	84,977.36	14,918.05	51,296.67	123,938.03
毛利率（%）	38.52	20.15	5.28	14.20	26.83
期间费用（万元）	25,792.76	23,821.78	20,494.49	39,268.37	37,695.27
营业利润（万元）	172,793.31	57,438.03	−6,898.36	10,174.37	83,820.43
净利润（万元）	146,393.57	42,445.10	−5,550.54	8,295.51	69,373.67
利润率（%）	27.62	10.06	−1.97	2.30	15.02

资料来源：《江苏索普发行股份及支付现金购买资产并募集配套资金暨关联交易报告书》（2019-12-12）。

从成本的角度来看，标的资产为全球范围内单体规模最大的醋酸生产工厂，拥有完整的上下游产业链，近年来持续优化流程管理、推进技术改造，对降低生产成本起到了显著作用。

根据预测的产品价格及成本情况，上市公司调整了标的资产盈利预测，详细数据见表 2-7。

表 2-7　调整后的标的资产盈利预测

项目	2019 年 1—5 月	2019 年 6—12 月	2019 年	2020 年	2021 年
营业收入（万元）	167,943.22	209,771.41	377,714.63	405,432.65	405,432.65
营业成本（万元）	129,649.52	169,400.73	299,050.26	312,085.43	312,463.81
毛利率（%）	22.80	19.25	20.83	23.02	22.93
营业利润（万元）	26,328.09	24,084.24	50,412.33	65,627.98	64,868.91
利润总额（万元）	25,874.48	24,084.24	49,958.72	65,627.98	64,868.91
净利润（万元）	22,009.18	18,063.18	40,072.36	49,220.98	48,651.68
利润率（%）	13.11	8.61	10.61	12.14	12.00

资料来源：《江苏索普发行股份及支付现金购买资产并募集配套资金暨关联交易报告书》（2019-12-12）。

可以看出，调整后的盈利预测较首次上会的版本更加谨慎。在盈利预测的基础上，第二次上会方案调整了标的资产收益法评估的结果，整体交易对价较前次降低了 84,002.12 万元，调低比例为 17.17%。同时也调低了业绩承诺金额，打消了并购重组委的疑虑。

（二）万邦德制药二次借壳上市：延长承诺期，提升对赌风险覆盖率

1. 项目基本情况

收购方背景：公司前身为浙江栋梁新材股份公司（002082.SZ，简称"栋梁新材"），是专业生产各种铝合金型材、铝装饰板及PS版铝基板的铝业集团公司，主要从事铝加工业务和医疗器械业务。

2016年3月—2017年8月，栋梁新材原控股股东陆志宝分两次向万邦德集团有限公司转让了上市公司18.88%的股份，转让价格总计145,000万元。上市公司实际控制人变更为赵守明及庄惠，更名为万邦德新材股份有限公司。截至本次重组，万邦德集团持有上市公司股份比例未发生变化，仍为18.88%。

上市公司2017—2018年分别实现销售收入1,463,545.82万元、1,433,531.05万元，实现归属母公司股东的净利润9,821.34万元、8,408.05万元。

标的资产背景：本次交易的标的资产为万邦德制药100%的股权。万邦德制药为万邦德集团持股37.81%的子公司。万邦德制药是一家以国家中药保护产品、国内独家生产的银杏叶滴丸为主导产品的高新技术制药企业，主营业务为现代中药、化学原料药及化学制剂的研发、生产和销售。

万邦德制药2016年—2019年6月的经营数据见表2-8。

表2-8 万邦德制药2016年—2019年6月的经营数据

单位：万元

项目	2019年1—6月	2018年	2017年	2016年
营业收入	35,874.31	73,621.97	56,422.73	69,873.88
营业成本	8,086.64	16,089.38	12,885.41	14,468.43
利润总额	9,129.22	18,747.30	7,615.32	14,179.15
归属母公司所有者净利润	7,817.99	16,220.26	6,460.34	12,372.49

资料来源：《万邦德：发行股份购买资产暨关联交易报告书》（2019-12-19）。

本次交易方案为上市公司向交易对象万邦德集团、九鼎投资等14家机构，以及赵守明、庄惠等13名自然人发行股份购买其合计持有的万邦德制药100%的股权。

在本次交易前，万邦德制药已经筹划过一次IPO、两次重大资产重组，但均在进入证监会核准程序前主动撤回了申请。

（a）2012年3月，万邦德制药向证监会申报IPO并在创业板上市。2013年11月，由于公司主要产品银杏叶产品进入国家基本药物目录，公司所处市场竞争和监管环境发生了重大变化，万邦德制药向证监会提出撤回IPO的申请。

（b）2015年9月，万邦德制药第一次借壳栋梁新材。由于交易各方就本次重组所涉及的资金方案、盈利预测补偿方案无法达成一致，于2016年3月终止了重组。

（c）2017年1月，万邦德制药第二次借壳栋梁新材，后因国内证券市场环境及监管政策等客观情况发生了较大变化，于2017年6月再次终止了重组。

2. 并购重组委的两次审核意见

证监会并购重组委2019年第44次会议于9月25日召开。万邦德发行股份购买资产未获通过，审核意见为：申请人未能充分说明标的资产盈利预测的合理性及持续盈利能力稳定的依据，不符合《上市公司重大资产重组管理办法》第四条和第四十三条的相关规定。

本次被否后，上市公司在同年11月12日决定继续推进该交易事项。在证监会并购重组委2019年12月30日召开的第74次会议上，该项目获得有条件通过，审核意见为：

（a）请申请人结合标的资产产品销售和研发情况，补充披露标的资产未来持续盈利能力的稳定性。

（b）请申请人结合标的资产OTC销售模式，补充披露相关收入确认政策的合理性和收入核算的规范性。

（c）请申请人补充披露标的资产2019年1—11月经营性现金流净额与净利润背离的原因及合理性。

3. 两次上会方案比较

（1）业绩估值及发行方案一致

标的资产为万邦德制药100%的股权，评估基准日为2018年12月31日，账面价值为64,907.79万元，收益法下评估值为273,100.00万元，评估值较账面值溢价320.75%，最后交易定价273,000.00万元。相对于2018年度的净利润，市盈率为16.84倍。

本次交易方案为上市公司向交易对方发行股份购买其合计持有的万邦德制药100%的股权。（见表2-9）

交易前后股权结构的影响见表2-10。

（2）业绩承诺及补偿措施

在第一次上会时的重组方案中，业绩承诺人为万邦德集团、赵守明等5名一致行动人，承诺万邦德制药2019—2021年经审计的净利润不低于18,450万元、22,650万元、26,380万元。承诺业绩总金额为67,480万元。

表 2-9　万邦德制药的股权结构

交易对象名称（姓名）	持万邦德制药比例（%）	发行数量（万股）	对价金额（万元）
万邦德集团	37.81	14,952.29	107,357.46
赵守明	10.78	4,264.69	30,620.46
庄惠	7.19	2,843.13	20,413.64
惠邦投资	5.68	2,244.57	16,116.03
富邦投资	3.78	1,496.38	10,744.02
赵守明、庄惠一致行动人小计	65.24	25,801.06	185,251.61
其他股东	34.76	12,221.22	87,748.39
合计	100.00	38,022.28	273,000.00

资料来源：《万邦德：发行股份购买资产暨关联交易报告书》（2019-12-19）。

表 2-10　交易前后股权结构的影响

股东名称	本次交易前		本次交易后	
	数量（万股）	比例（%）	数量（万股）	比例（%）
万邦德集团	4,494.34	18.88	19,446.63	31.46
赵守明	—	0.00	4,264.69	6.90
庄惠	—	0.00	2,843.13	4.60
惠邦投资	—	0.00	2,244.57	3.63
富邦投资	—	0.00	1,496.38	2.42
赵守明、庄惠一致行动人小计	4,494.34	18.88	30,295.40	49.01
其他本次发行对象	—	0.00	12,221.22	19.76
其他公众股东	19,305.66	81.12	19,305.66	31.23
合计	23,800.00	100.00	61,822.28	100.00

资料来源：《万邦德：发行股份购买资产暨关联交易报告书》（2019-12-19）。

在第二次上会时的重组方案中，承诺期延长 1 年，承诺金额有所增加。业绩承诺人不变，承诺万邦德制药 2019—2022 年经审计的净利润不低于 18,450 万元、22,650 万元、26,380 万元、31,250 万元，承诺业绩总金额为 98,730 万元。

标的资产估值相对于承诺期业绩而言的市盈率从 12.14 倍下调到 11.06 倍。（见表 2-11）

表 2-11　标的资产市盈率估值

上会次数	最终交易对价对应估值（万元）	对应上一年业绩		对应承诺期业绩	
		2018 年净利润（万元）	P/E	平均净利润（万元）	P/E
第一次上会	273,000.00	16,220.26	16.83	22,493.33	12.14
第二次上会	273,000.00	16,220.26	16.83	24,682.50	11.06

资料来源：《万邦德：发行股份购买资产暨关联交易报告书》（2019-12-19、2019-08-27 两版）。

关于补偿方案的前后变化，后面将分析到。

4. 方案调整分析

（1）第一次被否原因：预案承诺业绩未能完成，盈利预测合理性不足

万邦德收购标的公司预案的预估基准日为2018年4月30日，预案的评估基准日为2018年12月31日。2019年4月18日，公司披露本次重组交易报告书草案，将万邦德制药的资产估值从预估值339,800万元调整至273,000万元；业绩承诺由2018—2020年净利润分别不低于18,500万元、24,975万元和32,467.5万元，调整为2019—2021年不低于18,450万元、22,650万元和26,380万元。调整的具体原因包括：

（a）国家宏观经济增长放缓、两票制全面推行、环保政策收紧，一致性评价、临床实验成本提升使医药行业经营业绩整体增长放缓，标的公司老产品销售收入增长放慢。

（b）新产品间苯三酚注射液推迟到2019年3月投入市场，导致标的公司2018年度业绩不及预期。

2018年，标的公司实现扣非后归属于母公司所有者的净利润为15,293.31万元，较预案业绩预测完成度为82.67%。申请人根据万邦德制药2018年经营业绩的实现情况，基于谨慎性和可实现性原则，将预测期2019—2023年度营业收入复合增长率由预案阶段的20.92%调整至13.65%，预测期净利润增长率由预案阶段的26.18%调整至16.79%。

证监会在第一次反馈中重点要求申请人补充披露预案盈利预测数据调整原因，同时认为草案中经调低后的收入增长率仍然过高。由于万邦德制药2016—2018年营业收入复合增长率仅为2.65%，且2017年业绩经历了大幅下滑，再结合公司未能完成2018年预案业绩承诺值这一现状，可判断未来3年收入复合增长率达到13.65%、净利润复合增长率达到16.79%的预测对公司的压力将很大，并购重组委保持质疑，故交易未能通过核准。

（2）第二次上会方案调整：延长承诺期，提升对赌风险覆盖率

虽然证监会对本次交易的质疑集中在业绩预测的合理性上，然而，从万邦德第二次过会的申请材料来看，盈利预测数据并没有发生变化，变化的是对赌方案，具体表现在两个方面：一是业绩承诺期延长1年，2022年度承诺方须保证万邦德制药实现净利润31,250万元，较2018年实际水平增长率为104.34%，较2021年承诺值增长18.46%，2018—2022年5年增长率为15.36%。需要说明的是，由于第二次上会时间已接近2019年年底，延长1年的业绩承诺是监管部门的惯例，属于正常安排。

加大业绩补偿力度。本次借壳上市，上市公司总计向27家对象发行股份，但仅有实际控制人及一致行动人 5 名主体进行承诺和实施补偿。业绩承诺人本次获取发行股份的比例为 65.24%，另有 34.76% 的股份属于财务投资人，不参与收购后对赌。补偿条款约定，业绩承诺方内部按照如下方式确定补偿责任：

（a）万邦德集团、赵守明、庄惠为第一顺位补偿人。首先由万邦德集团、赵守明、庄惠以其在本次发行股份购买资产中获得的上市公司股份进行补偿（三方按照交易前持有万邦德制药的股权比例分配补偿金额，相互间承担连带责任）。

（b）富邦投资、惠邦投资为第二顺位补偿人：若不足的，由富邦投资、惠邦投资以其在本次发行股份购买资产中获得的上市公司股份进行补偿（比例要求同上）。

（c）万邦德集团承担兜底义务：如上述各方依次进行补偿后仍然不足以补偿的，由万邦德集团以从二级市场购买或其他合法方式取得的上市公司股份进行补偿。当股份补偿的总数达到股份补偿的最低要求后，不足部分由万邦德集团继续以现金进行补偿。

两次上会方案，承诺人和补偿顺序未发生变化，但补偿方案发生了较大调整。

①**第一次上会方案中，股份补偿最高比例达 90%，差额部分可以以现金补偿**

补偿方案约定，承诺人须以标的资产作价为基础，首先以股份方式进行补偿，其次以现金方式进行补偿，当股份补偿的总数达到本次发行股份购买资产发行的股份总数的 90% 后，差额部分可以以现金方式进行补偿。由此可计算出业绩承诺人须补偿的股份的上限为本次发行数量 38,022.28 万股的 90%，即 34,220.05 万股。业绩承诺人在发行后总计持有股份为 30,295.40 万股，即存在 3,924.65 万股的缺口。故在极端情况下，业绩承诺人须从二级市场购买股份进行补偿。

假设标的公司在承诺期 3 年中实现业绩均为 0，不考虑资产减值，补偿情况计算见表 2-12。

对象为上市公司实际控制人或关联方的，强制要求该交易对象进行业绩承诺。本次交易中，由于业绩承诺人仅获得了 65.24% 的股份对价，却要承担 100% 的业绩承诺风险，故在上述极端假设下，5 名业绩承诺人要补偿在本次交易中获取的全部股份，万邦德制药原持有的 4,494.34 万股老股也要全部用于补偿，另外还须在二级市场购买 3,924.65 万股用于补偿，并承担 27,310.00 万元的现金补偿额。

②**第二次上会方案，股份补偿最高比例 100%，差额部分以现金补偿**

第二次上会方案主要有如下调整：

业绩承诺方以 100% 股份的方式进行补偿，而非第一次上会方案的最高 90%；对未完成利润的差额部分额外以现金方式进行补偿，即每年所完成的净利润与承诺利润的差额，由承诺方额外向上市公司以现金补偿。现金补偿的金额由万邦德集团、赵守明、庄惠按照交易前在万邦德制药的占股比例计算分配。

表 2-12 第一次上会方案中的补偿方案

项目	2019 年	2020 年	2021 年	合计
业绩承诺额（万元）	18,450.00	22,650.00	26,380.00	67,480.00
占比（%）	27.34	33.57	39.09	100.00
业绩实现值（万元）	0	0	0	0
对应标的估值（万元）	74,669.46	91,667.38	106,763.16	273,100.00
应补偿总价值（万元）	74,669.46	91,667.38	106,763.16	273,100.00
应补偿股份总数（万股）	10,395.84	12,762.36	11,061.85	34,220.05
股份补偿（万股）——万邦德集团	7,046.73	8,650.86	7,673.69	23,371.28
股份补偿（万股）——赵守明	2,009.09	2,255.60	—	4,264.69
股份补偿（万股）——庄惠	1,340.02	1,503.11	—	2,843.13
股份补偿（万股）——惠邦投资	—	211.82	2,032.75	2,244.57
股份补偿（万股）——富邦投资	—	140.97	1,355.41	1,496.38
股份补偿缺口（万股）——万邦德集团	—	—	3,924.65	3,924.65
应补偿现金（万元）——万邦德集团	—	—	27,310.00	27,310.00

资料来源：《万邦德：发行股份购买资产暨关联交易报告书》（2019-08-27）。

假设标的公司在承诺期 4 年中实现业绩均为 0，不考虑资产减值，补偿情况计算见表 2-13。

从第二次上会更新的对赌方案来看，实际获得本次发行 65.24% 股份对价的承诺人，需要承担 100% 股份对价对应的业绩承诺风险，最高赔偿 38,022.28 万股，还需要最高承担 98,730.00 万元净利润现金对赌的风险。高风险覆盖率的对赌方案，确实能够起到控制上市公司未来经营风险的作用。

鉴于借壳标的过往业绩存在波动较大的瑕疵，本案例以加强对赌保障力度的方式来增加监管部门的认可度。

表 2-13 第二次上会方案中的补偿方案

项目	2019 年	2020 年	2021 年	2022 年	合计
业绩承诺额（万元）	18,450.00	22,650.00	26,380.00	31,250.00	98,730.00
当年业绩占比（%）	18.69	22.94	26.72	31.65	100.00
对应总估值（万元）	51,035.10	62,652.84	72,970.51	86,441.56	273,100.00
业绩实现值（万元）	0	0	0	0	0
应补偿总价值（万元）	51,035.10	62,652.84	72,970.51	86,441.56	273,100.00
股份补偿总数（万股）	7,105.35	8,722.83	10,159.30	12,034.80	38,022.28

续表

项目	2019年	2020年	2021年	2022年	合计
股份补偿（万股）——万邦德集团	4,816.30	5,912.69	8,150.66	8,293.85	27,173.51
股份补偿（万股）——赵守明	1,373.17	1,685.77	1,205.75	—	4,264.69
股份补偿（万股）——庄惠	915.87	1,124.37	802.89	—	2,843.13
股份补偿（万股）——惠邦投资	—	—	—	2,244.57	2,244.57
股份补偿（万股）——富邦投资	—	—	—	1,496.38	1,496.38
股份补偿缺口（万股）——万邦德集团	—	—	—	7,726.88	7,726.88
现金补偿总额（万元）	18,450.00	22,650.00	26,380.00	31,250.00	98,730.00
现金补偿（万元）——万邦德集团	12,506.18	15,353.11	17,881.46	21,182.55	66,923.29
现金补偿（万元）——赵守明	3,565.63	4,377.32	5,098.18	6,039.35	19,080.48
现金补偿（万元）——庄惠	2,378.19	2,919.57	3,400.36	4,028.10	12,726.22

资料来源：《万邦德：发行股份购买资产暨关联交易报告书》（2019-12-12）。

二、部分被否案例的解析

（一）欧比特收购佰信蓝图及浙江合信

1. 交易双方基本情况

收购方背景：珠海欧比特宇航科技股份有限公司（300053.SZ，简称"欧比特"）是国防用光电测控仪器设备的主要生产厂家，从事宇航电子、卫星大数据、人工智能三大板块业务，生产的光电测控仪器设备主要用于新型装备配套、现有装备升级换代或国防科学试验，主要客户为从事相关产品生产的军工企业和国防科研机构。公司于2010年在深交所创业板上市。2017—2018年欧比特分别实现销售收入73,885.14万元、90,599.27万元，实现归属母公司股东的净利润9,627.71万元、5,929.30万元。

标的资产背景：北京佰信蓝图科技股份公司（简称"佰信蓝图"）是一家专业提供土地调查、不动产数据整合、土地利用规划、土地整治规划、土地节约集约评价研究、农险移动终端解决方案等服务的 3S+ 服务企业，主要业务领域包括测绘业务、规划咨询业务、农险信息化业务。公司曾于 2016 年 3 月在新三板挂牌，股票代码为 836513.OC，于 2018 年 11 月退市。2017 年佰信蓝图实现销售收入 6,704.52 万元，净利润 1,391.51 万元。

浙江合信地理信息技术有限公司（简称"浙江合信"）是一家专业从事测绘航空摄影、摄影测量与遥感、工程测量、不动产测绘、地理信息系统工程开发与构建的高新技术企业，主营业务涉足无人机航空摄影、航空摄影测量、遥感应用、测绘工程、信息系统工程、不动产测绘等六大领域。公司 2017 年实现销售收入 4,095.74 万元，净利润 354.52 万元。

2．并购方案概述

本次交易由欧比特发行股份及支付现金购买樊海东、冯锐钰等持有的佰信蓝图 99.73% 的股权，购买朱正荣、彭飞宇及德合投资持有的浙江合信 100% 的股权。

两个标的资产的评估值为 42,941.80 万元，相对于账面价值溢价 477.48%，协商后交易金额为 42,137.00 万元。具体情况见表 2-14。

表 2-14　两个标的资产的评估结果

标的资产	100% 权益账面价值（万元）	100% 权益评估值（万元）	增值率（%）	收购比例（%）	标的资产对应评估值（万元）	最终支付对价（万元）
佰信蓝图 99.73% 股权	4,756.10	25,260.00	431.11	99.73	25,191.80	24,537.00
浙江合信 100% 股权	2,691.81	17,750.00	559.41	100.00	17,750.00	17,600.00
合计	7,447.91	43,010.00	477.48	—	42,941.80	42,137.00

资料来源：《欧比特：发行股份及支付现金购买资产并募集配套资金报告书》（2019-01-18）。

标的资产的估值对应市盈率情况见表 2-15。

如交易成功，上市公司向标的公司股东发行股份及现金对价的情况见表 2-16。

与此相应，全体交易对象承诺标的公司 2018—2021 年度经审计的净利润[1]不低于表 2-17 的预测数。

---

[1] 该净利润指按照扣除非经常性损益前与扣除非经常性损益后的净利润孰低原则确定的归属于母公司所有者的净利润，如非特别说明，本书中所有业绩承诺净利润均以相同原则确定。

表 2-15　标的资产市盈率估值

标的公司	最终交易对价对应估值（万元）	对应上一年业绩		对应承诺期业绩	
		2017年净利润（万元）	P/E	平均净利润（万元）	P/E
佰信蓝图	24,603.43	1,391.51	17.68	2,884	8.53
浙江合信	17,600.00	354.52	49.64	2,200	8.00
合计	42,203.43	1,746.03	24.17	5,084	8.30

资料来源：《欧比特：发行股份及支付现金购买资产并募集配套资金报告书》（2019-01-18）。

表 2-16　上市公司发行股份及现金对价的数据

标的资产	交易对象	对价总额（万元）	股份对价（万元）	股份对价占比（%）	现金对价（万元）	现金对价占比（%）
佰信蓝图99.73%股权	樊海东等35名对象	24,537.00	17,175.90	70.00	7,361.10	30.00
浙江合信100%股权	朱正荣等3名对象	17,600.00	12,320.00	70.00	5,280.00	30.00
合计	—	42,137.00	29,495.90	70.00	12,641.10	30.00

资料来源：《欧比特：发行股份及支付现金购买资产并募集配套资金报告书》（2019-01-18）。

表 2-17　标的公司2018—2021年度应实现的净利润

单位：万元

标的公司	2018年	2019年	2020年	2021年
佰信蓝图	2,000	2,500	3,125	3,910
浙江合信	1,500	1,900	2,400	3,000

资料来源：《欧比特：发行股份及支付现金购买资产并募集配套资金报告书》（2019-01-18）。

如在业绩承诺期内，标的公司截至当期期末累计实现净利润数低于截至当期期末累计承诺净利润数，则补偿义务人应向欧比特支付补偿。优先以本次交易取得的尚未出售的股份进行补偿，不足以补偿的，差额部分以现金补偿。除业绩补偿外，上市公司还与交易对象根据上述业绩承诺对交易对象通过本次交易取得的上市公司股份的锁定及分期解锁、业绩补偿机制、应收账款回款补偿机制、资产减值补偿机制等进行了一系列约束性安排。

募集配套资金：上市公司拟以询价方式向不超过5名特定投资者非公开发行股份募集配套资金，募集配套资金总额不超过13,641.10万元，用于上市公司支付本次并购重组交易中的现金对价和中介机构费用。

3. 并购重组委否决意见的主要事由分析

证监会并购重组委2019年第2次会议于1月23日召开,审议欧比特发行股份购买资产的方案而未批准,重点提到了几个问题,归纳如下。

(1) 标的资产持续盈利能力存在较大不确定性,不符合《上市公司重大资产重组管理办法》第四十三条的相关规定

两家标的公司在并购前均已成立超过3年,浙江合信过往业绩水平较低,而佰信蓝图过往业绩波动较大,双方距离实现承诺业绩的目标差距较大。(见表2-18和表2-19)

表2-18 佰信蓝图历史业绩

单位:万元

项目	2018年1—6月	2017年度	2016年度
营业收入	3,466.83	6,704.52	2,717.00
营业利润	542.72	1,719.50	69.91
利润总额	522.72	1,742.08	826.59
净利润	438.00	1,479.80	769.97
扣除非经常性损益后的净利润	455.00	1,391.51	101.12

资料来源:《欧比特:发行股份及支付现金购买资产并募集配套资金报告书》(2019-01-18)。

表2-19 浙江合信历史业绩

单位:万元

项目	2018年1—6月	2017年度	2016年度
营业收入	2,766.59	4,095.74	3,830.10
营业利润	777.48	349.31	544.35
利润总额	784.86	395.06	561.32
净利润	656.38	354.52	414.39
扣除非经常性损益后的净利润	539.68	263.23	281.27

资料来源:《欧比特:发行股份及支付现金购买资产并募集配套资金报告书》(2019-01-18)。

基于上述问题,证监会在意见反馈中要求申请人:

(a) 补充披露2018年佰信蓝图和浙江合信营业收入和业绩承诺的实际实现情况、两家标的资产业绩承诺的可实现性、上市公司拟采取的切实可行的保障本次交易业绩补偿实施的具体措施和对相关方的追偿措施。

(b) 结合佰信蓝图和浙江合信目前在手合同签订情况、现有合同尚未确认收入金额、现有客户历史年度续约率、新客户拓展情况、订单取得方式、新订单获取及项目周期情况、核心竞争优势、所处行业地位、行业发展预测、市场容量等，分业务补充披露预测期内佰信蓝图和浙江合信各项营业收入的预测依据及可实现性，量化分析签订合同变动对标的资产预测期内营业收入、经营业绩和本次评估作价的影响。

由此可见，证监会十分关注标的公司所处行业的竞争格局及公司自身的核心竞争力。在对证监会反馈问题的回复中，欧比特对标的公司各项经营指标的预测依据及可实现性作了非常详细的说明，也大幅加强了业绩补偿条款的保障性，并运用合同转化率法详细阐述了业绩预测根据。但由于地理信息行业面临着巨大的行业竞争风险，截至2017年7月，全国共有测绘资质单位17,908家，业内以中小企业为主，传统业务竞争极其激烈，公司在手订单和中标项目无法保持长期的业绩转化流入，同时行业人员和技术流动较快，面临国家政策调整风险和15%企业所得税优惠取消风险，并购重组委认为，两家标的公司要完成盈利预测的业绩目标存在较大压力。

（2）标的公司因股份支付的会计处理问题而构成了会计信息披露不准确

佰信蓝图于2015年6月整体改制为股份有限公司，在2016年1月引入13名自然人对公司增资1,045万元，股价按照每股净资产（投后）确定，为2.09元/股。发行购买报告书草案针对该定价特别说明：

彼时佰信蓝图尚未在新三板挂牌，股票流动性差，并且无明确的IPO计划，参考以每股净资产为基础进行协商定价符合非上市公司的定价逻辑，定价公允，并且本次增资并非以获取职工或其他方服务为目的，而是有意愿的员工希望分享公司发展成果，故该次增资不涉及股份支付。

之后，佰信蓝图在2017年6月（已挂牌新三板）又进行了面向员工的一次增发，价格为2.50元/股，同样未按照股份支付进行会计处理。鉴于本次并购佰信蓝图对应其每股价格为12.31元/股，较前两次针对员工的增资发行价格有了大幅提升，故两次针对员工的增发属于低价发行，按照会计基本原则对于实质重于形式和谨慎性的要求，均应以股份支付进行会计处理。佰信蓝图未按照会计准则对两次股份支付进行处理，在本次并购的审批过程中也未能及时调整，构成了会计信息披露不准确的问题。

（3）其他问题

2018年3月，欧比特向金元顺安基金管理有限公司等3名对象发行股份募集资金10.82亿元，其中9.12亿元拟用于"珠海一号"遥感微纳卫星星座项目，剩余资金用于补充公司流动资金。根据公司2018年年报，截至2018年年底，欧比特已经投入使用的募集资金为 35,567.14 万元，投入比例为 32.87%。根据《创业板上市公司证券发行管理暂行办法》的规定，上市公司发行证券募集资金，前次募集资金基本使用完毕，且使用进度和效果与披露情况基本一致。很明显，欧比特前次募集资金中的绝大部分在本次收购前并未投入既定用途。但相较于前两个问题，本问题应该不会直接导致收购方案被否，仅仅对整体方案中募集配套资金的部分构成障碍。

（二）赛摩电气收购广浩捷

1. 交易双方基本情况

收购方背景：赛摩电气（300466.SZ）创建于 1996 年，是一家提供工业互联网平台和智能制造系统解决方案的公司，有工业互联网平台、工业机器人、智能物流、智能工厂、智慧电厂五大主营业务板块。经营范围主要是计量器具的制造（按制造计量器具许可证核定范围）、电气控制、测量、检测、自动化设备的设计、制造、销售、安装、服务，计量器具的设计、销售、安装、服务。公司于 2015 年在深交所创业板上市。公司 2017—2018 年分别实现销售收入 45,677.29 万元、42,983.26 万元，实现归属母公司股东的净利润 2,555.40 万元、−21,272.50 万元。

标的资产背景：珠海市广浩捷精密机械有限公司（简称"广告捷"）是一家主要提供消费电子产品生产及检测自动化解决方案的供应商，具有生产及检测智能自动化装备的自主研发、制造及销售能力。公司的产品主要有智能影像设备、智能装配设备、精密治具等。公司 2018 年实现销售收入 31,349.39 万元，实现净利润 9,857.42 万元。

2. 并购方案概述

本次收购为该项目第二次申报，申报日期为 2019 年 1 月 2 日。早在 2018 年 8 月 22 日，公司股东会即通过了对广浩捷的第一次收购方案，但由于市场变化（主要是股价下跌严重），上市公司于同年 10 月 20 日主动撤回了申请文件，仅 1 个月后上市公司即调整了方案并重启了项目申报，在新的申请中安排了发行价格调整条款。

本次交易由赛摩电气以发行股份及支付现金的方式购买杨海生等 7 名对象持有的广浩捷 100% 的股权，其中发行股份 33,270.00 万元，占交易对价的 55.45%，现金对价 26,730.00 万元，占比 44.55%。

标的资产 100% 权益账面价值为 8,551.86 万元，评估值为 60,280.00 万元，较账面价值溢价 604.88%，最终协商定价为 60,000.00 万元，对应 2018 年净利润 4,131.43 万元，P/E 为 14.52 倍；对应未来 3 年承诺期的平均净利润 5,666.67 万元，P/E 为 10.59 倍。

业绩承诺：全体交易对象承诺，标的公司2018—2020年度经审计的净利润不低于4,500.00万元[①]、5,500.00万元及7,000.00万元。如未完成，则采取分段式补偿，差距在20%以内仅以现金补偿差额；差距超过20%，承诺方应在当年向上市公司按照其本次取得的股份对价进行股份补偿。股份不足以补偿的，以现金补偿。

募集配套资金：上市公司拟采用询价发行方式向不超过5名特定投资者发行股份募集配套资金，本次募集配套资金总额不超过33,230.00万元，用于本次交易所需支付的现金对价26,730.00万元及补充上市公司流动资金。

3. 并购重组委否决意见的主要事由分析

证监会并购重组委2019年第13次会议于4月3日召开，审议赛摩电气股份有限公司发行股份购买资产的方案。该方案未获通过，主要原因归纳如下。

（1）申请人过往并购未达到预期效果

申请人关于历次并购对上市公司资产质量、持续经营能力的影响及管控风险披露不充分，不符合《上市公司重大资产重组管理办法》第四条的相关规定。

赛摩电气自2015年5月上市以来，总共进行了3次外延式并购，具体情况见表2-20。

表2-20 赛摩电气外延式并购数据

并购时间	并购标的	标的所处行业	交易对价	支付方式
2016-04-28	合肥雄鹰、武汉博晟、南京三埃100%股权	信息技术、工业机械	57,500.00万元	发行股份＋支付现金
2017-05-13	Epistolio S.r.l.	工业机械	351.54万欧元	现金
2017-07-01	厦门积硕100%股权	互联网软件与服务	26,300.00万元	发行股份＋支付现金

资料来源：Wind。

截至2017年年底，上市公司商誉账面价值达到61,454.10万元，占总资产的34.34%。收购广浩捷后公司商誉账面价值将再增加56,799.11万元，总商誉将达到11.83亿元。上市公司在收购武汉博晟、南京三埃、合肥雄鹰和厦门积硕时均通过了证监会并购重组委的审核，并进行了3年业绩承诺。但从执行效果来看，除南京三埃业绩完成情况较好外，其他3家公司均未完成业绩承诺，厦门积硕和合肥雄鹰完成情况与承诺额相比差距较大。

2018年年底，上市公司针对3家未能完成业绩承诺的子公司所形成商誉总计计

[①] 项目上会前，标的公司未审计的2018年经营业绩显示其已完成当年业绩承诺。

提了 2.58 亿元资产减值损失，造成当年上市公司业绩亏损。（见表 2-21）

表 2-21 2016—2018 年赛摩电气并购交易的业绩承诺完成状况

单位：万元

并购标的		2016 年	2017 年	2018 年	2018 年计提减值
合肥雄鹰	承诺净利润	1,334.00	2,036.00	2,683.00	10,283.21
	实际完成额	1,445.79	2,027.43	816.53	
武汉博晟	承诺净利润	706.00	948.00	1,264.00	571.14
	实际完成额	675.63	1,669.69	1,137.23	
南京三埃	承诺净利润	2,501.00	2,966.00	3,565.00	—
	实际完成额	3,165.07	5,659.03	3,743.96	
厦门积硕	承诺净利润	—	1,806.00	2,517.00	14,905.30
	实际完成额	—	1,919.78	-413.85	
合计	实际完成额	5,286.49	11,275.93	5,283.87	25,759.65

资料来源：赛摩电气 2016 至 2018 年各年度报告。

总体来看，赛摩电气过往收购的 4 家公司为公司带来了一定的业绩增厚作用，但并未达到预期水平。证监会在第一次反馈意见中，分别对上市公司过往并购交易的业绩承诺完成情况、承诺人履约情况，以及公司商誉减值风险提出问询和补充披露要求：

申请文件显示，2015 年 5 月赛摩电气上市以来，先后全资收购 4 家公司。请你公司：（1）结合上市公司上市以来多次收购的原因、行业分布、管控情况和标的业绩表现，补充披露本次交易的目的，是否有利于增强上市公司持续经营能力，以及上市公司应对整合风险的具体措施。（2）结合财务指标，补充披露本次交易完成后上市公司的主营业务构成、未来经营发展战略和业务管理模式。

由于反馈意见在 2019 年 1 月 10 日发出，过往收购的 4 家标的公司尚未进行业绩承诺专项审计，上市公司在回复中仅说明了 2016 年—2018 年 10 月的经营情况，表示 2016—2017 年基本完成了业绩承诺，但并未就 2018 年业绩完成情况发表意见或特别说明；对于并购行为对上市公司持续经营能力的增强也只有笼统的文字论述。在对证监会特别关注的风控措施的阐述上，上市公司的回复仅限于 3 点内容：

（a）加强上市公司的统一管理，完善内部管理制度的建设。
（b）建立有效的风险控制机制并增加监督机制。
（c）保持赛摩电气管理和业务的连贯性，加强业务协同及企业文化的融合。

从最终被否的结果来看，这样笼统且缺乏针对性的整合风险措施未能令监管部门满意。监管部门在审核中着重关注了上市公司过往并购交易的效果。尤其对于重组次数频繁的上市公司,如果过去的历次并购并没有交出让投资者信服的答卷,在2018年度对未能完成并购业绩承诺的子公司计提了大额资产减值损失,那么它继续推进并购交易将很难获得监管部门的认可。

(2) 标的公司盈利预测可实现性存在不确定性

申请材料中对广浩捷的盈利预测见表2-22。

表2-22 对广浩捷的盈利预测

项目	报告期		预测期				
	2016年	2017年	2018年	2019年	2020年	2021年	2022年
主营业务收入（万元）	10,132.76	16,501.67	20,138.51	24,212.31	29,203.92	33,040.67	36,136.94
主营业务收入增长率（%）	96.19	62.85	22.04	20.23	20.62	13.14	9.37
净利润（万元）	2,033.81	3,358.04	4,499.22	5,499.60	7,065.16	8,220.45	9,050.57

资料来源：《赛摩电气：发行股份及支付现金购买资产并募集配套资金报告书》(2019-03-01)。

关于标的公司的盈利预测,证监会并购重组委也在第一次反馈中要求公司作出说明：

申请文件显示：(1) 广浩捷2018—2022年预测收入分别是20,138.51万元、24,212.31万元、29,203.92万元、33,040.67万元和36,136.94万元。(2) 2022年预测收入将是2016年收入的3.5倍,2017收入的2.18倍。请你公司：(1) 结合截至目前广浩捷最新业绩实现情况,进一步补充披露预测期2018年广浩捷预测营业收入和净利润的可实现性。(2) 补充披露广浩捷在手订单情况,结合所处下游行业的发展情况、产能扩张和固定资产规模投资的增长情况、广浩捷自身的主要技术水平和竞争优势、客户的维持和开发情况等,进一步补充披露预测期广浩捷价格、销量的具体预测依据,以及收入持续增长的可实现性。

根据上市公司的回复,广浩捷在2018年的业绩预测已超额完成,当年公司未经审计的营业收入为31,349.39万元,完成率为155.67%,净利润为9,857.42万元,完成率为219.09%,较上年同比增长480%。之所以会出现并购尚未获批就超额完成业绩预测的现象,主要是由于第二次上会距前次撤回时间间隔过短,没有及时对业绩预测进行调整。

上市公司在回复中从在手订单数量、下游行业市场增长空间、产能扩张投资计划等方面详细阐述了业绩预测的合理性和可实现性。但结合公司经营性现金流量长期紧张、应收账款占比高,以及前五大客户集中度较高的情况,并购重组委未能被完全说服。

(三）万魔声学借壳共达电声

1. 交易双方基本情况

收购方背景：共达电声股份有限公司（002655.SZ，简称"共达电声"）是专业的电声元器件及电声组件制造商、服务商和电声技术整体解决方案提供商，主要产品包括微型麦克风、微型扬声器/受话器及其阵列模组。公司于2012年在深交所中小板上市。公司控股股东为潍坊爱声声学科技有限公司（简称"爱声声学"），实际控制人为谢冠宏。截至2018年年底，爱声声学持有公司15.27%的股份。2017—2018年公司分别实现销售收入78,694.01万元、80,476.56万元，实现归属母公司股东的净利润-17,491.85万元、2,135.05万元。

本次重组前，共达电声控股权发生变更。2017年12月29日，原控股股东潍坊高科电子有限公司将公司5,498万股股票（占股本的15.27%）以99,500.00万元协议转让给爱声声学。爱声声学成立于2017年9月30日，由万魔声学科技有限公司（简称"万魔声学"）100%出资设立。故本次万魔声学借壳前已通过上市公司收购获得共达电声控股权，是一次"先买壳，后借壳"的交易。而万魔声学用以设立爱声声学和收购共达电声的资金，则是通过股权融资的方式筹集完成的。（见图2-2）

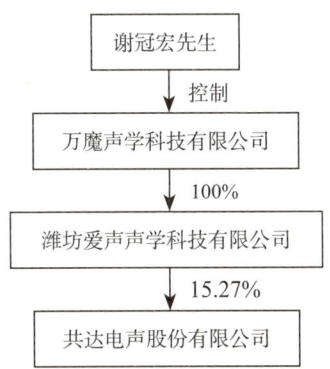

图 2-2　上市公司股权控制关系

资料来源：Wind。

标的资产背景：万魔声学成立于2013年，是一家专注于智能声学科技研发及应用的高新技术企业，主要通过ODM模式（Original Design Manufacturer，提供原始设计模式）和OBM模式（Original Brand Manufacturer，原创品牌授权模式，这里特指万魔声学的自创品牌1MORE）开展业务经营，主要产品包括有线耳机、蓝牙无线耳机、智能真无线耳机、智能音箱、声学关键组件等。公司创始人及实际控制人为谢冠宏，实际控制万魔声学23.02%的股权。万魔声学为小米生态链公司，与小米集团长期保持密切的合作关系。小米集团和顺为资本参与了公司融资，且占股比例较高，公司其他重要投资人还包括盈科资本、淡马锡、IDG（美国国际数据集团）等。万魔声学2016年—2019年上半年经营业绩见表2-23。

表2-23 万魔声学2016年—2019年上半年经营状况

单位：万元

项目	2019年1—6月	2018年	2017年	2016年
营业收入	83,946.63	93,172.59	61,818.98	42,971.26
归母净利润	6,369.80	7,827.87	1,237.41	2,914.98

资料来源：Wind。

2．并购方案概述

本次交易中，共达电声拟向万魔声学全体股东非公开发行股份以收购万魔声学100%的股权，从而对万魔声学实施吸收合并。共达电声为吸收合并方，万魔声学为被吸收合并方。本次吸收合并完成后，万魔声学将注销法人资格，共达电声作为存续公司，将承接（或以其全资子公司承接）万魔声学的全部资产、债权、债务、业务、人员及相关权益；同时，爱声声学持有的共达电声5,498万股股票将相应注销，万魔声学的全体股东将成为共达电声的股东。本次交易价格定为335,982.00万元，以发行股份支付全部对价，不涉及现金支付。本次拟发行新股61,989万股，考虑到爱声声学持有的原5,498万股股票在本次交易实施后注销，实际新增股票56,491股。本次交易构成重组上市。

本次交易完成后，谢冠宏合计持有上市公司14.03%的股权，仍为上市公司的实际控制人，上市公司实际控制人未发生变更。（见表2-24）

表2-24 交易前后股东持股情况

序号	股东名称	本次合并前持股比例（%）	本次合并后持股比例（%）
1	爱声声学	15.27	0.00
2	谢冠宏控制主体（8家）	0.00	14.03
3	万魔声学其他股东	0.00	52.99
4	其他股东	84.73	32.98

资料来源：《共达电声：吸收合并万魔声学科技有限公司暨关联交易报告书》（2019-12-02）。

万魔声学100%的股权，账面价值为138,267.76万元，评估值为335,982.00万元，评估增值142.99%，最终确定交易对价为335,982.00万元。相对于2018年度7,827.87万元净利润，P/E为42.92倍，对应承诺期平均净利润21,666.67万元，P/E为15.51倍。

业绩承诺：本次交易业绩承诺方为除嘉为投资之外的其他交易对象（嘉为投资在本次收购前尚未完成注资动作），集体承诺在本次吸收合并实施完毕后，万魔声学智能声学业务在 2019 年度、2020 年度和 2021 年度实现的合并报表范围扣除非经常性损益后归属母公司所有者的净利润分别不低于 14,500 万元、22,000 万元、28,500 万元。如万魔声学智能声学业务在业绩补偿期间任一年度实际实现的净利润数未达到其所承诺的净利润数，则承诺方应按照本次收购估值进行股份补偿。

3. 并购重组委否决意见的主要事由分析

（1）标的资产近三年实际控制人未发生变更的披露不充分

由于万魔声学在过往的融资过程中吸纳了较多的外部股东，实际控制人谢冠宏持股比例不高，结合公司搭建了红筹架构进行海外融资等原因，部分财务投资人占有万魔声学较高比例的股权，因此，证监会对万魔声学实际控制人信息披露的真实性产生了疑虑，它在第一次反馈意见中要求：

申请文件显示：（1）2013 年 6 月，万魔声学科技有限公司（以下简称万魔声学）在境外搭建红筹结构，1More Inc.（以下简称加一开曼）控制 1MORE Hong Kong Limited（以下简称 1MORE Hong Kong 或加一香港），进而控制万魔声学。截至 2017 年 7 月，加一开曼的第一大股东为 People Better Limited（以下简称 People Better），持股比例保持在 33% 以上。（2）2017 年 7 月，万魔声学开始拆除红筹结构，原加一开曼股东下沉至万魔声学股东，持股比例不变。万魔声学第一大股东为 People Better，持股比例为 33.22%。（3）People Better 系 Xiaomi Corporation 100% 持股的公司。请你公司：补充披露最近 3 年万魔声学实际控制人是否变更，是否符合《首次公开发行股票并上市管理办法》（以下简称《首发办法》）第十二条的规定，上述情况是否构成本次交易的法律障碍。

简而言之，证监会认为，谢冠宏在提到的时间段内较 People Better 持股更低，因此，他被认定为万魔声学实际控制人的证据不足。考虑到顺为与小米集团的关联关系，两家主体在该时间段内合计持有标的公司 54.24% 的股权，而同一时期谢冠宏持股仅为 25.25%，存在实际控制人认定不清的问题。

根据《证券期货法律适用意见第 1 号》的规定，"认定公司控制权的归属，既需要审查相应的股权投资关系，也需要根据个案的实际情况，综合对发行人股东大会、董事会决议的实质影响，对董事和高级管理人员的提名及任免所起的作用等因素进行分析判断"；根据《首发业务若干问题解答（一）》的规定，"实际控制人是拥有公司控制权的主体。在确定公司控制权归属时，应当本着实事求是的原则，尊重企业的实际情况，以发行人自身的认定为主，由发行人股东予以确认。保荐机构、发行人律师应通过对公司章程、协议或其他安排以及发行人股东大会（股东出席会议情况、表决过程、审议结果、董事提名和任命等）、董事会（重大决策的提议和表决过程等）、监事会及发行人经营管理的实际运作情况的核查对实际控制人认定发表明确意见"。

共达电声答复，根据 People Better、顺为出具的书面确认文件并经核查加一开曼、万魔声学的历史沿革以及万魔声学的实际运作情况，财务投资人 People Better 在直接或间接持有万魔声学较高比例股权且占有多数董事席位期间并不实际控制万魔声学，万魔声学的实际控制人自始至今一直为谢冠宏。证监会认为，根据共达电声的解释，万魔声学在拆除红筹架构（2017年6月）前，小米和顺为可任命3名董事，而谢冠宏仅有权任命1名董事，因此无法证明万魔声学在拆除红筹架构前的实际控制人为谢冠宏，但可证实2017年6月以后公司实际控制人一直为谢冠宏。目前监管对借壳上市公司的要求是实际控制权3年内保持稳定，故该问题在2020年6月后会得到解决。

（2）标的资产销售和利润来源对关联方依赖度较高

万魔声学作为小米生态链重要的组成公司，自成立以来即与小米集团展开了深度的业务合作，对小米集团以外的客户开发力度不足，导致小米集团长期以来贡献了公司60%以上的销售额。针对此问题，证监会在第一次反馈意见中要求：

申请文件显示：（1）小米集团为标的资产第一大客户，报告期内销售占比分别为59.45%、64.24%、60.12%，且为标的资产关联方。（2）报告期内前五大客户销售占比合计分别为86.01%、83.17%、83.54%，集中度较高。请你公司：（1）结合万魔声学与小米集团相关合作协议条款、双方合作时间、合同续签情况、授权期限、相关排他性条款等，补充披露万魔声学与小米集团合作的稳定性，到期后是否存在续签风险，是否对标的资产生产经营稳定性产生重大不利影响以及应对措施。（2）结合万魔声学提供的ODM业务的具体内容及收入占比，补充披露标的资产是否对小米集团产生重大依赖，标的资产业务是否具备独立性，是否符合《上市公司重大资产重组管理办法》第十一条及第四十三条关于独立性的相关规定。（3）补充披露标的资产客户集中度高的原因，与同行业公司相比是否处于合理水平，是否存在大客户业务依赖，对标的资产议价能力是否存在影响。（4）补充披露标的资产对客户集中度高的应对措施和可行性。（5）结合标的资产未来年度营业收入预测、主要客户构成及客户集中度、销售价格预测情况等，补充披露关联交易对本次交易业绩承诺和估值定价的影响，是否存在利用关联交易操纵利润的情形。

从回复材料中可以看到，虽然万魔声学与小米集团已形成了长期和稳定的战略合作关系，但其单一客户集中度过高，如果主要客户流失或客户经营状况发生不利变动，仍将会对公司业务造成严重影响。A股同行业上市公司歌尔股份（002241.SZ）、漫步者（002351.SZ）和国光电器（002045.SZ）在2018年度第一大客户销售额占比分别为33.90%、25.95%和43.20%，且均非公司关联方。从审核结果来看，并购重组委认为，万魔声学对小米集团60%以上的销售占比证明依赖性是客观存在的。而降低依赖性的唯一办法就是开拓更丰富的下游客户，扩大销售额，降低小米集团对公司业绩的影响。

（四）中体产业收购中体彩科技等4家公司

1. 交易双方基本情况

收购方背景：中体产业集团股份有限公司（600158.SH，简称"中体产业"）是国家体育总局控股的唯一一家上市公司，控股主体为国家体育总局体育基金管理中心（简称"基金中心"，持股22.07%）和华体集团有限公司（持股3.23%）。公司主营业务包括体育产业和房地产业务，并涉足机票代理及传媒等业务。公司于2015年在上交所上市，2017—2018年分别实现销售收入109,222.73万元、144,988.11万元，实现归属母公司股东的净利润5,811.48万元、8,390.65万元。2018年，公司房地产板块实现销售收入75,109.09万元，体育板块实现销售收入56,074.59万元，分别占比51.80%和38.68%。

标的资产背景：本次的交易背景是上市公司第二大股东华体集团代替大股东基金中心向上市公司注入资产。标的资产为华体集团旗下4家公司股权。

（a）中体彩科技51%的股权。中体彩科技的主营业务包括中国体育彩票核心技术系统的研发和运营维护，为国家公益彩票事业提供技术保障；

（b）中体彩印务30%的股权。中体彩印务的主营业务包括中国体育彩票电脑热敏票的生产印制、即开型体育彩票的印刷以及即开型体育彩票市场运营与销售系统的运营维护服务。

（c）国体认证62%的股权。国体认证的主营业务为体育用品认证及认证衍生服务。

（d）华安认证100%的股权。华安认证的主营业务为第三方体育设施检测服务、全国体育服务认证、公共技术服务。

2. 并购方案概述

中体产业拟通过发行股份及支付现金的方式购买中体彩科技51%的股权和国体认证62%的股权，拟通过支付现金的方式购买中体彩印务30%的股权和华安认证100%的股权。发行股份及现金对价的情况见表2-25。

表 2-25　中体产业发行股份及现金对价的数据

标的资产	交易对象	对价总额（万元）	股份对价（万元）	股份对价占比（％）	现金对价（万元）	现金对价占比（％）
中体彩科技 51% 股权	华体集团等 19 名对象	66,075.24	47,160.02	71.37	18,915.33	28.63
中体彩印务 30% 股权	华体集团	25,169.57	—	0.00	25,169.57	100.00
国体认证 62% 股权	华体集团、装备中心	14,913.85	7,857.47	52.69	7,056.38	47.31
华安认证 100% 股权	华体集团、华安认证	2,176.24	—	0.00	2,176.24	100.00
合计		108,334.90	55,017.49	50.78	53,317.52	49.22

资料来源：《中体产业发行股份及支付现金购买资产并募集配套资金暨关联交易报告书》（2019-06-13）。

标的资产的评估情况见表 2-26。

表 2-26　标的资产的评估情况

标的资产	100% 权益账面价值（万元）	100% 权益评估值（万元）	增值率（％）	收购比例（％）	标的资产对应评估值（万元）	最终支付对价（万元）
中体彩科技 51% 股权	93,424.06	129,984.46	39.13	51.00	66,292.07	66,075.24
中体彩印务 30% 股权	49,752.67	84,098.57	69.03	30.00	25,229.57	25,169.57
国体认证 62% 股权	7,028.71	24,460.06	248.00	62.00	15,165.24	14,913.85
华安认证 100% 股权	736.81	2,176.24	195.36	100.00	2,176.24	2,176.24
合计	150,942.25	240,719.33	59.48	—	108,863.12	108,334.90

资料来源：《中体产业发行股份及支付现金购买资产并募集配套资金暨关联交易报告书》（2019-06-13）。

标的资产估值水平测算数据见表 2-27。

表 2-27　标的资产估值水平测算数据

标的公司	最终交易对价对应估值（万元）	对应上一年业绩		对应承诺期业绩	
		2018 年净利润（万元）	P/E	平均净利润（万元）	P/E
中体彩科技	129,559.29	5,085.66	25.48	—	—
中体彩印务	83,898.57	2,935.11	28.58	—	—
国体认证	24,054.60	1,902.50	12.64	1,908.82	12.60
华安认证	2,176.24	175.32	12.41	133.62	16.29
合计	239,688.70	10,098.59	23.73	—	—

资料来源：《中体产业发行股份及支付现金购买资产并募集配套资金暨关联交易报告书》（2019-06-13）。

业绩承诺：华体集团等3名交易对象承诺，国体认证及华安认证2018—2021年度经审计的净利润不低于表2-28中的水平，承诺方应以本次交易获得的股票和现金，以本次交易估值为基础向上市公司逐年补偿。对于交易金额占比较大的中体彩科技和中体彩印务，不设置业绩承诺。

表2-28　2018—2021年度华体集团等并购交易的业绩承诺

单位：万元

标的公司	2018年	2019年	2020年	2021年	承诺方
国体认证	1,636.06	1,859.73	1,908.55	1,958.18	华体集团、装备中心
华安认证	107.80	126.89	134.41	139.56	华体集团、华体物业

资料来源：《中体产业发行股份及支付现金购买资产并募集配套资金暨关联交易报告书》(2019-06-13)。

募集配套资金：上市公司拟向不超过10名特定对象发行股份募集配套资金，募集资金总额不超过55,017.49万元，本次募集配套资金扣除发行费用后的净额拟用于支付本次重组的现金对价及中介机构费用。

3．并购重组委否决意见的主要事由分析

证监会并购重组委2019年第25次会议于6月26日召开，审议中体产业集团股份有限公司发行股份购买资产的方案。该方案未获通过，主要原因有以下几点。

（1）交易标的部分资产权属不清晰

本次并购标的公司之一的中体彩科技持有大量房屋建筑物资产，根据资产基础法评估结果，公司房屋建筑物评估价值达到37,613.69万元，占总资产评估值140,887.46万元的26.70%，其中部分资产存在权属瑕疵。

① 综合楼的产权瑕疵问题

证监会并购重组委在第一次反馈意见中对中体彩科技账面资产中的综合楼的权属情况提出了补充披露要求：

申请文件显示：（1）本次评估中，账面列示的位于北京市朝阳区东三环南路23号的房屋建筑物——综合楼，评估基准日账面净值为人民币7,684.50万元，目前综合楼土地使用权证、房屋所有权证证载权利人均为中体彩科技，但根据《财政部关于对中体彩科技发展有限公司购置综合楼处理意见的函》（财综〔2005〕45号），该处房产产权应归国家体育总局体育彩票管理中心所有；根据2011年国家体育总局体育彩票管理中心与中体彩科技签订的《备忘录》，中体彩科技已经开始办理产权变更手续。（2）资产基础法评估中体彩科技股东全部权益的评估价值为129,984.46万元，包含了综合楼账面值7,684.50万元。请你公司：（1）补充披露综合楼产权变更手续办理进展，对中体彩科技经营场所稳定是否存在影响。（2）结合综合楼最终法定权

属情况,补充披露中体彩科技全部权益的评估价值中包含综合楼账面价值的合理性。

上市公司答复,该栋建筑物的产权仍在办理变更中,目前物业租金仍由中体彩科技负责收取,综合楼的管理、使用和税费负担由中体彩科技和国家体育彩票中心双方约定。在综合楼产权变更到国家体育彩票中心之后,双方会就中体彩科技继续使用综合楼事宜及时协商解决,且综合楼产权变更不会对中体彩科技的生产经营及经营场所的稳定性构成重大不利影响,故在对中体彩科技进行资产基础法评估中,评估机构以账面值列示。为避免上市公司的损失,本次交易特别安排:持有中体彩科技51%股权的华体集团等19名交易对象均出具了《关于中体彩科技发展有限公司相关事项的声明》,声明如未来因综合楼房产产权变更事宜给上市公司造成损失的,承诺将依据实际转让股权对应的比例补偿相应的损失。

② 数据中心的产权归属问题

除综合楼外,中体彩科技账面还持有一项编号为"×京房权证开字第010806号"的《房屋所有权证》记载的房屋建筑资产,目前为中国体育彩票国家主数据中心机房。由于该房屋所处的北京经济技术开发区路东新区D4M1地块目前尚不具备分割条件,中体彩科技暂未办理该房屋对应的《国有土地使用证》。该房屋产权为2010年由中体彩科技从汇龙森公司受让所得,根据当时签订的《房屋产权转让合同》,已约定汇龙森配合中体彩科技办理土地使用权权属变更手续,过渡期内全部土地收益归中体彩科技所有。关于数据中心产权变更风险可能对上市公司产生的损失,交易对象承诺,赔偿标准同上。

《上市公司重大资产重组管理办法》规定,上市公司实施重大资产重组,应充分说明并披露:重大资产重组所涉及的资产权属清晰,资产过户或者转移不存在法律障碍。上市公司应说明其发行股份所购买的资产为权属清晰的经营性资产,并能在约定期限内办理完毕权属转移手续。

(2)并购导致关联交易增加

本次重组前,国家体育总局体育彩票管理中心分别持有中体彩科技35%的股权、中体彩印务30%的股权,在本次重组中不转让所持股份,故作为上市公司子公司的重要参股股东,在重组完成后将成为上市公司关联方,上市公司日常关联交易规模将大幅增加,主要交易包括:

(a)中体彩科技为关联方国家体育彩票中心提供中国体育彩票核心技术系统研发和运营维护服务;

(b)中体彩印务向关联方国家体育彩票中心销售即开型体育彩票并提供即开型体育彩票市场运营与销售系统运营维护服务;

(c)部分关联租赁及物业管理服务等。

交易前后上市公司销售商品、提供劳务的关联交易变动情况见表 2-29。

表 2-29　交易前后上市公司的关联交易变动情况

	项目	2018 年度	2017 年度
本次交易前	销售商品、提供劳务的关联交易（万元）	—	—
	营业收入（万元）	144,988.11	109,222.73
	关联交易占比（%）	—	—
本次交易后	销售商品、提供劳务的关联交易（万元）	47,925.22	41,683.26
	营业收入（万元）	210,953.85	169,219.70
	关联交易占比（%）	22.72	24.63

资料来源：《中体产业发行股份及支付现金购买资产并募集配套资金暨关联交易报告书》（2019-06-13）。

按照目前中体彩科技及中体彩印务的收入规模，两家公司 2018 年全年销售收入为 60,760.81 万元，而其中对国家体育彩票中心的关联销售收入即达到 47,925.22 万元，占比达到 78.88%，可见两家标的公司对关联方依赖程度较大，因此证监会认为，并购将增加上市公司关联交易，不利于上市公司独立性的形成。这是本次重组的实质性障碍。

第三章

我国并购基金及 2019 年参与上市公司并购重组分析

一、并购基金的定义和溯源

(一) 并购基金的定义

我国《上市公司重大资产重组管理办法》第九条明确规定,鼓励依法设立的并购基金、股权投资基金、创业投资基金、产业投资基金等投资机构参与上市公司并购重组。国内对于并购基金并无严格意义上的法律定义,目前根据市场约定俗成的概念,并购基金指专门为收购企业控制权而设立的私募股权投资基金。它收购目标企业的控制权,然后对其进行重组改造,持有一定时期后再通过上市或出售实现退出。并购基金属于一种特殊的股权投资基金,与一般股权投资基金的区别通常在于并购基金谋求企业的控制权,而一般股权投资基金不以取得企业控制权为目的。但在实践中,并购基金的投资对象往往是运营成熟的企业,而股权投资基金主要针对初创或成长型企业。作为共性,并购基金投资是一种成熟的专业投资方式,相比一般市场投资者更加关注资产质量和长期回报,投资稳定性强,在国内资本市场中起到了积极的作用。

除侧重并购投资之外,私募股权投资基金还包括特殊目的主体(SPV),这类主体并不在中国基金业协会进行私募基金备案,但其募资思路类似于组建私募基金,这类主体在组织形式上除了合伙企业外,也包括有限责任公司,因此通常也可视为并购基金。此外,并购基金在企业 LBO(Leveraged Buyout,杠杆收购)[1] 和 MBO(Management Buyout,管理层收购)中的应用较多。

---

[1] 美国 20 世纪 80 年代 LBO 风潮中,一些企业被收购后,由于负债率过高,必须大量出售资产、裁撤人员以偿债,在美国社会引起强烈反响,舆论普遍认为,高度举债的并购基金频繁发起 LBO 对美国经济社会产生了不利的影响。

(二)国际上并购基金发展及投资策略

并购基金起源于20世纪70年代的美国资本市场,在80年代达到鼎盛。当时美国处于第四次并购浪潮时期,也正是杠杆收购流行的时期,这一时期传统行业增长放缓,里根政府推行放松管制和减税政策,从而加强了资本市场的活跃程度。在这一阶段,金融资本取代了产业资本,成为并购市场的主要参与者。并购过程中基金常常借助杠杆收购,即仅依靠少量的股权出资和极大的债务杠杆完成规模巨大的并购。

杠杆收购与一般意义上的举债收购有根本区别,杠杆收购的债务通常由并购标的承担,实现债务下沉,而举债收购则只能由收购方承担债务。为实现债务下沉,并购发起者需要组建一个多层架构的特殊目的主体作为募资主体,在收购完成后吸收合并标的公司,实现债务转嫁[1]。SPV的资产通过募集大量不同类型的债务和权益资本构成,其权益资本大多由私募基金出资,债务资本则依靠发行垃圾债券筹集。这类SPV无论是否以私募基金的形式存在,在实务中都被认为是并购基金,目的是以最佳资本结构收购标的公司。

欧美资本市场上,并购基金及杠杆收购的投资主要包括以下几类:

(a)管理层收购。大量企业的经理层有收购公司的意愿,但缺乏相应的资金。在LBO模式下,金融资本联合企业管理层组成收购财团收购企业,并随后将金融债务转移给目标公司。公司经理层同时面临股票收益的激励和偿还债务的压力,有充分的动力提升企业经营效率,重塑企业。

(b)家族企业的股权收购。20世纪80年代,美国大量家族企业由于创始人年事已高,其直系后代又不愿意继承产业,因此谋求将股权变现。此种情形下,金融资本收购企业控制权,同时保留企业的经营管理层和经营模式,等待合适时机出售以赚取差价。

(c)上市公司私有化。20世纪80年代,美国的高所得税政策使企业发行股份筹资的意愿减弱。里根政府上台后推行了债务利息税前扣除政策,企业纷纷增加有息债务,提高资产负债率,以降低所得税支出。并购基金可以在私有化上市公司后,将债务下沉,从而改善企业资本结构,避免收购方背负债务。标的公司以自身经营性现金流偿还债务,使得财务费用上升,税前利润下降,从而避免过高的所得税支出,在债务偿还完毕后再选择合适时机重新上市,以实现退出。

---

[1] 即"反三角合并",英文为 Reverse Triangular Merger。本书后面章节的案例中有涉及。

（d）困难企业收购。企业在陷入债务和经营困境时，其拥有的专利技术、品牌价值、市场用户或人才团队仍具有较高价值，企业重整后仍具有持续经营的潜力。对于这类标的，并购基金可以承债式收购取得其控股权，通过采取改善企业经营、调整债务结构等措施，使其恢复良好的经营状态，化解债务危机。当标的公司经营稳定、业绩好转后，再将其出售获利或将部分有价值的资产拆分后出售以获取回报。由于金融资本在不良资产重组中具有更强的债务处理能力，能够更有效地解决标的公司与债权人的纠纷问题，收购价格往往较低。如果投资成功，并购基金能够获取丰厚的回报。

欧美比较有代表性的并购基金管理公司有黑石集团、KKR、凯雷集团（The Carlyle Group, CG.O）、华平投资（Warburg Pincus）、橡树资本（Oaktree Capital, OAK.N）、阿波罗全球管理公司（Apollo Global Management, APO.N）等。

（三）我国并购基金的简要历程

1. 发展历程

国内最早的并购基金应该是联想集团2003年成立的弘毅投资主导的基金，参与了中国玻璃、中联重科、石药集团等国企的改制收购。但受制于市场环境的成熟度，并购基金的发展速度并不快。2011年后，随着监管政策的促进和上市公司自身业务整合的需要，上市公司参与设立并购基金投资的领域拓宽，并购基金进入高速增长期。从私募股权投资机构硅谷天堂资产管理集团股份有限公司和大康牧业（002505.SZ）合作开始，A股市场出现了大量围绕上市公司转型升级而创设的并购基金，其特点是通过基金放大资金杠杆进行较大规模的并购，且通常又以参与出资的上市公司作为并购项目的退出渠道。统计显示，2006—2015年，中国本土并购基金共成立418只，其中披露募资金额的基金327只，募资规模1,829.92亿元。[1]以并购基金发展最为迅速的2015年为例，当年新募集185只并购基金，在私募股权市场新募基金中占比不足10%。而在欧美成熟市场，并购基金在PE（私募股权投资）基金中通常超过50%。从国际市场来看，经济形势不好时并购基金往往更为活跃，通过投资被低估的标的，一方面进行整合，另一方面在经济周期复苏时进行变现，收益更丰厚。成熟市场的发展现状是中国并购市场的未来趋势，未来国内并购基金大规模发展仍将是大趋势。

---

[1] 中国上市公司并购基金研究课题组. 中国上市公司并购基金研究：不忘初心 去实向虚 .www.cs.com.cn/xwzx/hg/201610/t20161028_5081630.html.

2. 2014—2016年国内并购基金的市场情况 ①

由于国内并购基金的统计数据匮乏,部分往年统计数据可以对并购基金市场(未包含以有限责任公司形式组织的并购基金)的特征提供参照。根据市场统计,2014年1月至2016年6月,A股主板、中小板及创业板共有342家上市公司公告设立了466只并购基金,其中2014年成立59只,2015年成立226只,2016年上半年成立181只。其中有437只基金在设立公告中披露了组织形式、出资人等信息。

(1) 并购基金的设立方式:94%采用有限合伙制

在437只披露了法律组织形式的基金中,有411只采取有限合伙制形式,占比94%,其余26只为契约制并购基金。从实际公告以及进一步的核查中发现,统计期内我国上市公司参与设立的并购基金的投资者数量一般在20人以下。

(2) 整体备案率:仅为22%

全部466只公告设立的并购基金中仅有103只在中国基金业协会进行了备案(备案资料截至2016年10月),占全部基金数量的22%。另有179只基金在公告后并未实际设立,占全部样本的38%;有184只基金进行了工商注册登记,但并未进行备案,占总样本的40%。

(3) 板块分布:中小创占比达到80%

在全部466只公告设立的并购基金中,沪市主板公司设立54只,占比12%;深市主板公司设立38只,占比8%;深市中小板公司设立260只,占比56%;深市创业板公司设立114只,占比24%。全部并购基金中,中小创设立数量占比达到80%,远高于主板上市公司的设立数量。

(4) 基金规模:集中在1亿—10亿元之间

全部466只基金中,63%的规模在1亿—10亿元之间,表明大部分基金为参股投资性质的基金,而非专项并购基金。(见表3-1)

(5) 基金杠杆比率:大部分低于40%

根据统计,466只并购基金中97%是由上市公司、上市公司大股东或其他关联方主导设立的。上市公司及大股东等关联方在基金中的出资比例情况统计见表3-2。

其中,出资比例在40%以下的基金占比达到63%。这表明,大部分上市公司设立并购基金的重要目的是最大限度地吸引金融资本和社会资本参与产业并购,放大投资杠杆的作用。

---

① 本节数据均来源于中国上市公司并购基金研究课题组2016年10月撰写的《中国上市公司并购基金研究:不忘初心 去实向虚》,其与前文Wind PEVC库的统计口径存在一定差异。本章的摘录整理旨在与读者分享相关数据,以获得直观感受。

第三章 我国并购基金及 2019 年参与上市公司并购重组分析

表 3-1 466 只基金的规模

规模	数量（只）	占比（%）
未披露规模	43	9
1 亿元以下（含 1 亿元）	47	10
1 亿—10 亿元（含 10 亿元）	293	63
10 亿—50 亿元（含 50 亿元）	78	17
高于 50 亿元	5	1
合计	466	100

资料来源：中国上市公司并购基金研究课题组．中国上市公司并购基金研究：不忘初心 去实向虚．www.cs.com.cn/xwzx/hg/201610/t20161028_5081630.html

表 3-2 上市公司及关联方在基金中的出资占比

上市公司及关联方出资占比	数量（只）	占比（%）
未披露出资占比情况	75	16
出资 10% 以下（含 10%）	79	17
出资 10%—20%（含 20%）	103	22
出资 20%—30%（含 30%）	61	13
出资 30%—40%（含 40%）	51	11
出资 40%—50%（含 50%）	23	5
出资 50% 以上	74	16
合计	466	100

资料来源：中国上市公司并购基金研究课题组．中国上市公司并购基金研究：不忘初心 去实向虚．www.cs.com.cn/xwzx/hg/201610/t20161028_5081630.html

二、国内并购基金主要模式及与境外基金之区别

简单分类，本土并购基金有"上市公司+PE""上市公司大股东+PE"以及专业机构独立发起设立等三种模式。除了围绕上市公司做产业收购外，并购基金还有收购上市公司、中概股回归及跨境并购等重点投资方向。

（一）三种设立及投资模式

并购基金的投资模式一般为：通过控股或者较大比例参股标的企业，以业务重组、管理整合等方式，提升标的企业价值，最后通过向战略买家转让或 IPO（Initial Public Offering，首次公开募股）等方式退出。根据基金管理人、出资伙伴（尤其是以上市公司为代表的产业资本）以及投资退出的方式，并购基金可分为以下三种设立及投资运营模式。

1. "上市公司+PE"模式

"上市公司 + PE"模式是上市公司参与并购基金的主要模式。从投资领域来看，该类并购基金的投资范围多与上市公司自身行业相关，大部分是为上市公司并购重组"量身定制"的。

"上市公司 +PE"模式中，通常由上市公司收购基金其他出资人份额，实现对标的公司的控制，同时并购基金实现退出。此外，考虑到标的公司管理层的稳定性，收购方往往要求管理层在满足一定的条件下（如业绩、服务期限等）再由上市公司启动收购。实践中并购基金的退出如图 3-1 所示。

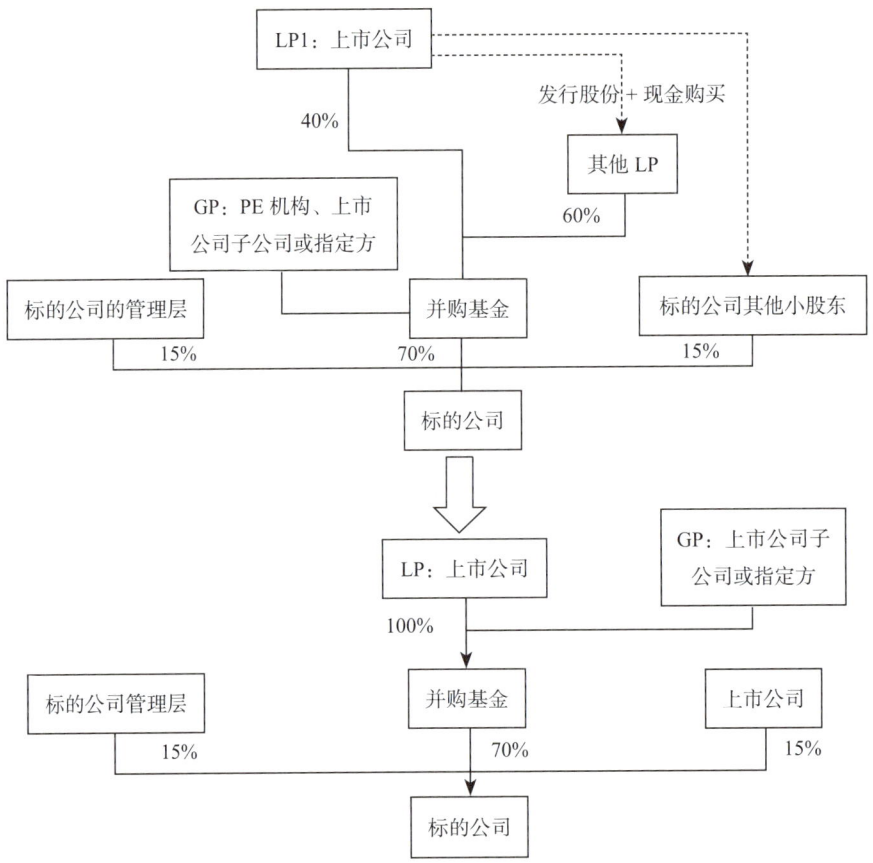

图 3-1 "上市公司 +PE"模式并购基金组织示意图

注：在实践中，在该模式下上市公司以"发行股份 + 现金"方式收购并购基金中其他有限合伙人乃至 PE 机构管理人的出资份额，实现对并购基金百分之百的控制，从而完成对标的公司的绝对控制。随着有限合伙人的退出，并购基金完成其使命，往往也会变更其组织形式甚至直接注销。

"上市公司 +PE"模式并购基金有以下特点：

（a）通过投资具有良好成长性和发展前景的项目，在项目培育成熟后实现投资退出。并购基金提前锁定战略资源并孵化，上市公司充分利用了基金的优质项目资源储备及项目的筛选能力，相比于 Pre-IPO 项目的投资期限，退出期较短。

（b）可以利用上市公司的资信撬动更多的社会资本。如果上市公司在并购基金中出资 20%，即相当于上市公司拥有 5 倍杠杆的资金去收购而且不需要承担财务费用。相比于以再融资方式筹集资金，上市公司通过并购基金筹资既可以提高并购效率，减轻上市公司贷款的财务压力，也避免了原股东的股份被稀释。

（c）上市公司不必直接在股份公司层面稀释股权，还可以通过股权比例和结构设计将标的公司的业绩纳入合并报表。

2011 年 9 月，大康牧业联合硅谷天堂成立了并购基金长沙硅谷天堂大康股权投资合伙企业（有限合伙）（简称"天堂大康"），始创了"上市公司 +PE"的并购基金模式。根据上市公司公告，天堂大康作为公司产业并购整合的平台，出资总额为 3 亿元，其中大康牧业作为 LP 出资 10%，硅谷天堂作为 GP 出资 10% 并负责剩余 80% 资金的募集。在具体合作方式上，硅谷天堂负责项目拓展、收购谈判、估值测算、交易结构设计等工作，大康牧业委派投资经理参与尽职调查全程，并在决策中有一票否决权。上市公司与硅谷天堂约定，收购满 3 年后的 6 个月内，硅谷天堂有权要求大康牧业以约定收购价格收购标的公司。在方案设计上，基金与上市公司各司其职，形成投资退出的闭环设计。实践证明，如果标的资产质量不佳或者在其他方面出现偏差，这一约定会带来隐患。

2. "上市公司大股东 +PE" 模式

上市公司大股东与专业投资机构合作，并联合其他社会资本、政府资金及战略投资者组成基金进行产业并购投资，各方合作解决资金募集、并购专业能力、投后管理等问题。在交易结构方面，专业投资管理机构担任 GP 或者与大股东指定机构共同担任基金双 GP；在投资退出方面，上市公司通过发行股票或者现金收购基金所持标的公司的股权，实现并购基金直接持有上市公司的股份，在满足解禁条件后通过二级市场变现完成退出。

这种模式的好处在于：

（a）大股东多元化筹集资金，分散风险。如果上市公司大股东在并购基金中出资 20%，相当于拥有 5 倍杠杆的资金而且不需要承担财务费用。

（b）上市公司通过并购基金投资，先锁定标的，同时对标的公司按照监管要求、业务经营管理需要，进一步整合标的公司的资产、负债和相关业务，之后再注入上市公司。在"上市公司大股东 +PE"模式下，该步骤可以在上市公司体外完成。

（c）并购过程中会支付各项成本费用，如并购主体聘请中介机构费用、并购贷款财务费用、交易各项税费以及其他或有成本费用，如并购不成功影响会更大。该模式下可以减轻上市公司的财务压力及并购失败的风险。

（d）标的公司成功注入上市公司后，往往可以不稀释大股东的持股比例，甚至可以提升其持股比例。

该模式存在的问题在于：

（a）标的资产置入上市公司时，由于涉及关联交易，在交易定价合理性、业绩承诺和是否涉及利益输送方面受到严格监管。

（b）大股东出资压力。并购基金的规模往往较大，大股东作为出资人需要按照比例对基金出资一定规模且较长时期，对大股东而言，需要合理统筹资金。

（c）退出的背书不如"上市公司+PE"模式。对于基金而言，"募投管退"四个环节中，盈利退出可以说是基金出资人最重要的环节。在"上市公司+PE"模式下，上市公司作为基金的参与者可以给退出者更好的保护。在"上市公司大股东+PE"的模式下，如果大股东还有其他方面的或有负债或者其他不确定事项，其收购背书效力不如上市公司。

3. 专业机构独立发起设立并购基金

专业机构筹集并购基金，除了上述围绕特定上市公司（及其大股东）通过并购打造产业链上下游之外，还有收购上市公司、跨境并购和参与中概股回归几种投资模式。

（1）收购上市公司

此类并购基金又可以进一步细分为 PE 买壳、纾困基金和国企混改并购基金。

① PE 买壳收购上市公司

九鼎投资、信中利投资、联创资本、基石资本等 PE 机构均有在 A 股市场收购上市公司的业绩。[1] 在 2013—2017 年 A 股"壳价值"随着 IPO 堰塞湖不断上涨的时期，这些 PE 机构或并购基金均付出了较高的溢价，并在上市公司后续的资产重组中，大多选择 A 股市场上比较热门的标的资产，以达到市值管理的目标。

② 纾困基金收购上市公司

2018 年后，随着 A 股市场持续深幅下跌，大量民营上市公司控股股东面临爆仓风险，多部门出台了支持性政策，形成社会资本多维度共同参与的纾困基金，其中

---

[1] 截至本书交付印刷前，最新发生的 PE 机构收购上市公司的案例是 2020 年 1 月 6 日，康跃科技（300391.SZ）发布控股股东签署《股份转让协议》暨公司实际控制人拟发生变更的提示性公告，控股股东寿光市康跃投资有限公司（简称"康跃投资"）与深圳市盛世丰华企业管理有限公司（简称"盛世丰华"）于 1 月 6 日签署股份转让协议，康跃投资将向盛世丰华转让其持有的康跃科技 29.9% 的股份，转让价格为 8.8486 元 / 股，转让价款共计 9.27 亿元。股份转让完成后，盛世丰华将成为康跃科技的控股股东。相较于公告前每股 7.27 元的收盘价，此次股份转让的价格溢价约 21.71%。

主要仍为地方政府和国有企业背景的资金。纾困基金充分利用私募基金特有的财务杠杆和灵活的交易安排,达到了一般注入流动性资金所不能达到的效果。除直接从控股股东那里收购股份外,纾困基金还以债权投资(转质押)、收购不良资产、参与企业再融资等方式支持上市公司。

③国企混改并购基金收购上市公司

2019年8月,高瓴资本牵头成立的并购基金珠海明骏完成了对格力电器15%股份的收购,是目前我国并购基金收购上市公司交易中体量最大的一单交易。从历史上看,参与国有企业混合改制是中国PE行业最早的一类投资策略。如今,随着国企混改的深化,并购基金比以往更强调资源整合与赋能作用。

总体上看,由于中国资本市场注册制改革深化,上市公司控股权重组将进一步加强,上市公司做大做强一直是政策明确支持和鼓励的方向,优势资源被进一步整合也是大势所趋。近年来,以上市公司收购为目标的并购基金的热度开始超过"上市公司+PE"模式的并购基金,且投资理念逐渐向欧美并购基金靠拢。

(2)跨境并购

由于我国上市公司直接向境外对象进行换股并购存在诸多限制,并购基金在跨境并购中常作为最主要的过桥工具。近年来,随着中国资本出海,不少向境外制造业、矿产资源、大消费娱乐、金融等行业的大手笔投资基本都通过并购基金进行。

国内企业跨境并购的理念与欧美主流并购基金较为接近。收购方一般会组建一个跨境多层并购主体,在各层综合使用股权融资和债权融资,并将收购资产作为债权融资的抵押物,通过反三角收购吸收合并标的公司后,由标的公司的经营性现金流承担部分债务的偿还。近年来,这种并购基金LBO收购模式已成为国内上市公司跨境并购的主流模式,本书在最后几章会重点提到。

(3)参与中概股回归

境外上市的中国企业在私有化回归过程中,实控人通常与投资机构合作,借助并购基金完成回归。这类并购基金往往存在境内及境外多层结构,由企业创始人、管理层与投资人共同组建私有化财团,最大化运用股权融资和债权融资,在境外完成私有化操作。除此之外,并购基金后续还会协助标的企业终止全部VIE(Variable Interest Entity,可变利益实体。VIE结构是境内主体为实现在境外上市而采取的一种方式)控制协议,在人民币出资的协助下替换美元基金,重组境内及境外相关实体。

近年来,随着A股境外资产溢价效应收窄,私有化并购基金景气程度总体上呈下降趋势。由于国家政策的限制,部分境外上市公司在私有化以后长期无法实现A股证券化,并购基金在协助中概股回归时面临的风险越来越高。

（二）国内并购基金与欧美并购基金的主要区别

1. 控股型并购与参股型并购

在欧美成熟的市场，并购基金主流模式为控股型并购，获取标的企业控制权是并购投资的前提。国外的企业股权相对比较分散，职业经理人市场比较成熟，当企业发展出现困难或遇到好的市场机会时，股东出售意愿较强，并购人较易获得目标企业的控制权。控股型并购需要对标的企业进行全方位的经营整合，因此对并购基金的管理团队要求较高。

如前所述，国内也有越来越多的通过投资获得控制权的并购基金，但主流还是参股型并购基金模式，即不取得目标企业的控制权，而是通过提供股权融资（兼债权融资）的方式，协助产业资本主导、参与对目标企业的整合重组。

2. 发起主体和并购目的不同

在欧美市场，并购基金主要由大型私募基金管理机构发起，并购基金收购的企业多是价值被低估的上市企业或其他企业，目的是通过收购目标公司进一步重组资产或业务，解决企业在资本结构、经营效率上的问题，持有时间通常会较长，最终通过对外出售实现溢价退出。

在中国特色的"上市公司/大股东+PE"模式下，并购基金主要由上市公司大股东主导发起，最初作为并购支付工具产生，具有较强的"过桥收购"属性，并且通常以上市公司作为收购目标公司的优先退出渠道，持有时间通常较短。并购一方面在于套取一、二级市场之间的估值差，另一方面则是基于完善产业价值链的外延性并购。除此之外，我国还存在由PE机构发起，目的是参与国有企业混合改制的并购基金。

3. 资金来源不同

在欧美，并购基金募资均包含股权融资和债权融资，部分还安排了夹层融资，主要资金来源于高收益债券。股权融资仅占募资总额中很少的比例，部分并购基金的杠杆甚至高达10倍以上。在1987年KKR收购雷诺兹－纳贝斯克（RJR Nabisco）的案例中，股权出资仅有15亿美元，其余300亿美元均来自垃圾债融资。过高的财务杠杆会加重收购后目标公司的债务负担。

由于中国的利率尚未完全市场化，缺少高收益债等融资工具，因此无法参照欧美依靠发行垃圾债券提升财务杠杆。国内并购基金通常会对不同出资进行结构化安排，利用上市公司或地方政府的信用放大资金杠杆，以此引入金融资本和产业资本参与并购基金。随着资管新规的推出，并购基金结构化安排也受到限制，并购贷款则成为主流债务融资手段。

4．退出渠道不同

美国并购基金的退出方式灵活。在重组改革后，溢价出售标的公司股权是最基本的退出模式。对于分拆后更具市场吸引力的标的公司，并购基金会选择分拆出售；对于私有化退市的收购对象，还会采取再次上市的方式寻求退出。而国内并购基金主要依赖于合作的上市公司来实现并购退出，途径相对单一。

5．获利途径及并购整合的区别

从获利途径来看，A 股并购基金主要通过国内一二级市场估值差、境内与境外资本市场估值差进行套利，较少体现出对目标公司重组和经营优化所创造的价值。欧美并购基金主要针对经营成熟的上市公司开展，通过并购整合以及多手段、多工具运用来提升标的企业的价值，从而实现投资收益。国内"上市公司+PE"模式的基金则主要瞄准具有成长潜力和炒作概念的非上市公司，以及具备估值差套利条件的境外资产。

从并购后的整合来看，A 股并购基金的整合很大一部分是为了适应资本化需求，满足中国证监会对于自身换股收购的审核要求。而对于收购后的市场协同、技术协同，则往往受制于并购标的的业绩承诺，上市公司除了进行财务控制之外，在经营方面给予标的公司原管理团队相当大的自主决策权，并购后的整合往往是第二位的或者延后考虑。

三、并购基金的主要融资模式与国内资管新规的影响

（一）并购基金的主要融资模式

1．国外并购基金的融资模式

国外并购基金的收益率高，一个重要的原因是融资的杠杆运作。收购方通常采用杠杆收购，自有资金的出资比例通常只有 10%—15%，银行贷款约占 60%，夹层资本约占 30%。夹层资本是收益和风险介于债务资本和股权资本之间的资本形态，一般采取次级贷款的形式。由于是无抵押担保的贷款，其偿还主要依靠企业经营现金流（有时也考虑企业资产出售带来的现金流），贷款利率一般是标准货币市场资金利率（如 LIBOR，即伦敦同业拆借利率）加上 3%—5%，还可能附有认股权证。除此之外，夹层资本也可以采用可转换票据或优先股等形式。

并购基金根据需要通过发行垃圾债券融资，或者将标的企业的资产抵押，向银行申请抵押贷款来获得资金。

2. 我国并购基金的资金募集方式

（1）平层并购基金

如图 3-1 所示，在平层并购基金架构下，管理机构通常作为基金管理人注资 1% 或者人民币 100 万元，其关联方作为 LP 通常也会出资 10%—20%，上市公司或其大股东则常常出资 10%—40%，其余资金则由基金管理人向包括地方政府产业资金或引导基金、保险资金或其他机构投资者、高净值个人在内的出资人募集。针对专门围绕特定上市公司的产业链进行投资并购的并购基金，其管理机构出资 1%—2%，上市公司或其大股东有时会作为单一 LP 出资剩余额度。对于此类基金，上市公司或其大股东有很大话语权，实质上相当于聘请了专业投资机构为其提供投资服务。平层并购基金的有限合伙人，都在合伙企业法的框架下根据合伙协议享受平等权利，承担同等义务。

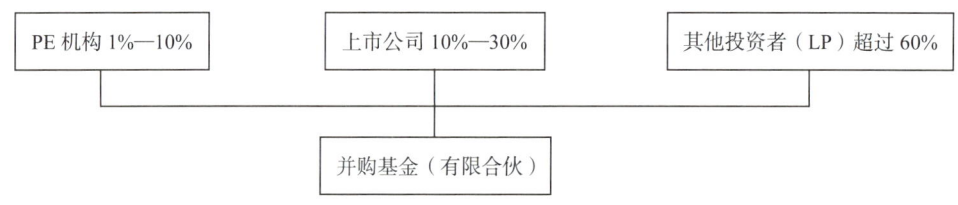

图 3-2　平层并购基金架构示意

（2）结构化并购基金

如图 3-3 所示，在结构化并购基金架构下，上市公司或其大股东通常作为劣后出资人在基金中出资 10%—20%，优先级出资人通常出资 30%—60%，收取固定收益（有时也会收取少量浮动的后端收益）；PE 机构的出资一般小于 10%（通常是 1% 或者 100 万元），剩余劣后级出资人由 PE 管理机构负责募集。基金劣后、优先级出资人的出资比例通常会保持 1∶2（或者 1∶1.5 不等）杠杆比。劣后级份额本身对优先级份额提供增信。

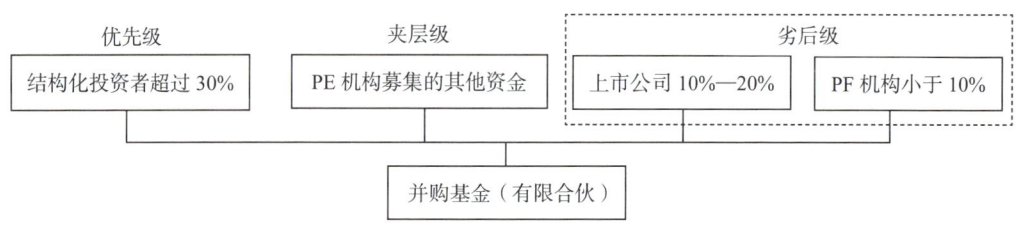

图 3-3　结构化并购基金架构示意图

部分并购基金在优先级、劣后级出资人之间还有夹层,其收益和风险介于优先级出资人和劣后级出资人之间。夹层资金与优先资金合计金额比照劣后资金来计算杠杆率。

(3)并购贷款

并购基金在并购时,通常会以其投资并购的标的公司的股权作抵押,向金融机构申请并购贷款,如高瓴资本管理的并购基金珠海明骏收购格力电器15%的股份时,总对价416.62亿元中并购基金获得了225亿元银团贷款授信。2017—2019年国内几个知名的跨境并购案例中,并购基金作为收购方通常都获得了银团的贷款。并购贷款的比例通常最高是并购交易金额的60%。银行通常要求标的公司有良好的经营现金流,而且并购方还要满足金融机构提出的其他增信条件。

在国内当前的金融监管环境下,通过发行高收益债券来筹措并购资金的条件尚不具备。

(二)资管新规的相关规定对国内并购基金的影响

2018年4月27日,人民银行、银保监会、证监会、国家外汇局联合发布《关于规范金融机构资产管理业务的指导意见》(银发〔2018〕106号)(以下简称"资管新规"),统一了原本多头监管的资产管理产品监管标准。

1. 资管新规的相关规定

对于并购基金是否属于广义上法定的资产管理产品这一问题,资管新规第二条规定:"资产管理业务是指银行、信托、证券、基金、期货、保险资产管理机构、金融资产投资公司等金融机构接受投资者委托,对受托的投资者财产进行投资和管理的金融服务。……私募投资基金适用私募投资基金专门法律、行政法规,私募投资基金专门法律、行政法规中没有明确规定的适用本意见,创业投资基金、政府出资产业投资基金的相关规定另行制定。"这一规定明确了私募基金的监管定位:并购基金如果属于已备案的私募基金,那么该基金纳入资管新规的监管范围。在此基础之上,优先适用私募基金行业的监管要求,其次由资管新规作为兜底要求。

未进行私募基金备案,但具有并购基金性质的有限合伙企业类主体,不受资管新规的限制。但是,从证监会并购重组委近年的审核尺度上看,对于这类主体是否有结构化安排、是否有兜底安排,并购重组委均进行了详细询问,且要求这类主体必须履行严格的穿透披露,其在发行审核过程中会被严格监管。故谨慎起见,在实务中这类主体仍应参照资管新规执行。

(1) 并购基金的分级

资管新规对私募产品提出了严格的分级上限要求。第二十一条规定，分级私募产品的总资产不得超过该产品净资产的140%。分级私募产品应当根据所投资资产的风险程度设定分级比例（优先级份额／劣后级份额，中间级份额计入优先级份额）。固定收益类产品的分级比例不得超过3∶1，权益类产品的分级比例不得超过1∶1，商品及金融衍生品类产品、混合类产品的分级比例不得超过2∶1。发行分级资产管理产品的金融机构应当对该资产管理产品进行自主管理，不得转委托给劣后级投资者。

在实务中，我国有限合伙制并购基金为了发挥财务杠杆作用，吸引投资者，提升募资规模，一般都会采用分级安排。本条规定首先允许并购基金进行结构化安排，其次对财务杠杆上限作出了限定。新规要求，权益性产品的杠杆倍数不得超过1∶1，即基金优先级和中间级规模之和不得超过劣后级资金总金额。

其次，资管新规第二十二条还规定，金融机构不得为其他金融机构的资产管理产品提供规避投资范围、杠杆约束等监管要求的通道服务。资产管理产品可以再投资一层资产管理产品，但所投资的资产管理产品不得再投资公募证券投资基金以外的资产管理产品。两层嵌套的上限规定防止了私募基金利用层层嵌套的结构设计规避杠杆限制，放大财务杠杆，产品在备案后将实现清晰的"穿透识别"，而1∶1杠杆倍数也是并购基金分级的最高倍数。

(2) 对并购基金投资人的"兜底安排"

资管新规第二十一条规定，分级资产管理产品不得直接或者间接对优先级份额认购者提供保本保收益安排。即除劣后级份额本身对优先级和中间级份额提供的增信外，不允许再由产品本身为优先级和中间级提供其他兜底担保。但是本条规定并未禁止"分级资产管理产品"之外的对象对产品优先级等份额提供差额补足或份额回购等兜底安排。

实践中，上市公司在发起"上市公司+PE"模式的并购基金时，基于提升募资杠杆的需求，通常会为并购基金的优先级投资者提供兜底安排。由于上市公司自身可能对并购基金出资，且金额达到一定标准的担保需要经过股东大会通过，故兜底人往往为上市公司大股东或其关联方。资管新规之所以禁止产品本身对优先级投资者进行兜底承诺，是为了防止金融机构表外风险传导至表内。这条规定重点规范的对象是商业银行、信托公司等持牌金融机构，从目的上看并不针对上市公司或关联方。因此，仅从法律条文上分析，只要上市公司关联方未对并购基金出资，上市公司就可以作为外部第三方，为优先级投资者兜底。

(3)对并购基金出资来源和份额质押限制的规定

资管新规第五条规定,投资者不得使用贷款、发行债券等筹集的非自有资金投资资产管理产品。这条规定针对的主要对象也是金融机构,因为金融机构资金的来源和去向容易监控,而对于实业型企业来说,界定其出资是否为"自有资金",尚存在一定的困难。按照此条规定,上市公司和关联方必须以其自有资金作为并购基金的出资。

第二十条规定,金融机构不得以受托管理的资产管理产品份额进行质押融资,放大杠杆。该条规定的主语为"金融机构",目的是防止金融机构通过质押出资份额放大杠杆而增加风险。对于并购基金而言,基金份额持有人质押份额融资不受该条款的限制,可以进行质押融资。这样来看,并购基金投资人的资金压力就能够得到缓解。

2. 资管新规对国内并购基金的影响

总体而言,在 2018 年资管新规出来之前,结构化基金是比较常见的并购基金形态。随着资管新规的出台,两层嵌套的上限规定防止了私募基金利用层层嵌套的结构设计规避杠杆限制、放大财务杠杆,银行理财资金作为优先级出资人的资金来源参与并购基金受到了严格限制。此外,对于上市公司发行股份收购并购基金所持有的标的公司,证监会通常要求并购基金先拆除结构,因此,结构化的并购基金受到较大的影响。

四、2019 年国内并购基金的基本情况

国内并购基金在统计口径上存在三个问题:第一,部分实质为并购基金的有限合伙企业或有限责任公司,并未在中国基金业协会备案;第二,并购基金作为股权投资基金的子类,在基金业协会并不独立分类备案和披露,故无法通过公开信息统计;第三,部分并购基金并不披露募资金额。因此,对并购基金的统计难以做到全面、准确地覆盖。本节基于 Wind PEVC 库,从 2019 年"上市公司 +PE"并购基金新设立情况和 2019 年上市公司重大资产重组中涉及并购基金的情况两个口径来对 2019 年 A 股市场的并购基金情况进行梳理。相关整理与资本市场的并购基金实际数据虽然因不完整而存在较大偏差,但从上市公司参与基金的口径来观察,也能给读者一定的启发。

（一）2019年"上市公司+PE"并购基金新设立情况

根据Wind PEVC库的统计[①]，2016—2018年中国境内并购基金金额逐年呈下降趋势。2019年，"上市公司+PE"模式的并购基金遇冷，全年仅成立10只新基金，其中有6只基金披露了募集资金金额，总计35.63亿元。

这10只并购基金的主要信息见表3-3。

表3-3 2019年A股上市公司新设立的并购基金

募集时间	基金名称	管理机构	募集金额（万元）	涉及上市公司
2019-12-31	北京晨壹并购基金（有限合伙）	晨壹基金	未披露	伊利股份
2019-12-24	晟创-深高速环科产业并购投资基金	晟创投资	未披露	深高速
2019-12-13	金叶-方元教育投资并购专项投资基金合伙企业（有限合伙）	方元资产	40,000.00	陕西金叶
2019-11-28	富华同信产业并购基金	富华（北京）投资	100,000.00	恒泰艾普
2019-09-11	新五丰产业并购投资基金（有限合伙）	湖南现代农业产业基金	100,000.00	新五丰
2019-04-16	平潭德成农牧产业投资合伙企业（有限合伙）	融诚德润投资	40,000.00	圣农发展
2019-03-30	广州市达安云融创投资并购合伙企业（有限合伙）	融创投资	未披露	达安股份
2019-03-11	北京易丰恒泰智能制造产业并购基金（有限合伙）	易添富投资	60,000.00	恒泰艾普
2019-01-09	天津广联达融汇致远投资合伙企业（有限合伙）	广济惠达投资管理（天津）有限公司	16,300.00	广联达
2019-01-02	广州国资产业发展并购基金合伙企业（有限合伙）	广州中小企业发展基金	未披露	广汽集团、广州发展、珠江啤酒
合计			356,300.00	—

资料来源：Wind PEVC库。

根据公开披露的信息，10只并购基金中3只基金进行了项目投资，具体情况见表3-4。

[①] 统计口径包括A股上市公司公告其设立的并购基金以及媒体报道的大型PE机构（包括外资私募管理机构）设立的具有较大市场影响力的并购基金。需要说明的是，上市公司公告的并购基金可能实际上并没有出资。媒体报道也可能信息不完整、金额不准确。

表 3-4　2019 年新设立并购基金投资情况

基金名称	主要投资人及投资策略	投资情况
1. 平潭德成农牧产业投资合伙企业（有限合伙）	由圣农发展（002299.SZ）联合福建圣农控股集团有限公司、福建融诚德润股权投资管理有限公司（简称"融诚德润投资"），自然人林夏、赵筱兰、罗翔、付雪平共同发起设立，基金规模为 40,000 万元，基金的存续期为 7 年，基金的管理人为福建融诚德润股权投资管理有限公司，基金投资方向为围绕公司的业务和战略方向，主要投资于肉鸡行业，以及其他与公司主营业务具有相关性和协同性、符合公司发展战略的产业领域。	1. 2019 年 7 月 22 日，德成农牧设立全资子公司甘肃中成德润生物科技有限公司，注册资本 1,000 万元。 2. 2019 年 7 月 23 日，德成农牧以 12,778.05 万元的价格收购中盛农牧 60.00% 的股权。 3. 中成德润以 441.70 万元的价格收购中盛华盛拥有的机器设备、附属设施等资产，配合中盛农牧开展经营。
2. 北京易丰恒泰智能制造产业并购基金（有限合伙）	由恒泰艾普（300157.SZ）联合北京易丰恒泰资产管理有限责任公司、北京市工业和信息化产业发展服务中心、重庆市长寿区经开盛世股权投资基金合伙企业（有限合伙）共同发起设立，基金规模为 60,000 万元，基金的存续期为 8 年。基金目前由北京易添富股权投资管理有限公司（简称"易添富投资"）担任基金管理人，重点投资智能制造系统与服务等领域。基金成立于 2019 年 3 月 11 日，于 2019 年 4 月 18 日在基金业协会上完成备案。	1. 2019 年 4 月 19 日，向上市公司子公司锦州新锦化机械制造有限公司增资 18,000 万元，增资完成后并购基金持有其 13.0435% 的股权，上市公司持有其 56.5217% 的股权。 2. 本次增资款主要应用于北京透平机械研发与销售中心和第二高端生产基地。
3. 天津广联达融汇致远投资合伙企业（有限合伙）	由广联达（002410.SZ）全资子公司北京广联达创元投资中心（有限合伙）、广济惠达投资管理（天津）有限公司、刁志中、陈晓红、刘国彬共同发起设立，基金规模为 16,300 万元，基金的存续期为 7 年，基金的管理人为广济惠达投资管理（天津）有限公司，基金投资方向为通过定向投资，获得投资标的股权，获得资本增值，以良好的业绩为合伙人创造价值。	2019 年收购上海同是科技股份有限公司 25.79% 的股权。同是科技是一家大型基础设施工程建设与运营安全管理的专业服务提供商，为地铁、越江跨海隧道、桥梁、公路、铁路、高层建筑、地下空间开发、港口等工程提供专业的安全与风险管理解决方案。

资料来源：Wind PEVC 库。

总体上看，2019 年头部 PE 项目数量和金额显著下降。在当前市场环境下，符合 PE 机构要求的现金流良好、利润高、估值相对合理的资产较为稀缺，导致 PE 出手频次和金额双降。与此同时，PE 项目的融资和退出也面临着挑战。与此相应，2019 年国内"上市公司 +PE"类型的并购基金的设立和投资均处于历史性低谷，部分并购基金在设立后并未从事对外并购业务，而是用于参股型股权投资或上市公司自身子公司的增资。

（二）2019 年上市公司重大资产重组中涉及并购基金的情况

2019 年 A 股上市公司重大资产重组中，利用到并购基金的交易有 23 单，涉及并购基金 183 只，总投资金额约为 459.89 亿元。（见表 3-5）

表 3-5　2019 年并购重组项目利用并购基金的情况

时间	交易名称	并购基金	投资金额（万元）	交易方案概述
2019-02	世纪华通收购盛跃网络 100% 股权	上海曜瞿如网络科技合伙企业（有限合伙）、宁波盛杰股权投资合伙企业（有限合伙）等 20 只基金	353,116	1. 2015 年 11 月私有化财团 Shanda Interactive 等以 124 亿元私有化纳斯达克上市公司 Shanda Games。 2. 2016 年 12 月，境内所组建的 SPV 盛跃网络收购 Shanda Games。盛跃网络出资人中包括 20 只境内并购基金，合计出资 35.31 亿元，占盛跃网络总出资的 65.86%。其第一大股东曜瞿如为世纪华通实际控制人王苗通所控制的并购基金，出资 22.70 亿元，占盛跃网络出资的 15.87%。 3. 世纪华通发行股份购买盛跃网络 100% 的股份，交易总价 252 亿元。由于上市公司控股股东先行使用并购基金锁定了标的公司第一大股东地位，本次发行未造成上市公司实际控制人变化。
2019-02	万达电影收购万达影视 95.77% 股权	北京弘创投资管理中心（有限合伙）、宿迁清远影视传媒合伙企业（有限合伙）等 10 只基金	418,006	1. 2016 年 3 月至 2017 年 8 月，标的公司万达影视经过 4 次增资和 5 次股权转让，引入 10 只私募股权投资基金和 9 名其他类型的战略投资人，10 只基金合计持有标的资产 26.13% 的股权。 2. 标的公司在引入股权投资人时的估值在 160 亿元至 182 亿元不等，最终发行股份购买资产时的评估值为 110 亿元，发行价 33.20 元/股。由于万达电影 2019 年股价走势低迷，2019 年年底股价仅为 18.15 元/股，投资人浮亏较大。
2019-02	青松股份收购诺斯贝尔 90% 股份	腾逸源远一号私募基金、中山中科南头创业投资有限公司等 9 只基金	44,516	1. 标的公司诺斯贝尔成立于 2004 年，由香港诺斯贝尔发起设立。2012 年以后，公司引入包括中科科创在内的 10 名战略投资人，将香港诺斯贝尔持股比例稀释至 38.66%。

续表

时间	交易名称	并购基金	投资金额（万元）	交易方案概述
				2. 公司于2015年8月挂牌新三板，经过1次非公开发行和1次股权转让后，于2018年5月中止挂牌，届时有9只股权投资基金持有公司56.87%的股权。 3. 本次发行股份及现金购买对应诺斯贝尔100%的股权估值为27亿元，绝大多数基金均实现了100%以上的投资回报。
2019-03	协鑫智慧能源借壳霞客环保	成都川商贰号股权投资基金中心（有限合伙）、江苏一带一路投资基金（有限合伙）2只基金	60,000	1. 协鑫智慧能源从港股上市公司保利协鑫能源（3800.HK）拆分回归A股，拆分重组总价为45.08亿元。回归后引入两只投资基金——成都川商贰号及江苏一带一路，以偿还部分债务，两只基金投资6亿元，占标的资产10%的股权。 2. 本次借壳上市，标的资产评估金额为46.67亿元，故并购基金在获取股权和现金对价后浮亏约22%。
2019-03	新开源收购美国BioVision	芜湖长谦投资中心（有限合伙）、天津同历并赢二号企业管理咨询中心（有限合伙）、广州君泽股权投资管理合伙企业（有限合伙）	80,000	1. 上市公司成立境内SPV新开源生物，由上市公司持股16.26%，并引入3只并购基金持股39.40%，在2018年6月以20.30亿元对价收购境外标的公司BioVision。 2. 上市公司发行股份购买新开源生物83.74%的股权，总对价17亿元，相对新开源生物现金跨境收购无溢价，新开源生物及BioVision成为上市公司全资子公司，并购基金将通过上市公司股价上涨获取收益。
2019-04	长川科技收购新加坡STI	宁波硅谷天堂和慧创业投资合伙企业（有限合伙）、上海半导体装备材料产业投资基金合伙企业（有限合伙）	45,000	1. 2018年8月，上市公司、硅谷天堂、上海半导体装备材料基金和国家集成电路产业投资基金公司联合设立SPV长新投资，总出资5亿元，其中3只基金合计投资4.5亿元，持股90%。 2. 2018年9月，长新投资收购新加坡集成电路封装检测设备制造公司STI，总对价约5亿元。 3. 本次发行购买，标的资产100%股权估值为54,480万元，并购基金浮盈约9%。

续表

时间	交易名称	并购基金	投资金额（万元）	交易方案概述
2019-04	兆易创新收购上海思立微100%股权	青岛海丝民和股权投资基金企业（有限合伙）、合肥晨流投资中心合伙企业（有限合伙）等5只基金	46,680	1. 标的公司成立于2011年，2018年2月通过股权转让引入5只股权投资基金，持有公司27.46%的股权，对应公司总估值17亿元。 2. 本次发行购买，标的资产估值仍为17亿元。并购基金将通过上市公司股价上涨获取收益。
2019-04	中泰股份收购山东中邑100%股权	杭州金晟硕琦股权投资基金合伙企业（有限合伙）	60,000	1. 并购基金杭州金晟设立于2017年9月，规模6亿元，其中中泰股份出资2亿元。2017年12月，杭州金晟通过增资和股权受让获得标的公司33.33%的股权，对价6亿元。 2. 本次发行股份及现金购买资产，杭州金晟获取6亿元现金退出，较前次投资无溢价，故并购基金的主要目的在于提前锁定标的。
2019-05	汤臣倍健收购澳洲LSG	上海中平国璟并购股权投资基金合伙企业（有限合伙）、广州信德厚峡股权投资合伙企业（有限合伙）等4只基金	140,000	1. 上市公司设立并购SPV汤臣佰盛，自身占股53.33%，引入中平资本和广发信德等4只并购基金，2018年8月以33.33亿元收购境外标的LSG。 2. 发行股份收购汤臣佰盛46.67%的股权，总对价14亿元，较前次收购无溢价，并购基金将通过上市公司股价上涨获取收益。
2019-05	韦尔股份收购美国豪威	开元朱雀（深圳）股权投资合伙企业（有限合伙）、北京集成电路设计与封测股权投资中心（有限合伙）等14只基金	766,722	1. 华创资本成立境内SPV北京豪威，引入集成电路母基金、中信资本所管理的并购基金北京集电、开元朱雀等，基金总额约11亿美元，另获取8亿美元债权融资，在2016年2月以120亿元对价对美国豪威发起私有化交易。 2. 韦尔股份实际控制人虞仁荣组建并购基金绍兴韦豪提前锁定北京豪威17.58%的股权，确保发行股份后上市公司控制权稳定。 3. 上市公司发行股份收购北京豪威85.53%的股权，总对价130.23亿元。 4. 本次发行购买较前次交易溢价约11%，并购基金将主要通过上市公司股价上涨获取收益。

续表

时间	交易名称	并购基金	投资金额（万元）	交易方案概述
2019-06	闻泰科技收购安世半导体	合肥广芯半导体产业中心（有限合伙）、JW Capital Investment Fund 等13只基金	339,655	1. 2016年6月，以建广资产为主导的中国财团，以181亿元对价收购荷兰安世半导体100%权益。 2. 组建境内并购基金合肥广芯、合肥裕芯及香港并购SPV裕成控股，收购该海外资产。 3. 闻泰科技联合云南省城投、上海矽胤，通过境内竞拍获取国内并购主体合肥广芯LP份额。 4. 上市公司发行股份及支付现金，实现对目标公司安世半导体的间接控制，总对价199.25亿元，其中现金对价99.69亿元，发行股份对价99.56亿元。 5. 本次发行购买，第二步收购剩余出资人并购基金合伙份额时，标的资产估值338亿元，较初始181亿元投资溢价约87%。同时，由于闻泰科技股价在2019年上涨幅度很大，并购基金在3年内均取得了高水平回报。
2019-07	继峰股收购德国Grammer	宁波东证继涵投资合伙企业（有限合伙）、宁波继创投资合伙企业（有限合伙）等7只基金	351,100	1. 设立并购基金继烨德国，以三层架构融资，同时引入境外并购贷款。 2. 境外主体在2018年8月通过认购标的方的强制可转换债券+全面要约收购标的公司Grammer，收购对价总计49.82亿元，总计收购比例84.23%，未构成私有化退市。 3. 上市公司发行股份、可转换债券和支付现金收购继烨投资100%的股权，总对价37.54亿元，较前次交易无溢价，并购基金将通过上市公司股价上涨获取收益。
2019-07	朗姿股份收购朗姿医疗41.19%股权	江苏中韩晨晖朗姿股权投资基金（有限合伙）、宁波十月吴巽股权投资合伙企业（有限合伙）等4只基金	15,500	1. 朗姿股份2017年出资5亿元设立朗姿医疗，2018年3月通过股权转让及增资引入4名基金投资人，合计持有朗姿医疗23.20%的股权，对应朗姿医疗估值为66,810万元。 2. 本次发行股份购买对应朗姿医疗整体估值为76,800万元，并购基金收益约为15%。

续表

时间	交易名称	并购基金	投资金额（万元）	交易方案概述
2019-08	爱旭科技借壳上海新梅	义乌奇光股权投资合伙企业（有限合伙）、天津天创海河先进装备制造产业基金合伙企业（有限合伙）等5只基金	135,300	1. 标的公司爱旭科技成立于2005年，2016年12月，IDG资本牵头设立并购基金义乌奇光，通过增资与协议受让的方式累计持有公司41.34%的股权，实现部分股东提前退出。爱旭科技于2017年至2018年引入天创海河等其他基金投资人，与义乌奇光合计持有公司49.75%的股权。 2. 本次发行股份购买，爱旭科技整体估值为58.85亿元，义乌奇光收益率达到155%。 3. 此外，本案例还涉及PE基金新达浦宏在2016年10月收购上海新梅控股权的交易，详细方案在本书第七章介绍。
2019-08	天下秀借壳慧球科技	深圳麻隆金实投资管理中心（有限合伙）、嘉兴腾元投资合伙企业（有限合伙）等8只基金	89,353	1. 标的公司成立于2009年11月，自2016年11月起，通过增资和股权转让吸收了8只基金投资，合计持股33.57%。 2. 本次借壳上市，天下秀整体估值为39.47亿元，较多数基金投资估值无溢价，并购基金将通过上市公司股价上涨获取收益。
2019-10	居然新零售借壳武汉中商	杭州瀚云新领股权投资基金合伙企业（有限合伙）、上海云锋五新投资中心（有限合伙）等16只基金	766,656	1. 标的公司成立于2015年，于2018年3月进行Pre-IPO融资，引入阿里巴巴、泰康人寿等战略投资人及16只基金投资人，16只基金投后合计持股21.12%，基金管理人包括云峰资本、红杉资本等。居然新零售在本次融资估值约为363亿元。 2. 本次借壳上市，居然新零售整体估值为357亿元，较前次融资估值有小幅下降，并购基金将通过上市公司股价上涨获取收益。
2019-10	通产丽星收购力合科创100%股权	北京嘉实元泰投资中心（有限合伙）、深圳市永卓恒基投资企业（有限合伙）、深圳慈辉清科汇投资管理中心（有限合伙）	90,966	1. 标的公司成立于1998年8月，自2015年2月开始引入股权投资，至2017年12月，共有3只基金持有标的公司22.56%的股权。 2. 本次发行购买，力合科创100%股权估值为55.67亿元，并购基金浮盈约为28%—56%。

第三章　我国并购基金及 2019 年参与上市公司并购重组分析

续表

时间	交易名称	并购基金	投资金额（万元）	交易方案概述
2019–10	国农科技收购智游网安 100% 股权	北京中关村并购母基金投资中心（有限合伙）、深圳市达晨创通股权投资企业（有限合伙）等 11 只基金	32,709	1. 标的公司成立于 2013 年 1 月。2018 年 1 月起，公司通过股权转让引入中关村并购母基金、达晨创通等投资者，11 只基金合计持股 40.80%。 2. 本次发行购买，智游网安 100% 股权估值为 12.82 亿元，并购基金浮盈约为 20%。
2019–12	北京君正收购 ISSI	上海承裕资产管理合伙企业（有限合伙）、上海武岳峰集成电路股权投资合伙企业（有限合伙）等 10 只基金	175,133	1. 2015 年 12 月，国内 PE 机构武岳峰资本牵头，联合北京集成、北京京存等形成买方团私有化纳斯达克上市公司 ISSI，ISSI 成为北京矽成全资子公司，私有化金额总计 53.70 亿元。 2. 2019 年 12 月，上市公司发行股份，结合现金支付，收购北京矽成 59.99% 的股权，以及上海承裕 100% 的股权，直接及间接 100% 持有 ISSI，购买对价 72 亿元。并购基金浮盈约为 34%。
2019–12	中国黄金收购中原冶炼厂 60.98% 股权	国新央企运营（广州）投资基金（有限合伙）、河南中鑫债转股私募股权投资基金（有限合伙）、北京东富国创投资管理中心（有限合伙）	310,000	1. 标的资产 1989 年成立，2018 年 12 月国新央企基金、中鑫基金、东富国创对公司增资，合计持有标的公司 41.10% 的股权，标的资产 100% 股权估值为 75.43 亿元。 2. 本次发行股份购买，标的资产 100% 股权估值为 77.20 亿元，较前次投资无溢价，并购基金将通过上市公司股价上涨获取收益。
2019–12	润邦股份收购中油优艺 73.36% 股权	宁波市舜耕投资管理合伙企业（有限合伙）、苏州中新兴富新兴产业投资合伙企业（有限合伙）等 7 只基金	48,216	1. 标的公司 2009 年成立，2018 年 4 月引入舜耕投资等股权投资基金，标的资产估值为 12.70 亿元，7 只基金合计持有标的公司 38.75% 的股权。 2. 本次发行股份购买，标的资产 100% 股权估值为 13.53 亿元，并购基金浮盈约为 6.53%。
2019–12	罗欣药业借壳东音股份	Ally Bridge Flagship LX（HK）Limited、GL Instrument Investment L.P. 等 15 只基金	195,133	1. 2017 年 3 月，私有化财团组建主体 Giant Star 私有化港股上市公司罗欣药业，私有化财团中引入了汇桥资本管理的并购基金 Ally Bridge 和德福资管管理的基金 GL Instrument，私有化对应 100% 股份市值为

续表

时间	交易名称	并购基金	投资金额（万元）	交易方案概述
				103.39 亿元。私有化后又引入 10 余只股权投资基金置换债权资金和前期投资，合计持有标的公司 22.29% 的股权。2. 本次借壳上市，罗欣药业 100% 权益作价为 75.39 亿元，并购基金浮亏约 27%，将通过上市公司股价上涨获取收益。
2019-12	万邦德制药借壳万邦德	嘉兴嘉昊九鼎投资中心（有限合伙）、江苏中茂节能环保产业创业投资基金合伙企业（有限合伙）等 10 只基金	45,104	1. 万邦德制药成立于 2002 年，2014 年以来接受九鼎投资、中信建投资本等机构所管理的基金，10 只投资基金合计持有标的公司 24.03% 的股权，投后估值在 5.28 亿—22.20 亿元之间。2. 本次借壳上市，万邦德制药 100% 权益作价为 27.31 亿元，绝大部分并购基金浮盈在 24% 以上。
合计	—	—	4,608,865	—

资料来源：Wind。

并购基金参与的 23 单上市公司并购重组的交易中，跨境并购和私有化回归交易总计 10 单。其中上市公司跨境并购 7 单，境外中概股回归 A 股交易 3 单。由此可见，目前国内并购基金的投资策略中，参与境外资产收购仍为主要方向，并购基金在这类项目中一方面作为过桥收购募资工具，另一方面又起到了推进 A 股证券化交易的作用，衔接 A 股上市公司和境外资产两端。（见表 3-6）

表 3-6 并购基金参与境外投资收购一览

单位：单

交易策略	数量	案例
上市公司跨境并购	7	新开源收购 BioVision、长川科技收购 STI、汤臣倍健收购 LSG、闻泰科技收购安世半导体、韦尔股份收购美国豪威、继峰股份收购 Grammer、北京君正收购 ISSI
中概股回归	3	世纪华通收购盛跃网络、协鑫智慧能源借壳霞客环保、罗欣药业借壳东音股份

总体上看，过去"上市公司+PE"模式的"闭环"交易在 2019 年已比较罕见，虽然新开源、汤臣倍健、继峰股份等的并购项目具有"上市公司+PE"模式的特征，但其均为跨境并购，且收购标的与自身业务的协同性极强，与炒作热门概念和强调市值管理的并购有本质区别。随着未来中国资本市场更加市场化、专业化，套利空

（三）2019 年上市公司控股权交易中涉及并购基金的情况

在 2019 年的控股权收购中，涉及并购基金的交易有 7 单，涉及并购基金 9 只，总投资金额约为 288.04 亿元。（见表 3-7）

表 3-7　2019 年并购基金参与上市公司控股权交易情况

时间	交易名称	并购基金	投资金额（万元）	交易方案概述
2019-03	远致富海收购麦捷科技	深圳远致富海电子信息投资企业（有限合伙）	125,000	1. PE 机构东方富海与深圳市国资委在 2014 年联合设立大型并购基金管理机构深圳市远致富海投资管理有限公司，其中深圳市国资委出资 40%，东方富海出资 30%，信达建信出资 30%。2. 本次收购中，远致富海发起并购基金远致富海电子，主要资金并购基金以 12.50 亿元受让上市公司 26.44% 的股权，成为上市公司第一大股东。
2019-03	华控基金收购新研股份	嘉兴华控腾汇股权投资合伙企业（有限合伙）	25,300	PE 管理机构华控基金作为上市公司战略投资人，设立并购基金嘉兴华控（总规模 8.38 亿元），以 2.53 亿元对价收购上市公司 8.60% 的股权，并接受 10.55% 的股份表决权委托，总计持有表决权比例为 22.40%。
2019-05	基石资本收购聚隆科技	深圳市领驰基石股权投资基金合伙企业（有限合伙）、深圳市领汇基石股权投资基金合伙企业（有限合伙）、弘唯基石华盈私募投资基金	74,006	1. 国内知名 VC（风险投资）/PE 机构基石资本的 3 家并购基金主体，以 7.40 亿元收购聚隆科技 26.43% 的股权。2. 以部分要约进一步收购上市公司 13% 的股权，收购完成后最终持股数达到 34.53%，收购总价款为 9.25 亿元。
2019-06	东方富海收购光洋股份	深圳富海光洋股权投资基金合伙企业（有限合伙）	120,000	东方富海成立富海光洋产业并购基金，引入上市公司扬帆新材等，以 12 亿元收购光洋股份 29.58% 的股份，成为上市公司控股股东。
2019-10	汇通刚泰收购刚泰控股	浙江汇通刚泰股权投资基金合伙企业（有限合伙）	184,500	1. 上市公司实际控制人徐建刚联合红塔基金、华融资产组建并购基金汇通刚泰，其中刚泰集团出资 20%，红塔基金出资 67%，华融资产出资 13%。

续表

时间	交易名称	并购基金	投资金额（万元）	交易方案概述
				2. 汇通刚泰执行法院裁定，对刚泰矿业履行《收益权转让合同》项下义务而出质的*ST 刚泰 24.55% 的股票进行强制执行，用于抵偿 18.45 亿元债务。 3. 收购完成后，上市公司无实际控制人。
2019–12	安徽信富收购大富科技	安徽信富股权投资基金（有限合伙）	166,600	1. 大富科技控股股东配天投资，联合蚌埠城投、中国信达组建并购基金安徽信富，上市公司实际控制人孙尚传及李洪利以配天投资 99% 的股权出资，换取并购基金 49% 的份额，蚌埠城投持有并购基金 41% 的份额，中国信达持有并购基金 10% 的份额。并购基金通过配天投资获得上市公司 43.11% 的股份，成为新控股股东。 2. 信达深圳以 34 亿元收购配天投资债权。 3. 并购基金实际为配天投资带来股权现金流 16.66 亿元，纾解其债务危机，同时，由于配天投资实际控制并购基金，上市公司实际控制人未发生改变。
2019–12	高瓴资本收购格力电器	珠海明骏投资合伙企业（有限合伙）	2,185,027	1. 格力电器混改引入战略投资人，竞标后高瓴资本胜出，以并购基金珠海明骏收购上市公司 15% 的股份，总对价 416.62 亿元。 2. 并购基金股权出资 218.50 亿元，引入格力电器管理层设立的持股平台格臻投资，总出资 12.71 亿元，并购基金获得 225 亿元银团贷款授信。 3. 收购完成后，格力电器无实际控制人。

资料来源：Wind。

在这 7 单并购基金收购上市公司的交易中，涉及国资纾困上市公司的交易 3 单，PE 机构买壳交易 3 单，PE 机构参与国资控股上市公司混改 1 单。并购基金的交易目的更为多样化，在收购策略上也更为丰富。（见表 3-8）

表 3-8　并购基金的交易策略

单位：%

交易目的	数量	案例
国资纾困收购	3	远致富海收购麦捷科技、汇通刚泰收购刚泰控股、安徽信富收购大富科技
PE 机构买壳	3	华控基金收购新研股份、东方富海收购光洋股份、基石资本收购聚隆科技
PE 机构参与国企混改	1	高瓴资本收购格力电器

第四章

上市公司控股权转让的新情况与新特点

一、2019年度A股上市公司控股权转让概览

2019年全年总计127家A股上市公司公告了控股权转让（不含公告后又终止的交易），其中73单交易在本年度完成，32单已签署转让协议，21单只披露了交易意向。签署了转让协议的105家上市公司，交易总金额为人民币1,409.37亿元（详见本章附件1：《2019年A股上市公司控股权转让一览表》）。

2019年度A股上市公司控股权转让存在以下特点。

（一）民营公司占绝大多数

按照上市公司实际控制人的性质区分，可将控股权交易类型分为国有资本收购民营企业、民营资本收购民营企业、国有资本收购国有企业、民营资本收购国有企业4大类。本年度交易数量及占比统计见表4-1。

表4-1 交易双方实际控制人性质统计

序号	转让类型	数量（单）	数量占比（%）	金额（万元）	金额占比（%）
1	民营转国资	49	46.67	4,562,686.22	32.38
2	民营转民营	43	40.95	3,574,174.28	25.36
3	国资转国资	8	7.62	989,830.17	7.02
4	国资转民营	5	4.76	4,967,028.69	35.24
合计		105	100.00	14,093,719.36	100.00

资料来源：Wind。

交易数量方面：2019年上市公司控股权转让交易中，92家公司为民营企业，13家为国资背景，分别占比87.62%和12.38%。国资作为受让方共57例，占54.29%，

民营资本作为受让方合计 48 例，占 45.71%。

交易金额方面：由于国资背景的格力电器被高瓴资本收购后被认定为无实际控制人，因此被归为国资转为民营企业，该交易金额达到 416.62 亿元，占全年交易总额的 30%。剔除该项目影响，国有资本收购民营企业的金额占比为 45.96%，民营资本收购民营企业的金额占比为 36.00%，民营企业对外转让的金额占总金额的 81.96%。

（二）传统机械行业转让数最多

根据中信证券的上市公司一级行业分类，2019 年控股权转让涉及 22 个行业。交易数量排名第一的机械行业共发生 13 单交易，占比 12.38%；计算机行业仅比机械行业少 1 单交易，占比 11.43%；基础化工、医药、电子行业分别有 9、8 和 7 单交易。扣除格力电器的影响，交易金额超过 162 亿元的计算机行业位居榜首，机械和商贸零售行业大致并列第二，金额均超过 88 亿元，再次则为基础化工行业，金额超过 80 亿元。（见表 4-2）

表 4-2 控股权转让交易涉及行业

序号	中信行业	数量（单）	数量占比（%）	交易总价（万元）	金额占比（%）
1	机械	13	12.38	886,309.91	6.29
2	计算机	12	11.43	1,622,450.42	11.51
3	基础化工	9	8.57	819,181.82	5.81
4	医药	8	7.62	572,071.58	4.06
5	电子	7	6.67	501,048.88	3.56
6	商贸零售	6	5.71	885,391.76	6.28
7	传媒	5	4.76	360,859.53	2.56
8	建筑	5	4.76	511,629.97	3.63
9	食品饮料	5	4.76	346,953.91	2.46
10	家电	4	3.81	4,366,566.18	30.98
11	电力设备及新能源	4	3.81	520,064.61	3.69
12	轻工制造	4	3.81	276,142.32	1.96
13	有色金属	4	3.81	616,216.91	4.37
14	电力及公用事业	3	2.86	422,665.96	3.00
15	房地产	3	2.86	280,899.09	1.99
16	汽车	3	2.86	160,163.66	1.14
17	综合	3	2.86	67,704.99	0.48
18	纺织服装	2	1.90	146,702.99	1.04
19	建材	2	1.90	193,521.99	1.37

续表

序号	中信行业	数量（单）	数量占比（%）	交易总价（万元）	金额占比（%）
20	非银行金融	1	0.95	220,000.00	1.56
21	钢铁	1	0.95	274,862.38	1.95
22	农林牧渔	1	0.95	42,310.50	0.30
总计		105	100.00	14,093,719.36	100.00

资料来源：Wind。

行业分布体现了我国产业结构调整的现状。机械行业控股权转让数量多，表明现传统行业希望寻找新的资源方进行整合以尽快转型升级；计算机行业发生12单控股权转让，主要归因于行业技术、市场变化产生的并购需求；基础化工行业发生9单，医药行业实现8单，以及电子行业共有7单控股权转让交易，分别排名第三、第四和第五，这些数据均与行业整合浪潮有密切关系。

（三）中小板、创业板占比大

全年105单控股权转让交易按板块划分的统计情况见表4-3。

表4-3 上市公司交易所板块统计

序号	所属板块	数量（单）	数量占比（%）	金额（万元）	金额占比（%）
1	上交所主板	22	20.95	2,829,931.43	20.08
2	深交所主板	16	15.24	5,061,961.64	35.92
3	深交所中小板	32	30.48	3,054,623.85	21.67
4	深交所创业板	35	33.33	3,147,202.44	22.33
合计		105	100.00	14,093,719.36	100.00

资料来源：Wind。

从数量上看，深交所中小板和创业板有67家上市公司公告了控股权转让，合计占比64%；上交所和深交所主板的上市公司合计占比36%。从金额上看，由于格力电器收购的影响，深交所主板交易金额占比高，其他板块交易金额均在300亿元左右。

（四）主要集中在小市值公司

2019年转让控股权的上市公司市值集中在10亿—60亿元之间，占比69.52%，其中30亿—60亿元市值的有38家，10亿—30亿元市值的有35家（见图4-1），市值最低的斯太尔转让前市值仅10.96亿元。市值排名前三的公司分别为格力电器、同方股份（600100.SH）和太平洋证券（601099.SH），前两者转让前为国有控股企业，太平洋证券则是民营资本作为第一大股东的非银金融机构。随着我国国有企业产权改革的持续、深入推进，大型上市公司控股权交易未来还会不断出现。

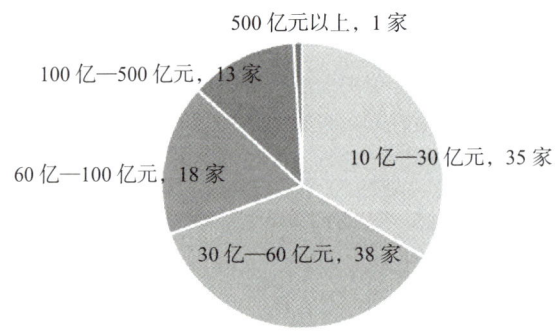

图 4-1 被收购公司的市值分布

资料来源：Wind。

（五）间接收购方式多样化

2019 年有 12 个间接收购上市公司控股权的案例，包括协议受让上市公司控股权、向控股股东增资以间接获得控股权、原控股股东新设"净壳"主体供收购方收购、PE 机构组建并购基金收购控股股东以及承债式收购等。每一个间接收购案例都是根据标的公司的实际情况量身定制的。新兴际华医药间接收购海南海药的控股权就是一个代表性案例。

2019 年 4 月，海南海药原控股股东深圳市南方同正投资有限公司新设海南华同实业有限公司（简称"华同实业"），并将其持有的特定资产包注入华同实业，该资产包包括海南海药总股本 15.20% 的股份和该等股份质押式回购形成的负债；同月，新兴际华医药收购华同实业 100% 的权益，对价 2.30 亿元。华融信托向华同实业定向转让对应海南海药 7.03% 股份的"17 同正 EB"，华同实业换股后取得海南海药 7.03% 的股份，完成后华同实业合计持有海南海药 22.23% 的股份；新兴际华医药向华同实业增资 17.70 亿元现金。南方同正将其所持海南海药 7.76% 的股份表决权让渡给华同实业，华同实业实际控制比例达到 29.99%。

根据《上市公司收购管理办法》的规定，对于间接收购而言，如收购方间接拥有的股份超过上市公司已发行股份的 30%，且无法获得要约收购豁免，则应当向公司所有股东发出全面要约。2019 年有 9 个间接收购案例均避免了触发全面要约义务。

（六）部分公司在控股权转让的同时启动资本运作方案

10 家上市公司在控股权转让协议签订后公告了进一步的资本运作方案，同时启动了资本运作方案。相关资本运作方案大致分为以下 4 类。

1. 收购关联资产

中化岩土（002542.SZ）、华通医药（002758.SZ）、多喜爱（002761.SZ）等 3 家上市公司在被收购后，以发行股份购买资产的形式收购了新控股股东旗下的资产，其中，中化岩土的收购未构成借壳上市，而华通医药和多喜爱的收购均构成了借壳上市。在收购上市公司的同时发起借壳上市的情形在 2016 年新修订的《上市公司重大资产重组管理办法》施行后较为常见，因为原控股股东与借壳方控股股东的股份按规定都要锁定 36 个月，原控股股东无法通过被借壳实现退出，因而通常寻求在借壳前向借壳方转让所持股份。

2. 收购第三方资产

智慧松德（300173.SZ）、华铁股份（000976.SZ）、华软科技（002453.SZ）等 3 家上市公司在被收购后，以现金或发行股份结合现金的形式收购非关联方资产。该类操作不触及借壳上市，能协助上市公司尽快转型。

3. 启动再融资

赢合科技（300457.SZ）在被收购后发起定向增发，拟募集 20 亿元补充流动资金，收购方上海电气（601727.SH）参与了本次发行。此类交易能促进新控股股东增加控股比例，加强控制力。

4. 资产处置

同方股份（600100.SH）、GQY 视讯（300076.SZ）和天马股份（002122.SZ）在被收购后，作为交易的一部分，均向原控股股东出售了部分经营性资产，其中，同方股份于 2019 年 8 月将所持 7.83% 的辰安科技（300523.SZ）股份转让给原实际控制人清控集团，转让价格 62,706.15 万元，保证清控集团仍为辰安科技的实际控制人；GQY 视讯以 3.67 亿元向原控股股东转让长期亏损的宁波奇科、威智能科技等 3 家公司的全部股权，为新入主的开封金控完成上市公司净壳整理。

二、2019 年上市公司控股权转让的新特征

（一）高质押率导致被动转让控股权的居多

上市公司原控股股东所持股份存在高质押率的情形，如在股价下跌时无力补仓或者追加保证金时，通常面临爆仓风险，往往只能被动选择转让其所持有的股票来应付债务风险，进而可能导致上市公司实际控制人的变更。

2019年控股权转让交易中，质押率①超过90%的上市公司有40家，超过80%的上市公司有53家。具体情况见表4-4。

表4-4 转让交易的质押率统计

控股权转让协议签订日	上市公司	控股股东质押率（%）	控股权转让协议签订日	上市公司	控股股东质押率（%）
2019-01-02	中化岩土	99.31	2019-07-26	方正电机	99.91
2019-01-04	新研股份	96.27	2019-08-01	金冠股份	91.84
2019-01-08	智慧松德	95.90	2019-08-02	维维股份	93.03
2019-01-10	晨鑫科技	99.77	2019-08-14	天业股份	—
2019-01-15	麦捷科技	91.65	2019-08-22	康欣新材	99.90
2019-01-17	鸿特科技	100.00	2019-08-26	宁波建工	87.35
2019-01-21	星普医科	96.92	2019-08-31	润达医疗	86.69
2019-01-30	汇金股份	84.84	2019-09-02	宜安科技	82.05
2019-02-11	棕榈股份	99.35	2019-09-02	神开股份	100.00
2019-02-20	登云股份	80.83	2019-09-05	中新科技	99.97
2019-02-22	慈文传媒	92.19	2019-09-13	盈方微	99.77
2019-03-04	恒邦股份	100.00	2019-09-16	华铁股份	96.08
2019-03-08	天银机电	89.70	2019-09-16	刚泰控股	98.87
2019-03-11	莱茵体育	99.48	2019-09-19	跨境通	90.06
2019-03-29	兴源环境	83.16	2019-09-29	杭州高新	100.00
2019-04-04	东方网力	98.38	2019-10-11	斯太尔	76.20
2019-04-12	多喜爱	100.00	2019-10-11	天马股份	84.93
2019-04-28	清新环境	93.57	2019-10-13	恒天海龙	—
2019-04-30	海南海药	91.19	2019-10-17	亚星化学	97.34
2019-05-07	华仁药业	89.22	2019-10-18	江泉实业	—
2019-05-09	鸿博股份	98.65	2019-11-06	汉鼎宇佑	79.56
2019-05-22	龙大肉食	95.11	2019-11-09	海联讯	99.59
2019-06-10	玉龙股份	91.46	2019-11-11	英唐智控	95.37
2019-06-18	海南椰岛	99.99	2019-11-13	山东华鹏	92.76
2019-06-21	富控互动	99.12	2019-11-15	中核钛白	81.68
2019-06-26	大东南	68.30	2019-11-18	康盛股份	90.91
2019-06-27	合众思壮	91.00	2019-11-19	数知科技	93.43
2019-06-30	恒泰艾普	83.83	2019-12-06	莲花健康	100.00
2019-07-08	东凌国际	100.00	2019-12-15	界龙实业	100.00
2019-07-23	*ST人乐	89.26	2019-12-15	得利斯	89.59

资料来源：Wind。

① 控股股东质押率参考上市公司收购首次公告前最近的公告数据。

在民事案件强制执行程序中，司法拍卖也是上市公司控股权被动转让的重要途径。2019年，除了天业股份、恒天海龙和江泉实业外，另7家被司法拍卖控股权的上市公司原大股东质押率都比较高。（见表4-5）

表4-5　上市公司股份司法拍卖涉及质押率情况

控股权转让协议签订日	上市公司	控股股东质押率（%）
2019-06-26	大东南	68.30
2019-08-14	天业股份	—
2019-09-13	盈方微	99.77
2019-09-16	刚泰控股	98.87
2019-10-11	斯太尔	76.20
2019-10-11	天马股份	84.93
2019-10-13	恒天海龙	—
2019-10-18	江泉实业	—
2019-11-18	康盛股份	90.91
2019-12-06	莲花健康	100.00

资料来源：Wind。

高质押率带来控股权转让或被司法拍卖总计60单，占全年105单交易数量的57%。由于这些转让皆属被动转让，溢价率通常较低且多采取表决权委托或放弃表决权等方式，总体转让金额较低。

（二）平价及折价转让居多，A股壳价值进一步缩水

扣除无偿划转、间接转让或承债式转让而无法衡量溢价率的13单交易，其余92单控股权收购的溢价率由低到高排序，见表4-6。

表4-6　2019年A股控股权交易溢价率统计

序号	上市公司	交易总价（万元）	收购比例（%）	公司估值（万元）	公司市值[①]（万元）	溢价率[②]（%）
1	中兴商业	52,997	29.00	182,749	253,616	-27.94
2	沈阳机床	120,000	29.99	400,133	518,989	-22.90
3	同方股份	639,847	21.00	3,046,888	3,941,986	-22.71
4	格力电器	4,166,194	15.00	27,774,629	34,716,783	-20.00
5	恒天海龙	58,122	23.15	251,067	313,624	-19.95
6	得利斯	99,431	29.00	342,866	418,166	-18.01
7	重庆百货	606,465	54.93	1,104,068	1,311,461	-15.81

续表

序号	上市公司	交易总价（万元）	收购比例（%）	公司估值（万元）	公司市值[1]（万元）	溢价率[2]（%）
8	中航善达	128,961	22.35	577,007	669,629	−13.83
9	山东华鹏	21,776	8.42	258,618	291,793	−11.37
10	华仁药业	113,492	20.00	567,462	638,395	−11.11
11	惠博普	33,142	10.02	330,757	371,571	−10.98
12	美亚柏科	194,362	15.79	1,230,920	1,367,907	−10.01
13	华铁股份	69,353	8.75	792,609	880,815	−10.01
14	兴源环境	144,876	23.60	613,883	682,092	−10.00
15	汇金股份	59,613	20.47	291,220	323,422	−9.96
16	盈方微	16,783	10.70	156,850	173,942	−9.83
17	海联讯	63,141	24.80	254,600	282,070	−9.74
18	九鼎新材	115,300	19.55	589,770	650,971	−9.40
19	朗源股份	42,311	21.35	198,176	215,626	−8.09
20	麦捷科技	125,000	26.44	472,769	509,582	−7.22
21	新研股份	58,033	8.60	674,920	715,373	−5.65
22	汉鼎宇佑	105,000	15.00	700,000	737,741	−5.12
23	东凌国际	56,300	11.05	509,502	535,131	−4.79
24	易事特	308,202	29.99	1,027,683	1,078,719	−4.73
25	和科达	66,000	29.99	220,073	229,700	−4.19
26	东方网力	74,873	7.48	1,001,531	1,043,398	−4.01
27	康盛股份	12,276	3.87	317,209	328,420	−3.41
28	莱茵体育	132,604	29.90	443,493	457,675	−3.10
29	一汽富维	29,089	5.00	581,774	599,034	−2.88
30	赢合科技	95,902	9.73	985,634	1,014,457	−2.84
31	清新环境	248,492	25.31	981,795	1,009,908	−2.78
32	天马股份	49,987	21.13	236,568	238,788	−0.93
33	达志科技	51,262	16.68	307,324	308,273	−0.31
34	棕榈股份	76,724	13.10	585,681	587,359	−0.29
35	中核钛白	163,590	27.05	604,769	606,265	−0.25
36	英唐智控	33,037	5.23	631,681	633,160	−0.23
37	百花村	54,077	19.86	272,291	272,663	−0.14
38	多喜爱	125,300	29.83	420,046	420,046	0.00
39	维维股份	95,505	17.00	561,792	561,792	0.00
40	东方园林	79,221	5.00	1,584,423	1,584,423	0.00
41	莲花健康	29,028	11.78	246,421	246,390	0.01

第四章　上市公司控股权转让的新情况与新特点

续表

序号	上市公司	交易总价（万元）	收购比例（%）	公司估值（万元）	公司市值①（万元）	溢价率②（%）
42	登云股份	11,075	6.78	163,347	163,300	0.03
43	星星科技	48,835	14.90	327,752	325,869	0.58
44	山鼎设计	75,005	30.00	250,016	247,603	0.97
45	天银机电	114,090	28.52	399,999	393,498	1.65
46	*ST人乐	49,590	21.15	234,467	230,560	1.69
47	恒华科技	116,751	13.50	864,822	841,510	2.77
48	亚星化学	21,452	13.20	162,514	158,113	2.78
49	智慧松德	23,137	7.45	310,559	301,883	2.87
50	宜安科技	48,600	7.33	663,029	642,094	3.26
51	中化岩土	156,580	19.28	812,136	778,742	4.29
52	天业股份	19,334	4.14	466,998	442,317	5.58
53	思美传媒	48,077	10.39	462,728	427,765	8.17
54	恒邦股份	297,602	29.99	992,336	910,400	9.00
55	星普医科	182,348	29.00	628,786	576,843	9.00
56	斯太尔	14,243	11.61	122,680	109,602	11.93
57	三维丝	29,297	10.00	292,973	259,435	12.93
58	宁波建工	124,100	29.92	414,773	367,006	13.02
59	数知科技	219,858	20.00	1,099,291	963,242	14.12
60	欣龙控股	21,403	8.28	258,493	226,126	14.31
61	汇通能源	38,678	21.00	184,182	159,869	15.21
62	跨境通	99,142	6.55	1,513,618	1,308,755	15.65
63	英飞拓	34,342	5.00	686,841	593,344	15.76
64	宝鼎科技	92,113	29.90	308,070	264,891	16.30
65	恒通科技	78,222	26.51	295,066	253,536	16.38
66	合众思壮	97,121	9.70	1,000,747	859,167	16.48
67	杭州高新	20,031	9.88	202,745	168,348	20.43
68	玉龙股份	274,862	50.00	549,725	441,627	24.48
69	中飞股份	14,400	6.83	210,773	167,888	25.54
70	润达医疗	150,220	20.02	750,350	592,284	26.69
71	大东南	120,000	27.91	429,953	336,226	27.88
72	蓝海华腾	55,129	18.15	303,740	231,504	31.20
73	东方锆业	87,295	15.66	557,441	424,727	31.25
74	江泉实业	45,705	12.83	356,235	271,200	31.36
75	鸿博股份	71,299	14.26	499,993	377,313	32.51

续表

序号	上市公司	交易总价（万元）	收购比例（％）	公司估值（万元）	公司市值[①]（万元）	溢价率[②]（％）
76	京天利	90,000	30.00	300,000	226,054	32.71
77	日科化学	19,425	5.93	327,574	242,287	35.20
78	金冠股份	104,399	15.00	695,996	510,308	36.39
79	东方网络	22,000	12.23	179,886	131,157	37.15
80	聚隆科技	74,006	26.43	280,007	203,600	37.53
81	欧比特	82,565	7.56	1,092,129	785,715	39.00
82	界龙实业	140,000	27.23	514,139	359,212	43.13
83	慈文传媒	92,924	15.05	617,435	427,455	44.44
84	恒泰艾普	57,000	10.67	534,208	365,314	46.23
85	龙大肉食	122,990	9.91	1,241,067	848,480	46.27
86	康欣新材	43,068	6.41	671,883	428,185	56.91
87	安德利	38,520	12.84	300,000	190,512	57.47
88	真视通	44,743	11.78	379,823	219,549	73.00
89	太平洋	220,000	5.87	3,748,956	2,113,058	77.42
90	中新科技	160,487	51.78	309,970	146,773	111.19
91	刚泰控股	182,720	24.55	744,277	302,209	146.28
92	方正电机	52,335	5.01	1,044,601	271,843	284.27
合计		13,262,785	—	82,090,779	84,329,451	−2.65
扣除格力电器		9,096,591	—	54,316,149	49,612,669	9.48

资料来源：Wind。

注：①上市公司市值是按交易首次信息披露日前一交易日的收盘价（复权价）计算的。

②溢价率＝（公司估值－公司市值）/公司市值。

溢价率高于5％的交易总计41单，占全部交易的44.57％。其中溢价率最高的交易为卓越汽车收购方正电机（002196.SZ）5.01％的股权，溢价率达到284.27％。该笔交易发生前，卓越汽车已持有方正电机7.79％的股份，本次交易中方正电机原控股股东所持剩余12.00％股份的表决权也委托给了受让方行使，故该5.01％的股份蕴含了较高的控股权溢价。真视通（002771.SZ）、安德利（603031.SH）等高溢价交易也同样存在表决权委托比例较高的因素。

溢价率在−5％—5％之间的交易总计29单，占全部交易的31.52％。交易的价格水平与签订转让协议时的上市公司股价相当。

折价5％以上的交易总计22单，占全部交易的23.91％（包括格力电器15％股份在内的交易）。折价率较高有两类原因，一是上市公司原大股东认可新的投资人和战略资源方，愿意给予价格优惠；二是控股股东因偿还债务的时间限制而在议价上处于被动地位。

总体而言，2019 年全部控股权交易的加权平均溢价率为 −2.65%，剔除高瓴资本收购格力电器的影响则为 9.48%，溢价率低于 5% 的转让数量占到了 54.95%。相比之下，2018 年 A 股市场控股权交易的溢价率高达 31%，可见平价和折价转让控股权的情形在 2019 年占多数，反映了 A 股壳价值整体在缩水。

（三）国资系主体收购民营上市公司扮演着越来越重要的角色，呈现新特点

在 2019 年公告的 105 单控股权交易中，国资系主体收购民营上市公司的交易有 49 单，占全部交易总数的 47%。2019 年国资除了收购上市公司纾困之外，还积极谋求产业整合、产业落地，相关情况在下一章具体分析。

（四）控股权变更后股价表现与转让溢价率无直接联系

统计 105 家上市公司控股权转让案例，对比分析这些上市公司从协议签订日到当年年底期间的股价涨跌与同期沪深 300 的涨幅情况（详见本章附件 2《2019 年 A 股上市公司控股权转让后股价表现一览表》），2019 年沪深 300 指数从年初的 2,970 点涨至年底的 4,097 点，涨幅 37.95%。相比之下，2019 年公告控股权转让的上市公司股价[①] 仅有 34 家上涨，上涨家数占比不到 33%。将协议签订日至年底沪深 300 指数的上涨幅度作为比照基准，仅有 20 家上市公司跑赢指数，占比 19%。选取 2019 年度控股权转让后涨幅最大的前 20 家上市公司，发现其与同期沪深 300 的涨幅没有关联性，与新的实际控制人收购溢价率也没有明显的关联性（见表 4-7）。这表明，资本市场越来越理性，认可有实力的收购方，以及具有协同效应、规模效应和整合性质的产业并购，市场"炒壳"热情大大降低。

表 4-7　2019 年 A 股控股权收购后股价上涨公司

单位：%

序号	上市公司	股价涨幅	同期沪深 300 涨幅	相对涨幅	收购溢价率
1	宝鼎科技	191.45	3.47	187.98	16.30
2	中航善达	107.87	5.33	102.54	−13.83
3	欣龙控股	95.24	1.97	93.26	14.31
4	星星科技	79.23	28.64	50.59	0.58
5	麦捷科技	72.58	30.97	41.61	−7.22

① 期初股价按照收购协议签订前一日的向前复权收盘价格确定。

续表

序号	上市公司	股价涨幅	同期沪深300涨幅	相对涨幅	收购溢价率
6	山鼎设计	70.13	6.31	63.82	0.97
7	聚隆科技	63.20	9.42	53.78	37.53
8	日科化学	47.16	34.94	12.22	35.20
9	智慧松德	43.30	34.42	8.89	2.87
10	安德利	41.68	2.98	38.70	57.47
11	恒邦股份	40.40	7.97	32.43	9.00
12	汇金股份	35.20	29.29	5.91	−9.96
13	慈文传媒	34.56	16.38	18.18	44.44
14	朗源股份	32.31	11.64	20.67	−8.09
15	赢合科技	25.83	4.96	20.87	−2.84
16	达志科技	22.61	3.13	19.48	−0.31
17	太平洋	22.26	5.66	16.60	77.42
18	金冠股份	21.11	7.71	13.40	36.39
19	京天利	20.45	5.60	14.86	32.71
20	莲花健康	19.40	4.98	14.42	0.01

资料来源：Wind。

（五）采用表决权委托或表决权放弃来保持控股权

对于上市公司大股东因存在限售约束而无法一次性交割协议约定数量的股票，在转让方案上多采用协议转让与表决权委托、表决权放弃，未来集中竞价增持以及约定未来收购剩余股份等方式，以满足收购方控制上市公司的要求。2019年共有37家上市公司的原控股股东在交易方案中采取了表决权委托或表决权放弃的形式，其中23家采取了"协议转让+表决权委托"的形式，13家采取了"协议转让+表决权放弃"的形式，另有1家采取了纯粹表决权委托的形式转让控股权。

表4-8 表决权委托及表决权放弃情况统计

单位：%

序号	模式	上市公司	收购前持股	收购比例	表决权委托	表决权放弃	持有表决权比例
1	协议转让+表决权委托	新研股份	3.25	8.60	10.55	—	22.40
2		星星科技	—	14.90	12.78	—	27.68
3		棕榈股份	—	13.10	10.78	—	23.88
4		慈文传媒	—	15.05	9.74	—	24.79
5		美亚柏科	—	15.79	6.80	—	22.59

续表

序号	模式	上市公司	收购前持股	收购比例	表决权委托	表决权放弃	持有表决权比例
6	协议转让＋表决权委托	东方网力	—	7.48	19.09	—	26.57
7		中飞股份	—	6.83	20.50	—	27.33
8		华仁药业	—	20.00	6.66	—	26.66
9		惠博普	—	10.02	10.80	—	20.82
10		鸿博股份	—	14.26	15.69	—	29.95
11		合众思壮	—	9.70	10.30	—	20.00
12		东凌国际	—	11.05	11.05	—	22.10
13		*ST人乐	—	21.15	22.86	—	44.01
14		方正电机	7.79	5.01	12.00	—	24.80
15		东方园林	5.00	5.00	16.80	—	26.80
16		思美传媒	—	10.39	19.60	—	29.99
17		真视通	—	11.78	14.59	—	26.37
18		润达医疗	—	20.02	6.98	—	27.00
19		神开股份	—	6.93	13.07	—	20.00
20		跨境通	—	6.55	15.47	—	22.02
21		英唐智控	—	5.23	20.85	—	26.08
22		太平洋	—	5.87	5.05	—	10.92
23		欣龙控股	0.96	8.28	8.45	—	17.69
24	协议转让＋表决权放弃	莱茵体育	—	29.90	—	5.00	29.90
25		恒通科技	—	26.51	—	30.62	26.51
26		康欣新材	9.37	6.41	—	11.99	15.78
27		山鼎设计	—	30.00	—	13.23	30.00
28		杭州高新	20.00	9.88	—	25.72	29.88
29		安德利	—	12.84	—	38.53	12.84
30		赢合科技	—	9.73	—	29.17	9.73
31		山东华鹏	8.06	8.42	—	20.00	16.48
32		英飞拓	21.35	5.00	—	12.16	26.35
33		京天利	—	30.00	—	14.97	30.00
34		得利斯	—	29.00	—	13.92	29.00
35		汉鼎宇佑	—	15.00	—	22.58	15.00
36		易事特	—	29.99	—	25.86	29.99
37	纯粹表决权委托	海南椰岛	—	—	20.84	—	20.84

资料来源：Wind。

1. 表决权委托的优势和限制

自 2017 年证监会《上市公司大股东、董监高减持股份的若干规定》（2017 年 5 月 27 日）出台，A 股上市公司表决权委托的数量急剧增长。上市公司转让控股权时，由于质押限制、发行限售承诺以及其他限售因素，无法一次性出让足够数量的股份，不少上市公司控股股东以表决权委托的形式将股份转移给新的实际控制人。对收购方而言，设计表决权委托有如下效果：

（a）资金杠杆：收购方在收购中可以只收购较小比例的上市公司股份，剩余股份以受托表决权的形式取得，从而降低收购方的资金压力。

（b）降低投资风险：为防止原控股股东一次性获得现金退出，公司经营风险全部由收购方承担，从而不利于并购风险控制，收购方可以通过表决权委托方式先行锁定控股权，实现分期收购。实务中该方式往往配合业绩承诺及对赌条款的安排。

（c）提前锁定：委托方因股份暂时存在权利限制，短时间内无法解除，故先行委托以提前锁定。

（d）实现并表：根据会计准则，收购方在实际控制公司的情形下可合并报表。

表决权委托在实务中的主要限制是委托与受托双方将形成法定的一致行动人关系。《上海证券交易所上市公司收购及股份权益变动信息披露业务指引（征求意见稿）》（2018 年 4 月 13 日）规定，投资者委托表决权的，受托人和委托人视为存在一致行动关系；《深圳证券交易所上市公司收购及股份权益变动信息披露业务指引（征求意见稿）》（2018 年 4 月 13 日）规定，投资者之间通过协议、其他安排以表决权委托等形式让渡上市公司股份表决权的，出让人与受让人为一致行动人，在该等认定下，如委托方和受托方合计持股满足触发要约收购的条件，则将触发要约收购义务。南方轴承（002553.SZ）和天海防务（300008.SZ）在 2018 年就曾因此类问题而终止控股权交易。2019 年上市公司控股权交易案例中，22 单交易在计算表决权委托后的控股股东持股比例均未超过 30%，只有 *ST 人乐（002336.SZ）因表决权委托触发了全面要约收购。

2. 放弃表决权成为控股权交易的新选择

2019 年下半年，大量上市公司在控股权的转让中采取了放弃表决权的安排，以确保收购方的控股权，同时规避要约收购义务。以中国中铁（601390.SH）收购恒通科技（300374.SZ）为例，中国中铁协议受让原控股股东孙志强所持恒通科技 26.51% 的股份，但受让后孙志强仍持有 30.62% 的股份，高于中国中铁，因此协议安排孙志强不可撤销地放弃其持有的剩余股份的表决权。同时协议也安排了表决权恢复条款：

在中国中铁持股比例超过孙志强持股比例 10% 或中国中铁主动减持导致持股比例低于 26.51% 时，孙志强可恢复全部表决权；在中国中铁持股比例超过孙志强目前持股比例时，孙志强可恢复部分表决权；

孙志强向与其无关联的主体转让股份时，受让方受让的股份可恢复表决权。

表决权放弃在一定程度上与表决权委托具有相似的优点，同时还可规避一致行动人认定的问题。不过，相对于表决权委托方案，放弃表决权使收购方获得的上市公司的表决权比例要低不少，相应对上市公司的控制力要弱一些。因此，该方案比较适合股份比较分散的上市公司，且要求其他股东的持股比例远远低于实际控制人。

（六）通过"协议转让 + 部分要约"来规避全面要约收购

在绝大多数控股权交易中，买方持股比例不超过 30%，以避免触发全面要约收购义务。但对第一大股东持股比例比较高的公司而言，低于 30% 的持股比例并不利于控制权的稳定，同时原控股股东也无法完全实现退出。根据《上市公司收购管理办法》，收购人持有一个上市公司的股份达到该公司已发行股份的 30% 时，继续增持股份的，应当采取全面要约或部分要约的方式进行。"协议转让 + 部分要约"的安排不会强制引发全面要约义务。

2019 年发生的控股权交易中，5 家上市公司收购采用了要约收购，其中 2 家触发全面要约收购，另外 3 家则主动采取了"协议转让 + 部分要约"收购。

1. 采用全面要约收购的案例

重庆百货（600729.SH）因控股股东层面混改触发全面要约收购。物美集团和步步高零售于 2019 年 2 月通过挂牌增资方式获得重庆百货控股股东重庆商社 45% 和 10% 的股权，付出对价分别为 70.75 亿元和 15.72 亿元，增资完成后重庆商社实际控制人由重庆市国资委转变为无实际控制人，从而触发全面要约收购。为此，重庆商社拟要约收购重庆商社持股之外 54.93% 的股份，收购价格为 27.16 元/股，最高收购资金总额为 60.65 亿元。截至 2019 年年底，《要约收购报告书》仍未发出，最终收购比例暂不确定。

曲江文化集团因"协议转让 + 表决权委托"收购 *ST 人乐（002336.SZ）触发全面要约收购。2019 年 7 月，浩明投资与曲江文化集团签署了《股份转让协议》及《表决权委托协议》，曲江文化集团以协议方式受让浩明投资持有的 *ST 人乐 20% 的股份，对价为 4.69 亿元。同时，浩明投资将剩余 22.86% 对应的表决权委托给曲江文化行使，双方形成一致行动人关系，触发全面要约收购。要约收购价格为 5.33 元/股，最终预受要约股份数量占比为 1.15%，曲江文化集团以 0.27 亿元收购，最终持股比例达到 21.15%。

2. 采用部分要约收购的案例

基石资本通过"协议转让 + 部分要约"收购聚隆科技（300475.SZ），但预受要约数量不足导致仍不能获得控股权。基石资本旗下 3 家主体协议受让上市公司 26.43% 的股份，对价 7.40 亿元。基石资本以领泰基石的名义向除自身以外的全部股东发起部分要约收购，要约收购股份数量为 26,000,000 股，股份比例为 13%，要约收购价格为 14 元 / 股，最终完成收购比例为 8.10%，对价 2.27 亿元。收购完成后，基石资本持有的股份合计 34.53%，仍低于上市公司实际控制人刘军、刘翔父子 35.48% 的持股。基石资本的实际控股权尚存隐患，须在未来通过其他安排实现。

西藏德锦通过"协议转让 + 部分要约"获得汇通能源（600605.SH）的绝对控股权。西藏德锦于 2019 年 1 月以 9 亿元现金协议受让汇通能源 30% 的股权，成为汇通能源的第二大股东，继而于 2019 年 7 月发起部分要约收购公司 21% 的股份，以获得公司控股权。要约收购价格为 12.50 元 / 股，最终预受要约的股份数量超过预定收购的股份数量，西藏德锦以 3.87 亿元收购汇通能源 21% 的股份，最终持股比例达到 51%。

2019 年 9 月，招金集团以 9.21 亿元对价受让宝鼎科技（002552.SZ）29.90% 的股份，并向除自身以外的全体股东发起部分要约收购 8% 的股份；要约收购价格为 10.06 元 / 股，最终预受要约的股份数量超过预定收购的股份数量，招金集团以 2.46 亿元收购宝鼎科技 8% 的股份，最终持股比例达到 37.90%。需要说明的是，招金集团部分要约收购宝鼎科技 8% 股份的案例有特殊之处：由于宝鼎科技原控股股东在转让 29.90% 的股份后仍持有 33.02% 的股份，受让方招金集团为获得控股权并控制收购成本，在协议受让 29.90% 的股份和部分要约收购 8% 的股份时的对价均定为 10.06 元 / 股。2019 年 9 月宝鼎科技公告股权转让事项后，宝鼎科技的股价从 8.40 元 / 股上涨，至《要约收购报告书》披露的 11 月 29 日当日，达到 25.85 元 / 股，远高于要约收购价，按照常理不应有股东接受要约报价。但根据要约收购结果，最终 3 个账户共计 24,499,100 股股份（占 8%）接受收购人发出的要约（净预受股份比例达到 100%）。由于宝鼎科技原实际控制人以外的中小股东最高持股比例仅为 0.38%，可合理推断接受要约的股东应为宝鼎科技原控股股东及（或）其一致行动人。该交易方案的本质是宝鼎科技控股股东向招金集团协议转让 37.90% 的股份，通过"协议转让 29.90% + 定向要约收购 8%"的方式得以实现。这样的安排既规避了大比例收购引起的全面要约义务，又能保证招金集团取得宝鼎科技的控股权，避免出现基石资本发出要约收购聚隆科技后，因预受要约数量不足而导致不能获得控股权的被动局面。

第四章　上市公司控股权转让的新情况与新特点

附件1：2019年A股上市公司控股权转让一览表

序号	协议签订日	上市公司	收购比例（%）	交易买方	交易总价值（万元）	2019年底进度
1	2019-01-02	中化岩土（002542.SZ）	19.28	成都兴城	156,579.86	完成
2	2019-01-04	新研股份（300159.SZ）	8.60	嘉兴华控腾汇股权投资合伙企业（有限合伙）	58,033.02	完成
3	2019-01-06	日科化学（300214.SZ）	5.93	鲁民投金湖	19,425.14	签署转让协议
4	2019-01-08	智慧松德（300173.SZ）	7.45	佛山公控	23,136.67	完成
5	2019-01-10	晨鑫科技（002447.SZ）	20.44	上海钜成	—	签署转让协议
6	2019-01-13	科达股份（600986.SH）	0.00	刘锋杰	—	完成
7	2019-01-15	麦捷科技（300319.SZ）	26.44	远致富海	125,000.00	完成
8	2019-01-17	鸿特科技（300176.SZ）	23.55	东莞派生科技实业有限公司	250,000.00	完成
9	2019-01-21	星普医科（300143.SZ）	29.00	盈康医疗	182,348.07	完成
10	2019-01-27	星星科技（300256.SZ）	14.90	萍乡范钛客网络科技有限公司	48,834.99	完成
11	2019-01-30	汇金股份（300368.SZ）	20.47	邯郸建投	59,612.80	完成
12	2019-02-11	棕榈股份（002431.SZ）	13.10	豫资保障房	76,724.18	完成
13	2019-02-20	登云股份（002715.SZ）	6.78	聚益科	11,074.96	完成
14	2019-02-22	慈文传媒（002343.SZ）	15.05	华章天地传媒投资控股集团有限公司	92,923.91	完成
15	2019-02-28	朗源股份（300175.SZ）	21.35	戚大武	42,310.50	进行中
16	2019-03-04	恒邦股份（002237.SZ）	29.99	江西铜业	297,601.57	完成
17	2019-03-08	天银机电（300342.SZ）	28.52	佛山市澜海瑞兴股权投资合伙企业（有限合伙）	114,089.85	完成

续表

序号	协议签订日	上市公司	收购比例（%）	交易买方	交易总价值（万元）	2019年底进度
18	2019-03-11	莱茵体育（000558.SZ）	29.90	成都体育产业投资集团	132,604.42	完成
19	2019-03-28	中兴商业（000715.SZ）	29.00	辽宁方大集团	52,997.19	完成
20	2019-03-29	兴源环境（300266.SZ）	23.60	新希望投资	144,876.33	完成
21	2019-03-29	美亚柏科（300188.SZ）	15.79	国投智能	194,362.23	完成
22	2019-04-03	同方股份（600100.SH）	21.00	中核资本	639,846.51	签署转让协议
23	2019-04-04	东方网力（300367.SZ）	7.48	川投信息产业集团有限公司	74,873.43	完成
24	2019-04-12	多喜爱（002761.SZ）	29.83	浙建集团	125,299.79	完成
25	2019-04-16	中飞股份（300489.SZ）	6.83	佛山粤邦投资管理有限公司	14,400.00	完成
26	2019-04-18	百花村（600721.SH）	19.86	华凌集团	54,077.06	完成
27	2019-04-22	GQY视讯（300076.SZ）	29.72	开封金控投资集团有限公司	80,000.00	完成
28	2019-04-26	中航善达（001914.SZ）	22.35	招商蛇口（001979.SZ）	128,960.96	完成
29	2019-04-28	清新环境（002573.SZ）	25.31	国润环境	248,492.36	完成
30	2019-04-30	海南海药（000566.SZ）	22.23	新兴际华医药	—	完成
31	2019-05-07	华仁药业（300110.SZ）	20.00	曲江天授大健康	113,492.45	完成
32	2019-05-09	惠博普（002554.SZ）	10.02	长沙水业集团有限公司	33,141.86	完成
33	2019-05-09	鸿博股份（002229.SZ）	14.26	河南寓泰控股有限公司	71,299.00	完成
34	2019-05-16	聚隆科技（300475.SZ）	26.43	深圳市领驰基石股权投资基金合伙企业（有限合伙）、深圳市领汇基石股权投资基金合伙企业（有限合伙）、弘唯基石创投	74,005.91	完成

第四章　上市公司控股权转让的新情况与新特点

续表

序号	协议签订日	上市公司	收购比例（%）	交易买方	交易总价值（万元）	2019年底进度
35	2019-05-22	龙大肉食（002726.SZ）	9.91	蓝润发展控股集团有限公司	122,989.72	完成
36	2019-05-24	恒通科技（300374.SZ）	26.51	中国中铁（601390.SH,0390.HK）	78,221.99	签署转让协议
37	2019-06-10	玉龙股份（601028.SH）	50.00	上海厚皑科技有限公司、宁波焕禧实业有限公司、林明清、王翔宇	274,862.38	完成
38	2019-06-17	光洋股份（002708.SZ）	29.88	深圳富海光洋股权投资基金合伙企业（有限合伙）	120,000.00	完成
39	2019-06-18	海南椰岛（600238.SH）	0.00	王贵海	—	完成
40	2019-06-25	重庆百货（600729.SH）	54.93	重庆商社	606,464.71	反垄断审批中
41	2019-06-26	大东南（002263.SZ）	27.91	诸暨市水务集团有限公司	120,000.00	完成
42	2019-06-27	合众思壮（002383.SZ）	9.70	郑州航空港区兴慧电子科技有限公司	97,120.53	完成
43	2019-06-30	恒泰艾普（300157.SZ）	10.67	银川中能新财科技有限公司	57,000.00	完成
44	2019-07-08	东凌国际（000893.SZ）	11.05	国富投资	56,300.00	完成
45	2019-07-23	汇通能源（600605.SH）	21.00	西藏德锦	38,678.20	完成
46	2019-07-23	*ST人乐（002336.SZ）	21.15	曲江文化集团	49,589.72	完成
47	2019-07-26	方正电机（002196.SZ）	5.01	卓越汽车有限公司	52,334.50	完成
48	2019-08-01	金冠股份（300510.SZ）	15.00	古都资产	104,399.38	完成
49	2019-08-02	东方园林（002310.SZ）	5.00	北京朝汇鑫企业管理有限公司	79,221.13	完成
50	2019-08-02	维维股份（600300.SH）	17.00	新盛投资	95,504.64	完成
51	2019-08-13	山东药玻（600529.SH）	21.74	鲁中投资	—	进行中

续表

序号	协议签订日	上市公司	收购比例（%）	交易买方	交易总价值（万元）	2019年底进度
52	2019-08-14	天业股份（600807.SH）	4.14	济南高新城市建设发展有限公司	19,333.71	进行中
53	2019-08-22	康欣新材（600076.SH）	6.41	无锡建发	43,067.72	完成
54	2019-08-24	思美传媒（002712.SZ）	10.39	四川省旅游投资集团有限责任公司	48,077.41	完成
55	2019-08-26	宁波建工（601789.SH）	29.92	宁波交投	124,100.00	完成
56	2019-08-30	真视通（002771.SZ）	11.78	苏州隆越控股有限公司	44,743.20	完成
57	2019-08-31	润达医疗（603108.SH）	20.02	杭州市下城区国有投资控股	150,220.00	完成
58	2019-09-01	华通医药（002758.SZ）	26.23	浙农控股	71,934.00	完成
59	2019-09-02	宜安科技（300328.SZ）	7.33	株洲国投	48,600.00	完成
60	2019-09-02	神开股份（002278.SZ）	6.93	谷墨海	—	签署转让协议
61	2019-09-03	山鼎设计（300492.SZ）	30.00	华图宏阳	75,004.80	完成
62	2019-09-04	东方网络（002175.SZ）	12.23	山东星潭网络科技有限公司	22,000.00	达成转让意向
63	2019-09-05	中新科技（603996.SH）	51.78	邳州经发、江苏融运建设工程有限公司	160,487.00	签署转让协议
64	2019-09-10	宝鼎科技（002552.SZ）	29.90	招金集团	92,112.88	完成
65	2019-09-13	盈方微（000670.SZ）	10.70	上海舜元企业投资发展	16,783.00	完成
66	2019-09-15	达志科技（300530.SZ）	16.68	衡帕动力	51,261.69	完成
67	2019-09-16	华铁股份（000976.SZ）	8.75	广州兆盈	69,353.28	签署转让协议
68	2019-09-16	刚泰控股（600687.SH）	24.55	浙江汇通刚泰股权投资基金合伙企业（有限合伙）	182,720.03	进行中
69	2019-09-19	跨境通（002640.SZ）	6.55	广州开发区新兴产业投资基金	99,141.96	完成

续表

序号	协议签订日	上市公司	收购比例（%）	交易买方	交易总价值（万元）	2019年底进度
70	2019-09-23	华软科技（002453.SZ）	25.42	八大处科技	309,000.00	完成
71	2019-09-27	恒华科技（300365.SZ）	13.50	中国交通信息中心有限公司	116,750.92	签署转让协议
72	2019-09-29	杭州高新（300478.SZ）	9.88	双帆投资	20,031.20	进行中
73	2019-10-11	斯太尔（000760.SZ）	11.61	成都国兴昌贸易有限公司	14,243.17	完成
74	2019-10-11	天马股份（002122.SZ）	21.13	徐州乾顺承科技发展有限公司	49,986.82	进行中
75	2019-10-13	恒天海龙（000677.SZ）	23.15	温州康南科技有限公司	58,122.00	完成
76	2019-10-15	南华生物（000504.SZ）	25.58	财信基金	—	完成
77	2019-10-17	亚星化学（600319.SH）	13.20	潍坊裕耀、潍坊裕兴能源科技合伙企业（有限合伙）	21,451.79	完成
78	2019-10-18	江泉实业（600212.SH）	12.83	深圳景宏益诚实业发展有限公司	45,704.99	完成
79	2019-10-20	蓝海华腾（300484.SZ）	18.15	云内动力（000903.SZ）	55,128.72	董事会预案
80	2019-10-30	九鼎新材（002201.SZ）	19.55	深圳翼威	115,300.00	完成
81	2019-11-04	安德利（603031.SH）	12.84	合肥荣新	38,519.98	完成
82	2019-11-06	汉鼎宇佑（300300.SZ）	15.00	平潭创新股权投资合伙企业（有限合伙）	105,000.00	完成
83	2019-11-08	东方锆业（002167.SZ）	15.66	龙蟒佰利联（002601.SZ）	87,295.31	完成
84	2019-11-09	海联讯（300277.SZ）	24.80	杭州市金融投资集团	63,140.80	完成
85	2019-11-11	赢合科技（300457.SZ）	9.73	上海电气（601727.SH,2727.HK）	95,902.21	完成
86	2019-11-11	英唐智控（300131.SZ）	5.23	赛格集团	33,036.90	完成
87	2019-11-13	山东华鹏（603021.SZ）	8.42	舜和资本管理有限公司	21,775.60	国资委批准

续表

序号	协议签订日	上市公司	收购比例（%）	交易买方	交易总价值（万元）	2019年底进度
88	2019-11-15	太平洋（601099.SH）	5.87	华创证券	220,000.00	签署转让协议
89	2019-11-15	中核钛白（002145.SZ）	27.05	王泽龙	163,590.00	进行中
90	2019-11-16	沈阳机床（000410.SZ）	29.99	通用技术集团	120,000.00	进行中
91	2019-11-18	康盛股份（002418.SZ）	3.87	拓洋投资	12,276.00	完成
92	2019-11-18	英飞拓（002528.SZ）	5.00	深投控	34,342.04	完成
93	2019-11-19	数知科技（300038.SZ）	20.00	河南信息产业投资有限公司、河南信息产业基金管理有限公司	219,858.21	签署转让协议
94	2019-11-22	欧比特（300053.SZ）	7.56	格力金融	82,564.95	完成
95	2019-11-28	和科达（002816.SZ）	29.99	瑞和成	66,000.00	签署转让协议
96	2019-11-29	一汽富维（600742.SH）	5.00	亚东国有投资	29,088.70	国资委批准
97	2019-12-02	格力电器（000651.SZ）	15.00	珠海明骏	4,166,194.42	国资委批准
98	2019-12-05	京天利（300399.SZ）	30.00	上饶市数字和金融产业投资集团有限公司	90,000.00	国资委批准
99	2019-12-06	莲花健康（600186.SH）	11.78	枞阳县莲兴企业服务管理中心合伙企业（有限合伙）	29,028.41	完成
100	2019-12-15	界龙实业（600836.SH）	27.23	丽水浙发易连	140,000.00	签署转让协议
101	2019-12-15	得利斯（002330.SZ）	29.00	中泰集团	99,431.14	签署转让协议
102	2019-12-20	易事特（300376.SZ）	29.99	恒健投资	308,202.01	签署转让协议
103	2019-12-21	欣龙控股（000955.SZ）	8.28	嘉兴硅谷天堂	21,403.20	签署转让协议
104	2019-12-21	三维丝（300056.SZ）	10.00	上海中创凌兴能源科技集团有限公司	29,297.27	签署转让协议

续表

序号	协议签订日	上市公司	收购比例（%）	交易买方	交易总价值（万元）	2019年底进度
105	2019-12-27	山大华特（000915.SZ）	20.72	山东国投	—	签署转让协议
合计	—	—	—	—	14,093,719.36	—

资料来源：Wind。

说明：①本表截止日期为2019年12月31日。

②部分上市公司的股份转让为分次分批进行，本表仅统计控股权发生变化当次交易的相关数据。

附件2：2019年A股上市公司控股权转让后股价表现一览表

序号	协议签订日期	上市公司	协议前股价（元）	2019年底股价（元）	股价涨幅（%）	同期沪深300涨幅（%）	相对涨幅[①]（%）
1	2019-09-10	宝鼎科技	8.65	25.21	191.45	3.47	187.98
2	2019-04-26	中航善达	9.76	20.29	107.87	5.33	102.54
3	2019-12-21	欣龙控股	4.20	8.20	95.24	1.97	93.26
4	2019-01-27	星星科技	3.37	6.04	79.23	28.64	50.59
5	2019-01-15	麦捷科技	7.33	12.65	72.58	30.97	41.61
6	2019-09-03	山鼎设计	29.76	50.63	70.13	6.31	63.82
7	2019-05-16	聚隆科技	6.76	11.04	63.20	9.42	53.78
8	2019-01-06	日科化学	5.64	8.30	47.16	34.94	12.22
9	2019-01-08	智慧松德	5.15	7.38	43.30	34.42	8.89
10	2019-11-04	安得利	17.01	24.10	41.68	2.98	38.70
11	2019-03-04	恒邦股份	10.00	14.04	40.40	7.97	32.43
12	2019-01-30	汇金股份	6.08	8.22	35.20	29.29	5.91
13	2019-02-22	慈文传媒	9.00	12.11	34.56	16.38	18.18
14	2019-02-28	朗源股份	4.57	6.05	32.31	11.64	20.67
15	2019-11-11	赢合科技	26.98	33.95	25.83	4.96	20.87
16	2019-09-15	达志科技	29.19	35.79	22.61	3.13	19.48
17	2019-11-15	太平洋	3.10	3.79	22.26	5.66	16.60
18	2019-08-01	金冠股份	5.78	7.00	21.11	7.71	13.40
19	2019-12-05	京天利	11.44	13.78	20.45	5.60	14.86
20	2019-12-06	莲花健康	2.14	2.56	19.40	4.98	14.42
21	2019-09-01	华通医药	8.96	10.65	18.86	7.82	11.05
22	2019-08-13	山东药玻	23.55	27.64	17.37	11.75	5.61
23	2019-06-26	大东南	1.79	2.06	15.08	7.97	7.12
24	2019-11-15	中核钛白	3.81	4.37	14.70	5.66	9.04
25	2019-01-10	晨鑫科技	2.96	3.39	14.53	33.32	−18.80
26	2019-08-24	思美传媒	7.36	8.39	13.99	7.22	6.78
27	2019-12-02	格力电器	57.71	65.58	13.64	6.79	6.85
28	2019-11-09	海联讯	8.42	9.47	12.47	3.11	9.36
29	2019-11-22	欧比特	11.19	12.42	10.99	6.40	4.59
30	2019-09-04	东方网络	1.74	1.92	10.34	5.42	4.93
31	2019-01-13	科达股份	4.50	4.96	10.22	32.37	−22.15
32	2019-04-16	中飞股份	18.50	20.06	8.43	0.26	8.17

第四章　上市公司控股权转让的新情况与新特点

续表

序号	协议签订日期	上市公司	协议前股价（元）	2019年底股价（元）	股价涨幅（%）	同期沪深300涨幅（%）	相对涨幅[①]（%）
33	2019-10-30	九鼎新材	19.58	21.12	7.87	5.28	2.59
34	2019-08-30	真视通	10.46	11.27	7.74	7.82	−0.07
35	2019-11-18	英飞拓	4.95	5.26	6.26	4.83	1.44
36	2019-02-20	登云股份	17.13	18.20	6.25	18.68	−12.43
37	2019-03-08	天银机电	8.97	9.52	6.13	12.00	−5.87
38	2019-08-22	康欣新材	4.14	4.39	6.04	7.99	−1.95
39	2019-09-02	宜安科技	13.95	14.74	5.66	6.45	−0.79
40	2019-10-11	斯太尔	1.42	1.50	5.63	4.73	0.91
41	2019-11-19	数知科技	8.22	8.62	4.87	3.79	1.08
42	2019-09-05	中新科技	4.89	5.03	2.86	4.36	−1.50
43	2019-11-29	一汽富维	11.80	12.09	2.46	7.00	−4.54
44	2019-11-08	东方锆业	6.84	7.00	2.34	3.11	−0.77
45	2019-10-13	恒天海龙	3.63	3.69	1.65	4.73	−3.07
46	2019-08-26	宁波建工	3.76	3.81	1.33	8.78	−7.45
47	2019-03-28	中兴商业	6.06	6.09	0.57	9.88	−9.30
48	2019-11-16	沈阳机床	6.78	6.81	0.44	5.66	−5.22
49	2019-09-02	神开股份	6.31	6.33	0.32	6.45	−6.13
50	2019-07-23	汇通能源	10.85	10.85	0.00	8.09	−8.09
51	2019-07-23	*ST人乐	5.24	5.24	0.00	8.09	−8.09
52	2019-09-13	盈方微	2.13	2.13	0.00	3.13	−3.13
53	2019-03-29	美亚柏科	17.13	17.10	−0.18	5.79	−5.97
54	2019-11-18	康盛股份	2.89	2.86	−1.04	4.83	−5.87
55	2019-12-21	三维丝	6.73	6.65	−1.19	1.97	−3.16
56	2019-12-20	易事特	4.65	4.58	−1.51	1.97	−3.48
57	2019-11-06	汉鼎宇佑	10.85	10.67	−1.66	2.80	−4.46
58	2019-12-27	山大华特	26.98	26.50	−1.78	1.85	−3.63
59	2019-08-31	润达医疗	10.22	9.94	−2.74	7.82	−10.56
60	2019-10-11	天马股份	2.01	1.95	−2.99	4.73	−7.71
61	2019-09-27	恒华科技	13.67	12.94	−5.34	6.33	−11.67
62	2019-11-28	和科达	22.97	21.60	−5.96	6.07	−12.03
63	2019-04-18	百花村	6.81	6.40	−6.02	0.60	−6.62
64	2019-04-12	多喜爱	11.65	10.91	−6.35	2.71	−9.06
65	2019-09-16	华铁股份	5.52	5.14	−6.88	3.51	−10.39
66	2019-03-11	莱茵体育	3.55	3.30	−7.04	9.83	−16.87

续表

序号	协议签订日期	上市公司	协议前股价（元）	2019年底股价（元）	股价涨幅（%）	同期沪深300涨幅（%）	相对涨幅[①]（%）
67	2019-12-15	得利斯	8.33	7.74	−7.08	3.23	−10.32
68	2019-06-25	重庆百货	32.26	29.85	−7.47	7.77	−15.24
69	2019-10-15	南华生物	8.74	8.08	−7.55	4.07	−11.62
70	2019-10-17	亚星化学	5.01	4.63	−7.58	4.37	−11.95
71	2019-07-26	方正电机	5.80	5.34	−7.93	6.17	−14.10
72	2019-09-19	跨境通	8.40	7.72	−8.10	4.39	−12.48
73	2019-12-15	界龙实业	5.42	4.97	−8.30	3.23	−11.54
74	2019-05-24	恒通科技	10.28	9.38	−8.77	13.99	−22.75
75	2019-06-10	玉龙股份	5.64	5.11	−9.40	13.46	−22.85
76	2019-09-29	杭州高新	13.29	11.87	−10.68	6.33	−17.02
77	2019-01-21	星普医科	10.55	9.40	−10.90	28.60	−39.50
78	2019-05-09	鸿博股份	7.52	6.66	−11.44	13.80	−25.25
79	2019-11-13	山东华鹏	9.38	8.29	−11.62	5.04	−16.66
80	2019-04-22	GQY视讯	6.65	5.84	−12.18	1.76	−13.94
81	2019-08-02	维维股份	3.36	2.95	−12.20	9.32	−21.52
82	2019-05-09	惠博普	3.47	3.04	−12.39	13.80	−26.20
83	2019-01-02	中化岩土	4.28	3.74	−12.62	37.95	−50.57
84	2019-06-18	海南椰岛	6.80	5.92	−12.94	11.70	−24.64
85	2019-11-11	英唐智控	5.92	5.13	−13.34	4.96	−18.31
86	2019-08-02	东方园林	5.80	5.02	−13.45	9.32	−22.77
87	2019-07-08	东凌国际	7.07	6.08	−14.00	7.73	−21.73
88	2019-09-16	刚泰控股	2.03	1.74	−14.29	3.51	−17.79
89	2019-09-23	华软科技	6.57	5.42	−17.50	5.29	−22.80
90	2019-10-20	蓝海华腾	11.13	9.15	−17.79	5.87	−23.66
91	2019-01-04	新研股份	4.78	3.92	−17.99	34.94	−52.93
92	2019-05-22	龙大肉食	8.59	7.00	−18.46	12.25	−30.72
93	2019-06-27	合众思壮	11.53	9.32	−19.17	6.83	−25.99
94	2019-03-29	兴源环境	4.36	3.51	−19.50	5.79	−25.29
95	2019-06-30	恒泰艾普	5.13	4.07	−20.66	7.08	−27.75
96	2019-05-07	华仁药业	5.36	4.22	−21.32	10.10	−31.42
97	2019-10-18	江泉实业	5.30	4.13	−22.08	5.87	−27.95
98	2019-02-11	棕榈股份	3.93	3.05	−22.39	23.90	−46.29
99	2019-04-30	海南海药	8.12	5.98	−26.35	4.69	−31.04
100	2019-06-17	鸿特科技	11.04	8.11	−26.54	12.09	−38.63

续表

序号	协议签订日期	上市公司	协议前股价（元）	2019年底股价（元）	股价涨幅（%）	同期沪深300涨幅（%）	相对涨幅[①]（%）
101	2019-08-14	天业股份	5.00	3.61	−27.80	11.25	−39.05
102	2019-04-28	清新环境	9.22	6.45	−30.08	5.33	−35.41
103	2019-04-03	同方股份	13.30	8.77	−34.06	1.85	−35.91
104	2019-04-04	东方网力	8.69	4.33	−50.17	0.85	−51.02
105	2019-01-17	鸿特科技	38.21	8.96	−76.55	31.66	−108.21

资料来源：Wind。

说明：本表按股价涨幅排序。

注：①股票相对涨幅＝该股的股价涨幅－同期沪深300涨幅。

第五章
纾困与产业整合背景下的国资收购上市公司

一、国资 2019 年收购上市公司控股权的特点

（一）国有资本收购上市公司控股权的背景及基本特点

1. 纾困收购

2019 年 1 月，深交所发布的《2018 年股票质押回购风险分析报告》指出，股票质押回购在 2018 年第 1 季度达到历史顶峰，截至 2018 年 12 月 31 日，沪深交易所共有 1,453 家上市公司存在股票质押回购情形，其中控股股东持股质押比例超过 80% 的公司有 595 家。2018 年 A 股市场深幅下跌，第 4 季度开始大量上市公司股价跌破控股股东的质押平仓线，股权质押爆仓事件频频发生，民企上市公司股东被动减持的公告一波接一波。

风险发生以来，政府出台了一系列政策帮助民营企业克服融资困难，化解股票质押风险，鼓励金融机构为民营企业提供展期和流动性支持，纾解方式包括协议转让、定向增发、债权投资、控股权收购、股权收益权转让等。根据长城证券 2019 年 4 月研报《股票质押风险仍有待进一步化解》，从 2018 年 10 月到 2019 年 3 月，纾困资金总规模达到 7,000 亿元。对于大股东面临股票质押风险、融资困难的民营上市公司来说，国资为其输血缓解资金链紧张，增强企业、客户以及投资者的信心，对其正常的生产经营活动起到了较好的保障作用。

2019 年上市公司控股股东因高质押率和平仓风险而导致被动转让的，共计 40 单。这些公司的原控股股东的质押率均高于 80%。

2. 国资进行产业整合

2019 年国资除了收购上市公司纾困之外，还积极谋求产业整合与产业落地，实

现自身的转型及资本化,一些资产较好、有一定竞争力的上市公司成为国资收购的优先偏好。对于地方政府而言,收购上市公司不但可以增加税收、就业以及地区投资额,而且地方管辖区域内的上市公司数量、业绩表现也成为反映地方经济发展实力的重要指标。随着国有资本运营公司和地方政府融资平台逐步向市场化经营转轨,上市公司被收购后可作为产业融资、发展、整合一体化的平台,将旗下优质资产实现证券化。此外,2019年国有企业混合所有制改革进入加速期,通过收购特定行业的上市公司,国资可以在低价纳入优质资产的同时,聚合优质产业资源,延伸和完善产业链。

对于民营上市公司而言,主动引入有产业协同效应、有实力的国有控股股东,不仅能解除控股股东的债务风险,也有助于公司在业务资源、资本运作和融资方面获得更多的支持。2019年,个别优质上市公司大股东并不存在资金压力,但仍主动出让控股权引入了新的大股东,如美亚柏科(300188.SZ)的控股股东不存在外部债务压力,且公司发展势头良好,其在2019年选择"投靠"国投智能则是希望嫁接央企的信誉和资源,为自身业务争取更大的发展空间;英飞拓(002528.SZ)新大股东深投控股利用自身优势,为英飞拓对接深圳市国资体系内与目标公司经营范围相关的业务资源,并协助英飞拓扩大银行授信额度,提高融资数额和降低融资成本。

(二)国资在2019年收购上市公司控股权的其他特点

分析国资系主体收购民营上市公司的案例,除了前面提到的纾困收购以及主动进行产业整合的基本特色外,还有以下特点。

1. 行业分布多元

按中信证券一级行业分类,国资收购交易前5名的行业分别为:机械(9单)、电子(9单)、计算机(9单)、医药(4单)、建筑(4单)。

2. 标的上市公司市值以30亿—60亿元居多,近似正态分布

全部61单收购中,有51单收购的上市公司市值集中在100亿元以下,其中10亿—30亿元市值的有15家,市值最低的上市公司为ST中新(603996.SH),收购时市值为14.68亿元;超过100亿元市值的有10家,市值最高的上市公司为合力泰(002217.SZ),收购时市值约为175.50亿元;市值介于30亿—60亿元的数量最多,共23家;13家上市公司的市值超过60亿元,但低于100亿元。(见图5-1)

从收购金额来看,国资收购平均交易金额为9.79亿元(不含间接收购),金额低于10亿元的交易方案有39单,占59单直接收购交易的66%。交易规模最高的福

建省电子信息（集团）收购合力泰花费了 32.19 亿元。

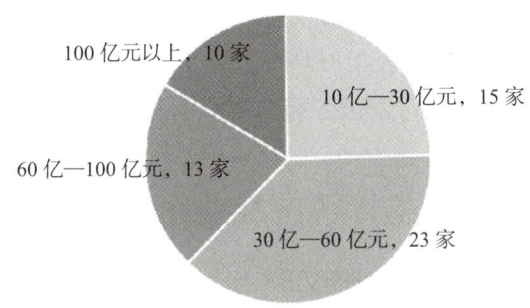

图 5-1 国资纾困收购的上市公司市值分布情况

资料来源：Wind。

3. 平价交易和折价交易居多

从收购溢价情况看，除去 2 单间接收购外，全部国资纾困交易的加权平均溢价率为 6.90%。溢价率最高的交易为卓越汽车收购方正电机（002196.SZ），达到 284.27%；溢价率最低的交易为芜湖铁元收购长信科技（300088.SZ），达到 -45.78%；溢价率高于 5% 的交易有 26 单，占比 44%；溢价率在 ±5% 范围内的交易有 19 单，占比 32%；溢价率低于 -5% 的交易有 14 单，占比 24%。

总体来看，平价交易和折价交易占据多数，原因有三：其一，大部分交易是纾困收购，买方有议价能力，且买方受国资监管的约束，估值中枢下移；其二，随着支付方式的丰富，交易更多地利用了表决权委托、集中竞价乃至结合资金借贷等方式，整体降低了收购成本；其三，在合作方案沟通时商议的股票交易价格到披露日时有所变化，致使出现溢价、折价的情况。

4. 少量上市公司跨区迁址

部分地方国资跨区域收购上市公司的交易，收购方特别安排了迁址条款，要求或鼓励上市公司迁址到收购方所在城市，如豫资保障房在收购棕榈股份（002431.SZ）后，上市公司将注册地址由广东省广州市迁往河南省郑州市；佛山国资委在收购智慧松德（300173.SZ）后，上市公司将注册地址由中山市迁往佛山市；成都市国资委在收购莱茵体育（000558.SZ）的协议中要求上市公司从杭州迁址成都。大富科技（300134.SZ）、*ST 德豪（002005）被地方政府纾困但并没有造成控股权的变化，也将注册地址迁往纾困政府所在地。

5. 国资收购对上市公司股价的正面影响有限

从二级市场的统计来看，截至 2019 年 12 月 31 日，全部 61 单控股权变更的交易中，上市公司股价较协议披露日上涨的仅 26 家，跑赢同期沪深 300 指数涨跌幅的仅 17 家，绝大部分国资收购并不能带来股价的正向刺激效果，具体统计结果见本章附件 1。但由于国资基本上不会谋求减持变现，因此，对上市公司大股东而言，它就是一个长期稳定的非流通盘，对未来二股东减持有很大的帮助作用。

二、纾困并购中的国资主体情况及业绩承诺安排

在 2019 年新公告的 105 单控股权交易中，以国资系主体收购民营上市公司的交易有 49 单，占全部交易总数的 47%。如果将 2018 年公告但在 2019 年才完成的收购包括在内，这类交易总计 61 单。纾困收购民营上市公司的具体情况见本章附件 2。

（一）国资收购主体统计

把国资纾困收购的发起者分为中央企业（非上市公司）、地方国资及国资控股上市公司三类，按照其实际控制人所属类型统计，具体情况见表 5-1。

表 5-1　2019 年政府纾困并购民营上市公司情况

收购方类型	序号	新实际控制人	收购主体	收购对象
中央企业	1	国家开发投资集团	国投智能科技有限公司	美亚柏科
	2	新兴际华集团	新兴际华医药	海南海药
	3	中国中车集团	卓越汽车有限公司	方正电机
	4	中国交建集团	中国交通信息中心有限公司	恒华科技
国资控股上市公司	1	国务院国资委	中国中铁（601390.SH）	恒通科技
	2	上海市国资委	上海电气（601727.SH）	赢合科技
	3	江西省国资委	江西铜业（600362.SH）	恒邦股份
	4	昆明市国资委	云内动力（000903.SZ）	蓝海华腾
广东国资	1	深圳市国资委	深圳市投资控股有限公司	怡亚通
	2	深圳市国资委	深圳市远致富海投资管理有限公司	麦捷科技
	3	深圳市国资委	深圳市赛格集团有限公司	英唐智控
	4	深圳市国资委	深圳市投资控股有限公司	英飞拓
	5	广州经济技术开发区管委会	广州凯得科技发展有限公司	利德曼
	6	广州市国资委	广州万力投资控股有限公司、广州恒翼投资发展合伙企业（有限合伙）	山河智能
	7	广州市人民政府	广东省绿色金融投资控股集团有限公司	普路通
	8	广州开发区管委会	广州开发区新兴产业投资基金管理有限公司	跨境通
	9	佛山市国资委	佛山市公用事业控股有限公司	智慧松德

续表

收购方类型	序号	新实际控制人	收购主体	收购对象
广东国资	10	佛山市南海区公有资产管理办公室	佛山市澜海瑞兴股权投资合伙企业（有限合伙）	天银机电
	11	珠海市国资委	格力金融	欧比特
山东国资	1	山东省国资委	水发众兴集团有限公司	派斯股份
	2	山东省人民政府	舜和资本管理有限公司	山东华鹏
	3	潍坊市国资委	潍坊市城市建设发展投资集团有限公司	美晨生态
	4	潍坊市国资委	潍坊裕耀企业管理有限公司、潍坊裕兴能源科技合伙企业（有限合伙）	亚星化学
	5	济南高新技术产业开发区管理委员会	济南高新城市建设发展有限公司	天业股份
	6	招远市人民政府	山东招金集团有限公司	宝鼎科技
浙江国资	1	浙江省国资委	浙江省浙商资产管理有限公司	亿利达
	2	浙江省国资委	浙江省建设投资集团股份有限公司	多喜爱
	3	杭州市人民政府	杭州市金融投资集团有限公司	海联讯
	4	杭州市下城区财政局	杭州市下城区国有投资控股集团有限公司	润达医疗
	5	宁波市国资委	宁波交通投资控股有限公司	宁波建工
	6	诸暨市国资委	诸暨市水务集团有限公司	大东南
四川国资	1	四川省国资委	川投信息产业集团有限公司	东方网力
	2	四川省国资委	四川发展国润环境投资有限公司	清新环境
	3	四川省国资委	四川省旅游投资集团有限责任公司	思美传媒
	4	成都市国资委	成都体育产业投资集团有限责任公司	莱茵体育
	5	成都市人民政府	成都兴城投资集团有限公司	中化岩土
河南国资	1	河南省财政厅	河南省豫资保障房管理运营有限公司	棕榈股份
	2	河南省财政厅	河南信息产业投资有限公司	数知科技
	3	郑州航空港经济综合实验区管理委员会	郑州航空港区兴慧电子科技有限公司	合众思壮
	4	洛阳市老城区人民政府	洛阳古都资产管理有限公司	金冠股份
	5	开封市人民政府	开封金控投资集团有限公司	GQY视讯
江苏国资	1	无锡市国资委	无锡市市政公用产业集团有限公司	中金环境
	2	无锡市国资委	无锡市建设发展投资有限公司	康欣新材
	3	徐州市国资委	徐州市新盛投资控股集团有限公司	维维股份
	4	邳州经济开发区管委会	邳州经济开发区经发建设有限公司、江苏融运建设工程有限公司	中新科技
江西国资	1	江西省国资委	华章天地传媒投资控股集团有限公司	慈文传媒
	2	上饶市国资委	上饶市数字和金融产业投资集团有限公司	京天利
	3	萍乡经济技术开发区管委会	萍乡范钛客网络科技有限公司	星星科技

续表

收购方类型	序号	新实际控制人	收购主体	收购对象
湖南国资	1	长沙市人民政府	长沙水业集团有限公司	惠博普
	2	株洲市国资委	株洲市国有资产投资控股集团有限公司	宜安科技
	3	益阳高新技术产业开发区管理委员会	益阳市瑞和成控股有限公司	和科达
福建国资	1	福建省国资委	福建省电子信息（集团）有限责任公司	合力泰
	2	平潭综合实验区国有资产管理局	平潭创新股权投资合伙企业（有限合伙）	汉鼎宇佑
陕西国资	1	西安曲江新区管理委员会	西安曲江天授大健康投资合伙企业（有限合伙）	华仁药业
	2	西安曲江新区管理委员会	西安曲江文化产业投资（集团）有限公司	人人乐
河北国资	1	唐山市国资委	唐山金控产业孵化器集团有限公司	康达新材
	2	邯郸市国资委	邯郸市建设投资集团有限公司	汇金股份
北京国资	1	北京市朝阳区国资委	北京朝汇鑫企业管理有限公司	东方园林
湖北国资	1	湖北省国资委	湖北省宏泰国有资本投资运营集团有限公司	万润科技
安徽国资	1	安徽省国资委	芜湖铁元投资有限公司	长信科技
新疆国资	1	新疆自治区国资委	新疆中泰（集团）有限责任公司	得利斯

资料来源：Wind。

地方国资在收购 A 股上市公司方面最活跃，总计 53 单，其中以广东省（11 单）、山东省（6 单）和浙江省（6 单）的地方国资最为活跃，广东省区域内仅深圳市国资委就以不同主体纾困收购了 4 家上市公司。四川、河南国资均有 5 单收购。

（二）业绩承诺和补偿机制安排

正常情况下，资本方收购上市公司的主要目的是"买壳"和"注入资产"，较少在收购中要求出让方对上市公司作业绩承诺和补偿安排。以产业整合或纾困为目的的上市公司收购，具有较强的扶植产业和助力上市公司发展的特点，并不单纯以获得 A 股上市公司的运作平台为根本目的，因此收购完成后仍依靠上市公司核心团队的经营管理。为了充分捆绑收购方的利益，越来越多的收购方要求上市公司原实际控制人安排对赌条款。具体情况见表 5-2。

表 5-2　2019 年控股权收购对赌条款统计

序号	上市公司	收购方	收购比例（%）	对赌条款
1	新研股份	嘉兴华控	8.60	1. 4 名转让方承诺，新研股份子公司明日宇航于 2020—2022 年，每年的扣非净利润分别不低于人民币 4 亿元、5 亿元及 6.6 亿元。 2. 关于业绩承诺方及业绩补偿的具体安排，由承诺双方另行签署协议约定。
2	智慧松德	佛山公控	7.45	1. 转让方承诺，以人民币 6,000 万元净利润为基准，智慧松德在 2019—2021 年每年经审计净利润（以经审计的合并报表的数据为准，下同）年增长率应不低于 5%，且 2021 年净利润不低于人民币 7,800 万元。 2. 如承诺方任一年度未实现约定的业绩承诺，转让方应以其当年度所分配的股东分红优先向收购方进行补偿；如仍有不足，收购方有权指定以现金的方式或转让目标公司股份的方式（股份定价为当年度年报公告当日前 20 个交易日的均值），要求转让方向收购方进行补偿。
3	棕榈股份	豫资保障房	13.10	所有转让方承诺： 1. 棕榈股份 2018—2021 年存在连续两个年度亏损情形的，甲方应于发生之日起一个月内向收购方支付等于其在本次交易项下取得的股份转让价款 20% 的补偿款，即人民币 153,448,357 元。 2. 连续三个年度亏损的，支付 40% 补偿款，即 306,896,715 元。 3. 连续四个年度亏损的，支付 60% 补偿款，即 460,345,072 元。 4. 棕榈股份过户日之前发生的事实所导致的棕榈股份发生重大违法，股本总额或股权分布不满足上市要求，股票成交量及市值、财务状况恶化等相关法律法规或相关政府监管部门规定情形而被实施暂停上市、终止上市措施的，支付 100% 的补偿款，即人民币 767,241,787 元。 5. 无论交易是否已完成，如甲方向乙方披露的棕榈股份的重要财务情况（包括但不限于净利润、资产、负债、或有负债等）与棕榈股份提供的截至 2018 年 11 月 30 日公司财务报表所载的财务数据相比而言，不利变化超过 20%，甲方应当向乙方进行现金补偿，补偿标准为：乙方已支付的股份转让款的 30%；若不利变化超过 40%，甲方应当向乙方进行现金补偿的标准为乙方已支付的股份转让款的 50%。
4	美亚柏科	国投智能	15.79	转让方承诺，2019—2021 年实现扣非净利润不少于 9.03 亿元。如未达到，按照本次转让估值水平以现金补偿收购方。
5	惠博普	长沙水业集团	10.02	1. 3 名转让方承诺，转让完成后 3 年内每年净利润不低于 6,000 万元，累计净利润不低于 3 亿元。 2. 业绩补偿方式为以现金向上市公司补偿差额。

续表

序号	上市公司	收购方	收购比例（%）	对赌条款
6	宁波建工	宁波交投	29.92	1. 所有转让方承诺，上市公司2019—2021年净利润不低于2018年的数值，并保持每年5%以上的增长。 2. 如未完成，以现金向收购方补偿差额。
7	润达医疗	杭州下城国投	20.02	1. 3名转让人及原实控人刘辉承诺，上市公司2020—2022年度净利润不低于3.2亿元、3.5亿元、3.8亿元，每股收益不低于0.55元、0.6元、0.66元。 2. 差额以现金向收购方补偿。
8	中新科技	邳州经发、江苏融运	51.78	1. 转让方承诺，中新科技2019年度、2020年度、2021年度、2022年度实现的净利润分别不低于1,000万元、5,000万元、1亿元、1.5亿元。同时，在标的股份转让价款于2019年9月10日前实际到位的条件下，中新科技2019年度第四季度实现的经营性净利润不低于1,000万元。 2. 若中新科技2020—2022年度实际净利润之和未达到3亿元，按照差额乘以受让股份比例对收购方进行补偿。
9	宝鼎科技	招金集团	29.90	转让方须确保在2019—2021年度原有业务持续经营并保持盈利，如发生亏损，须以现金向上市公司补足。
10	汉鼎宇佑	平潭创新	15.00	1. 转让方承诺，2019—2021年营业收入不低于7.84亿元、10.20亿元、13.25亿元，净利润不低于1.37亿元、1.51亿元、1.66亿元，且扣除非经常性损益后的净利润每年均为正。 2. 低于承诺的，以现金向收购方补偿，补偿金额为每年1,750万元。
11	赢合科技	上海电气	9.73	1. 转让方承诺，公司2020—2022年度净利润不低于人民币2.75亿元、3.30亿元、4.29亿元，三年实现的累计承诺净利润数合计不低于人民币10.34亿元。 2. 如完成率高于80%，当年不补偿；如低于80%，则当年应补偿金额＝当年承诺净利润数×80%－当年实际净利润数。最终按承诺期100%差额补偿，全部以现金向收购方补偿。 3. 超额奖励条款（略）。
12	京天利	上饶市数字和金融产业投资集团	30.00	1. 转让方承诺，原有业务主体在2020年度、2021年度和2022年度经审计的净利润均不低于2,000.00万元。 2. 若原有业务主体在业绩承诺期内任一年度实现的净利润数低于承诺的净利润数，收购方有权要求承诺方以现金方式进行补偿。

资料来源：Wind。

2019年共有12单控股权收购设置了业绩承诺及补偿条款（2018年共计8单交易安排了业绩对赌），全部为民营企业对外转让控股权，其中有11单为国资纾困民营企业的收购，另有1单为民营资本收购民营企业（嘉兴华控收购新研股份）。分析全部对赌补偿条款可看出，上市公司控股权收购的主流补偿方式为"补承诺利润差额"，其中7单由转让方向收购方以现金补足承诺利润差额，2单由转让方向上市公司以现金补足利润差额，仅有2单是转让方以交易估值水平对收购方进行现金补偿。

这种对赌安排与A股上市公司并购重组的对赌安排区别很大，后者习惯于采取"补足估值差额，股份补偿优于现金补偿"的模式。分析其原因在于：一方面，上市公司控股权收购中业绩承诺的目的是保证上市公司主营业务在实际控制人变动后不出现大的波动，对收购方而言是一种较弱的防护性措施，而A股上市公司对外并购标的资产的承诺业绩则直接与收购估值挂钩，相比之下给上市公司带来的经营风险更大，因此对转让方的补偿力度要求更高；另一方面，由于控股权转让后，原来的实际控制人对公司的控制力减弱，完成业绩承诺所需要的资源调动、经营管理等在一定程度上会受到限制，因此，业绩目标设立以及补偿安排会相对宽松。此外，在上市公司控股权收购中，业绩承诺金额与上市公司历史业绩差距不会太大，甚至低于上市公司过往经营业绩，理论上可实现性较高。如在招金集团收购宝鼎科技的案例中，要求承诺方向上市公司履行补偿义务，这种安排有利于维护上市公司全体股东的利益。

三、国资收购上市公司的代表性案例

在纾困与产业整合的大前提下，国资主导的上市公司收购形式各异。在此，本书选取了几个有代表性的案例。

（一）佛山公控收购智慧松德：主导上市公司转型，优化地方产业结构

1. 佛山公控分两次收购获得控股权

智慧松德（300173.SZ）成立于1997年，是一家印刷加工设备制造公司，致力于为包装印刷、装饰印刷等特种印刷提供成套解决方案，于2011年登陆创业板。受印刷行业景气度的影响，自2012年至今，行业均处于低谷期，公司上市后营业收入及净利润持续下行。2014年，智慧松德以9.80亿元对价发行股份及支付现金收购深

圳大宇精雕科技有限公司 100% 的股权，进军精雕印刷机市场。本次收购到 2017 年业绩承诺期届满，大宇精雕 2018 年业绩大幅下滑，智慧松德对其商誉计提了 6 亿元减值准备，加之关联方松德印机资金链紧张导致应收账款逾期，计提坏账准备 1.74 亿元等，公司 2018 年亏损达到 8.34 亿元，2017—2018 年股价跌幅超过 70%。根据公告，截至 2019 年 1 月，实际控制人郭景松及其一致行动人所持上市公司 22.34% 股份的质押率达到 95.90%。

2018 年 11 月至 2019 年 1 月，智慧松德 3 名股东及一致行动人向佛山市公用事业控股有限公司（简称"佛山公控"）转让 26.28% 的股份。转让分两次完成，第一次为 2018 年 11 月佛山公控受让 18.83% 的股份，成为公司第二大股东；第二次为 2019 年 1 月，佛山公控继续受让 7.45% 的股份，本次转让造成公司实际控制人的变化。两次受让金额总计 8.17 亿元，与智慧松德当时的股价相当。转让方进行了业绩承诺，以 6,000 万元为基准，承诺上市公司在 2019—2021 年每年经审计的净利润增长率不低于 5%，且 2021 年不低于 7,800 万元。如任一年度未能实现，优先以分红进行差额补足；如仍不足，则以现金或股份进行补偿。

佛山公控是佛山市国资委 100% 持有的城投公司，拥有 AAA 信用等级，资金实力位居国内城投公司前列。佛山公控主营业务包括公共事业和能源两大板块，控股子公司佛燃股份（002911.SH）与智慧松德并没有协同效应。因此，除了纾困以外，佛山公控没有资产需要借助智慧松德进行证券化。

2. 智慧松德收购超业精密

2019 年 6 月 4 日，智慧松德公告拟以发行股份结合支付现金的方式购买超源科技等 8 名对象合计持有的东莞市超业精密设备有限公司（简称"超业精密"）88% 的股权，交易对价 77,440 万元（见表 5-3），同时向不超过 5 名符合条件的对象非公开发行股份筹集配套资金不超过 4 亿元。佛山公控子公司佛山电子政务拟参与本次配套融资认购，认购金额不超过 1.30 亿元。按照 5.60 元/股发行价完成发行后，预计佛山公控所持上市公司股份比例将逼近 30%。

表 5-3 超业精密资产评估情况

标的公司	100% 权益账面价值（万元）	100% 权益评估值（万元）	增值率（%）	收购比例（%）	标的资产对应评估值（万元）	最终支付对价（万元）
超业精密	33,514.75	88,110.70	162.90	88.00	77,537.42	77,440.00

资料来源：《智慧松德：发行股份及支付现金购买资产并募集配套资金暨关联交易报告书》（2019-12-06）。

超业精密是一家从事锂电池设备研发、设计、制造、销售与服务的企业，主要生产锂电池中段设备，产品适用于数码类锂电池和动力类锂电池生产领域，核心客户包括 ATL、CATL、孚能科技、冠宇电池、卡耐新能源等。公司 2018 年主营收入达到 3.30 亿元，净利润 4,763.11 万元（见表 5-4）。早在 2018 年 3 月，璞泰来（603659.SH）就曾经有意图收购该公司 100% 的股权。

表 5-4 超业精密估值水平测算

标的公司	最终交易对价对应估值（万元）	对应上一年业绩		对应承诺期业绩	
		2018 年净利润（万元）	P/E	平均净利润（万元）	P/E
超业精密	88,000.00	4,763.11	18.48	8,000	11.00

资料来源：Wind。

由于智慧松德传统业务所处的印刷行业难改低迷态势，公司在收购前围绕自动化生产线、无人车间、智慧工厂等方向进行了较多的探索，并拓展了 3C 智能设备及机器人自动化生产线为核心的智能装备业务，但落地效果并不显著。本次对超业精密的收购可视作上市公司向锂电池高端装备行业的转型。由于智慧松德在 2019 年 1 月已完成控股权变更后的董事会改选，收购超业精密可视为佛山公控主导下的重组项目。根据广东省"十三五"规划，全省在 2020 年将力争使低碳产业产值规模达到 8,000 亿元。在佛山工控的撮合下，省内具有竞争力的锂电池生产设备企业借助国资委旗下的上市公司实现了证券化，此举既能扶植地方战略新兴产业，调整优化产业结构，也能促进地方上市公司转型升级。

（二）深圳市国资委旗下主体纾困收购：战略清晰，协同助力发展

在各地方政府对上市公司的纾困收购中，深圳市数量最多。深圳市国资委自 2018 年 9 月以来，利用旗下的企业和并购基金分别收购了怡亚通（002183.SZ）、英飞拓（002528.SZ）、麦捷科技（300319.SZ）和英唐智控（300131.SZ）等 4 家本地上市公司。除此之外，科陆电子（002121.SZ）、梦网集团（002123.SZ）、翰宇药业（300199.SZ）、铁汉生态（300197.SZ）等 10 余家民营企业也得到了深圳市政府各种形式的资金援助。

1. 深投控收购怡亚通：作为旗舰企业重点培养

怡亚通是中国首家上市供应链服务企业，于 2007 年 11 月登陆深交所。公司以承接全球整合企业的非核心业务外包为核心，实现物流、商务、结算和信息系统及信息处理等一站式供应链管理外包服务。2018 年因市场环境变化，公司开具银行承兑汇票所需质押存款的比例增加，导致借款融资成本大幅提升，公司只能主动收缩供应链金融业务，导致利润大幅下降，公司营业利润较前期下滑 73.34%，全年股价

下跌幅度达到了30%。根据公司公告，本次转让股权前，第一大股东怡亚通控股质押率已达84%。

深圳市投资控股有限公司（简称"深投控"）为深圳市国资委100%直接持股的大型国有资本投资运营公司，拥有金融服务产业、科技园区产业、新兴产业与高端服务产业"三大产业集群"，旗下控股国信证券（002736.SZ）、深深房（000029.SZ）、通产丽星（002243.SZ）、深纺织（000045.SZ）等多家上市公司。2018年5—8月，深投控以24.05亿元总价分两次向怡亚通控股收购18.30%的股权，成为新控股股东。怡亚通作为国内供应链服务行业的创始者，也是全国规模最大、知名度最高的供应链服务企业，被归入深投控旗下重点发展的新兴产业与高端服务产业集群，深圳市政府将其作为该集群的旗舰企业培养。供应链服务的商业模式具有资金需求大、利率敏感性高的特点，民营企业开展该类业务，长期以来难以在中国金融体系内获得与国有企业一样的待遇，融资渠道和成本制约了企业的进一步发展。本次引入国有资本，怡亚通可以享有国有企业的信用优势，同时保留民营企业灵活的管理机制，企业竞争力增强了。

2. 深投控收购英飞拓：协助开拓业务，提供融资便利

英飞拓是深投控收购的第二家本地上市的民营高科技公司。英飞拓是全球领先的电子安防整体解决方案及产品提供商，产品涵盖全系列视频监控设备及多个行业解决方案，于2010年登陆深交所。受累于2016年以前对澳洲Swann和杭州藏愚等标的资产的并购未能达到预期效果，公司股价2017—2018年的跌幅超过60%，但公司控股股东JHL（JHL INFINITE LLC）的质押率长期保持在30%左右。本次控股权转让的目的是引入国资背景的战略股东资源，而非常见的解决质押爆仓问题。

2018年7月—2019年11月，深投控分3次受让了JHL所持英飞拓26.35%的股权，同时JHL承诺放弃所持剩余股份的表决权。深投控取得了上市公司控制权。公司在公告中披露，深投控将利用自身优势为英飞拓对接深圳市国资体系内与目标公司经营范围（含智慧城市、智慧园区、智慧家庭、数字营销、安防等）相关的业务资源，协助上市公司开拓相关业务。同时，将利用深投控及其下属公司的资源优势，协助英飞拓开拓相关业务；将利用深投控的资金和金融资源优势，协助英飞拓扩大银行授信额度，取得其他金融机构的资金支持，有效地提高融资数额和降低融资成本。

3. 远致富海收购麦捷科技：布局5G上游产业

麦捷科技是我国片式电感、片式LTCC射频元器件、滤波器等电子元器件的龙头企业，于2012年登陆创业板。2015年1月，公司以对价8.50亿元发行股份及支付现金的形式购买了星源电子科技（深圳）有限公司100%的股权，期望进入LED

模组领域。但由于标的公司业绩不达预期，导致公司在 2018 年计提了商誉减值 3.95 亿元，上市公司当年亏损 3.71 亿元，股价从最高 14 元下跌至 4 元左右。根据公司公告，截至 2018 年 10 月底，控股股东动能东方所持 26.44% 的股份中，质押率高达 92%。

2018 年 12 月—2019 年 1 月，控股股东动能东方将 26.44% 的股份转让给深圳远致富海电子信息投资企业（有限合伙），后者为深圳市远致富海投资管理有限公司（简称"远致富海"）管理的并购基金，转让总价为 12.50 亿元。远致富海是由深圳市国资委、中国信达、建信信托联合东方富海共同发起设立的产业并购投资基金管理公司，其中深圳市国资委出资 40%，为第一大出资人。远致富海收购麦捷科技后的股权架构见图 5-2。

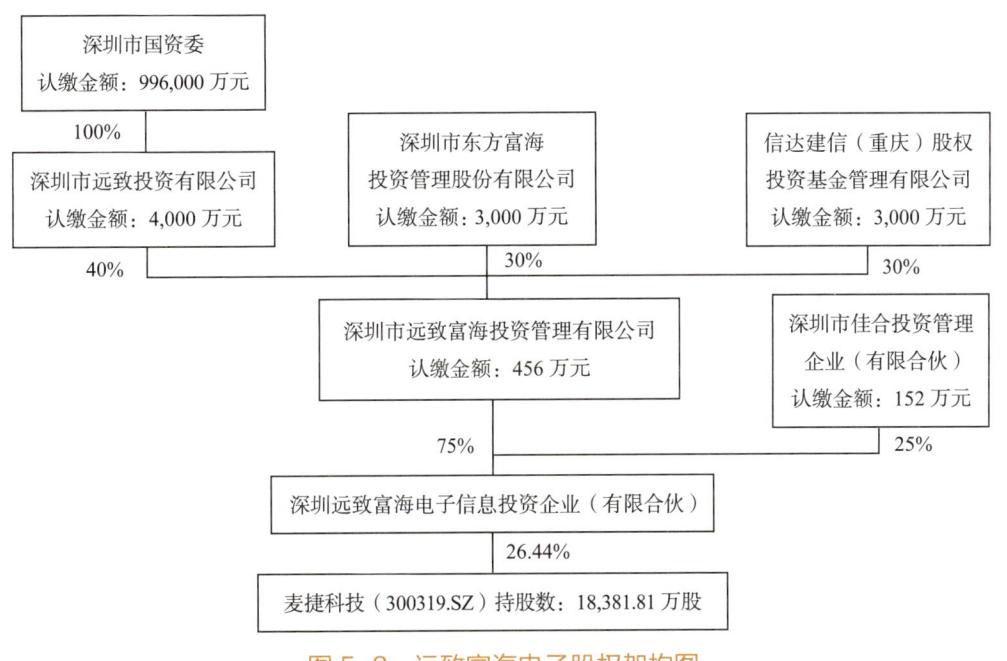

图 5-2　远致富海电子股权架构图

资料来源：国家企业信用信息公示系统。

由于麦捷科技主营的滤波器和电感产品在 5G 时代到来以后会迎来下游消费电子的复苏，本次收购也可视作深圳市国资委在 5G 上游产业的一次布局。2019 年受惠于国内的 5G 基础建设，公司股价一路上升，全年涨幅超过 100%。

4．赛格集团收购英唐智控：共同打造半导体产业闭环

英唐智控主要从事智能控制器的研发、制造和销售，业务覆盖云计算、通信、汽车、家电、公共设施、工业等多个行业，近年来通过外延式并购进入 B2B 电子分销和智能家居物联网行业。2015年，公司以15.73亿元对价发行股票并支付现金收购深圳华商龙、深圳柏健、深圳海威思100%的股权，大力布局电子分销业务，与此相应，账面商誉价值超过9亿元，但并购对经营业绩的提振作用有限。2017—2018年，公司股价下跌幅度超过50%。根据公司公告，截至2018年10月底，控股股东胡庆周所持的26.55%股份中质押率高达99.73%。2018年10月—2019年11月，胡庆周减持少量股份后，将其所持英唐智控5.23%的股份以3.30亿元对价转让给深圳国资委旗下的深圳市赛格集团有限公司（简称"赛格集团"），剩余20.85%股权的表决权委托赛格集团行使。2019年5月，英唐智控拟通过向赛格集团非公开发行不超过本次发行前总股本20%的股份，用于补充流动性及偿还债务。发行完成后，不考虑表决权委托，赛格集团也将成为第一大股东。

赛格集团是一家以电子高科技为主体，围绕节能半导体器件制造与电子专业市场发展的综合大型国有企业集团，旗下控股深赛格（000058.SZ）、华控赛格（000068.SZ）两家上市公司，具备较强的资金实力。其在半导体行业广泛的布局、与国际知名的电子元器件厂商的长期合作，都有利于英唐智控获取业务资源；英唐智控同样可以为专注于半导体研发制造的赛格集团提供销售支持，形成半导体产业闭环，扩大双方的业务规模，增强整体实力。

综上，深圳市政府在2019年分别利用旗下的城投公司深投控、半导体企业赛格集团、并购基金远致富海进行了多单民营上市公司控股权的收购。在鼓励和发展民营及多种所有制经济的原则的指引下，深圳市国资所收购的民营上市公司均为主营业务清晰、成长性良好的科创类企业，公司业务均符合国家及深圳城市发展的战略需求。

（三）曲江新区旗下主体收购华仁药业、人人乐：为新区打造新资本平台

1. 曲江新区定位

西安市曲江新区是陕西省与西安市确立的以文化产业和旅游产业为主导的城市发展新区。区内主打文化旅游、会展创意、影视动漫、出版传媒等文化产业发展，是我国西部最重要的文化旅游标志性区域。辖区在2018年以前控股1家上市公司曲江文旅（600706.SH）。曲江文旅是西部最大的文化旅游企业集团，于2012年借壳上市，旗下运营有大唐芙蓉园、曲江海洋公园、大雁塔景区等国家5A级景区。

2018年9月28日，注册地位于西安市的西安饮食（000721.SZ）和西安旅游（000610.SZ）同时发布公告称，西安市国资委与曲江管委会签署了《企业国有股权

无偿划转协议》,采用国有产权无偿划转的方式,西安市国资委将西旅集团100%的国有股权划转至曲江管委会。其中,西安饮食是以餐饮服务、食品加工两大产业为支柱的上市公司,公司下辖西安饭庄、老孙家等10多家特色品牌名店及中华老字号。曲江新区管委会实际控制的3家西安本地上市公司,均属于文化旅游产业。

2019年4月27日,曲江新区投资服务局发布《曲江新区促进战略性新兴产业发展行动计划》,计划提到,曲江新区重点扶持新一代信息技术产业,数字创意产业、高端装备、生物医药、新材料及新能源研发设计等产业。截至2018年年底,全省仅有50家上市公司,资本市场融资基础较为薄弱。2018年年初,西安市提出"龙门计划",要求上市挂牌企业数量实现倍增,截至2021年,曲江新区力争实现境内外上市挂牌企业达到20家,通过市场融资达到100亿元。在这种情况下,以曲江新区管委会为代表的政府机构开始加大收购上市公司的步伐。

2. 曲江金控收购华仁药业:打造大健康产业资本平台

(1) 收购背景

曲江金控为曲江新区管委会持股90%、曲江区财政局持股10%的企业,成立于2018年8月8日,经营范围为对金融及金融服务性机构进行投资、股权投资及管理等。

华仁药业(300110.SZ)成立于1998年,注册地位于山东青岛,主要从事非PVC软袋大容量制剂的研发、生产、销售,拥有国内最大的非PVC软袋输液单体生产工厂。公司于2010年在深交所创业板上市。华仁药业研发、生产、销售大容量制剂,包括基础性输液、治疗性输液、营养性输液、腹膜透析液,下设华仁肾病专科医院。子公司涉及医疗器械、包装材料、医药流通等多个领域。2018年公司实现营业收入13.84亿元,净利润3,746.12万元。

华仁药业在2016年就经历过一次控股权转让,由时任大股东华仁世纪集团转让给周希俭所控制的广东永裕恒丰投资有限公司(简称"永裕恒丰"),转让比例为26.46%,转让对价为16.58亿元。周希俭入主华仁药业后不久,对企业业绩并未起到提振作用。2016—2018年,公司净利润一直在2,000万—3,000万元之间波动,较2013年顶峰时期的1.22亿元差距很大。2018年10月,公司曾谋求收购韩后化妆品股份有限公司以转型,但后因韩后涉及广告合同纠纷诉讼等事宜尚未解决,决定暂缓推进重组事项。2018年华仁药业股价从14元一路下跌至3元,广东永裕恒丰所持股票爆仓。

(2) 收购过程

2019年5月8日,华仁药业公告,公司控股股东广东永裕恒丰及永裕恒丰投资已与西安曲江文投金融控股有限公司（简称"曲江金控"）签署《股份转让协议》及《表决权委托协议》，约定向曲江金控转让其持有的公司 20% 的股份，并将剩余 6.46% 股份的表决权委托给曲江金控行使。该笔交易在 2019 年 7 月完成，最终受让方为西安曲江天授大健康投资合伙企业（有限合伙），该合伙企业由曲江金控 100% 出资设立，收购对价为 11.35 亿元，较华仁药业届时股价折价约 11%。综合考虑公司近 3 年股本拆分和配股等情况，本次曲江新区的收购对价较前次广东永裕恒丰的收购折价约 19%。

（3）收购目的

根据曲江新区的产业发展规划，生物医药行业也是区内重点规划的产业方向之一。2019 年曲江新区 9 大招商项目中，就有西安养元医养中心、中大国际和睦家医养两个涉足大健康行业的项目。本次收购华仁药业，也是将上市公司作为未来该产业资本化运作的平台。

3. 曲江文投收购人人乐：打造影视教育行业的资本平台

（1）收购背景

西安曲江文化产业投资（集团）有限公司（简称"曲江文投"）为曲江新区管委会 100% 持股的公司，成立于 1995 年，注册资本 83 亿元，下辖各级子公司近百家，包括上市公司曲江文旅、曲江影视、曲江出版等，构建起以文化旅游产业为龙头，集影视、演绎、会展、出版等门类于一体的企业集团，总资产超过 580 亿元。

人人乐（002336.SZ）成立于 1996 年，注册地为广东深圳，主营业务为商品零售连锁经营，通过自营大卖场、商超、百货及购物中心，配合公司自主研发的线上销售平台，共同经营生鲜、食品、洗化、日杂、针纺、百货、家电等类别的商品。收购前公司已经被深交所 ST 处理。人人乐上市以后并未进行资本运作或再融资，但由于线上电商对传统商超行业的冲击，以及自身在"线上+线下"的战略转型中的不成功，公司业绩长期巨额亏损。在 2010—2018 年，公司营业利润仅 2010 年、2011 年和 2013 年为正，其余 6 年净利润亏损累计达 20.16 亿元，公司市值从刚上市的 110 亿元跌至本次收购前的 23 亿元，而且在 2016 年和 2019 年两次被 ST 处理。如果 2019 年继续亏损，人人乐将被暂停上市。雪上加霜的是，2018 年 4 月，公司以自有资金 3.44 亿元参与了青岛金王（002094.SZ）的定向增发。青岛金王是一家从事香薰蜡烛生产制造和化妆品分销的公司，人人乐参与其定向增发是为了在化妆品业务上与其构建战略合作关系，定向增发认购价格为 23.20 元/股。青岛金王股价在 2018 年年底跌至 4.87 元/股，人人乐在 2018 年年底为本次投资计提了 2.21 亿元资产减值。由此，人人乐在经营发展和金融投资上均遭受了重大损失。2019 年

4月2日，公司公告控股股东深圳市浩明管理有限公司（简称"深圳浩明"）和深圳市人人乐咨询服务有限公司（简称"人人乐咨询"）所持公司54.22%的股份累计质押率达89.26%。

（2）收购过程："协议转让＋表决权委托"及要约收购

2019年7月24日，人人乐公告控股股东以"协议转让＋表决权委托"的形式转让公司控股权，由深圳浩明向曲江文投转让其所持公司20%的股份，同时将剩余22.86%的股份表决权委托给曲江文投行使，致使曲江文投一次性拥有表决权股份达42.86%，转让总价为4.96亿元，较届时股价溢价约1.69%。由于人人乐实际控制人何金明通过自身、深圳浩明及人人乐咨询合计持有上市公司69.11%的股份，转让后何金明及一致行动人仍持股49.11%，持有表决权股份26.25%，转让后双方表决权差距达到16.61%。转让协议约定，表决权行使日至2021年12月31日止，深圳浩明不可擅自撤销表决权委托，且曲江文投将取得公司6个非独立董事会席位中的4个，以保证曲江文投控制上市公司。

另外，交易双方在《表决权委托协议》中设置了较为特殊的"表决权对赌条款"，即约定若2021年度上市公司净利润为正，则2022年度表决权委托自动延续一年，不可撤销；若2021年度上市公司净利润为负，则甲方（深圳浩明）有权撤销表决权委托，以后各年度依此类推。该条款的核心目的为敦促曲江文投在收购后为上市公司引入优质资源，改善经营业绩并提振股价，否则如2021年后公司仍有亏损，则控股权自动转至何金明。同时协议还约定，深圳浩明及关联方在表决权委托期限内未经曲江文投同意不得以任何形式减持公司股份，由此可推断，何金明的任何减持行为均须保证曲江文投的优先购买权。这样安排的优势在于：首先，避免纾困方一次性"抄底"收购，导致原控股股东损失过大。在曲江文投对上市公司重整改造和注入资源后，公司股价预期能够上升，等时机成熟再分批收购剩余股份，提升原控股股东退出的收益水平。其次，如重整结果不及预期，原控股股东可收回控股权，控股股东可以开展其他方式的重组来挽救上市公司。

由于本次收购中曲江文投协议受让和受托表决权的股份合计比例超过30%，因此触发了《上市公司收购管理办法》规定的全面要约义务。转让前深圳浩明及一致行动人的持股比例达到69.11%，如需保证转让后新控股股东占有表决权的股份比例高于第二大股东10%，则曲江文投受让和被委托表决权的股份比例最低也会达到39.56%，从而触发要约收购。另外，上市公司社会公众股占比较低，且本次协议转让价格较低，可合理推测发起全面要约不会导致大量股份接受，因此上市公司在收购方案上并未刻意避免要约收购。

人人乐于2019年9月25日披露了要约收购报告书，向除深圳浩明及一致行动人以外所有股东发出收购要约,要约期限自 2019 年 9 月 26 日至 10 月 25 日,要约收购价格为 5.33 元/股,与协议转让价格一致,较发出要约时的股价低 8%。收购期限届满后,占公司总股本 1.15% 的股份接受了要约,收购价格为 2,685.73 万元,曲江文投合计持有上市公司 21.15% 的股份。

(3) 收购目的

曲江文投在要约收购书中披露的收购目的为:基于对上市公司价值的认可和对未来持续稳定发展的信心,收购人可以利用自身在文化、旅游及教育板块的相关资源帮助上市公司改善经营状况,进一步提升上市公司的经营业绩。这也有利于收购人丰富产业布局,提高国有资本的配置和运营效率,促进国有资产的保值增值。

考虑到曲江文投旗下已经拥有曲江文旅这一证券化平台,公司经营范围涵盖了各类自然及人文旅游景区运营管理、策划、餐饮酒店、旅行社等业态,目前尚不确定曲江文投重整人人乐的具体方向,但可以预期会向其注入集团内文旅产业以外的资产,避免与曲江文旅的同业竞争。

曲江新区管委会下辖的两家平台公司成功收购华仁药业和人人乐的总价约 15 亿元,且上市公司都有不错的经营性资产,分别立足于输液制剂和线下商超领域,能为曲江新区带来新的产业资产。与此同时,曲江新区自身储备了一定的资产,下一步的运作成为市场关注的焦点。基于新区在陕西省和整个中国西部重要的定位,"曲江系"及旗下 5 家上市公司未来的资产梳理、腾挪和注入将会有大的运作空间。

(四) 华章天地收购慈文传媒: 出版巨头向影视内容行业延伸

1. 华章天地收购慈文传媒 15.05% 的股份

慈文传媒(002343.SZ)成立于 1998 年,2014 年借壳登陆深交所,是一家从事影视剧的投资、制作、发行及衍生业务的公司。慈文传媒在上市后以自有 IP(Intellectual Property,知识产权)为核心资源,以电视剧投资、制作及发行为核心业务,并延伸拓展电影、游戏和艺人经纪等相关领域,专注于创作互联网与电视台联动模式下的头部内容,奠定了网络剧行业的领军地位。公司在借壳时承诺,2015—2017 年的净利润分别不低于 2.2 亿元、2.8 亿元和 3.3 亿元,合计达 8.3 亿元。在公司连续推出爆款作品的带动下,慈文传媒的业绩表现出色,2015—2017 年的净利润分别为 1.99 亿元、2.9 亿元、4.08 亿元,累计超出对赌业绩达 1 亿元以上,股价也一路走高,最高时市值达 370 亿元以上。2015 年 10 月,在娱乐行业"影游联动"概念呼声最高的阶段,公司以 11 亿元现金收购了北京赞成科技发展有限公司 100% 的股权,进军手游运营行业。

2018年，国内影视行业受到"天价片酬""阴阳合同""补税政策"等多项负面事件的影响，在游戏行业，因版号暂停审批，新产品无法上线运营，影视游戏成为A股市场下跌幅度最大的行业。由于游戏板块业绩不达预期，慈文传媒在2018年对赞成科技的投资商誉全额计提减值准备8.71亿元，导致当年净利润为-10.94亿元，公司当年股价下跌幅度达到70%，公司实际控制人马中骏所持22.36%的公司股份质押率也达到93.99%。在债务的压力下，实际控制人连同另外3名股东于2019年2月与华章天地传媒投资控股集团有限公司（简称"华章天地"）签署股权转让协议，将所持15.05%的股份以6.14亿元价格转让，较届时慈文传媒的股价溢价44.44%，并将剩余所持9.74%股份的表决权委托给华章天地。马中骏仍保留9.74%的股份，并继续任职慈文传媒总经理，作为公司决策和经营的核心。华章天地曾对媒体表示，马中骏所领衔的管理层是业内最专业的团队，慈文传媒在影视作品孵化中优势强劲，这也是华章天地在影视寒冬之下入主慈文传媒的原因。

2. 江西出版集团与慈文传媒具备高度协同效应

华章天地成立于2013年4月，是江西省出版集团公司的全资子公司。江西出版集团是全国第二大新闻出版产业集团，旗下上市公司中文传媒（600373.SH）是国内第二大书刊和音像电子出版物编辑出版商，拥有海量IP资源。华章天地是一家以股权投资、创业投资为主的大型文化产业投资集团，实际控制人为江西省人民政府。收购完成后，慈文传媒董事会改组，江西出版集团副总经理、华章天地总经理出任慈文传媒董事长一职。

华章天地投资此次收购，能为慈文传媒提供内容上的协同，注入影视IP资源，支持其影视创作。更大的优势体现在华章投资可以凭借国企在信用等级上的优势为慈文传媒输送资金上的支持。

近年来，版权授权费用已逐渐成为影视游戏公司最大的成本项，慈文传媒在引入华章天地作为战略控股股东后，有望打通IP生产能力与影游内容生产能力，并借助双方在各自领域的渠道发行能力进行交叉推广。本项收购在2019年12月审批完成后，公司股价大幅上升，这也凸显了投资者对收购双方未来协同前景的看好。

（五）平潭国资收购汉鼎宇佑：布局新兴产业，打造资本化平台

1. 交易背景

汉鼎宇佑（300300.SZ）于2002年成立于浙江省杭州市，2012年3月在深交所创业板上市。公司以智慧城市相关集成业务起家，业务板块主要包括智慧城市及金融（To B）、智慧医疗及商业（To C）两大领域。公司2018年实现营业收入6.03

亿元，归属母公司净利润 1.25 亿元，而其中投资收益达到 2 亿元，经营性业务处于亏损状态。2016—2018 年公司经营情况见表 5-5。

表 5-5 汉鼎宇佑 2016—2018 年经营情况

单位：万元

项目	2018 年	2017 年	2016 年
加：营业收入	60,298.41	40,438.54	42,882.89
减：营业成本	69,580.67	50,247.26	46,015.49
加：其他收益	1,143.85	1,842.89	—
加：投资净收益	20,041.44	16,899.74	2,660.42
其中：对联营企业和合营企业的投资收益	11,548.83	7,912.02	1,930.39
减：资产减值损失	2,578.77	5,248.17	2,065.02
营业利润	11,903.85	8,933.24	−472.18
非投资主营业务营业利润	−8,137.59	−7,966.50	−3,132.60

资料来源：Wind。

由表 5-5 可知，汉鼎宇佑除股权投资以外的主营业务已连续 3 年亏损。截至 2018 年年底，公司可供出售金融资产和长期股权投资账面价值之和达到 13.62 亿元，占公司总资产的 39.24%，可以说公司是一家以投资为主要业务的公司。汉鼎宇佑的股权投资集中在互联网金融、智慧医疗、数字科技、影视文化等诸多领域，公司账面价值超过 1 亿元的投资项目有微贷（杭州）金融信息服务有限公司、海润影视制作有限公司股权投资及宿迁汉鼎锦绣投资管理合伙企业（有限合伙）。

除投资以外，汉鼎宇佑智慧城市业务在近 5 年曾尝试过 2 次转型，分别是转型互联网金融和转型智慧医疗。汉鼎宇佑 2015 年 5 月曾通过定向增发募集资金 13.83 亿元，募投项目为"基于智慧城市的互联网金融平台"，试图转型互联网金融业务，为此专门搭建了两家运营子公司。后由于国家对互联网金融政策的收紧，公司自 2017 年以后多次变更募集资金用途。公司 2018 年年报显示，互联网金融平台业务暂缓开展，未能达到计划进度和预期收益。公司自 2017 年开始积极布局智慧医疗板块，出资 7,200 万元发起设立好医友医疗科技集团有限公司并占有 40% 的股权；通过 Genexa、徐诺药业、鹍远基因等股权投资布局生物制药；通过参股 MCAC 公司获取美国的医疗实体资源，还投资医利智能进入医疗科技和慢性病管理，打造诊断、支付、药品、器械等完整的医疗服务闭环。公司 2018 年智慧医疗业务营业收入达到 1.55 亿元，占比 25.76%，实现毛利 2,539.75 万元，占比 22.21%。整体而言，经营性转型对公司业绩的贡献有限。

据公开的资料显示，平潭综合实验区为福建省直管的两岸自由贸易合作示范区、区域性综合保税产业示范区，区内五大产业集群为国际贸易、现代物流、先进制造、滨海旅游和新兴服务业。平潭综合实验区金融控股集团有限公司（即平潭创新的母公司）为平潭综合实验区下属五大国有企业之一。最近几年，平潭政府大力引进集成电路、物联网、VR（Virtual Reality，虚拟现实）和区块链等领域的优质企业。此次平潭政府入主汉鼎宇佑就被视为其在科技领域布局的重要落地举措，投资者看好双方未来在医疗、区块链等领域的深度合作。

2. 交易方案

2019年11月11日，汉鼎宇佑公告，平潭创新股权投资合伙企业（有限合伙）（简称"平潭创新"）以协议转让的方式受让吴艳、汉鼎宇佑集团所持上市公司15%的股份，后者分别放弃汉鼎宇佑15.34%和7.24%的表决权。平潭创新在转让后将成为公司控股股东，实际持有表决权的股份比例为25%。平潭创新最终由平潭综合实验区国有资产管理局100%持股。

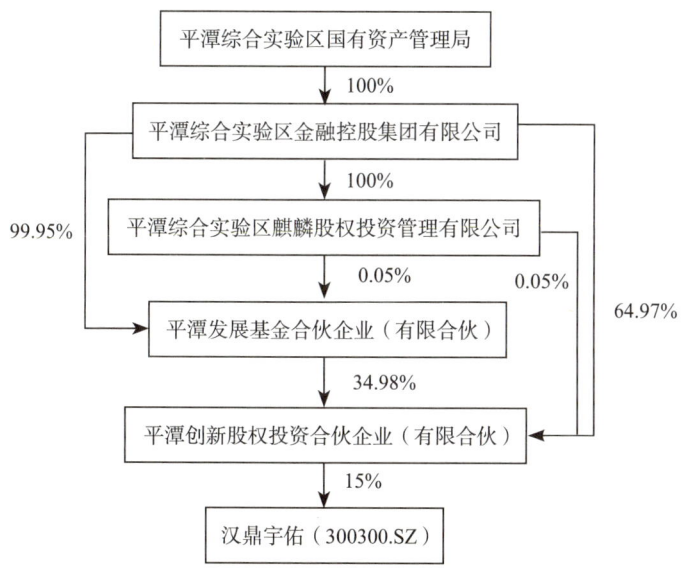

图5-3　平潭创新股权投资合伙企业（有限合伙）股权架构图

资料来源：《汉鼎宇佑：详式权益变动报告书》（2019-11-11）。

本次交易前，上市公司控股股东为吴艳和汉鼎宇佑集团，合计控股37.58%，向平潭创新转让15%股份总价为10.50亿元，较届时公司股价折价约5.12%。本次转让前，原控股股东所持股份中79.56%已质押。

转让双方在《放弃表决权协议》中约定，自协议生效之日起，转让方不可撤销地放弃上市公司股份总额15.34%和7.24%的全部表决权及对应的提名、提案权等除收益权和股份转让权等财产性权利之外的权利，放弃时限为协议生效期三年。采取放弃表决权安排，有效避免了平潭创新与吴艳和汉鼎宇佑集团构成一致行动人关系，从而避免触发全面要约收购义务。

3. 业绩承诺安排

《股权转让协议》中安排了业绩承诺和补偿条款。吴艳和汉鼎宇佑承诺：在平潭创新不干预上市公司正常经营的前提下（平潭创新依法行使股东权利及根据本协议安排推荐董事、监事和高级管理人员并依法行使职权的除外），上市公司2019年、2020年、2021年经审计的营业收入分别不低于7.84亿元、10.20亿元、13.25亿元；经审计的净利润分别不低于1.37亿元、1.51亿元、1.66亿元，且扣除非经常性损益后的净利润每年均为正。

上市公司在业绩承诺期内实现值低于承诺值的，承诺方应以现金方式对平潭创新进行补偿，每年应补偿人民币1,750万元。

在付款安排中，平潭创新按照五期完成10.50亿元现金分期付款，其中前四期总计99,750万元对价以股份过户登记手续日为时点支付完毕，保留5%尾款即5,250万元用于业绩承诺保证金，如转让方未完成承诺，平潭创新直接不予支付。

对于承诺方来说，实现业绩承诺的难点在于营业收入保持30%的增长。由于上市公司过去主要依靠股权投资获取投资收益，要实现收入目标，须在其智慧城市业务上发力。对于汉鼎宇佑来说，智慧医疗是未来发展的核心，这项业务主要依托好医友科技开展。因此，可以判断该业绩承诺安排的目的在于敦促公司管理层将经营重心放到智慧医疗业务上。但总体来看，本业绩补偿力度是较低的，仅能覆盖总体转让价款的5%，转让方最大损失仅为5,250万元。

（六）国投智能收购美亚柏科：嫁接央企资源，实现强强联合

1. 交易基本情况

厦门市美亚柏科信息股份有限公司（简称"美亚柏科"）是国内电子数据取证领域的龙头企业，主要服务于国内各级司法机关、税务机关以及行政执法部门。公司成立于1999年，2011年3月在创业板上市。美亚柏科主营业务为"四大产品"和"四大服务"矩阵，其中"四大产品"包括电子数据取证产品、大数据信息化产品、网络空间安全产品及专项执法装备，"四大服务"包括存证云、网络空间安全服务、数据服务和培训及技术支持增值服务。上市以来，美亚柏科经营业绩一直保持高速增长，公司归属母公司的净利润从2010年的4,104.56万元增长到2018年

的 30,209.63 万元，年均增长率为 28.34%，市值则从 20 亿元增长至 2019 年年底的 137 亿元。近年来，公司将人工智能和大数据这两大技术与公司持续钻研的电子数据取证、互联网搜索、网络空间安全技术进行有效融合，提升了公司的竞争优势。

国家开发投资集团有限公司（简称"国投"）是央企序列下唯一的投资控股集团公司，成立于 1995 年，其投资方向主要为基础产业、前瞻性战略产业、金融服务业和国际业务四大战略业务单元。国投智能科技有限公司（简称"国投智能"）是国投在数字经济产业的战略投资平台和信息化综合服务平台，从属于前瞻性战略产业板块，主要在数据中心（IDC）、健康医疗大数据（HIT）、增强现实（AR）、云服务等产业或领域布局。

2．交易基本方案

2019 年 4 月，美亚柏科公告控股权转让事宜，国投智能拟以 19.44 亿元现金从控股股东郭永芳家族及一致行动人处收购美亚柏科 15.79% 的股份，并获得 6.80% 的表决权委托，成为上市公司实际控制人。通过表决权委托安排，控股股东表决权比例为 22.59%，较郭永芳所持 16.88% 比例高出 5.71%。该交易价格较上市公司同期股价有 10.01% 的折让。同时，郭永芳、滕达承诺，美亚柏科 2019 年度、2020 年度和 2021 年度三个年度，累计实现的扣除非经常性损益后的净利润不低于 9.03 亿元，如未完成，则须按照本次转让估值水平以现金补偿。该业绩承诺对公司提出了较高要求，但考虑到美亚柏科作为行业龙头，以及近年来电子数据取证的重要性在司法部门和税务部门的市场空间不断提升，其完成业绩承诺的可能性较大。

3．双赢的交易

美亚柏科控股股东不存在外部债务压力，且公司发展势头良好，选择国投智能作为新大股东是希望嫁接央企的信誉和资源，为自身业务争取更大的发展空间。2019 年 8 月，塔普科技与美亚柏科第二研究院在增强现实领域开展业务合作，以上海塔普眼镜为原型，共同研发"鹰眼"警用装备。2019 年 11 月，国投智能与美亚柏科共同发起设立股权投资基金，拟围绕公共安全大数据产业上下游进行股权投资。

美亚柏科成为国投智能控股的第一家 A 股上市公司，也是国投集团旗下的第 7 家 A 股上市公司。国投智能在收购完成后表示，在完成控制权变更后，将主要依靠美亚柏科现有管理团队的运营，与管理层共同推动上市公司做大做强。根据国投智能披露的"十三五"规划，公司采取以"赋能数字国投"和"布局数字经济"双轮驱动的业务发展战略。"赋能数字国投"针对国投集团内部，为其提供数字转型解决方案和配合集团信息化规划落地，助力成员企业数字化转型升级；"布局数字经济"是指协同集团内外部资源，围绕大数据产业开展投资，形成国投集团数字经济产业生态，通过并购、重组细分行业龙头企业，形成稳定的业务基础和行业影响，在大数据基础设施层、数据资源层和应用层，聚焦互联网数据中心、公共安全大数据、健康医疗大数据等细分领域，控股1—2个有影响力、能够与集团产业协同的项目。在这样的思想指导下，国投智能首先收购了数字取证细分龙头美亚柏科。除美亚柏科外，国投智能还投资拥有塔普翊海（上海）智能科技有限公司25%的股权。该公司为国内在AR（Augmented Reality，增强现实）领域拥有较完整的生态系统和产业链的服务商。

（七）蚌埠国资联合中国信达，创新方案纾困大富科技[①]

大富科技（300134.SZ）成立于2001年，总部位于深圳市宝安区，是一家集产品研发、生产和销售为一体的国家级高新技术企业，主营业务是移动通信基站射频产品，并拓展了智能终端产品和汽车零部件产品业务。公司已与华为、爱立信、康普、苹果、博世等全球知名企业建立了稳定的合作关系。

1. 交易背景

射频制造行业具有通信技术迭代周期性特征，其行业景气度与通信网络的升级建设密切相关。在国内4G建设投入期的2012—2014年，公司射频产品营业收入增长了350%。当4G建设趋于完善后，公司2015年射频产品营业收入同比下滑了32%，因此，行业面临的最大问题是如何在投资下降周期中保持收入规模。大富科技自2011年开始开展多元化战略，通过频繁并购使得业务版图不断扩大，也因此集齐了4G—5G、物联网、石墨烯、特斯拉、智能穿戴、虚拟现实、无人驾驶等众多资本市场热门概念，但公司经营性盈利并未增长。

2017年，大富科技拟以25.40亿元对价收购智能终端精密结构件供应商，标的公司的财务表现和高额业绩承诺引发了市场和监管部门的双重质疑，收购最终失败。同年，上市公司因计提商誉减值导致亏损5.24亿元，公司股价从2017年年初的29元/股下跌至2018年年底的10元/股。2018年5月，公司公告控股股东配天投资所持的43.39%股份质押率达到98%。同月，配天投资部分股份被深圳市中级人民法院司法冻结。此外，配天投资在2016年发行的3期总计15亿元的可交换债在2018年进入换股期，由于司法冻结事件的影响，配天投资面临被启动现金赎回条款的局面，控股股东资金链危机在2018年年中爆发。

此外，根据《21世纪经济报道》的推断，大股东配天投资在定向增发中"兜底"引发债务危机。2016年上市公司定向增发融资，价格为30.63元/股，增发

[①] 由于大富科技在本次交易中并未发生实际控制人变化，故本章统计数据中并未包含该案数据。

11,469.80万股，募集资金总计35.13亿元，按此计算，截至2018年6月，参与投资方因股价下跌至8.94元/股，亏损总计约24.88亿元。巨幅亏损令配天投资的债务危机进一步加重。

2018年6月13日，公司公告配天投资拟引入郑州航空港实验区管委会旗下兴港投资集团有限公司（简称"兴港集团"）以解决债务问题，双方签署了框架协议。兴港集团拟以28.22亿元现金从配天投资手中收购29.99%的股权，但由于定向增发兜底协议的安排，参与2016年定向增发的5家投资者"未能与配天投资达成债券解决协议前"，配天投资不能与任何一方签订自身所持股份的转让协议。

2. 交易基本方案

方案的核心是蚌埠投资集团有限公司（简称"蚌埠投资"）联合中国信达组建并购纾困基金，向大股东注入超50亿元现金，且不改变上市公司实际控制人。在本次收购前，蚌埠市国资委旗下的一个投资平台——蚌埠市投资控股有限公司（简称"蚌埠城投"）参与了大富科技2016年的定增投资，认购金额为7亿元，持有公司2.98%的股份，位列第4大股东。2019年12月11日，蚌埠市国资委旗下蚌埠城投、蚌埠投资以及蚌埠高新投资集团有限公司联合中国信达资产管理股份有限公司深圳分公司（简称"信达深圳"），与配天投资签署了债务重组合作框架协议。债务重组方案大致如下。

（1）债权收购

信达深圳拟以约340,000万元收购配天投资的债权。

（2）债务重组

信达深圳完成债权收购的同时作为配天投资的债权人，配天投资作为债务人，债务重组标的债权为信达深圳前述收购的配天投资的全部债权。配天投资及相关方为本次债务重组项下的债务提供担保措施，并按约定期限向信达深圳偿还重组债务及重组宽限补偿金。重组期限为5年。

（3）基金投资

由信达深圳关联方信风投资作为管理人发起设立基金，专项用于本次交易，总规模不超过510,200万元。基金的各合伙人出资情况预计如下：信风投资作为GP1、配天智慧云作为GP2，分别出资金额不超过100万元；中国信达作为优先级LP，出资金额不超过50,000万元；蚌埠投资为劣后级LP1，出资金额不超过210,000万元；孙尚传为劣后级LP2、李洪利为劣后级LP3，以其共同持有的配天投资99%的股权作价出资250,000万元。

基金设合伙人会议和投资决策委员会，合伙人会议是基金的最高权力机构，由全体合伙人组成,按照合伙企业法及有限合伙协议规定,行使属于全体合伙人的权利;基金的投资决策委员会,主要负责基金投资相关事项(包括一般事项及重大事项)的决策,向合伙人会议负责。

安徽信富股权投资基金(有限合伙)(简称"信富投资")组建后,孙尚传、李洪利所持配天投资的 99% 股权将由并购基金持有。信富投资出资情况见表 5-6。完成收购后,其架构如图 5-4 所示。

表 5-6 信富投资并购基金出资一览

出资人	类别	出资额(万元)	出资比例(%)	出资方式
信风投资	GP	100.00	00.02	现金
配天智慧云	GP	100.00	00.02	现金
中国信达	优先级 LP	50,000.00	9.80	现金
蚌埠投资	劣后级 LP	210,000.00	41.16	现金 116,500 万元及债权 93,500 万元
孙尚传	劣后级 LP	245,782.83	48.17	配天投资 97.33% 股权
李洪利	劣后级 LP	4,217.17	0.83	配天投资 1.67% 股权
合计		510,200.00	100.00	—

资料来源:《大富科技:收购报告书摘要》(2020-01-03)。

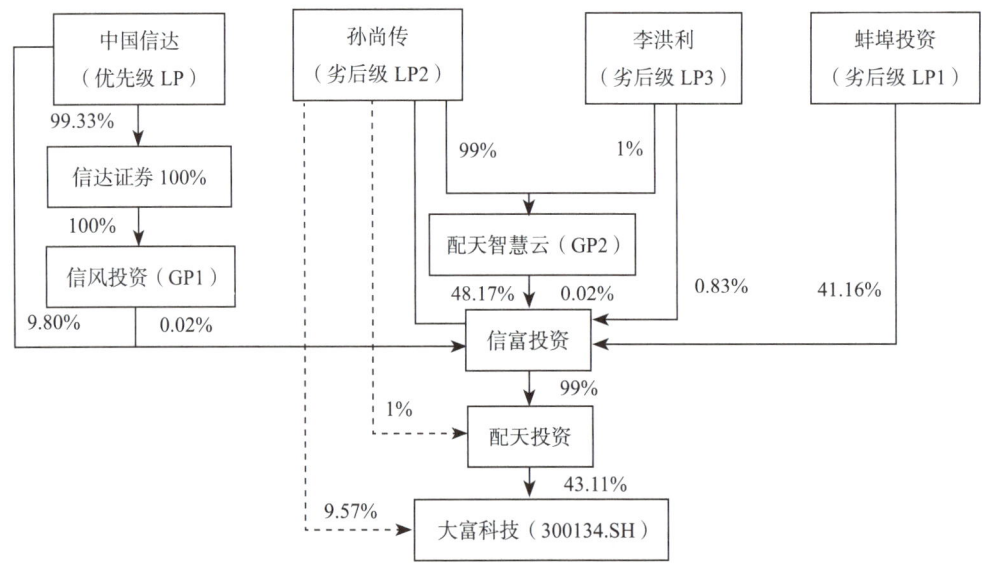

图 5-4 信富投资并购基金架构图(完成收购后)

资料来源:《大富科技:收购报告书摘要》(2020-01-03)。

收购完成后,由于孙尚传、李洪利作为劣后级 LP 持有信富基金 50.02% 的出资份额,且其控制双 GP 之一配天智慧云,根据信富基金《合伙协议》的约定,信富投资的投资决策委员会 7 名委员中，由孙尚传及一致行动人（配天智慧云和李洪利）委派 4 名，中国信达及信风投资委派 2 名，蚌埠投资委派 1 名。《合伙协议》同时规定，合伙企业一般事项须由 4 名委员投票赞成方可通过，重大事项须经投资决策委员会至少 6 名委员投票赞成方可通过，且不存在一票否决权安排，故可认定孙尚传实际控制信富基金。根据修订后的配天投资章程，配天投资董事会 7 名董事中，由孙尚传委派 4 名，中国信达委派 2 名，蚌埠投资委派 1 名。故本次收购完成后，大富科技实际控制人不会发生变化。

根据《上市公司收购管理办法》，收购人与出让人能够证明本次股份转让是在同一实际控制人控制的不同主体之间进行，未导致上市公司的实际控制人发生变化，收购人可以向中国证监会提出免于以要约方式增持股份的申请，故本次收购得以豁免强制全面要约收购。

3．方案点评

本方案纾困重组的核心是稳固债权人和投资人的信心。在该方案下，并购基金实际为配天投资带来了 16.66 亿元股权投资现金，信达资产以 34 亿元收购配天投资全部债权，总计为其带来了 50.66 亿元增量现金以偿还公司债务，同时未改变公司实际控制人。相对于直接向兴港集团转让上市公司控股权，本方案的优势如下：

（a）继续保持原实际控制人的控制地位，未因间接收购而触发全面要约收购，再加上蚌埠投资和中国信达的股权和长期债权资金投入，不仅有利于上市公司自身经营保持延续性，还能避免因折价出售股份而对债权人和投资者带来不安情绪，避免股价进一步下滑可能带来的连锁反应。

（b）配天投资继续持有上市公司 43.11% 的股份，在 5G 建设逐步进入密集期后，大富科技的经营状况将逐步好转，股价预期回升，届时能够依靠投资性现金流解决剩余债务问题。

（c）引入中国信达 34 亿元债权剥离支持，一次性解决了配天投资当期债务问题，期限较长的债权人的信心得以增强。总计引入 50.66 亿元增量资金，高于所持 43.11% 股份的届时市值（约 47 亿元），通过结构化安排最大化资金利用效率。相比向兴港集团出售 29.99% 的股份仅获得 28.22 亿元增量现金而言，此举既获得了更大的纾困资金规模，又避免了控股权转移。

综上，本次纾困方案最大的亮点在于用一套金融工具组合稳固了上市公司实际控制人的地位。蚌埠投资作为地方政府平台，中国信达作为财政部直管的不良资产专业投资机构，在重组中向市场释放了看好大富科技未来发展前景的信息，稳固了债权人和投资人的信心，从而为配天投资提供了充足的时间和空间。

附件1：2019年政府纾困并购民营上市公司股价涨跌情况一览表

序号	协议签订日期	上市公司	协议前股价（元）	2019年底股价（元）	股价涨幅（%）	同期沪深300涨幅（%）	相对涨幅[①]（%）
1	2019-09-10	宝鼎科技	8.65	25.21	191.45	3.47	187.98
2	2018-10-25	长信科技	5.12	10.27	100.59	28.25	72.34
3	2019-01-27	星星科技	3.37	6.04	79.23	28.64	50.59
4	2019-01-15	麦捷科技	7.33	12.65	72.58	30.97	41.61
5	2019-03-04	恒邦股份	10.00	14.04	40.40	7.97	32.43
6	2019-11-11	赢合科技	26.98	33.95	25.83	4.96	20.87
7	2019-02-22	慈文传媒	9.00	12.11	34.56	16.38	18.18
8	2019-12-05	京天利	11.44	13.78	20.45	5.60	14.86
9	2019-08-01	金冠股份	5.78	7.00	21.11	7.71	13.40
10	2019-11-09	海联讯	8.42	9.47	12.47	3.11	9.36
11	2019-01-08	智慧松德	5.15	7.38	43.30	34.42	8.89
12	2019-06-26	大东南	1.79	2.06	15.08	7.97	7.12
13	2019-08-24	思美传媒	7.36	8.39	13.99	7.22	6.78
14	2019-01-30	汇金股份	6.08	8.22	35.20	29.29	5.91
15	2019-11-22	欧比特	11.19	12.42	10.99	6.40	4.59
16	2019-11-18	英飞拓	4.95	5.26	6.26	4.83	1.44
17	2019-11-19	数知科技	8.22	8.62	4.87	3.79	1.08
18	2019-09-02	宜安科技	13.95	14.74	5.66	6.45	−0.79
19	2019-09-05	中新科技	4.89	5.03	2.86	4.36	−1.50
20	2019-08-22	康欣新材	4.14	4.39	6.04	7.99	−1.95
21	2019-11-06	汉鼎宇佑	10.85	10.67	−1.66	2.80	−4.46
22	2019-03-08	天银机电	8.97	9.52	6.13	12.00	−5.87
23	2019-03-29	美亚柏科	17.13	17.10	−0.18	5.79	−5.97
24	2019-08-26	宁波建工	3.76	3.81	1.33	8.78	−7.45
25	2019-07-23	人人乐	5.24	5.24	0.00	8.09	−8.09
26	2019-04-12	多喜爱	11.65	10.91	−6.35	2.71	−9.06
27	2019-12-15	得利斯	8.33	7.74	−7.08	3.23	−10.32
28	2019-08-31	润达医疗	10.22	9.94	−2.74	7.82	−10.56
29	2018-11-19	普路通	7.41	8.41	13.50	24.34	−10.85
30	2019-09-27	恒华科技	13.67	12.94	−5.34	6.33	−11.67
31	2019-10-17	亚星化学	5.01	4.63	−7.58	4.37	−11.95
32	2019-11-28	和科达	22.97	21.60	−5.96	6.07	−12.03

续表

序号	协议签订日期	上市公司	协议前股价（元）	2019年底股价（元）	股价涨幅（%）	同期沪深300涨幅（%）	相对涨幅[①]（%）
33	2019-09-19	跨境通	8.40	7.72	-8.10	4.39	-12.48
34	2018-10-10	康达新材	11.93	13.26	11.15	24.83	-13.69
35	2019-04-22	GQY视讯	6.65	5.84	-12.18	1.76	-13.94
36	2019-07-26	方正电机	5.80	5.34	-7.93	6.17	-14.10
37	2018-11-15	万润科技	4.93	5.50	11.56	26.35	-14.78
38	2019-11-13	山东华鹏	9.38	8.29	-11.62	5.04	-16.66
39	2019-03-11	莱茵体育	3.55	3.30	-7.04	9.83	-16.87
40	2019-11-11	英唐智控	5.92	5.13	-13.34	4.96	-18.31
41	2018-09-28	合力泰	5.61	5.55	-1.07	19.13	-20.20
42	2019-08-02	维维股份	3.36	2.95	-12.20	9.32	-21.52
43	2019-05-24	恒通科技	10.28	9.38	-8.77	13.99	-22.75
44	2019-08-02	东方园林	5.80	5.02	-13.45	9.32	-22.77
45	2019-10-20	蓝海华腾	11.13	9.15	-17.79	5.87	-23.66
46	2019-06-27	合众思壮	11.53	9.32	-19.17	6.83	-25.99
47	2019-05-09	惠博普	3.47	3.04	-12.39	13.80	-26.20
48	2019-01-26	山河智能	5.85	5.88	0.51	28.64	-28.13
49	2019-04-30	海南海药	8.12	5.98	-26.35	4.69	-31.04
50	2019-05-07	华仁药业	5.36	4.22	-21.32	10.10	-31.42
51	2019-04-28	清新环境	9.22	6.45	-30.08	5.33	-35.41
52	2019-08-14	天业股份	5.00	3.61	-27.80	11.25	-39.05
53	2018-11-22	中金环境	3.96	3.47	-12.37	27.44	-39.82
54	2018-11-09	利德曼	6.77	5.82	-14.03	29.33	-43.37
55	2018-12-10	派斯股份	13.31	11.53	-13.37	30.27	-43.64
56	2019-02-11	棕榈股份	3.93	3.05	-22.39	23.90	-46.29
57	2018-11-23	亿利达	7.62	6.30	-17.32	30.32	-47.64
58	2019-01-02	中化岩土	4.28	3.74	-12.62	37.95	-50.57
59	2019-04-04	东方网力	8.69	4.33	-50.17	0.85	-51.02
60	2018-09-09	怡亚通	6.11	4.21	-31.10	24.99	-56.08
61	2018-11-07	美晨生态	5.53	2.61	-52.80	27.15	-79.95

资料来源：Wind。

说明：本表按照股价相对涨幅排序。

注：①股票相对涨幅＝该股的股价涨幅－同期沪深300涨幅。

附件2：2019年政府纾困收购民营上市公司情况一览表

序号	协议日期	上市公司	交易买方	买方实际控制人	收购比例（%）	交易金额（万元）	最新进度
1	2018-09-09	怡亚通	深圳市投资控股有限公司	深圳市国资委	5.00	58,374.19	完成
2	2018-09-28	合力泰	福建省电子信息（集团）有限责任公司	福建省国资委	15.00	321,903.17	完成
3	2018-10-10	康达新材	唐山金控产业孵化器集团有限公司	唐山市国资委	26.00	85,899.00	完成
4	2018-10-25	长信科技	芜湖铁元投资有限公司	安徽省国资委	21.78	139,006.83	完成
5	2018-11-07	美晨生态	潍坊市城市建设发展投资集团有限公司	潍坊市国资委	11.46	84,912.48	国资委批准
6	2018-11-09	利德曼	广州凯得科技发展有限公司	广州经济技术开发区管委会	29.71	98,000.00	完成
7	2018-11-15	万润科技	湖北省宏泰国有资本投资运营集团有限公司	湖北省国资委	20.21	95,058.88	完成
8	2018-11-19	普路通	广东省绿色金融投资控股集团有限公司	广州市人民政府	10.66	34,475.92	完成
9	2018-11-22	中金环境	无锡市市政公用产业集团有限公司	无锡市国资委	6.65	56,520.04	完成
10	2018-11-23	亿利达	浙江省浙商资产管理有限公司	浙江省国资委	15.22	50,584.95	完成
11	2018-12-10	派斯股份	水发众兴集团有限公司	山东省国资委	29.99	149,978.44	完成
12	2019-01-02	中化岩土	成都兴城	成都市人民政府	19.28	156,579.86	完成
13	2019-01-08	智慧松德	佛山公控	佛山市国资委	7.45	23,136.67	完成
14	2019-01-15	麦捷科技	远致富海	深圳市国资委	26.44	125,000.00	完成
15	2019-01-26	山河智能	广州万力投资控股有限公司、广州恒翼投资发展合伙企业（有限合伙）	广州市国资委	20.43	117,512.80	完成

续表

序号	协议日期	上市公司	交易买方	买方实际控制人	收购比例（%）	交易金额（万元）	最新进度
16	2019-01-27	星星科技	萍乡范钛客网络科技有限公司	萍乡经济技术开发区管委会	14.90	48,834.99	完成
17	2019-01-30	汇金股份	邯郸建投	邯郸市国资委	20.47	59,612.80	完成
18	2019-02-11	棕榈股份	豫资保障房	河南省财政厅	13.10	76,724.18	完成
19	2019-02-22	慈文传媒	华章天地传媒投资控股集团有限公司	江西省国资委	15.05	92,923.91	完成
20	2019-03-04	恒邦股份	江西铜业	江西省国资委	29.99	297,601.57	完成
21	2019-03-08	天银机电	佛山市澜海瑞兴股权投资合伙企业（有限合伙）	佛山市南海区公有资产管理办公室	28.52	114,089.85	完成
22	2019-03-11	莱茵体育	成都体育产业投资集团	成都市国资委	29.90	132,604.42	完成
23	2019-03-29	美亚柏科	国投智能	国务院国资委	15.79	194,362.23	完成
24	2019-04-04	东方网力	川投信息产业集团有限公司	四川省国资委	7.48	74,873.43	完成
25	2019-04-12	多喜爱	浙建集团	浙江省国资委	29.83	125,299.79	完成
26	2019-04-22	GQY视讯	开封金控投资集团有限公司	开封市人民政府	29.72	80,000.00	完成
27	2019-04-28	清新环境	国润环境	四川省国资委	25.31	248,492.36	完成
28	2019-04-30	海南海药	新兴际华医药	国务院国资委	22.23	—	完成
29	2019-05-07	华仁药业	曲江天授大健康	西安曲江新区管理委员会	20.00	113,492.45	完成
30	2019-05-09	惠博普	长沙水业集团有限公司	长沙市人民政府	10.02	33,141.86	完成
31	2019-05-24	恒通科技	中国中铁	国务院国资委	26.51	78,221.99	签署转让协议
32	2019-06-26	大东南	诸暨市水务集团有限公司	诸暨市国资委	27.91	120,000.00	完成
33	2019-06-27	合众思壮	郑州航空港区兴慧电子科技有限公司	郑州航空港经济综合实验区管理委员会	9.70	97,120.53	完成
34	2019-07-23	人人乐	曲江文化集团	西安曲江新区管理委员会	21.15	49,589.72	完成
35	2019-07-26	方正电机	卓越汽车有限公司	国务院国资委	5.01	52,334.50	完成

续表

序号	协议日期	上市公司	交易买方	买方实际控制人	收购比例（%）	交易金额（万元）	最新进度
36	2019-08-01	金冠股份	古都资产	洛阳市老城区人民政府	15.00	104,399.38	完成
37	2019-08-02	东方园林	朝汇鑫	北京市朝阳区国资委	5.00	79,221.13	完成
38	2019-08-02	维维股份	新盛投资	徐州市国资委	17.00	95,504.64	完成
39	2019-08-14	天业股份	济南高新城市建设发展有限公司	济南高新技术产业开发区管理委员会	4.14	19,333.71	进行中
40	2019-08-22	康欣新材	无锡建发	无锡市国资委	6.41	43,067.72	完成
41	2019-08-24	思美传媒	四川省旅游投资集团有限责任公司	四川省国资委	10.39	48,077.41	完成
42	2019-08-26	宁波建工	宁波交投	宁波市国资委	29.92	124,100.00	完成
43	2019-08-31	润达医疗	杭州市下城区国有投资控股	杭州市下城区财政局	20.02	150,220.00	完成
44	2019-09-02	宜安科技	株洲国投	株洲市国资委	7.33	48,600.00	完成
45	2019-09-05	中新科技	邳州经发、江苏融运建设工程有限公司	邳州经济开发区管委会	51.78	160,487.00	签署转让协议
46	2019-09-10	宝鼎科技	招金集团	招远市人民政府	29.90	92,112.88	完成
47	2019-09-19	跨境通	广州开发区新兴产业投资基金	广州开发区管委会	6.55	99,141.96	完成
48	2019-09-27	恒华科技	中国交通信息中心有限公司	国务院国资委	13.50	116,750.92	签署转让协议
49	2019-10-17	亚星化学	潍坊裕耀、潍坊裕兴能源科技合伙企业（有限合伙）	潍坊市国资委	13.20	21,451.79	完成
50	2019-10-20	蓝海华腾	云内动力	昆明市国资委	18.15	55,128.72	董事会预案
51	2019-11-06	汉鼎宇佑	平潭创新股权投资合伙企业（有限合伙）	平潭综合实验区国有资产管理局	15.00	105,000.00	完成
52	2019-11-09	海联讯	杭州市金融投资集团	杭州市人民政府	24.80	63,140.80	完成
53	2019-11-11	赢合科技	上海电气	上海市国资委	9.73	95,902.21	完成
54	2019-11-11	英唐智控	赛格集团	深圳市国资委	5.23	33,036.90	完成

续表

序号	协议日期	上市公司	交易买方	买方实际控制人	收购比例（%）	交易金额（万元）	最新进展
55	2019-11-13	山东华鹏	舜和资本管理有限公司	山东省人民政府	8.42	21,775.60	国资委批准
56	2019-11-18	英飞拓	深圳市投资控股有限公司	深圳市国资委	5.00	34,342.04	完成
57	2019-11-19	数知科技	河南信息产业投资有限公司、河南信息产业基金管理有限公司	河南省财政厅	20.00	219,858.21	签署转让协议
58	2019-11-22	欧比特	格力金融	珠海市国资委	7.56	82,564.95	完成
59	2019-11-28	和科达	瑞和成	益阳高新技术产业开发区管理委员会	29.99	66,000.00	签署转让协议
60	2019-12-05	京天利	上饶市数字和金融产业投资集团有限公司	上饶市国资委	30.00	90,000.00	国资委批准
61	2019-12-15	得利斯	中泰集团	新疆自治区国资委	29.00	99,431.14	签署转让协议
合计	—	—	—	—	—	5,437,701.14	—

资料来源：Wind。

说明：本表按照股价绝对涨幅排序。

第六章
境内 PE 机构和并购基金收购上市公司控股权

PE 机构以其专业性在并购重组市场扮演了不可或缺的角色。PE 机构通过并购基金或者其他方式收购一家上市公司的控股权，之后进行并购重组、运营改善，提升公司价值，从而获得更高的收益。在欧美市场，KKR、黑石、凯雷等投资机构已经拥有不少成功案例，其价值发现、价值创造能力成为市场典范。我国越来越多的 PE 机构也在尝试筹集资金控股收购上市公司，并通过资本运作促进上市公司转型升级。结合 2019 年的市场热点，本章重点统计分析境内 PE 机构近年来收购 A 股上市公司的做法及未来的市场机遇，[1] 认为发展多层次资本市场、完善配套市场、推动基金税赋制度改革以及促进职业经理人市场，对活跃投资机构、通过并购重组实现优化资源配置、提升上市公司质量、促进经济结构转型具有重要意义。

一、东方富海在 A 股市场的三次资本运作

深圳市东方富海投资管理股份有限公司（简称"东方富海"）是国内一家知名的私募机构。近 5 年来，其先后通过投资华锐风电（601558.SH）、借道宝新能源（000690.SZ）实现了部分资本化，2019 年再度买壳光洋股份（002708.SZ），在上市公司收购、资本运营方面具备超前意识及成功经验。

（一）纾困华锐风电，通过债转股成为第一大股东

东方富海曾于 2014 年以纾困方式成为华锐风电第一大股东。2012—2013 年，华锐风电遭遇产品质量危机，巨亏 40 亿元，由此爆发债务危机，无法全部偿付 28

---

[1] 本章部分内容作者曾以题为《境内 PE 机构收购 A 股上市公司控制权的现状、挑战及建议》发表于《清华金融评论》（2020 年第 5 期）。

亿元到期债券。东方富海旗下基金萍乡市富海新能投资中心（有限合伙）（简称"萍乡富海"）在 2014 年以 14.8 亿元现金收购了华锐风电约 19 亿元的应收账款，帮助后者平稳兑付到期债券。为此，华锐风电向其转增 11.97 亿股（每股成本约 1.24 元），萍乡富海成为华锐风电第一大股东。渡过危机后的华锐风电业绩回升，股价在 2015 年一度突破 10 元 / 股，萍乡富海账面浮盈最高时超过 40 亿元。随后萍乡富海在 2016—2017 年将华锐风电陆续减持完毕（减持价格约为 2.3—2.5 元 / 股），变现总计约 23 亿元，基金实现年化收益率约 30%。此次操作，东方富海虽然成为上市公司大股东并获得相对控制权，但本质上是一次为期三年多的金融投资。

（二）借道宝新能源变现 30% 的股份，同时成为上市公司第二大股东

2017 年 2 月，A 股上市公司宝新能源（000690.SZ）通过收购老股方式，以 14.40 亿元收购东方富海 1.20 亿股（占东方富海总股本的 30%），成为其第二大股东。东方富海在本次交易中全部权益作价 48 亿元，为此向收购方承诺 2017—2019 年三年累计完成净利润 12 亿元。作为合作方案的一个组成部分，东方富海旗下的员工持股平台萍乡市富海久泰投资咨询合伙企业（有限合伙）以 9.08 亿元价格受让了宝新能源 5% 的股份（约 182 亿元总市值），成为上市公司第二大股东，给予了宝新能源间接支持。宝新能源寄希望于东方富海的战略结合来打造"能源 + 金控"两大核心主业板块，贯彻"产融结合、双轮驱动"这一发展战略。东方富海则期待宝新能源在金融行业的布局及上市公司平台给东方富海带来募资、投资及退出等方面的协同效应。虽然双方合作有实质性的成果[1]，然而整体效果不尽如人意，如宝新能源市值未得到提升（截至 2020 年 3 月 27 日收盘价计算的市值为 115 亿元），且东方富海在承诺期的前 2 年均未完成所承诺的业绩，引得交易所连续两年向宝新能源发出年报问询函[2]。

---

[1] 2019 年 12 月，宝新能源全资子公司广东宝新资产管理有限公司深度介入 PE 行业，出资 6,250 万元受让东方富海所持有的新余华邦 80.39% 的财产份额（对应认缴出资金额人民币 2.5 亿元，对应实缴出资金额人民币 6,250 万元），新余华邦系专项出资中小企业发展基金（深圳南山有限合伙）的投资平台，基金管理人和普通合伙人为东方富海控股子公司。

[2] 深交所连续 2 年针对东方富海业绩完成情况向宝新能源发出年报问询函，要求其作出说明，宝新能源在回复中将问题主要归于外部环境和监管政策的变化，如减持新规对东方富海所投项目退出导致的限制性因素等。根据双方签订的股份转让协议，东方富海如在 3 年业绩承诺期后完成业绩承诺不到 90%，东方富海及其主要股东将对宝新能源进行现金或者股份补偿。目前来看，东方富海完成承诺有一定难度。

（三）收购光洋股份控股权，期待未来有更大作为

2019年6月17日，光洋股份（002708.SZ）发布公告，其控股股东程上楠、程锦苏、朱雪英与东方富海及其关联方签署了股权转让协议，东方富海拟以12亿元收购光洋股份的控股股东常州光洋控股有限公司100%的股权，光洋控股持有光洋股份29.61%的股权，对应公司总市值为40.53亿元（较首次公告时的市值溢价约40%）。在此之前，光洋控股已经通过分立程序剥离了原有债务和人员，成为一个干净的纯持股平台。2019年8月19日，光洋控股正式完成股权转让。根据公告，东方富海受让光洋控股100%股权的目的是获得上市公司控股权。交易完成后，东方富海会在稳定并持续做强做大公司现有主业的基础上，通过优化公司管理及资源配置等方式，全面推进公司的战略性发展与提升，提高公司的持续盈利能力和综合市场竞争力。根据上市公司披露的公开信息，东方富海已经调整董事会，接管光洋股份的运营管理并委派了法定代表人，后续如何运作及其效果如何，市场拭目以待。

二、近5年境内PE机构并购A股上市公司的统计分析

近5年有13家PE机构取得了上市公司控股权。（见表6-1）

这些PE机构均以现金收购股份而取得上市公司控股权。2015年5月，九鼎集团（430719.OC）以人民币41.50亿元竞价拍得江西中江集团100%的股权，间接收购中江地产（600053.SH）72.37%的股权是该期间最早的案例。就收购价格而言，信中利收购深圳惠程（002168.SZ）付出的溢价最高，达到113.17%，而华控基金、高瓴资本在收购新研股份和格力电器时则分别折价5.65%和2.20%。考虑到格力电器总市值远超其他被收购上市公司之和，剔除高瓴资本不计，12家PE机构收购加权平均溢价率为37.60%。除了九鼎投资、中商联合财富以及基石资本三宗案例，其他收购案例的股份都控制在标的上市公司股份的30%以内，避免了触发全面要约收购义务。华控基金收购新研股份的交易用到了表决权委托，通过接受10.55%的表决权委托，在收购完成后合计持有上市公司22.40%的股份。

由于资本市场持续低迷，杠杆收购导致流动性紧张，收购后公司市值不及预期，或收购方自身战略调整等原因，部分PE机构在收购上市公司后又全面退出。目前，和君集团和华软资本2家已完成对外转让所收购上市公司的股权，而盛达瑞丰从2019年7月开始就启动了控股权转让工作，迄今未见转让完毕的信息。

表6-1 近5年PE机构取得上市公司控股权统计

序号	PE机构	上市公司	首次披露日	收购对价（亿元）	收购比例（%）	收购溢价率（%）
1	九鼎投资	中江地产（600053.SH）	2015-05-16	52.33[①]	72.37	39.00
2	和君集团[②]	汇冠股份（300282.SZ）	2015-06-18	13.93	23.08	6.28
3	盛达瑞丰	方大化工（000818.SZ）	2016-02-05	19.83	29.16	52.20
4	华软资本	天马精化（002453.SZ）	2016-03-09	13.23	20.67	14.91
5	信中利	深圳惠程（002168.SZ）	2016-04-15	16.50	11.11	113.17
6	中商联合财富	银鸽投资（600069.SH）	2016-05-25	31.58	47.35	28.03
7	联创投资	友利控股（000584.SZ）	2016-10-10	32.40	29.90	49.09
8	浦东科投	上海新梅（600732.SH）	2016-10-12	13.78	22.05	82.51
9	朴素资本	四川金顶（600678.SH）	2017-01-13	12.00	20.50	0.44
10	东方富海	光洋股份（002708.SZ）	2018-11-07	12.00	29.61	41.26
11	华控基金	新研股份（300159.SZ）	2019-01-08	5.80	8.60	−5.65
12	高瓴资本	格力电器（000651.SZ）	2019-04-01	416.62	15.00	−2.20
13	基石资本	聚隆科技（300475.SZ）	2019-05-07	11.04	39.43	37.52
合计（去掉高瓴资本）			—	—	—	37.60

资料来源：Wind。

注：①因为是间接收购，这里把承担的中江集团10.83亿元负债，连同股权价值41.50亿元，一并计算进了收购对价。
②和君集团包括和君资本、合君商学院和和君咨询，考虑具有资产管理规模，本文仍将其列为境内PE机构。

（一）并购资金来源分析

上述收购案例中动用资金最少的是5.80亿元，最多的达到了417亿元。PE机构进行上市公司收购，其自身需要雄厚的资金实力或强大的募资能力。根据公开披露的信息，13家PE机构并购上市公司的资金来源如表6-2所列。这些案例中资金有如下几个来源：

一是并购基金为主流来源。有9宗并购以并购基金作为收购主体。PE机构收购上市公司时，充分利用其募资优势组建并购基金，并吸收地方国资、产业投资平台以及金融机构出资，最大化资金的利用效率和最小化资金成本。上市公司的税收效应、产业聚合效应对地方政府有很大的吸引力，因此，上市公司容易得到政府背景的产业资金的支持。

二是并购贷款为重要补充。并购贷款由于期限长（通常长达7年）、资金比例高（上限为并购金额的60%），在上市公司的收购中被普遍使用。13宗并购有4宗使用了并购贷款，其中珠海明骏收购格力电器约450亿元的巨额资金中，招商银行提供了总计不超过225亿元的贷款。

三是新三板融资筹集资本金。九鼎集团、和君商学和联创投资 3 家 PE 机构在挂牌新三板后均进行了大规模的增发融资，其中九鼎集团融资 122 亿元，和君商学融资 17 亿元，联创投资融资 12 亿元，这些机构均以募得的资金在并购上市公司中作为自有资金出资的来源。2016 年后，股转系统推出针对金融机构和私募基金管理人的一系列融资限制性要求，堵住了 PE 机构挂牌新三板的融资通道。

四是联合管理层共同收购，丰富资金来源，分散投资风险。高瓴资本联合了上市公司核心管理层共同出资收购格力电器，其中格臻投资（董明珠出任 GP 和执行事务合伙人的管理层投资平台）在高瓴资本管理的珠海明骏中总计出资 24.26 亿元，出资占比 11.00%。通过资本纽带，PE 机构与管理层实现更紧密的合作，降低了 PE 基金的投资风险。

表 6-2 PE 机构收购 A 股上市公司资金来源

序号	PE 机构	收购主体	资金结构	资金来源
1	九鼎投资	九鼎集团（430719.OC）	新三板融资	九鼎集团两次定向增发募资 122.50 亿元。
2	和君集团	和君商学（831930.OC）	新三板融资 + 并购贷款	1. 和君商学在新三板 3 次定向增发募资 17.29 亿元。 2. 民生加银资产给予 10.5 亿元过桥贷款支持，期限 6 个月。
3	盛达瑞丰	新余昊月信息技术有限公司	并购基金 + 并购贷款	1. 盛达瑞丰组建并购基金吉安市井开区火炬树投资中心（有限合伙），募资 6 亿元。 2. 取得招行武汉青岛路支行 13.63 亿元贷款，期限 24 个月。
4	华软资本	金陵投资控股有限公司	自有资金	全部来源于自筹资金。金陵投资控股有限公司为华软资本董事长和总裁出资设立的公司。
5	中商联合财富	深圳市鳌迎投资管理有限公司	并购基金 + 信托计划	1. 中商联合财富组建并购基金深圳中商华融投资咨询（有限合伙），募资 35 亿元。 2. 并购基金主要出资方为北方国际—中海控股单一资金信托，出资 28.86 亿元，资金来源为中国海外控股集团。
6	信中利	中驰极速体育文化发展有限公司	自有资金	全部来源于中驰极速自筹资金。中驰极速是信中利 100% 持股的子公司。
7	联创投资	无锡哲方哈工智能机器人投资企业（有限合伙）、无锡联创人工智能投资企业（有限合伙）	新三板融资 + 并购基金 + 并购贷款	1. 联创投资组建并购基金无锡哲方和无锡联创，最大资金来源为长安信托。 2. 联创投资新三板定增募资 12 亿元。

续表

序号	PE机构	收购主体	资金结构	资金来源
8	浦东科投	上海新达浦宏投资合伙企业（有限合伙）	并购基金	浦东科投组建并购基金新达浦宏募资22.20亿元，主要出资人包括嘉虞汇黔投资和浦佑投资，实际出资人分别为中国东方资产和浦东科投。
9	朴素资本	深圳朴素至纯投资企业（有限合伙）	并购基金	朴素至纯为朴素资本管理的并购基金，募资13.41亿元，资金来源于朴素资本自有资金6亿元、其管理的6只契约型基金2.3亿元，以及其他4只私募基金。
10	东方富海	深圳富海光洋股权投资基金合伙企业（有限合伙）	并购基金	富海光洋为东方富海管理的并购基金，募资12亿元，出资方包括扬州市江都区政府（6亿元）、东方富海（2.9亿元）、扬帆新材（1亿元）和包括光洋股份原实际控制人在内的自然人。
11	高瓴资本	珠海明骏投资合伙企业（有限合伙）	并购基金 + 并购贷款 + 管理层跟投	1. 高瓴资本组建了并购基金珠海明骏，募资218.50亿元，出资人包括高瓴资本及其募集的珠海博韬。 2. 在珠海明骏的出资中，格力电器管理层持股平台格臻投资共计投资24.26亿元。 3. 招行珠海分行向高瓴资本提供了不超过225亿元的银团贷款额度。
12	华控基金	嘉兴华控腾汇股权投资合伙企业（有限合伙）	并购基金 + 表决权委托	1. 华控基金在2018年12月发起设立并购基金嘉兴华控，规模83,780万元，出资人含华控基金管理的2只母基金及潍坊市高新区政府，收购新研股份8.60%的股份。 2. 新研股份大股东韩华等将10.55%股份的表决权委托给嘉兴华控。 3. 华控基金另3只基金（新研股份IPO前投资人）仍持有上市公司3.25%的股份。交易完成后华控基金合计持有上市公司22.40%的表决权。
13	基石资本	深圳市领驰基石股权投资基金合伙企业（有限合伙）、深圳市领汇基石股权投资基金合伙企业（有限合伙）、芜湖弘唯基石投资基金管理合伙企业（有限合伙）	并购基金	基石资本组建了3只并购基金，最终出资方含深圳市引导基金、广东粤财产业投资基金等。

资料来源：Wind。

（二）并购后上市公司的资本运作及二级市场反应分析

13家PE机构取得上市公司控股权后，依据自身战略陆续进行资本运作。受制于监管以及诸多因素，部分资本运作成功完成，部分终止。

上述收购后，相对于投资前，公司股价涨跌不一，具体统计见表6-3。

表6-3　被PE机构收购后A股上市公司的股价表现

序号	上市公司	截至2019-12-31股价变动	后续资本运作
1	中江地产	123.86%	2015年9月，以9.10亿元收购昆吾九鼎100%的股权，注入私募基金管理业务。
2	汇冠股份	−45.04%	1. 2016年7月，以8.06亿元收购广东恒峰信息技术股份有限公司100%的股份，向教育信息化行业转型。 2. 2017年11月，以9.4亿元出售旺鑫精密92%的股权，退出精密制造业务。 3. 2017年10月起，和君商学以11.71亿元将持股全部转让给卓丰投资，完成退出。
3	方大化工	50.91%	1. 2017年10月，以10.78亿元收购长沙韶光半导体有限公司70%的股权和威科电子模块（深圳）有限公司100%的股权，公司更名为航锦科技，从基础化工企业向军工企业转型。 2. 2018年10月，以3.73亿元收购长沙韶光剩余30%的股权。 3. 2019年7月，控股股东新余昊月拟以债转股撤出控股地位。若债务重组完成，航锦科技控股股东变更为武汉信用。截至2020年3月，尚无实质性进展。
4	天马精化	−44.07%	1. 2017年9月，以3.30亿元收购北京银港科技有限公司100%的股权；2018年，以现金2.12亿元收购中科电子53.33%的股权、山东数智100%的股权，上市公司更名为华软科技，转型为金融科技公司。 2. 2018年1月，以2.00亿元现金置出天马药业100%的股权，剥离原料药业务。 3. 2019年9月，金陵控股以30.90亿元将所持华软科技25.42%的股票出售给八大处科技，实现退出。
5	银鸽投资	−16.30%	2018年4月，拟以5.89亿元间接取得对明亚保险经纪公司66.67%的控股权，促使银鸽投资在金融行业布局，后终止。
6	深圳惠程	−16.16%	2017年12月，以20.16亿元收购成都哆可梦网络科技有限公司100%的股权，向游戏行业转型。
7	友利控股	−46.86%	1. 2017年3月，以9亿元收购天津福臻工业装备有限公司100%的股权；2018年12月，以5.66亿元现金收购浙江瑞弗机电股份有限公司100%的股权，上市公司向高端装备行业转型。

续表

序号	上市公司	截至 2019-12-31 股价变动	后续资本运作
			2. 2018 年 11 月,以 8 亿元置出江阴友利投资管理有限公司 100% 的股权。 3. 2018 年 10 月,开始筹划以 6,448.33 万欧元收购德国 NIMAK,截至目前尚未完成。
8	上海新梅	2.10%	2019 年 1 月,广东爱旭科技有限公司借壳上海新梅上市。上市公司实际控制人变更,公司由房地产行业转型为太阳能光伏行业。
9	四川金顶	−51.61%	2018 年 9 月,拟以 5.28 亿元收购深圳市海盈科技有限公司 39.40% 的股权,拟向动力电池行业转型,后终止。
10	光洋股份	20.51%	—
11	格力电器	42.97%	—
12	新研股份	−21.94%	—
13	聚隆科技	63.31%	—

资料来源：Wind。

从收购后各家公司的股价表现来看，不考虑收购时间尚短的东方富海、高瓴资本、华控基金和基石资本，只有九鼎投资和方大化工（更名为航锦科技）的股价表现尚可，其他 6 家 PE 机构的资本运作对上市公司的业绩和市值均未带来明显的提振效果。由于 2019 年 A 股市场半导体行业为全年涨幅最高的行业，万德半导体指数（886063.WI）2019 年全年涨幅为 85.40%。航锦科技在重组长沙韶光和威科电子后切入军工半导体行业，故当年股价取得了较大的涨幅。由于资本市场系统性风险的变化，上市公司控股权往往是溢价收购，股价表现不宜成为衡量收购成功与否的单一指标。但从投资机构随后进行的并购重组安排及不同结果来看，读者依然可以得到一定的启示。

概而言之，PE 机构收购上市公司控股权后主要有两种运作思路。

1. 期望将 PE 投资业务置入上市公司

有多家 PE 机构尝试将其 PE 资产（业务）置入上市公司，九鼎集团率先成功。2019 年 6 月深圳惠程拟现金收购信中利 100% 的股权，后主动终止。特别需要说明的是，2016 年 12 月金字火腿（002515.SZ）以现金 4.93 亿元收购中钰资本 51% 的股权，后因中钰资本未能完成业绩承诺，该股权由原股东娄底中钰于 2018 年 9 月以 7.37 亿元现金回购。2017 年 2 月宝新能源（000690.SZ）以 14.40 亿元收购东方富海 30% 的股份，成为东方富海第二大股东，东方富海将 PE 业务部分置入上市公司并对其 2017—2019 年业绩进行承诺。由于中钰资本、东方富海均分别未取得金字火腿、宝新能源的控股权，故未在上述表格中列为 PE 机构收购 A 股上市公司的案例。

就目前国内的监管环境而言，PE 机构通过 A 股市场筹集长期资本尚存在制度障碍，国内还没有通过 IPO 上市的 PE 机构。如果谋求上市，根据 2016 年修订的《上市公司重大资产重组管理办法》，上市公司控股权变更 60 个月后注入资产不构成借壳上市，"金融机构和创投机构的借壳另行规定"，即监管层会针对金融和创投行业"特事特办"。虽然《上市公司重大资产重组管理办法》在 2019 年又有新修订，但对金融机构和创投机构的借壳规则不在本次修订范围内。在新三板方面，股转系统 2016 年推出私募"新八条"以后，PE 机构的大规模融资基本宣告结束。因此，国内 PE 机构通过资本市场直接融资筹集长期资本的路径短期内难以实现。

2. 促进上市公司转型和投资项目的资本化

收购上市公司后，很多 PE 机构希望利用自身优势，积极并购优质标的，以促进上市公司转型，其中 3 例顺利完成规划：方大化工通过并购进入军工电子行业并更名为航锦科技，深圳惠程通过并购进入娱乐传媒行业并更名为惠程科技，友利控股通过并购进入高端制造行业并更名为哈工智能。迄今，8 家 PE 机构控股上市公司成功收购的项目都是非关联方资产。2018 年 4 月金字火腿现金收购晨牌药业构成关联交易（晨牌药业是中钰资本旗下基金所投资的项目），被交易所要求说明交易定价合理性、业绩承诺和是否涉及利益输送。该收购后主动终止。

国内 PE 机构比较看中上市公司的"壳价值"，将之视为融资平台和退出渠道，通过自身在 PE 和并购领域的经验，利用上市公司平台进行并购重组，将优质项目注入上市公司。在当前环境下，关联交易受到严格监管，以上市公司直接作为 PE 机构所投项目的退出平台，尤其是通过换股收购方式退出会面临挑战，而与控股股东无关联的"第三方并购"或者以现金为支付对价的并购则相对容易成功，但同样需要处理好收购资产的估值、商誉以及原业务剥离等问题。客观地说，不解决上市公司所处行业的产业逻辑思考及落地执行问题，PE 机构买壳公司的困境就会依然存在。

三、PE 机构和并购基金控股收购上市公司的机遇与挑战

应该承认，PE 机构控股上市公司不会成为资本市场并购重组的主流，但必将涌现越来越多的机会，中国资本市场未来会出现更多此类案例。

其一，中国资本市场有 3,000 多家上市公司，其中至少有 1,000 多家面临业务增长乏力、业绩一般以及交易不活跃等问题。根据历史经验，这类公司往往是 PE 机构收购上市公司时"重点关注"的对象，但从结果来看，真正通过并购后"赋

能""整合"来实现企业转型和价值提升的案例并不多。绝大部分公司在完成估值虚高的并购重组后试图转型,结果并没有改造提升传统业务,也不能兼容新收购的业务,同时还可能带来商誉高企的风险。可以预见,以发挥上市公司"壳价值"的收购在注册制不断完善并逐步推广的资本市场将越来越少。

此外,随着时间的推移,曾经优质甚至在细分行业居龙头地位的民营上市公司,面临着市场竞争加剧、内部治理失效、实控人后继无人等问题。部分行业中的上市公司在新经济环境下还需要转型升级,但老一代企业家受制于年龄、健康及精力等问题,往往丧失了二次创业的动力,因此上市公司的大股东愿意转让控股权给有资金实力、愿意赋能变革的PE机构。这时PE机构可以收购上市公司控股权,担当起上市公司二次创业的"合伙人"。

其二,2015年9月13日,国务院下发了《关于深化国有企业改革的指导意见》,随后22个配套文件相继出台,形成了"1+N"政策体系和"四梁八柱"大框架,发展混合所有制经济成为国企改革的六项基本任务之一。中国联通(600050.SH)的混改,国有股权降到50%以下但仍为第一大股东;格力电器公司控股股东和实际控制人发生变更,意味着国企混改2.0版本开启,非核心领域的国有企业控股权可能彻底退出。PE机构可借助这一轮改革红利,发挥自身专业优势,协助国有资产退出,真正为中国实体经济的发展贡献独特的力量。

其三,"上市公司+PE"组建并购基金模式是近年来的重点并购模式。并购基金可以撬动资金杠杆,避免上市公司过多占用现金,同时能让被并购资产在基金投资后独立运行一段时间,有效构筑上市公司与拟收购标的之间的"隔离墙",待条件成熟时再进行资本化。此外,境内法规对上市公司直接面向境外发行股份尚存在限制,并购基金是上市公司境外并购中的"标准化"过桥工具。PE机构控制了上市公司,再与上市公司一起设立并购基金,有利于共同筹资,完成并购及退出。

与此同时,我们也应充分认识到PE机构控股收购上市公司所面临的挑战。国内PE机构往往看中上市公司作为融资平台和退出渠道的"壳价值",希望并购相对干净的低市值上市公司。随着多层次资本市场建设和监管的完善,尤其是注册制的推行,并购会越来越关注上市公司所处行业的产业逻辑与未来发展前景。价值发现、价值创造及价值变现能力将是PE机构核心竞争力的体现。参照境外杠杆并购巨头的崛起经历,除了对绝对收益的追求,能够"基业长青"的PE机构均能深耕行业,专注于特定领域,积累了核心竞争力。典型的如巴西3G资本深耕于食品饮料行业,KKR积累于消费与零售行业,黑石在通信半导体、能源化工和房地产行业建立了领先优势。国内高瓴资本作为京东、阿里和拼多多等电商平台的长期投资人,在传统零售行业转型新零售、消费产品赋能投资方面有成功的经验,也引领了蓝月亮、公牛集团等传统行业厂商向新零售及互联网转型。这些产业投资维度下的资源与经验，是高瓴资本在2019年携手企业管理层成功并购格力电器的关键。正如本章开头提到的，东方富海2019年对光洋股份的收购，在2020年乃至更长的时间内面临着对上市公司有效资产整合及资本运作方面的挑战，公司股票在二级市场的走势将在一定程度上反映出资本市场对其操作的认可度。

四、他山之石：黑石对塞拉尼斯的并购、整合及退出 [①]

（一）基本情况及并购背景

塞拉尼斯（Celanese AG）最早是一家从事化学制品贸易的美国公司，在1987年被一家德国化学药品制造商收购后在法兰克福交易所上市。其主营业务是制造销售乙酰衍生物（用于涂料、药品及纺织品）、醋酸纤维（用于烟草过滤嘴和服装）、塑料制品、农耕化学品和洗涤剂，以及食物饮料添加剂等。塞拉尼斯的主要市场在美国，欧洲只占20%左右。同时，塞拉尼斯在经历多次并购后，管理机构官僚、臃肿，经营效率低下，在降低成本方面有很大空间。随着经济的调整，市场对公司主营产品的需求在下降，2001年塞拉尼斯公司陷入了困境。

黑石在收购塞拉尼斯的过程中，克服了种种困难和阻碍，争取到了塞拉尼斯管理层、小股东的支持。2004年3月29日，塞拉尼斯终于完成了私有化，黑石以平均32.5欧元/股的价格获得了83.6%的股票，剩余约16%的股票则在股价51—67欧元区间进行了要约收购。

（二）收购后的整合

调整高层，重组美国企业文化。获得控股权后，黑石将塞拉尼斯定位为一家美国公司，重塑企业文化，以获得美国资本市场的认可并在美国市场完成IPO。黑石首先在塞拉尼斯内部提拔了4年前从美国霍尼韦尔（Honeywell）投奔到塞拉尼斯的大卫·韦德曼作为CEO，他是一位较为灵活的具有美国管理风格的美国人。

精简机构和人员，降低管理费用。塞拉尼斯过去将总部设在法兰克福，又在萨默塞特、新泽西以及达拉斯设立了外派机构，互相独立运营，公司的一些关键部门还在美国设立了办公场所，各个部门之间经常相互争执，无法实现有效合作。收购后，黑石将管理中心集中到达拉斯，以减少组织惰性并降低企业的管理费用（为此公司每年节省了4,200万美元）。此外，还对北美地区进行生产整合，提高了生产效

[①] 本案例根据美国戴维·凯里撰写的《资本之王：全球私募之王黑石集团成长史》的有关内容整理。

率并降低了劳动力需求,每年节省 8,100 万美元。通过实施中央集权、不良资产剥离以及人员精简,工厂的生产效率提高了近 50%,人均创收从 2003 年的 49.5 万美元提高到了 2006 年的 75 万美元。

重组业务与资产。塞拉尼斯公司将玻璃塑料制品业务低价出售给燃料电池风险投资公司,从而摆脱了这项亏损业务;将用于香烟过滤嘴的醋酸纤维生产转移到中国,降低了劳动力成本。

并购拓展新业务。2004 年 10 月,塞拉尼斯以 4.9 亿美元收购了加拿大的艾特公司(Acetex Corporation)。通过此收购,塞拉尼斯增加了众多位于法国、西班牙以及中东地区的工厂,公司一跃成为全球第一大乙酰生产商,占全球乙酰市场份额的 28%。同年 11 月,塞拉尼斯以 2.08 亿美元收购维纳姆聚合物公司(Vinamul Polymers)。

(三)多方式逐步退出,尽快收回投资

随着全球经济的回暖,塞拉尼斯公司的业务获得极大的发展。2004 年 9 月,公司通过借贷资金进行了一次分红,黑石集团收回了其在 6 个月前的股权投资成本的四分之三。2005 年 1 月,在黑石集团入主 8 个半月之后,塞拉尼斯再次在纽约证券交易所上市。美国投资者给予公司更高的估值(6.4 倍 EBITDA[①]),比黑石集团投入的价格(5 倍 EBITDA)高出了近 30%。塞拉尼斯公司通过普通股和优先股筹集近 10 亿美元,黑石集团及其联合投资者通过出售老股获得了 8.03 亿美元。加上此前的分红,黑石从其 6.12 亿美元的投资中单纯获利已经达到 7 亿美元,而且还持有塞拉尼斯公司的大部分股份。

在上市后的几年里,塞拉尼斯一直保持着持续的发展势头。公司股价在 3 年内翻了 3 倍多,从最初每股 16 美元至 2008 年中期每股 50 美元。当 2007 年 5 月黑石集团及其联合投资者最后退出时,黑石从塞拉尼斯获得的利润高达 29 亿美元,这一数字是投资成本的 5 倍。

(四)该项目的借鉴意义

按照黑石自身的投资总结,他们对塞拉尼斯投资利润来源的三分之二归功行业的周期性上扬和公司股票价格在美国的高倍数增长,其余三分之一则主要归功于运营方面的变更(包括亏损业务的剥离),这些都是在收购后的 8 个半月时间内——从

[①] EBITDA 即税息折旧及摊销前利润,英文 Earnings Before Interest, Taxes, Depreciation and Amortization 的缩写形式。

收购结束到 IPO 完成之际实现的。

黑石成功并购塞拉尼斯是私募股权基金投资的完美案例，展现了私募管理机构非凡的金融手段和管理运营能力。黑石收购的公司虽然处于传统行业，有周期性，但标的公司有充足的现金流；通过公司治理和运营方面的变革，被投资公司重新焕发了活力；通过业务资产重组及并购新资产、新业务，打造或巩固了自身核心业务的领先地位；通过金融创新及多种金融安排，提前回收部分投资；选择登陆美国资本市场，获得了高估值和良好的流动性；通过抓住行业的周期性复苏，精准介入及退出，带给了公司业务的扩张和估值的提升，成功完成基金投资的收益变现。

五、推进 PE 机构通过并购基金更好地服务于实体经济的政策建议

中国资本市场有不少优秀的专业投资机构，它们通过投资优质标的、发挥资源整合优势进行产业整合提升，客观上优化了资源配置，促进了经济结构的调整，也为自身带来了丰厚的收益。必须看到，市场上还有不少经济实体需要发展、完善，需要 PE 机构通过并购投资更好地服务于实体经济。

1. 切实推进多层次资本市场的建设，打造多元化退出通道

我国资本市场退出渠道相对匮乏，并购基金在募资与退出两端都遇到了困难。未来创业板改革、新三板激活、科创板加快注册制实施，将为并购基金提供更多的退出渠道。此外，随着 PE 机构并购投资项目的增多，这些项目不可能全部以上市或分拆上市的方式实现退出。从长期来看，基金转让给其他投资方、通过基金二级市场退出来实现同业接盘，也将是重要的退出方式。在美国等发达国家，私募基金行业已经组织起较为完善的"私募股权二级市场（Private Equity Secondary Market）"，催生了以收购到期基金份额或项目为目的的 S 基金（Secondary Fund）。2019 年 12 月 10 日，深创投在珠海发布了首期规模约 50 亿元（目标规模 100 亿元）的 S 基金，开启了 PE 市场建设的新局面，未来将提升 PE 基金的流动性。

2. 拓宽产业并购基金的融资渠道

不同的收购标的、收购策略应该对应不同的融资策略及工具。目前我国并购基金主要来源于基金结构化安排和并购贷款，尚缺少垃圾债券和期权衍生品类的增信要求低、灵活性高的工具。此外，资管新规对基金结构化安排进行了严格限制，一定程度上制约了并购基金的发展。我国需要鼓励和引导长线资金成为并购投资的主要资金来源，探索产业并购基金贷款、高收益私募债（中国版垃圾债）、优先股和可转换债券等多种形式的融资工具，借助直接融资市场提高 PE 专业并购能力并提升交易

规模,更好地促进并购基金服务于实体经济。

3. 完善并购基金的税收制度

目前我国私募基金在投资和退出环节均须负担较高的企业所得税、个人所得税甚至增值税。由于公司型基金在我国现行法律环境下不具备发展的土壤,我国的并购基金以合伙型及有限责任公司 SPV(不备案)的方式组建,尚无法避免基金分配中双重纳税的问题。有资料统计,我国合伙型基金中个人 LP 承担的税负超过 30%,基金投资人税负压力过大。因此,可以参照美国对私募基金的税收经验来完善我国的税收优惠政策,例如:明确各类私募基金,如果符合将每年所得的一定比例(如 90%)以上收益分配给投资者的条件,则仅从事被动性财务投资等条件的私募基金可以不作为纳税主体,将收益和亏损直接穿透到投资者,在投资者环节核算应纳税所得并征税;可根据情况考虑由基金管理人为个人 LP 统一履行代扣代缴义务,并改进所得税抵扣政策,等等。

4. 加快高层次职业经理人市场的建设

PE 机构收购一家上市公司后,除了倚重原有管理层外,往往会优化管理团队,甚至会派出新的专业管理团队为并购后的标的公司服务。这些管理人才往往通过职业经理人市场遴选获得。中国未来大力发展职业经理人市场,将有效提升 PE 机构的整合管理能力,积极推动并购基金的快速发展。

第七章

借壳上市政策、市场情况及案例解析

按照中国证监会相关监管认定，借壳上市包含两个构成要件，第一是"控制权变更"，第二是"上市公司发生根本变化"。借壳上市作为挽救经营不善上市公司和促进优质资产证券化的重要交易形式，长期以来是 A 股除 IPO 外最重要的上市方式。公司借壳上市缩短了资本化时间，实现了上市公司经营业绩的大幅改善，给新老股东带来了不错的收益，实现了多方共赢。借壳上市和买壳上市的共同之处在于，都是上市公司大比例地定向增发，以发行股份加支付现金方式收购新实际控制人控股的优质资产，实现新资产的间接上市。它们的不同点在于，买壳上市的企业是通过协议受让等方式获得一家上市公司控制权的，而借壳上市的企业是通过换股收购方式在交易结束时拥有上市公司控制权的。考虑到 2019 年采取先买壳再借壳上市的情形较多，本章把借壳上市、买壳上市归为同一大类来进行研究和评析。在借壳上市和买壳上市的案例中，在很多标的资产的股东中可以看到股权投资基金乃至并购基金的身影。在个别案例中，并购基金甚至直接在作为壳的上市公司中充当重要角色。

一、借壳上市政策及市场综述

（一）借壳上市政策演变及 2019 年新规

总体而言，借壳上市监管标准自 2011 年起不断趋严，并在 2016 年达到顶峰，即监管规则从趋同到等同 IPO 标准，而在 2019 年有所放松。具体监管规则的演变情况见表 7-1。

2019 年 6 月 20 日，证监会就修订《上市公司重大资产重组管理办法》征求意见，修订后于当年 10 月 18 日正式下发，对借壳上市的认定标准和许可范围进行了较大程度的松绑。修订内容主要包括以下 4 条。

表 7-1　A 股借壳上市监管规则演变

年份	界定标准	拟借壳主体要求	募集配套资金规定
2011	自控制权发生变更之日起，上市公司向收购人购买的资产总额，占上市公司控制权发生变更的前一个会计年度经审计的合并财务会计报告期末资产总额的比例达到 100% 以上。	持续经营时间应在 3 年以上，最近两个会计年度净利润为正数且累计超过人民币 2,000 万元。上市公司购买的资产属于金融、创业投资等特定行业的，由证监会另行规定。	不得以补充流动性为理由募集配套资金。
2014	将"向收购人购买"扩充为"向收购人及其关联人购买"。	企业须严格执行首次公开发行股票上市标准，不得在创业板借壳上市。借壳资产对应的经营实体应当是股份有限公司或者有限责任公司，且符合 IPO 的条件。	《上市公司监管法律法规常见问题与解答修订汇编》（2015 年 9 月）规定，重大资产重组构成借壳上市的，募集配套资金规模不超过交易作价的 30%。
2016	出台"累计首次原则"：控制权发生变更之日起的 60 个月内，购买资产总额、资产净额、营业收入或净利润任意一项达到上市公司自身的 100%，均认定为借壳。上市公司主营业务发生根本变化，也认定为借壳。	上市公司及其控股股东、实际控制人不得存在违法犯罪或者失信行为。	构成借壳上市的，禁止募集配套资金。
2019	"累计首次原则"期限缩短为 36 个月，取消认定条件中关于净利润的要求。	允许符合一定条件的主体借壳创业板公司上市。创业板上市公司自控制权发生变更之日起，向收购人及其关联人购买符合国家战略的高新技术产业和战略新兴产业资产，允许借壳上市，但是，所购买资产对应的经营实体须满足创业板 IPO 要求。	构成借壳上市时，允许上市公司在发行股份购买资产的同时募集配套资金。
其他	限售期规定：2016 年《上市公司重大资产重组管理办法》修订规定，构成借壳上市的，上市公司原控股股东、原实际控制人及其控制的关联人，以及在交易过程中从该等主体直接或间接受让该上市公司股份的特定对象应当公开承诺，在本次交易完成后 36 个月内不转让其在该上市公司中拥有权益的股份；除收购人及其关联人以外的特定对象应当公开承诺，其以资产认购而取得的上市公司股份自股份发行结束之日起 24 个月内不得转让。2019 年修订后继续执行。		

资料来源：证监会官网。

1. 取消"累计首次原则"中的"净利润"指标

2016年《上市公司重大资产重组管理办法》定义了"累计首次原则",即向收购人及其关联人购买的资产所对应的各项指标占上市公司控制权发生变更的前一个会计年度经审计的合并财务会计报告的相应指标的比例累计首次达到100%以上,指标种类包括资产总额、资产净额、营业收入和净利润4个。在实务中,部分经营业绩较差的上市公司希望借助并购重组来转型和提升盈利能力,即便收购对象规模不大也会借壳,因此在本次修订中,证监会将敏感程度最高的净利润指标取消了。取消净利润指标意味着上市公司不再因自身盈利能力不足而在资产重组中受到标的资产净利润的约束,有利于上市公司通过并购重组提振业绩。

2. 将"累计首次原则"的计算期从60个月缩短至36个月

2016年对"累计首次原则"的限定时间为"上市公司控制权发生变更之日起60个月内",即超过60个月的资产重组不再界定为借壳上市。在本次修订中,该期间被缩短为36个月。计算期缩短使得上市公司控股股东及关联人能够在收购上市公司后尽快注入优质资产,促进存量优质资产尽快实现证券化。

3. 有条件地放开创业板借壳上市

国家支持符合国家战略的高新技术产业和战略新兴产业的企业通过借壳创业板公司上市。随着创业板开板超过10年,市场上已出现一批"主营业务空心化"的上市公司,有条件地放开创业板借壳上市可以帮助这些公司实现转型升级,并引导上市公司向国家战略与高新技术产业聚集。

4. 允许募集配套资金

2016年《上市公司重大资产重组管理办法》修订后,借壳上市时不允许募集配套资金。由于企业在借壳上市成功后往往会尽快再融资以补充流动资金,不允许借壳时募集资金不能起到"劝退"买壳方的作用,所以2019年监管部门再次修订《上市公司重大资产重组管理办法》时恢复了借壳上市配套融资,支持上市公司在借壳的同时改善现金流。

需要说明的是,2019年对借壳上市的松绑主要体现在认定标准上,而对拟借壳资产的核准要求并未降低,甚至对资产所处产业和规模有了更高要求。

(二) 2019年A股借壳上市现状

2012年至2015年并购重组政策放开,在充分调动了资本市场潜力的同时,也带来了一些不利影响,其中就包括对壳公司的过度炒作。自2016年最严苛的借壳上市标准颁布以来，借壳上市交易从 2015 年最高 51 单一路下滑，具体数据见表 7-2。

表 7-2　A 股借壳上市交易数量及金额

项目	2012 年	2013 年	2014 年	2015 年	2016 年	2017 年	2018 年	2019 年
借壳上市（单）	22	33	40	51	19	9	11	7
金额（亿元）	425.95	1,362.37	2,209.91	3,688.67	1,962.27	1,117.00	837.52	877.67

资料来源：Wind，统计口径为首次公告日。

随着科创板开闸、A 股注册制逐步推行，IPO 的堰塞湖问题纾解大半。2019 年，虽然借壳上市政策有所松绑，但整体而言，公司借壳上市的意愿还在降低，交易数量持续下降。

1. A 股市场借壳上市交易统计

2019 年 A 股市场借壳上市交易情况见表 7-3。

表 7-3　2019 年 A 股市场借壳上市交易

序号	公司名称	首次公告	过会时间	公告前市值（万元）	置入资产	置入资产作价（万元）
1	云南旅游	2018-07-31	2019-03-13	532,017.00	文旅科技 100% 股权	201,741.56
2	栋梁新材	2018-06-15	2019-12-30	332,486.00	万邦德制药 100% 股权	273,000.00
3	天业通联	2018-07-19	2019-09-19	467,981.98	晶澳太阳能 100% 股权	750,000.00
4	霞客环保	2018-11-06	2019-03-19	211,170.92	协鑫能科 75% 股权	466,650.00
5	慧球科技	2018-12-03	2019-08-08	144,494.50	天下秀 100% 股权	399,500.00
6	上海新梅	2019-01-08	2019-08-01	217,834.94	爱旭科技 100% 股权	588,500.00
7	武汉中商	2019-01-24	2019-10-17	168,820.98	居然新零售 100% 股权	3,565,000.00
8	多喜爱	2019-04-16	2019-11-29	404,532.00	浙建集团 100% 股权	799,774.13
9	东音股份	2019-04-25	2019-12-17	247,270.09	罗欣药业 99.65% 股权	753,891.00
10	新界泵业	2019-03-27	进行中	304,866.49	天山铝业 100% 股权	1,702,800.00
11	华通医药	2019-04-20	进行中	265,873.26	浙农股份 100% 股权	266,722.45
12	丹化科技	2019-06-14	进行中	398,477.50	斯尔邦 100% 股权	1,100,000.00
13	共达电声	2018-11-15	未过会	261,720.00	万魔声学 100% 股权	335,982.00
14	赫美集团	2019-03-04	失败	372,631.42	英雄互娱 100% 股权	—
15	仁智股份	2019-04-09	失败	205,150.10	科元精化 100% 股权	1,030,000.00
16	东晶电子	2019-05-25	失败	300,651.32	英雄互娱 100% 股权	—
17	同达创业	2019-08-13	失败	205,236.74	三三工业 100% 股权	505,000.00
合计（完成）		—				12,738,561.14

资料来源：Wind。

2019年过会借壳上市交易9单，借壳方置入资产作价总计1,086.76亿元；全年新公告借壳上市交易7单（不含未通过股东大会的4单），置入资产作价总计877.67亿元。在2019年完成的9单借壳上市交易中，有3单属于境外上市公司回归A股，分别为港股上市公司协鑫能科与罗欣药业回归A股，以及美股上市公司晶澳太阳能回归A股。

2. 中概股借壳上市公司回归A股的基本情况

中国企业在境外上市一般会选择美股市场或港股市场。由于2014年下半年到2015年，A股市场出现牛市行情，自2015年开始，境外上市企业掀起了私有化浪潮，当年40家美股上市公司收到了私有化要约。由于私有化需要的资金成本高，为规避排队时间过长及其他不确定的风险，中概股回归A股的途径以借壳上市为主，典型的有分众传媒（002027.SZ）借壳七喜控股、三六零（601360.SH）借壳江南嘉捷等。近年来，随着科创板的推出以及CDR政策的明朗，中概股回归后可以直接IPO，如药明康德（603259.SH）仅用了40余天就通过"绿色通道"完成了A股IPO。但从总体上看，成立时间长、经营模式成熟的公司，借壳仍为其主要上市途径。香港资本市场虽然IPO的融资规模很乐观，但再融资规模仅为同期A股市场的一半。由于投资者结构的不同，很多处于高速成长期的TMT（电信、媒体和科技）、医药等中资背景的港股上市公司无法像A股同行业上市公司那样获得高溢价，影响到了其在资本市场融资和并购的规模，寻求高估值的上市公司选择退市也就顺理成章了。根据《上海证券报》的统计，自2014年至2019年上半年，通过私有化的方式，18家港股上市公司绝大部分宣布了回归A股或分拆回归A股的计划。

在2019年的借壳上市交易中，有1单交易涉及美股上市公司回归A股，即晶澳太阳能私有化后借壳天业通联；有两单交易涉及港股上市公司回归A股，即罗欣药业借壳东音股份，协鑫智慧能源借壳霞客环保。罗欣药业以私有化方式回归A股，回归前先退市；而协鑫智慧能源以拆分资产方式回归A股，并不终止原经营主体的香港上市地位。虽然两单交易的回归方式不一样，但都受到了资本市场的关注，而实际回归效果均未达到资本的预期。

（三）2019年A股借壳上市新特点

1. 多采取"买壳+借壳"两步走方式

在2019年的借壳上市交易中，上市公司会在借壳交易前先向拟置入资产的交易对象转让上市公司控股权,目的是让上市公司控股股东提前退出。《上市公司重大资产重组管理办法》在2016年修订前,对借壳上市交易中原控股股东无持股期限限制,在2016年修订后,规定上市公司原控股股东、实际控制人及其控制的关联人,以及在交易过程中从该等主体直接或间接受让该上市公司股份的特定对象应当公开承诺,在本次交易完成后36个月内不转让其在该上市公司中拥有权益的股份,目的为限制原控股股东、新进股东通过重组上市套现退出,敦促其关注重组资产的质量,形成新老股东互相约束的机制。但原控股股东在借壳上市前出让的股份不受限制。故在实务中,越来越多的上市公司控股股东为避免股份锁定期间无法退出的情形,在被借壳前即向借壳意向方出让了控股权。此外,提前通过溢价收购原控股股东所持股票,可视为借壳方向上市公司原控股股东部分或全部支付"壳费"。

2019年A股借壳上市公司交易情况见表7-4。

表7-4 采用"买壳+借壳"两步走的上市公司交易情况

序号	公司名称	原控股或第一大股东	新控股股东	协议转让时间	比例(%)	转让价格(万元)	转让溢价率(%)	借壳公告时间
1	云南旅游	云南国资	华侨城集团	2017-04-28	49.52	间接收购	—	2018-07-31
2	万邦德	陆志宝	万邦德集团	2017-06-28	9.44	72,000	85.03	2018-06-15
3	霞客环保	原第一大股东上海璟德及第二大股东璟悦投资	协鑫科技	2017-10-28	21.51	68,705	-5.22	2018-11-06
4	慧球科技	深圳市瑞莱嘉誉投资企业	天下秀股份	2018-12-03	11.66	57,000	72.94	2018-12-03
5	多喜爱	陈军、黄娅妮	浙建集团	2019-04-15	29.83	125,300	3.84	2019-04-16
6	共达电声	潍坊高科	万魔声学	2017-12-29	15.27	99,500	88.54	2018-11-15
7	东音股份	方秀宝	罗欣控股	2019-04-24	16.80	86,000	13.17	2019-04-25

资料来源:Wind。

云南旅游、万邦德、霞客环保及共达电声4家上市公司采取了"买壳+借壳"两步走方式提前了一年布局,通过协议收购原控股股东一定比例的股份来提前买壳,避免了监管部门对股票交易方面的关注。慧球科技、多喜爱和东音股份3家上市公司则在获得控股权、进行吸收合并事宜方面采取了同时启动但分两步走的模式,有助于合约签署、利益安排,程序更简单,操作更确定。

2. 部分交易采取"买壳+吸收合并"方式实现借壳

所谓吸收合并,指收购方收购标的资产后,继续保留收购方法人地位,而被收购方则丧失独立法人资格的收购方式,其资产和负债由收购方存续。在借壳上市交易中采取吸收合并方式，则上市公司作为存续主体，承接借壳方的全部资产、负债、业务、人员、合同、资质及其他一切权利和义务。相对于一般控股合并而言，其优势在于能够有效降低股权关系层次，实现标的公司原股东在持有上市公司股份的同时，直接控制经营实体的经营活动，避免管理层次的重叠。同时，借壳资产原有的对外负债直接由上市公司承接，实现债务主体转移，进而能增强债权人的投资信心，在实务中通常受到债权人的欢迎。2019 年，共达电声、慧球科技及多喜爱 3 家上市公司，新的大股东均采取了"买壳+吸收合并"的交易方式推进标的公司借壳上市。

在共达电声合并吸收万魔声学 100% 股权的案例中，万魔声学以子公司爱声声学预先受让上市公司 15.27% 的股份，成为上市公司控股股东。上市公司以向万魔声学全体股东非公开发行股份的方式收购万魔声学 100% 的股权，从而对万魔声学实施吸收合并。吸收合并完成后，注销爱声声学所持上市公司股份。

在慧球科技吸收合并天下秀 100% 股权的案例中，天下秀预先受让上市公司 11.66% 的股份，成为上市公司控股股东。上市公司向天下秀全体股东发行股份购买天下秀 100% 的股权，并对天下秀进行吸收合并，吸收合并完成后，注销标的公司所持上市公司股份。

在多喜爱吸收合并浙建集团 100% 股份的案例中，浙建集团预先受让上市公司 29.83% 的股份成为控股股东。上市公司将评估基准日的全部资产和负债注入全资子公司多喜爱家居后，上市公司以其拥有的置出资产与国资运营公司（浙建集团为控股股东）拥有的部分置入资产的交易定价等值部分进行置换。同时，上市公司向交易对方以非公开发行股份的方式购买置入资产超出置出资产定价的差额部分，并对浙建集团进行吸收合并，吸收合并完成后，注销浙建集团所持上市公司股份。国资运营公司以置出资产为对价（作价金额等于置出资产交易定价）受让陈军、黄娅妮持有的剩余上市公司股份，差额部分以现金方式补足。

二、爱旭科技借壳上海新梅：并购基金出让上市公司控制权

（一）交易背景

2019 年 1 月 8 日，上海新梅置业股份有限公司（600732.SH，简称"上海新梅"）公告重大资产置换及发行股份购买资产暨关联交易预案，拟由广东爱旭科技股份有限公司（简称"爱旭科技"）借壳上市。5 月 11 日，方案通过公司股东大会表决；8 月 2 日，方案通过证监会审核。

上海新梅前身为上海港机股份有限公司，主营业务为港口机械制造，1996 年 10

月在主板上市。公司 2003 年战略转型房地产开发，受限于经营能力，到 2009 年，其房地产开发业务缺乏项目储备，业绩下滑，公司控股股东上海兴盛实业发展（集团）有限公司频繁套现，控股权面临不稳定性。2016 年 10 月 10 日，上海新达浦宏投资合伙企业（有限合伙）（简称"新达浦宏"）与上市公司 4 名股东签署了股权转让协议，权益变动完成后，新达浦宏直接持有公司 22.05% 的股份，成为上市公司新的控股股东。

爱旭科技成立于 2009 年，是 2018 年全球 PERC（钝化发射极和背面电池技术）单面/双面电池出货量排名第一的专业光伏电池制造商，拥有独立研发、业内领先的管式 PERC 电池量产技术。截至 2019 年 9 月，爱旭科技全部产品线均为单晶 PERC 电池产品线，有效产能 5.4 GW，预计 2019 年年底有效产能可超过 9 GW，2020 年有效产能可超过 13 GW。公司近 3 年及 1 期的财务数据见表 7-5。陈刚持有爱旭科技 47.32% 的股权，是实际控制人。持有 4.62% 股权的天创海河基金和持有 2.42% 股权的珠海横琴嘉时，与陈刚是一致行动人。义乌奇光持有爱旭科技 41.34% 的股权。

表 7-5　公司近 3 年及 1 期的财务数据

单位：万元

资产负债项目	2019 年 5 月 31 日	2018 年 12 月 31 日	2017 年 12 月 31 日	2016 年 12 月 31 日
资产合计	613,206.43	424,086.41	283,329.70	94,118.48
负债合计	422,768.02	271,059.23	186,014.72	69,210.65
所有者权益合计	190,438.41	153,027.18	97,314.98	24,907.83
利润表项目	2019 年 1—5 月	2018 年度	2017 年度	2016 年度
营业收入	235,213.61	410,818.50	197,499.70	157,809.62
归属于母公司所有者的净利润	37,005.21	34,505.83	10,569.18	9,906.08

资料来源：Wind。

（二）浦东科投组建并购基金新达浦宏

上海浦东科技投资有限公司简称"浦东科投"，其 2016 年的股权架构见图 7-1。浦东科投在 2017 年 7 月以前为上海市国资委控制的企业。根据公开的信息，浦东科投主营业务为私募基金募集和管理，并进行股权投资、并购投资和二级市场投资。

股权投资：围绕智能终端、云计算、存储器、智能医疗设备、互联网＋、微创介入器械等领域开展股权投资。

并购投资：围绕集成电路和医疗健康等高科技产业领域开展跨境并购投资。
二级市场投资：参与定向增发、配置型投资。

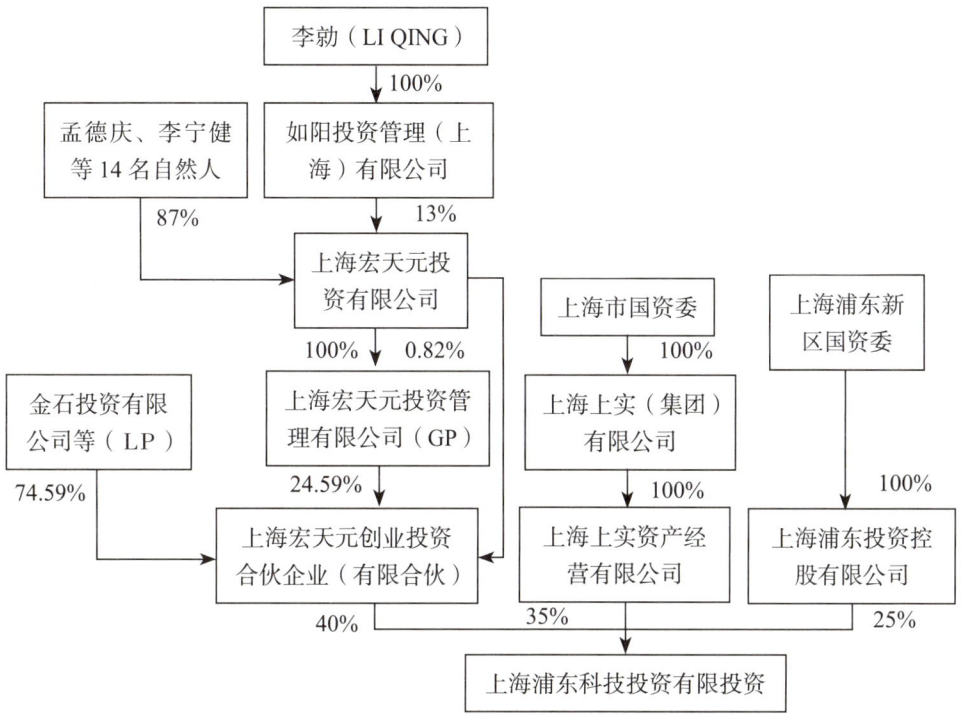

图 7-1　浦东科投 2016 年股权架构

资料来源：《ST 新梅详式权益变动报告书》（2016-10-13）。

新达浦宏于 2016 年 10 月设立完毕，并在中国基金业协会备案，总计募集资金 20 亿元，主要出资人为浦东科投自身及中国东方资产。其出资情况见表 7-6。

表 7-6　新达浦宏出资情况

出资人名称	性质	认缴额（万元）	占比（%）	出资人背景
新达浦宏管理	GP、管理人	2,000	1.00	私募基金管理平台，由浦东科投出资 65%、中国东方资产出资 35% 设立。
嘉虞汇黔投资	LP	100,000	49.50	上海东源汇信股权投资基金管理有限公司管理的私募基金，LP 为上海东兴投资控股发展有限公司，GP 与 LP 实际控制人均为中国东方资产。
浦佑投资	LP	100,000	49.50	浦东科投 100% 控股的子公司。

资料来源：《ST 新梅详式权益变动报告书》（2016-10-13）。

新达浦宏的股权架构见图 7-2。

2016年10月10日，新达浦宏与兴盛集团等4名交易对方签署股权转让协议，受让上市公司22.05%的股份，当时上海新梅股票尚处在暂停上市状态。由于其中3.79%的股份由浦东科投转让，故从上市公司前两大股东协议受让的股份比例为18.26%，受让价格平均约为14.00元/股，较上海新梅暂停上市前的股价溢价约93.37%，溢价率较高。

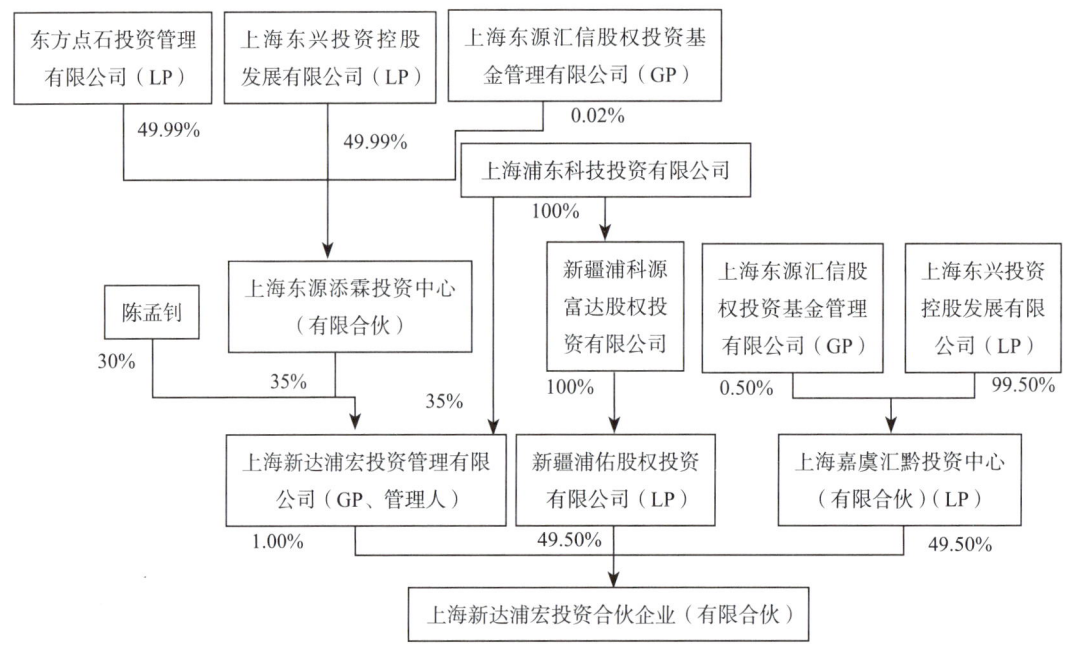

图7-2 新达浦宏股权架构

资料来源：《ST新梅详式权益变动报告书》（2016-10-13）。

在爱旭科技借壳前，新达浦宏持有上市公司股份超过2年。上海新梅的房地产开发业务已停滞数年，仅依靠上海新梅大厦和江阴新梅豪布斯卡等老旧物业的租赁收入支持公司经营，浦东科投并未像此前市场预期的那样主导注入第三方资产，所以公司股价下跌严重，最低在2018年3月跌至3.31元/股，新达浦宏浮亏达到77%。

（三）爱旭科技借壳上海新梅

1. 重大资产置换

上市公司拟将除保留资产（名为"600732.com.cn"的域名资产）外的全部资产、负债及业务作为置出资产，与爱旭科技全体股东持有的爱旭科技整体变更为有限责任公司后100%股权的等值部分进行置换，置出资产作价5.17亿元，置入资产作价 58.85 亿元，差额 53.68 亿元。

2. 发行股份购买资产（采用差额定价）

上市公司发行股份向爱旭科技的全体股东购买上述差额。本次发行采取了差异化定价法，原因在于发行对象之一天创海河基金 2018 年增资和受让爱旭科技股权作价较高，故针对其发行股份的对应标的资产估值为 65.00 亿元。发行情况见表 7-7。

表 7-7　发行情况

序号	交易对方	持有标的资产比例（%）	发行股份数量（万股）	锁定期（月）	对应估值（亿元）
1	陈刚	46.96	64,969.10	36	58.55
2	义乌奇光	41.11	56,875.44	36	58.55
3	天创海河基金	5.15	7,121.02	36	65.00
4	珠海横琴嘉时	2.41	3,333.45	36	58.55
5	南通沿海创投	1.05	1,456.16	24	58.55
6	江苏新材创投	1.05	1,456.16	24	58.55
7	金茂新材创投	0.90	1,248.13	24	58.55
8	深圳天诚一号	0.75	1,040.11	24	58.55
9	段小光	0.38	520.00	24	58.55
10	邢宪杰	0.12	165.47	24	58.55
11	谭学龙	0.12	165.47	24	58.55
合计		100.00	138,350.52	—	—

资料来源：《ST 新梅重大资产置换及发行股份购买资产暨关联交易报告书》（2019-09-11）。

发行后陈刚与一致行动人天创海河基金、珠海横琴嘉时共同持有 41.22% 的股份，成为新的实际控制人，原大股东与一致行动人的股份被稀释至 5.47%。发行后上市公司的股权结构见表 7-8。

表 7-8　发行后上市公司的股权结构

股东	本次交易前		本次交易后	
	持股数量（万股）	持股比例（%）	持股数量（万股）	持股比例（%）
新达浦宏	9,843.45	22.05	9,843.45	5.38
浦东科投	162.00	0.36	162.00	0.09
其他社会公众股股东	34,632.86	77.59	34,632.86	18.93
陈刚	—	—	64,969.10	35.50
义乌奇光	—	—	56,875.44	31.08
天创海河基金	—	—	7,121.02	3.89

续表

股东	本次交易前		本次交易后	
	持股数量（万股）	持股比例（%）	持股数量（万股）	持股比例（%）
珠海横琴嘉时	—	—	3,333.45	1.82
南通沿海创投	—	—	1,456.16	0.80
江苏新材创投	—	—	1,456.16	0.80
金茂新材创投	—	—	1,248.13	0.68
深圳天诚一号	—	—	1,040.11	0.57
段小光	—	—	520.00	0.28
邢宪杰	—	—	165.47	0.09
谭学龙	—	—	165.47	0.09
合计	44,638.31	100.00	182,988.82	100.00

资料来源：《ST 新梅重大资产置换及发行股份购买资产暨关联交易报告书》（2019-09-11）。

本次交易对上市公司的经营业绩有较大提振，具体数据见表 7-9。

表 7-9　业绩情况（2018 年 12 月 31 日 /2018 年度）

项目	备考前	备考	变动率
资产总额（万元）	58,837.00	424,086.41	620.78%
营业收入（万元）	46,629.21	153,027.18	228.18%
利润总额（万元）	15,671.76	410,818.50	2,521.39%
净利润（万元）	3,038.80	39,588.44	1,202.77%
归属于母公司所有者的净利润（万元）	1,599.61	34,505.83	2,057.14%
基本每股收益（元）	0.0358	0.1910	433.52%

资料来源：《ST 新梅重大资产置换及发行股份购买资产暨关联交易报告书》（2019-09-11）。

3. 估值与业绩对赌安排

爱旭科技 100% 股权的账面价值为 124,075.04 万元，根据收益法评估为 594,348.00 万元，增值率为 379.02%。最后协商确定的交易价格为 588,500.00 万元。

全部交易对方承诺，本次重大资产重组实施完毕后，爱旭科技在 2019 年度、2020 年度、2021 年度实现的净利润分别不低于 47,500 万元、66,800 万元、80,000 万元。在利润补偿期间，如出现须由补偿义务主体履行补偿义务的情形，补偿义务主体先以股份补偿，且股份补偿不低于本次交易发行股份数量的 90%，股份补偿不足部分由补偿义务主体以现金补偿。另外，对全部交易对象的锁定期特别约定，以业绩补偿义务（若有）履行完毕之前作为解除锁定的前提。本对赌方案承诺人所持股份的风险覆盖率达到100%。

该交易对价相对于2018年净利润34,505.83万元，静态市盈率为17.06。对应承诺业绩3年平均净利润64,766.67万元，静态市盈率为9.09。

（四）证监会关注点：业绩预测增长的合理性与可实现性

证监会在对本次重组上市的第一次反馈意见中询问了业绩预测合理性方面的问题。由于2016年至2018年标的资产扣除非经常性损益后的净利润分别为8,679.46万元、9,077.50万元、25,462.28万元，而交易对方承诺标的资产在2019年至2021年实现净利润分别为47,500万元、66,800万元、80,000万元，证监会要求上市公司披露爱旭科技承诺期业绩较报告期业绩有大幅增长的原因、合理性及可实现性。

上市公司在回复意见中披露，该业绩增长有充分的合理性及可实现性，原因摘要如下。

第一，大客户战略合作稳定，市场话语权强。爱旭科技在手订单签订方均为业绩稳定的行业龙头企业，与爱旭科技建立了长期合作关系，订单执行度高。爱旭科技报告期产品供不应求，主要客户采取先款后货结算方式，客户稳定，爱旭科技对上述在手订单签约客户无重大依赖。其签署了框架协议的大客户包括晶科能源（JKS.N）、阿特斯太阳能（CSIQ.O）、天合光能（TSL.N）、晶澳科技（002459.SZ）、锦州阳光等，合作时间均在4年以上。全球前十大组件厂商都是公司客户，排名前列的材料和设备供应商大多是爱旭科技的合作伙伴，且大部分客户与供应商皆为上市公司。爱旭科技对全球前十大组件厂商的销售占比保持在50%左右。现有客户足以消化爱旭科技未来新增产能。

第二，国内外光伏市场持续稳定发展。2018年，全球光伏新增装机市场达到106 GW，创历史新高，市场预计2020年将是中国光伏发电全面平价上网的开元之年，全球装机市场在2025年将达到200 GW。

第三，公司的PERC技术将引领市场十年。2017年至2018年期间，随着PERC量产技术的突破和硅片价格的进一步降低，PERC产品市场占有率迅速增加，给市场带来结构性变革。从行业技术更新速度来看，颠覆性的技术更新速度慢。常规多晶硅及常规单晶硅引领市场超过10年，PERC技术经过多年技术积累，预计可引领市场近10年。预测期内PERC技术市场领先优势明确。PERC是颠覆性的技术，已经得到市场的认可，并在不断升级当中，可进一步提升产品的市场竞争力。

第四，专业精细化战略在未来竞争格局中占有优势。目前行业竞争格局有两种战略，分别为"纵向一体化"模式（如协鑫集团）和"专业精细化"模式（如爱旭科技），前者以实现供应链资源整合为途径，后者具有更高的专业化程度，通过提升技术和加强精细化管理提升产品市场竞争力。随着平价上网时代的到来，对高效率、低成本的产品需求加大，行业各环节均对技术投入和规模扩张提出新要求，"垂直一体化"模式受到资金、技术、管理限制，难以在各个环节均保持优势。在晶硅太阳能电池领域，"专业精细化"模式更有利于发展。规模优势叠加精细化管理，可有效降低成本、提高效率，保持企业的竞争优势。

（五）项目评析：并购基金筛选优质标的，让出上市公司控制权

根据浦东科投官网的介绍，浦东科投：

专注于高科技产业领域开展跨境并购投资与整合，聚焦高科技产业领域，跨境并购投资优质资产，对接中国发展战略和市场机遇，嫁接产业、融资和资本市场等资源和平台，实现价值提升，助推产业发展。

浦东科投原为上海国资委控制，2017年7月混改后实际控制人是其管理团队。

除了本节重点分析的上海新梅在2019年1月由爱旭科技借壳上市之外，浦东科投曾于2015年以现金20.43亿元受让万业企业（600641.SH）28.16%的股份。2016年12月，浦东科投全资子公司浦科飞人以7.13亿元受让浦东国资委所持上市公司上工申贝（600843.SH）10.94%的股份。之后浦东科投对两家处于传统行业的上市公司实施了资产重组和并购转型。其中，在2016年至2017年，万业企业对外出售地产基建资产，先后回笼资金21.92亿元；2018年7月，以现金6.90亿元收购离子注入机及相关设备厂商凯世通100%的股权，成功切入半导体设备行业。从目前来看，浦东科投对万业企业的重组取得了良好成效，公司业绩稳定增长，且得益于2019年半导体行业的高景气度，公司股价从收购时的9.00元上涨至年底的18.80元。

新达浦宏为中国基金业协会备案的私募股权投资基金。本次交易是其并购基金控股上市公司后选择让新能源企业借壳上市。在A股市场上，已有较多并购基金收购上市公司并通过资产重组改善上市公司经营业绩的案例，如新余昊月收购并重组方大化工（000818.SZ，更名为"航锦科技"）进军半导体制造领域，和君集团收购并重组汇冠股份（300282.SZ，更名为"三盛教育"）进军教育信息化领域等。这些并购基金在收购上市公司后为了维持自身控股权地位不变，同时避免触及借壳上市的审核条件，一般都采取"三方交易"方式并购重组并完成上市公司业务转型。上海新梅则选择了爱旭科技实现重组上市，直接让出控股股东地位，同时自身所持上市公司股份须锁定36个月。

本次借壳前，基于浦东科投对万业企业的重组历程，市场普遍猜测浦东科投将

主导上市公司通过并购重组介入集成电路或生物医药等战略新兴行业，因浦东科投在这两大行业投资深耕多年，也有项目储备。但最终浦东科投选择了自身并不熟悉的光伏行业龙头公司作为重组对象，原因应该在于其投资的半导体与生物医药公司虽然均为所处细分行业的龙头，但毕竟盈利能力有限，而上海新梅营收规模极低，任何关联交易均会触发借壳上市，在借壳上市审核标准视同 IPO 的审核标准下，不如等时机成熟后由项目公司直接通过 A 股过 IPO 退出。爱旭科技盈利规模较大，具备上交所 IPO 条件，重组完成后能一次性促进上市公司的业绩增厚和业务转型。

浦东科投既转让了上海新梅，还控制了万业企业和上工申贝作为其资本运作平台，因此，本控制权转让符合其战略利益。

新达浦宏收购上海新梅 22.05% 的股份，总成本为 137,880.86 万元，对应平均股价为 14.00 元/股，截至 2019 年 12 月 31 日，重组后的爱旭股份股价为 7.79 元/股，并购基金浮亏仍达到 46.28%。以爱旭股份在 2020 年 3 月下旬动态市盈率为估值基准，假设爱旭股份在 2019 年至 2021 年均 100% 地完成对赌业绩，则爱旭股份在 2019 年至 2021 年的市值及股价测算见表 7-10。

表 7-10 市值及股价测算

年份	净利润（万元）	P/E	对应市值（万元）	对应股价（元）
2019	47,500.00	20.21	959,975.00	6.49
2020	66,800.00	20.21	1,350,028.00	9.13
2021	80,000.00	20.21	1,616,800.00	10.94

资料来源：《ST 新梅重大资产置换及发行股份购买资产暨关联交易报告书》（2019-09-11）。

由此可见，新达浦宏收购上海新梅时付出了较高的溢价，未来如要收回投资成本，除要求爱旭股份完成承诺业绩外，仍须寄希望于 A 股市场对光伏行业整体估值的提升。

三、居然新零售借壳武汉中商：民企借壳国企，协同效应显著

（一）交易背景

武汉中商（000785.SZ，交易后股票更名"居然之家"）是一家以商贸零售为主业，同时涉足商业物业开发、商场装饰装修、电子商务等产业的国有控股上市公司，成立于 1985 年，1997 年 7 月在深交所主板上市。武汉市国资委 100% 控制的武汉商联（集团）股份有限公司为其控股股东（简称"武汉商联"），本次重组前持股比例为 41.25%。由于传统百货商店在 2010 年后受到电子商务和新零售业态的持续冲击，

公司经营业绩自 2013 年起显著下滑，连续 6 年扣除非经常性损益后的净利润低于 3,000 万元。本次重组前公司市值仅 16.88 亿元。

除武汉中商外，武汉商联还控股鄂武商 A（000501.SZ）、中百集团（000759.SZ）两家以百货超市为主营业务的 A 股上市公司，故三家上市公司存在同业竞争问题。为促进地方经济升级转型，解决同业竞争问题，武汉中商决定通过重组居然新零售，改善上市公司经营状况和资产质量，增强公司盈利和可持续发展能力。

本次重组的标的资产北京居然之家家居新零售连锁集团有限公司（简称"居然新零售"）是以中高端品牌产品为经营定位、为顾客提供家庭设计和装修、家居建材等"一站式"服务的大型泛家居消费平台。居然新零售涵盖家居产品零售、家装服务、家居会展等领域，集"居然之家"家居卖场、"丽屋"家居建材超市于一身，是中国泛家居行业的龙头企业之一。标的公司最近 3 年及 1 期的主要财务数据见表 7-11。

表 7-11　最近 3 年及 1 期的主要财务数据

单位：万元

资产负债项目	2019 年 3 月 31 日	2018 年 12 月 31 日	2017 年 12 月 31 日	2016 年 12 月 31 日
资产总计	2,826,601.76	2,779,128.59	2,169,559.96	2,014,493.08
负债合计	1,686,547.37	1,609,753.34	1,822,137.53	1,684,242.85
股东权益合计	1,140,054.39	1,169,375.25	347,422.43	330,250.23
利润表项目	2019 年 1—3 月	2018 年度	2017 年度	2016 年度
营业收入	204,967.26	836,944.82	738,934.90	649,791.33
归属于母公司所有者的净利润	42,538.43	195,232.04	112,285.53	83,272.71

资料来源：Wind。

（二）交易实施及相关安排

上市公司于 2019 年 1 月 10 日公告停牌，1 月 24 日公告重组预案后复牌，6 月 19 日通过国资委审批和股东大会表决，10 月 17 日通过证监会并购重组委核准，12 月 5 日完成发行过户。

1. 发行股份购买资产

上市公司向北京居然之家投资控股集团有限公司（简称"居然控股"）等 23 名交易对象发行股份购买其持有的居然新零售 100% 的股权。本次发行对象及锁定期安排见表 7-12。

武汉商联在本次重组前已持有的股份在重组完成后锁定 36 个月。

本次交易对上市公司经营业绩、每股收益有较大提升，其中净利润增长17.6倍，归属于母公司所有者的净利润增长29倍，每股收益增长38.46%，见表7-13。

重组完成后汪林朋作为新的实际控制人，合计持有公司61.86%的股份。公司股东结构见表7-14。

表7-12 发行对象及锁定期

序号	交易对方名称	出资占比（%）	交易对价（万元）	发行股份（万股）	锁定期安排
1	汪林朋	6.84	243,846.01	39,457.28	36个月
2	北京居然之家投资控股集团有限公司	44.45	1,584,788.67	256,438.30	36个月
3	霍尔果斯慧鑫达建材有限公司	13.26	472,576.39	76,468.67	36个月
4	阿里巴巴（中国）网络技术有限公司	10.00	356,500.00	57,686.08	24个月
5	上海云锋五新投资中心（有限合伙）	5.00	178,250.03	28,843.05	24个月
6	杭州瀚云新领股权投资基金合伙企业（有限合伙）	5.00	178,250.00	28,843.04	24个月
7	泰康人寿保险有限责任公司	4.00	142,600.01	23,074.43	24个月
8	天津睿通投资管理合伙企业（有限合伙）	4.00	142,600.01	23,074.43	24个月
9	青岛好荣兴多商业资产投资中心（有限合伙）	2.20	78,454.95	12,694.98	24个月
10	武汉然信股权投资合伙企业（有限合伙）	0.72	25,842.68	4,181.66	24个月
11	宁波梅山保税港区红杉雅盛股权投资合伙企业（有限合伙）	0.69	24,520.07	3,967.65	24个月
12	共青城信中利建信投资管理合伙企业（有限合伙）	0.57	20,163.65	3,262.73	24个月
13	宁夏联瑞物源股权投资合伙企业（有限合伙）	0.55	19,614.61	3,173.89	24个月
14	黄冈约瑟广胜成壹号股权投资基金合伙企业（有限合伙）	0.55	19,614.61	3,173.89	24个月
15	黄冈约瑟兴楚股权投资基金合伙企业（有限合伙）	0.44	15,593.28	2,523.18	24个月
16	博裕三期（上海）股权投资合伙企业（有限合伙）	0.28	9,807.32	1,586.94	24个月
17	青岛信中利海丝文化投资中心（有限合伙）	0.28	9,807.32	1,586.94	24个月
18	中联国泰（北京）资本控股有限公司	0.28	9,807.32	1,586.94	24个月
19	泰州鑫泰中信股权投资基金合伙企业（有限合伙）	0.28	9,807.32	1,586.94	24个月
20	珠海歌斐殴曼股权投资基金（有限合伙）	0.28	9,807.32	1,586.94	24个月
21	宁波博睿苏菲股权投资合伙企业（有限合伙）	0.14	4,901.88	793.19	24个月
22	宁波梅山保税港区如意九鼎投资合伙企业（有限合伙）	0.14	4,901.88	793.19	24个月
23	湖北东亚实业有限公司	0.08	2,944.69	476.49	24个月
合计		100.00	3,565,000.00	576,860.84	—

资料来源：《武汉中商：发行股份购买资产暨关联交易报告书》（2019-10-14）。

表7-13 增长指标（2018年12月31日/2018年度）

项目	备考前	备考	变动率
资产总额（万元）	272,595.86	3,189,254.65	1,069.96%
营业收入（万元）	404,373.09	1,178,778.28	191.51%
利润总额（万元）	16,698.10	276,250.96	1,554.39%
净利润（万元）	11,012.67	205,365.77	1,764.81%
归属于母公司所有者的净利润（万元）	6,636.24	199,462.30	2,905.65%
基本每股收益（元）	0.26	0.36	38.46%

资料来源：《武汉中商：发行股份购买资产暨关联交易报告书》（2019-10-14）。

表7-14 股东结构

股东名称	本次交易之前		本次交易之后	
	持股数量（股）	持股比例（%）	持股数量（股）	持股比例（%）
武汉商联	103,627,794	41.25	103,627,794	1.72
其他公众股东	147,593,904	58.75	147,593,904	2.45
汪林朋	—	—	394,572,826	6.56
居然控股	—	—	2,564,382,953	42.60
慧鑫达建材	—	—	764,686,721	12.70
其他发行对象	—	—	2,044,965,903	33.97
合计	251,221,698	100.00	6,019,830,101	100.00
汪林朋一致行动人小计	—	—	3,723,642,500	61.86

资料来源：《武汉中商：发行股份购买资产暨关联交易报告书》（2019-10-14）。

2. 估值与业绩对赌安排

居然新零售100%股权的账面价值为1,119,910.72万元，根据收益法评估为3,567,401.00万元，增值率218.54%。最后协商确定的交易价格为3,565,000.00万元。

汪林朋、居然控股、慧鑫达建材作为业绩承诺人，承诺本次重大资产重组实施完毕后，居然新零售在2019年度、2020年度、2021年度实现的净利润分别不低于206,027.00万元、241,602.00万元、271,940.00万元。若任一年度未完成累积承诺，则承诺人优先以本次交易取得的股份进行补偿，不足则从二级市场购买股份进行补偿，股份补偿上限为本次发行总数的90%。如仍有不足，则承诺人自主选择以股份或现金进行补偿，直至覆盖业绩承诺人应补偿的全部金额。业绩承诺人在本次发行中所获股份对补偿上限的覆盖率为64.55%。

该交易对价相对于标的公司2018年净利润195,232.04万元，静态市盈率为18.26。对应承诺业绩3年平均净利润239,856.33万元，静态市盈率为14.86。

（三）借壳前私募融资：高估值引入战略投资者

1. "增资 + 转让老股"释放股权，公司巨额融资降低资产负债率

居然新零售是国内家居零售行业的龙头企业。母公司居然控股成立于 1999 年，但截至 2018 年前，公司并未进行过任何形式的股权融资。2018 年 3 月，居然新零售进行了一次股权融资，引入 16 家投资机构 21 个投资主体共计 130.87 亿元的上市前投资，注册资本由 10,000.00 万元增加至 12,755.1020 万元，同时原有股东慧鑫达建材、慧达装饰、致达建材向 21 名新增投资者转让老股。具体投资情况见表 7-15。

表 7-15 可比公司估值水平比较

序号	股东名称	增资金额（万元）	受让老股（万元）	合计投资额（万元）	注册资本出资（万元）	股权比例（%）
1	阿里巴巴	218,112.24	145,408.16	363,520.40	1,275.51	10.00
2	瀚云新领	109,056.12	72,704.08	181,760.20	637.76	5.00
3	云锋五新	109,056.12	72,704.08	181,760.20	637.76	5.00
4	泰康人寿	87,244.90	58,163.27	145,408.17	550.00	4.31
5	睿通投资	87,244.90	58,163.27	145,408.17	510.20	4.00
6	好荣兴多	47,999.96	31,999.97	79,999.93	510.20	4.00
7	然信投资	15,810.96	10,540.64	26,351.60	280.70	2.20
8	红杉雅盛	15,001.76	10,001.17	25,002.93	92.46	0.72
9	信中利建信	12,336.43	8,224.29	20,560.72	87.73	0.69
10	联瑞物源	12,000.54	8,000.36	20,000.90	72.14	0.57
11	约瑟广胜成	12,000.54	8,000.36	20,000.90	70.18	0.55
12	工银投资	11,998.35	7,998.90	19,997.25	70.18	0.55
13	约瑟兴楚	9,540.23	6,360.15	15,900.38	70.17	0.55
14	博裕投资	6,000.27	4,000.18	10,000.45	55.79	0.44
15	信中利少海汇	6,000.27	4,000.18	10,000.45	35.09	0.28
16	中联国泰	6,000.27	4,000.18	10,000.45	35.09	0.28
17	鑫泰中信	6,000.27	4,000.18	10,000.45	35.09	0.28
18	歌斐殷曼	6,000.27	4,000.18	10,000.45	35.09	0.28
19	博睿苏菲	2,999.04	1,999.36	4,998.40	35.09	0.28
20	如意九鼎	2,999.04	1,999.36	4,998.40	17.54	0.14
21	东亚实业	1,801.61	1,201.07	3,002.68	17.54	0.14
合计		785,204.09	523,469.39	1,308,673.48	5,131.31	40.26

资料来源：《武汉中商：发行股份购买资产暨关联交易报告书》（2019-10-14）。

本次融资后估值 363.52 亿元。考虑到融资后，居然新零售在 2019 年 1 月进行了一次 7 亿元的分红，其估值与之后的借壳上市 356.50 亿元估值基本一致。

居然新零售具有资产较重的特性，公司在经营扩张中需要不停地拿地或签署长期租赁合同，一次性投入金额较高，并因此长期举借银行贷款，截至 2017 年年底，资产负债率高达 83.98%，本轮融资除引入阿里巴巴等战略投资方外，主要目的是替换部分银行债务。在本轮引入上市前投资后，公司资产负债率下降至 57.92%，为公司在 A 股 IPO 奠定了基础。

2．引入阿里巴巴，推进新零售融合战略

阿里巴巴在本轮投资中，以集团和瀚云新领共计投资 54.53 亿元，投资后占股 15%。

阿里巴巴作为全球互联网巨头，具备大数据处理能力、商业运营能力和广泛的新零售产业资源。居然新零售作为线下泛家居平台企业，具备全国性的线下门店网络、海量线下消费数据以及知名品牌价值。阿里巴巴通过本次投资与居然新零售缔结战略合作伙伴关系，帮助居然新零售以大数据为驱动力进行商业模式变革，推进线上线下、"大家居"与"大消费"以及产业链上下游的融合。

本次融资后，居然新零售推出"一个核心，三大融合"战略，其中"一个核心"指做透家居建材行业，"三大融合"则指在门店智能化改造、家居家装互联网服务、智慧物流平台等方面不断创新，推进居然新零售线上线下融合、"大家居"与"大消费"融合以及泛家居产业链上下游融合。这是与阿里巴巴新零售战略深度融合的主要目标。

根据相关信息披露，其具体实现路径包括：

第一，基于与阿里巴巴深度合作而形成的互联网技术平台，借助大数据、云计算、智能硬件等零售技术，推进卖场改造工作，构建销售系统与阿里新零售 POS 系统联通的交易体系，落实"由物业管理型向大数据驱动型转型"的升级策略，实现基于卖场、商品、交易等一系列数字化而进行的业务延展。

第二，基于实体商业跨界融合的发展趋势，居然新零售利用现有的实体店连锁网络优势，已逐步融合超市、院线、餐饮、百货等其他生活业态，将娱、教、医、养等多种消费业态引入"居然之家"卖场，实现"居然之家"卖场由日常家居消费向大消费的融合。

第三，基于产业链上下游融合的产业发展规律，逐步开展智慧物流园建设工作，着力建设智慧物流仓储配送系统，打通从工厂到仓储、从仓储到千家万户的全物流链。

在引入一系列战略投资人后，居然新零售的转型方向是成为"中国宜家"，实现

从家居卖场到大消费、金融、投资、智能化服务平台的全方位转变。目前,居然新零售、红星美凯龙等都在布局购物中心和商业综合体。本次借壳上市后,居然新零售有望夯实自身行业地位。

3. 投资者回购权的特殊约定

21名投资者在2018年3月签署的《股东协议》中约定了回购条款,约定在协议生效之日起至居然新零售合格IPO之前,如发生下列任一情况,阿里巴巴等21名投资者都有权要求居然控股在该等情况发生之日起180日内分三期等额回购其所持居然新零售全部股权。经投资人书面同意予以延期的情况除外。

(a) 48个月内未向中国证监会或其他中国上市主管机构递交上市申报材料,或5年内未完成合格IPO;

(b) 递交上市申请后2次未通过主管机关的上市审核;

(c) 因实际控制人及关联人违规资金占用、违规对外担保、重大违法违规行为等对进行合格IPO造成实质性障碍;

(d) 由于居然新零售原因造成被出具非标准审计报告,或其他中介机构一致认定存在不合格IPO的任何实质性障碍。

所谓合格IPO,协议也进行了专门的定义,主要条款包括:

(a) 如采取IPO,募集资金总额至少达到10亿元;

(b) 申报发行前最近一个会计年度的经审计净利润不低于18亿元;

(c) 如采取借壳上市,则借壳标的市值不高于17亿元,且在借壳上市中上市资产的市值不低于300亿元。

根据《股东协议》约定,前述回购条款将于居然新零售获得保荐人内核会议核准同意进行居然新零售上市申报之时终止。

本次借壳武汉中商,重大资产重组停牌前上市公司市值为16.87亿元,低于17亿元的"合格IPO"要求。由于2018年3月武汉中商的市值在35亿元左右,因此可基本判断居然新零售并非在一开始就确定借壳武汉中商,很有可能第一选项仍是IPO,但随着2018年股市下跌以及受IPO审核进度等各方面影响,找到了武汉中商这一"合适标的",才选择了借壳上市。

4. 投资估值超过二级市场水平,投资人看好新零售未来

本轮融资发生在2018年3月,居然新零售在A股的可比上市公司包括美凯龙(601828.SH)、富森美(002818.SZ)、浙江东日(600113.SH)、海宁皮城(002344.SZ)4家,各家公司2017年业绩的估值比较见表7-16。

表 7-16 估值比较

证券简称	市值（万元）	2017 年净利润（万元）	P/E
美凯龙	6,215,611.09	427,801.38	14.53
富森美	1,201,640.00	65,119.98	18.45
浙江东日	378,815.40	9,581.79	39.53
海宁皮城	792,736.44	28,174.40	28.14
可比公司合计	8,588,802.92	530,677.55	16.18
居然新零售	3,635,204.12	112,285.53	32.37

资料来源：Wind。

在当时行业龙头美凯龙估值仅 14.53 倍，4 家公司整体估值 16.18 倍的背景下，居然新零售融资估值高达 32.37 倍，远超二级市场水平。从上市公司披露的居然新零售上市前投资的材料来看，投资机构未要求居然新零售承诺经营业绩，上市后仅能通过二级市场股价的提升来实现收益。

因此，此次投资估值体现了阿里巴巴等投资方对居然新零售业务未来发展的信心，尤其是对战略投资人"赋能"后经营水平提升的信心。2018 年居然新零售实现了 73.87% 的净利润同比增长，本次借壳时作价的静态市盈率已下降到 18.26，与 A 股二级市场估值水平相当。2019 年底，居然之家股价 8.90 元/股，较本次借壳发行价 6.18 元/股增长了 44%。公司市值达到 599.58 亿元，超过美凯龙等同行业公司。

（四）监管审核关注及回复：标的资产估值合理性

近年来借壳上市资产定价普遍低于 15 倍静态市盈率，本次交易 18.26 倍的静态市盈率估值属于行业同类项目中定价较高的，主要原因是资本市场对标的公司的新零售模式抱有较高期望。证监会在反馈中重点提及了评估增值率、主要经营卖场未来年度盈利预测情况等问题。

虽然本次借壳采用的评估方法为收益法，但实际评估也采用了资产基础法和市场法，其中市场法评估结果为 360 亿元，与收益法差距不大，也更能说明居然新零售相对同行业上市公司而言具有更高溢价的合理性。公司选择了前述 4 家 A 股上市公司作为可比上市公司，价值比率则选择了 EV/EBIT、EV/EBITDA、P/S 和 EV/S 作为最终价值比率。之所以不选择如 P/B 这一类资产基础价值比率，是因为几家公司投资性房地产占总资产比例有较大差异，具体见表 7-17。

在家居卖场行业，投资性房地产属于企业的经营性资产。这 4 家上市公司的投资性房地产都采用公允价值计量，无须计提折旧，投资性房地产规模越大，对总资产的影响也越大，计算出的总资产价值比率偏离也越大。这一特性也可以说明为何美凯龙作为家居行业龙头，其市盈率远低于市场一般水平。根据两家公司的公告，2019年上半年度已开业直营门店及利润情况对比（不含加盟店数据）见表7-18、表7-19。

表7-17 可比公司资产情况

项目	居然新零售	美凯龙	富森美	浙江东日	海宁皮城
投资性房地产（万元）	1,176,332.48	7,853,300.00	214,946.96	7,455.88	692,619.90
总资产（万元）	2,779,128.59	11,086,071.78	578,026.41	105,985.76	1,102,995.13
所占比例（%）	42.33	70.84	37.19	7.03	62.79

资料来源：Wind。

表7-18 两家公司已开业直营门店对比

经营业态	美凯龙		居然新零售	
	数量（家）	经营面积（万平方米）	数量（家）	经营面积（万平方米）
自有	53	560.60	11	80.02
合营联营	4	36.28	0	0
租赁	27	157.31	75	367.83
合计	84	754.19	86	447.85

资料来源：《武汉中商：发行股份购买资产暨关联交易报告书》（2019-10-14）。

表7-19 两家公司利润情况对比

项目	美凯龙	居然新零售
2018年净利润（万元）	419,255.46	195,232.04
2018年公允价值变动损益（万元）	176,700.96	14,756.70
公允价值变动损益占净利润比（%）	42.15	7.56
摊薄净资产收益率（%）	6.21	23.60

资料来源：Wind。

从直营门店数据看，美凯龙自有物业数量占比达到63.10%，面积达到74.33%，而居然新零售则为12.79%和17.87%。以长期租赁代替土地房产投资，是一种以运营能力为依托的"轻资产"连锁发展模式。以2018年业绩为例，美凯龙当年净利润中42.15%为投资性房地产的公允价值变动损益，而居然新零售当年公允价值变动损益占当年净利润比为7.56%。在净资产收益率这一指标上，居然新零售则具有很大优势，其2018年摊薄净资产收益率为23.60%，同期，美凯龙为6.21%。

由于过去20年我国投资性房地产的价值一直在上涨，美凯龙经营利润中含有大量房产增值,反映出两家公司的根本区别:美凯龙本身就是一家以家居建材卖场经营和商业地产投资为双主业的企业,而居然新零售则更偏向于以家居建材卖场经营为单一主业的企业。

由于近年来房地产投资的回报率开始趋向理性,可以合理预期国内投资性房地产的高额公允价值变动收益不会长期持续。居然新零售的卖场采取以租赁物业的直营卖场或加盟卖场的模式进行扩张,依靠标准化、流程化作业模式实现经营规模的扩大,避免了大规模的资本支出,并有助于其保持较快的发展速度,为其业务规模的增长奠定了基础。两种盈利模式的区别也导致了市场给予居然新零售较高的市盈率估值。

本书选定价值比率,对非经营性资产、非经营性负债等项目进行相关剔除后,计算得出各价值比率。在考虑到可比公司在运营模式、规模、地域等方面与居然新零售的可比性后并复权,得出最终修正比率见表7-20。

表7-20 可比公司修正比率

项目	美凯龙	富森美	浙江东日	海宁皮城	加权平均值
EBIT倍数	12.59	9.93	14.72	12.61	12.28
EBITDA倍数	12.23	7.64	12.08	7.22	10.29
P/S	2.79	5.92	4.77	3.01	3.66
EV/S	5.34	5.93	5.16	3.39	5.05
修正系数	1.11	1.28	1.37	1.40	—
赋权值(%)	50	20	20	10	—
修正后EBIT倍数	13.95	12.74	20.19	17.60	15.06
修正后EBITDA倍数	13.54	9.80	16.57	10.07	12.40
修正后P/S	3.09	7.59	6.54	4.20	4.56
修正后EV/S	5.92	7.61	7.08	4.73	6.13

资料来源:《武汉中商:发行股份购买资产暨关联交易报告书》(2019-10-14)。

4种比率均为较适用的比率,经流动性折扣和控股权溢价调整后,修正结果见表7-21。

最终评估结果取值为4种比率的中位数360万元,与EV/EBIT指标和P/S调整后的计算结果较为近似。

根据收益法测算过程,公司基于可持续增长率进行了增长测算,2019年至2023年营业收入增长率分别为14%、8%、6%、6%和6%,且在预测中考虑到了加盟板块的市场饱和影响,对非重点发展业务按照0增长测算。营业收入、营业成本预测结果分别见表7-22、表7-23。

表 7-21　修正结果

序号	项目	EV/EBIT	EV/EBITDA	P/S	EV/S
1	居然新零售比率乘数取值	15.06	12.40	4.56	6.13
2	居然新零售对应参数	25.43	28.83	83.69	83.69
3	居然新零售全投资计算价值（亿元）	382.95	357.53	—	513.46
4	居然新零售负息负债	25.85	25.85	—	25.85
5	居然新零售经营性股权价值（亿元）	357.10	331.68	381.48	487.61
6	缺少流通折扣率（%）	31.50	31.50	31.50	31.50
7	控股权溢价（%）	14.58	14.58	14.58	14.58
8	考虑流动性折扣和控制权溢价的经营性股权价值（亿元）	280.28	260.33	299.41	382.71
9	非经营性/溢余资产净值	74.78	74.78	74.78	74.78
10	被评估公司股权市场价值（亿元）	355.06	335.11	374.199	457.49
11	少数股东权益	4.95	4.95	4.95	4.95
12	归属于母公司所有者权益评估值（亿元）	350.00	330.00	369.00	453.00

资料来源：《武汉中商：发行股份购买资产暨关联交易报告书》（2019-10-14）。

表 7-22　营业收入预测结果

单位：万元

类别	产品名称	2019年	2020年	2021年	2022年	2023年
主营业务收入	租赁板块	804,354.27	892,070.38	955,218.40	1,021,683.26	1,091,539.49
	加盟板块	96,613.88	89,553.74	87,813.95	86,277.65	84,579.84
	装修板块	30,276.52	30,276.52	30,276.52	30,276.52	30,276.52
	商品销售	16,096.77	16,096.77	16,096.77	16,096.77	16,096.77
其他业务合计		7,957.92	7,957.92	7,957.92	7,957.92	7,957.92
合计		955,299.37	1,035,955.33	1,097,363.56	1,162,292.12	1,230,450.53

资料来源：《武汉中商：发行股份购买资产暨关联交易报告书》（2019-10-14）。

表 7-23　营业成本预测结果

类别	产品名称	2019年	2020年	2021年	2022年	2023年
主营业务成本	租赁板块（万元）	477,315.95	503,751.06	513,920.96	524,528.49	535,776.11
	加盟板块（万元）	10,526.17	11,981.09	13,614.49	14,336.98	14,374.07
	装修板块（万元）	20,311.12	20,313.78	20,316.58	20,319.52	20,322.60
	商品销售（万元）	5,716.16	5,716.16	5,716.16	5,716.16	5,716.16
其他业务合计（万元）		4,025.45	4,025.45	4,025.45	4,025.45	4,025.45
合计（万元）		517,894.85	545,787.53	557,593.63	568,926.60	580,214.39
各年成本率（%）		54.21	52.68	50.81	48.95	47.15

资料来源：《武汉中商：发行股份购买资产暨关联交易报告书》（2019-10-14）。

按照家居卖场行业的模式特点，门店租金收入已根据市场情况、各地区物价水平、各商户的实际情况进行了调整，报告期内整体呈调升趋势，门店租赁收入保持较快增长，而相应成本却会随着时间的推移而趋于平稳。

（五）项目评析：上市公司实现业态升级，多方共赢

1. 武汉商联引入有实力的新大股东，通过股票升值实现利益诉求

A股借壳惯于采取"资产置换"模式，即将重组分为资产置出和资产置入两个步骤，其中置出资产往往包含上市公司过往主要经营资产，上市公司以置出资产与置入资产交易定价的等值部分进行置换，差额部分以非公开发行股份的方式进行收购。由于被借壳的上市公司主营业务对借壳方多数情况下不具有吸引力，需要进行"清空腾退"，所以净壳收购的优势在于在实现了原有资产"清空腾退"的同时，还可将置出资产作为"壳费"免费赠予上市公司原控股股东。就本交易而言，武汉中商未置出资产，武汉商联也未向交易对方转让股份。考虑到武汉商联是一家100%的国有企业，直接接受交易对方现金壳费的可能性较小，综合考虑以上因素，武汉中商在本次交易中很可能没有"壳费"诉求。由于武汉商联所持股份在交易完成后会被锁定36个月，本次交易的"溢价"只能通过股票的升值来实现。

根据本次交易的备考财务测算，交易前后公司股价收益将从0.26元/股提升至0.36元/股，预期股价将有一定浮盈。随着业绩承诺的逐步实现，公司股价收益在2021年将达到0.45元/股。实际上在重组预案公告后，武汉中商的股价就从6.72元/股上涨至最高13.20元/股，截至2019年年底，公司股价为9.96元/股，武汉商联已获得账面收益。随着上市公司经营业绩的进一步改善、承诺业绩的实现，以及新零售融合战略的实现，未来收益有望进一步增厚。

2. 部分解决武汉商联旗下上市公司的同业竞争问题

2007年9月，武汉商联曾在下属3家上市公司公告的《权益变动报告书》中就解决3家上市公司同业竞争问题承诺：在条件成熟时，按照市场规则择机逐步对3家上市公司进行资产重组，优化业态和资源配置，通过整合逐步解决上市公司之间的业态交叉竞争问题。本次交易完成后，武汉中商控股股东易主为居然控股，解决这一历史问题取得阶段性成果。

3. 武汉中商持有物业与居然新零售形成有效协同

根据公司在2018年年报中披露的信息，武汉中商在本次重组前拥有9家现代百货店、1家购物中心和50家各类超市，主要分布于武汉市核心商圈，以及荆州、黄

石、黄冈、十堰、咸宁、孝感、荆门等 10 个城市。上市公司持有的物业主要依靠自身经营，少量对外租赁，自营百货收入占总体收入比超过 90%。公司截至 2018 年年底持有自有物业门店 8 家，包括 4 家百货店、3 家超市和 1 家购物中心，建筑面积总计 37.20 万平方米。

居然新零售在重组前，自营卖场的建筑面积总计 699.78 万平方米，本次交易将增加 8 个位于湖北各城市中心商圈的自持物业。交易完成后，上市公司将进入泛家居行业，实现百货业态与家居零售业态的跨界融合，上市公司主营业务将形成"泛家居＋商超百货"两条经营主线的模式。经营不善、设施老旧的自持物业，由居然之家接管，可实现百货业务向家居业务的转型升级。武汉中商自持物业大都在 2000 年以前建成，建筑设施老化，虽然自身升级转型困难，但改造成家居门店则较容易，再加上这些物业所处的地段多为湖北各城市中心商业区，能够满足居然新零售抢占城市核心商圈资源的选址需要。

4．武汉商联实现深化混合所有制改革

本次交易是中国资本市场上相对少见的"民营资本借壳国有上市公司"的交易，也是一次国有企业实行混合所有制改革的实践。自 2015 年以来，国家出台了一系列国企改革政策，鼓励国有企业积极实行改革，提高国有资本的流动性。湖北省商贸零售行业有多家国有控股上市公司，同质化竞争较为严重，企业竞争力有待进一步提升。通过本次重组，武汉中商引进民营资本成为上市公司股东，并实现与国内家居零售龙头企业之一的居然新零售深度合作与整合，也间接引入了阿里巴巴新零售业务资源，有利于本地商贸零售产业结构的调整及发展。

四、罗欣药业借壳东音股份：港股创业板公司私有化回归 A 股

（一）交易背景

浙江东音泵业股份有限公司（002793.SZ，简称"东音股份"）成立于 1998 年，从事井用潜水泵、小型潜水泵、陆上泵的研发、生产和销售，2016 年在深交所上市。2017 年 6 月进行重组时，公司控股股东和实际控制人方秀宝直接持股 37.54%，通过大任投资间接持股 3.07%，共计持股 40.61%。李雪琴、方洁音、方东晖为其一致行动人，即方秀宝与其一致行动人共持有壳公司 67.16% 的股份。本次重组前公司市值 25.84 亿元。公司近 3 年及 1 期的主要财务数据见表 7-24。

山东罗欣药业集团股份有限公司（简称"罗欣药业"）成立于 2001 年，是一家以仿制药和医药原料药的研制、开发、生产、销售为主业的公司，于 2005 年登陆港

股创业板。公司实际控制人是刘保起、刘振腾父子。公司拥有新药证书 48 项、在研 1 类新药 6 项。除自主研发新药外，罗欣药业重点聚焦消化类、呼吸类、抗肿瘤类产品。其 2017 年 6 月完成港股退市。罗欣药业近 3 年及 1 期的主要财务数据见表 7-25。

表 7-24　东音股份的主要财务数据

单位：万元

资产负债项目	2019 年 5 月 31 日	2018 年 12 月 31 日	2017 年 12 月 31 日	2016 年 12 月 31 日
资产总计	135,393.52	140,173.24	89,892.69	81,289.28
负债合计	40,632.43	49,184.62	14,474.16	11,455.92
股东权益合计	94,761.09	90,988.62	75,418.53	69,833.36
利润表项目	2019 年 1—5 月	2018 年度	2017 年度	2016 年度
营业收入	42,702.91	93,544.58	82,804.40	63,739.73
归属于母公司所有者的净利润	3,870.04	11,134.56	11,585.17	10,036.28

资料来源：Wind。

表 7-25　罗欣药业的主要财务数据

单位：万元

资产负债项目	2019 年 5 月 31 日	2018 年 12 月 31 日	2017 年 12 月 31 日	2016 年 12 月 31 日
资产总计	594,760.01	596,227.22	575,306.05	466,479.46
负债合计	245,919.99	276,621.03	234,755.27	176,133.29
股东权益合计	348,840.02	319,606.19	340,550.78	290,346.17
利润表项目	2019 年 1—5 月	2018 年度	2017 年度	2016 年度
营业收入	343,174.38	621,129.48	524,763.24	472,938.40
归属于母公司所有者的净利润	26,903.00	51,231.53	46,565.91	42,558.70

资料来源：《东音股份：重大资产置换及发行股份购买资产暨关联交易报告书》（2020-01-03）。

罗欣药业借壳东音股份是港股私有化借壳回归 A 股的代表性案例。东音股份于 2019 年 4 月 11 日公告重大资产重组停牌，6 月 19 日重组方案通过股东大会表决，2019 年 12 月 17 日重组事项获得证监会并购重组委核准。

（二）罗欣药业私有化回归历程

罗欣药业私有化过程的合规性是证监会在审核中重点关注的问题。证监会在 7

月 20 日向上市公司发出的反馈意见中，分别就罗欣药业 3 次申请联交所转板、私有化财团组成、私有化安排及私有化估值进行了问询。

从罗欣药业 3 次转板申请均未获得联交所批准来看，股票价值和再融资需求应该是公司回归 A 股的核心诉求。国内医药流通行业改革，包括药品投标价格持续下降，药品比例、医疗保险费用控制，以及仿制药质量一致性评价、化学药品注册分类改革及药品审评审批改革等政策的推出，使制药企业的经营环境自 2015 年以来变得艰难，公司面临销售及盈利压力。此外，2014 年以后，国内原料药行业全面进入产能过剩期，罗欣药业谋求转型，希望能由传统仿制药为主转向"创仿结合"，以适应中国医药行业整体升级的发展步伐。但研发、国际化产品线的建设需要巨额投资且投资周期长，公司需要资本市场的支持。

在实施私有化以前，罗欣药业控股股东为山东罗欣控股有限公司（简称"罗欣控股"），持股比例为 48.08%，实际控制人刘振腾及其一致行动人共计持股比例 56.17%，公司股权架构见表 7-26。

表 7-26　公司股权架构

序号	股东名称	持股数量（万股）	持股比例（%）
1	罗欣控股	29,307.59540	48.07676
2	境外上市外资股	16,456.00000	26.99475
3	珠海鑫沃富	3,256.39950	5.34186
4	张斌	3,023.98215	4.96060
5	陈来阳	3,023.98215	4.96060
6	李学良	1,200.00000	1.96850
7	许丰	1,064.01360	1.74543
8	王健	936.01360	1.53546
9	高瓴天成	864.00000	1.41732
10	广州德福	728.00000	1.19423
11	侯海峰	600.00000	0.98425
12	陈增贤	500.00000	0.82021
13	临沂医药	0.01360	0.00002
合计		60,960.00000	100.00000

资料来源：《东音股份：重大资产置换及发行股份购买资产暨关联交易报告书》（2020-01-03）。

1. 香港创业板上市及转板申请的历程

罗欣药业 2005 年在香港创业板成功 IPO。联交所创业板自开办以来一直有较大的历史问题未能解决，尤其是 2008 年被定位为"第二板及跃升主板的踏脚石"，优质创业板上市公司纷纷逃离创业板，一些转板无望的公司开始不诚信炒作，以致创业板出现大量"老千股"，导致创业板公司再融资、收购兼并活动均受限。虽然罗欣药业自上市以来一直盈利稳定且执行高分红政策，10年总计分红10亿港元，但因其与控股股东之间的同业竞争和关联交易问题长期无法解决，其转板申请无法获批。

（1）第一次转板申请：2013年2月

2013年2月，罗欣药业向香港联交所第一次提出转板申请。因罗欣药业在香港上市后，它的医药工业业务（医药产品的研发、生产和销售业务）发展十分迅速，同时，控股股东罗欣控股控制的医药商业业务（药品及医疗器械的物流配送业务）也逐渐发展壮大，因此联交所对罗欣控股控制的医药商业业务与罗欣药业之间存在的关联交易与同业竞争问题较为关注。由于罗欣药业未及时解决关联交易与同业竞争问题，该申请于6个月后自动失效。

（2）第二次转板申请：2013年11月

本次申请罗欣药业对关联交易和同业竞争问题采取了出具承诺函等解决措施，但联交所认为该解决方案仍有疑问，罗欣药业未能及时提交联交所认可的方案，该申请于6个月后自动失效。

（3）第三次转板申请：2015年12月

2015年罗欣药业再次提出申请。联交所仍要求罗欣药业进行业务重组，将医药商业业务纳入罗欣药业体内以解决历史问题。考虑到重组事项需要相应的时间、资金及税务成本，以及当时香港及境内A股资本市场的状况，罗欣药业决定转而谋求私有化回归A股方案。

在私有化退市后，罗欣药业于2018年进行了业务重组，将医药商业重组注入罗欣药业体内，实际控制人控制的包括医药公司在内的企业已经不再从事医药商业业务，经营范围也不再涉及药品及医疗器械的销售及物流配送业务。

2. 组建私有化主体 Giant Star 和 Ally Bridge

2017年3月7日，罗欣药业董事会收到来自Giant Star及Ally Bridge作为联合要约人及Giant Star Global Limited（BVI）的函件，拟对H股提出自愿有条件要约。要约主体资金来源见表7-27。

（1）Giant Star：公司实际控制人实施私有化募资主体

Giant Star是罗欣药业董事刘振腾（董事长刘保起之子）创设的投资主体，实际控制人为刘振腾。Giant Star 的资金来源为平安银行的贷款及从当时的间接股东 GL Instrument 处获得的出资资金。

表 7-27　要约主体资金来源

要约主体	金额（港元）	占比（%）	资金来源	实际控制人
Giant Star	1,546,735,255	67.04	境外主体募集的资金及境外贷款	刘振腾
Ally Bridge	760,447,404	32.96	境外主体自有或筹集的资金	汇桥资本
合计	2,307,182,659	100.00	—	—

资料来源：《东音股份：重大资产置换及发行股份购买资产暨关联交易报告书》（2020-01-03）。

2017 年 3 月 9 日，Giant Star 与平安银行签订《借款协议》，平安银行向其贷款 1,576,399,100 港元用于支付罗欣药业私有化的部分费用，Giant Star 以其私有化后持有的罗欣药业股份为前述借款提供担保，此外，罗欣控股、Vibrant Grow Limited 以及刘振腾为前述借款提供了相应担保。Giant Star 股权结构见图 7-3。

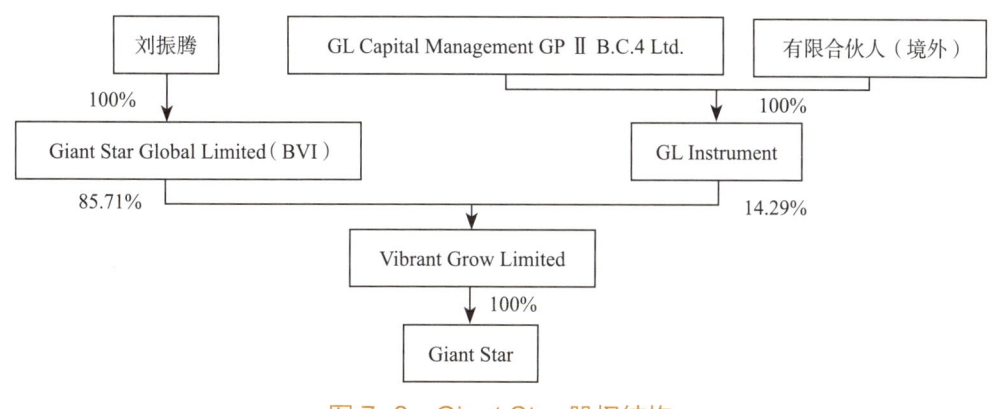

图 7-3　Giant Star 股权结构

资料来源：《东音股份：重大资产置换及发行股份购买资产暨关联交易报告书》（2020-01-03）。

GL Instrument 系 GL Capital Group（德福资本）管理的投资基金。德福资本是一家专注于中国医疗健康行业控股项目和成长期企业的投资公司，于 2010 年创立，旗下管理美元和人民币私募股权基金及对冲基金。

（2）Ally Bridge：汇桥资本管理的对冲基金

Ally Bridge Flagship LX（HK）Limited（简称 Ally Bridge）于 2017 年 2 月 6 日根据香港法例在香港设立，是一只美元基金，Giant Star 参与了其 20% 的出资。其股权结构见图 7-4。

根据上市公司披露，Ally Bridge 的实际控制人为其管理人 Ally Bridge Group Capital，即香港汇桥资本。汇桥资本为一家专注于全球医疗投资领域的投资集团，主要从事风险投资、成长期投资和对冲基金投资。

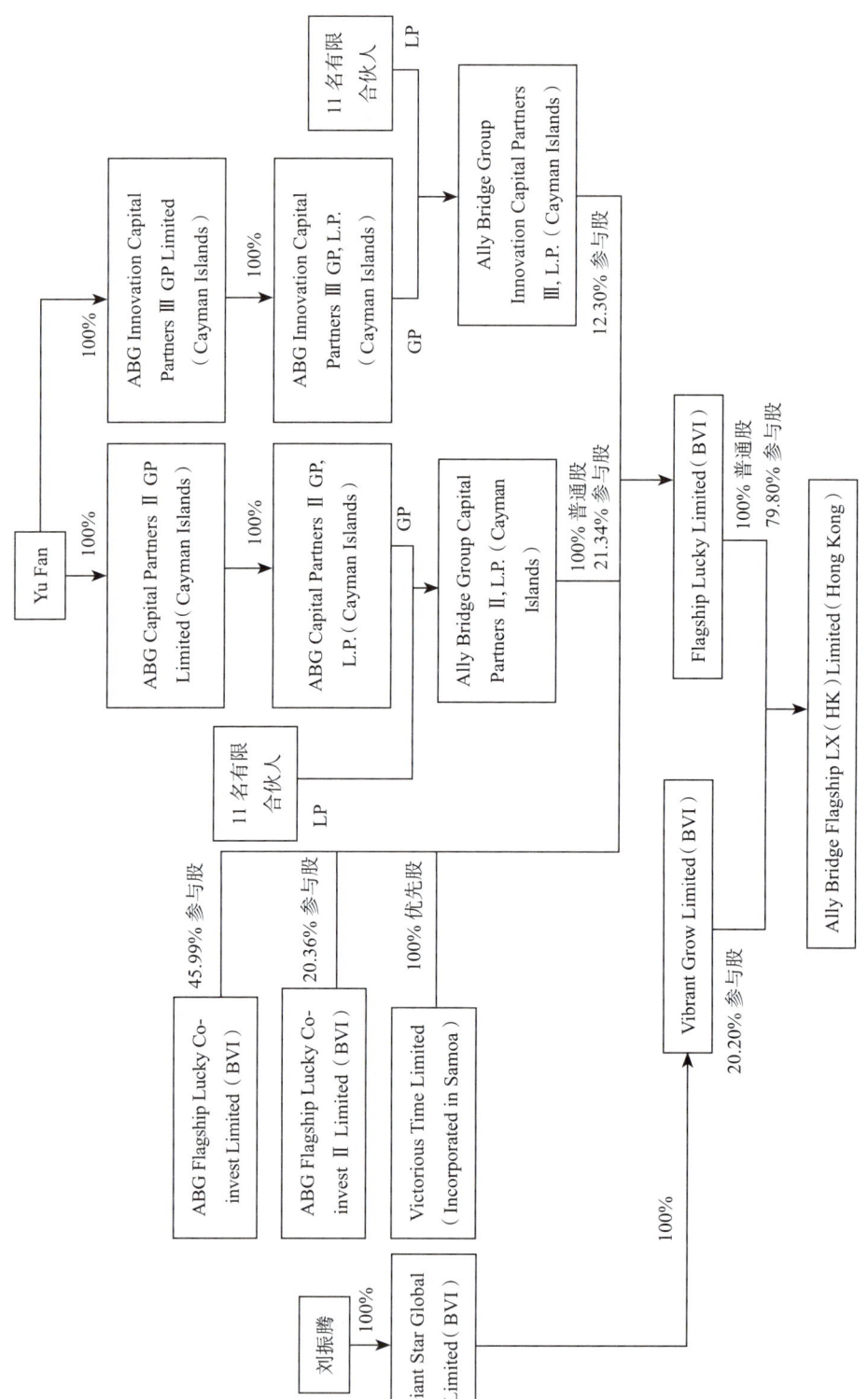

图7-4 Ally Bridge 股权结构

资料来源：《东音股份：重大资产置换及发行股份购买资产暨关联交易报告书》（2020-01-03）。

除私有化罗欣药业外，汇桥资本还参与了药明康德的私有化回归，以及华领医药（2552.HK）、百济神州（6160.HK）、信达生物（1801.HK）等中国生物医药公司的股权投资。

Ally Bridge、GL Instrument 作为知名的医疗行业私募投资基金，对于其基金的日常管理、投资决策等均由其管理人进行独立的日常管理、经营及投资决策，Giant Star 无法对 Ally Bridge、GL Instrument 的日常管理、经营决策进行控制或施加重大影响。

3. 2017 年完成私有化退市

2017 年 3 月 13 日，联合要约人就罗欣药业全部已发行的 H 股提出自愿有条件要约，私有化财团提出的要约报价为：每股 H 股以现金 17 港元收购，较最后交易日收盘价 12.90 港元溢价 31.78%，私有化合计金额 23.42 亿港元，对应全部股本的市值为 103.39 亿港元，折合人民币约 91.82 亿元。私有化方案于 5 月 29 日通过股东大会表决。

6 月 12 日，罗欣药业发布通函，上述收购要约正式于 2017 年 6 月 26 日下午 4 时截止，罗欣药业收到涉及 130,713,955 股 H 股要约（约占已发行 H 股总数的 79.43%）的有效接纳，Giant Star、Ally Bridge 分别取得罗欣药业 8,763.0635 万股、4,308.3320 万股的股份。6 月 16 日，香港联交所同意撤销罗欣药业 H 股于香港联交所的上市地位。根据私有化财团《财团协议》的安排，Giant Star、Vibrant Glow、Ally Bridge 和 GL Instrument 的一致行动关系在私有化完成后解除。私有化退市完成后，罗欣药业股权结构见表 7-28。

表 7-28 私有化后的股权结构

序号	股东名称	持股数量（万股）	持股比例（%）
1	罗欣控股	29,307.59540	48.07676
2	Giant Star	8,763.06350	14.37510
3	Ally Bridge	4,308.33200	7.06747
4	HKSCC	3,377.19450	5.54002
5	珠海鑫沃富	3,256.39950	5.34186
6	张斌	3,023.98215	4.96060
7	陈来阳	3,023.98215	4.96060
8	李学良	1,200.00000	1.96850
9	许丰	1,064.01360	1.74543
10	王健	936.01360	1.53546
11	高瓴天成	864.00000	1.41732

续表

序号	股东名称	持股数量（万股）	持股比例（%）
12	广州德福	728.00000	1.19423
13	侯海峰	600.00000	0.98425
14	陈增贤	500.00000	0.82021
15	Gog John	5.00000	0.00820
16	Li Wai chen	2.00000	0.00328
17	Kwan Po Ming Albert	0.20000	0.00033
18	Ng Hon Kuen	0.20000	0.00033
19	临沂医药	0.01360	0.00002
20	Tso Mei Shan May	0.01000	0.00002
合计		60,960.00000	100.00000

资料来源：《东音股份：重大资产置换及发行股份购买资产暨关联交易报告书》(2020-01-03)。

在前述股东中，HKSCC 是香港中央结算公司的代理人。根据《中央结算系统一般规则》，HKSCC 代表香港中央结算公司旗下的中央结算系统参与者，持有所有存入中央结算系统的证券的法定所有权，并登记在香港的股东名册中作为记名股东。

4．退市后完成股权调整

私有化完成后，罗欣药业股权经历了较大调整，除为 H 股投资者申请将其存管于 HKSCC 的股票转为直接持有外，还进行了共计 28 次协议转让，使部分私有化资本得以退出，并引入了其他境内投资者。主要交易的转让价格基本与退市股价 17 港元/股一致。其中，克拉玛依珏志为刘振腾实际控制的境内主体，由其受让 Giant Star 股份实现境外出资退出。其他引入的境内投资人包括前海投资和天津平安等。转让全部完成后，罗欣药业股权结构见表 7-29。

表 7-29 退市后罗欣药业股权结构

序号	股东名称	持股数量（万股）	持股比例（%）
1	罗欣控股	29,307.59540	48.07676
2	克拉玛依珏志	7,950.73590	13.04255
3	Ally Bridge	4,308.33200	7.06747
4	张斌	3,023.98220	4.96060
5	陈来阳	3,023.98210	4.96060
6	前海投资	1,722.11660	2.82499
7	天津平安	1,443.35000	2.36770
8	GL Instrument	1,252.24180	2.05420

续表

序号	股东名称	持股数量(万股)	持股比例(%)
9	深圳平安	1,173.25000	1.92462
10	王健	936.01360	1.53546
11	许丰	935.00000	1.53379
12	高瓴天成	864.00000	1.41732
13	得怡投资	750.00000	1.23031
14	广州德福	728.00000	1.19423
15	侯海峰	600.00000	0.98425
16	物明云泽	500.00000	0.82021
17	Giant Star	404.60000	0.66371
18	孙青华	250.00000	0.41010
19	陈锦汉	250.00000	0.41010
20	杨学伟	200.00000	0.32808
21	HKSCC	186.05720	0.30521
22	云泽丰茂	170.89090	0.28033
23	得盛健康	168.00000	0.27559
24	云泽丰盛	160.39220	0.26311
25	中南弘远	147.06000	0.24124
26	济南钰贤	129.01360	0.21164
27	南京捷源	100.00000	0.16404
28	云泽丰采	98.03920	0.16083
29	GL Healthcare	59.73730	0.09799
30	Lu Zhenyu	59.00000	0.09678
31	张海雷	17.40000	0.02854
32	Cavalli Enterprises Inc.	12.00000	0.01969
33	Zheng Jiayi	11.21000	0.01839
34	Gog John	5.00000	0.00820
35	Wen Chiu 和 Wen Helen E-Wun	5.00000	0.00820
36	Mai Huijing	3.40000	0.00558
37	高兰英	2.20000	0.00361
38	Rieko Takaok	2.00000	0.00328
39	Ng Hon Kuen	0.20000	0.00033
40	Tatsuya Maki	0.20000	0.00033
合计		60,960.00000	100.00000

资料来源:《东音股份:重大资产置换及发行股份购买资产暨关联交易报告书》(2020-01-03)。

(三) 借壳东音股份

2019年4月25日，东音股份发布重组预案进行资产置出并发行股份购买资产。本次借壳方案分为资产置换与股份转让和发行股份购买资产三步。

1. 资产置换与股份转让

东音股份将截至评估基准日扣除2018年度现金分红金额、保留货币资金2.6791亿元及可转债外的全部资产[①]及负债作为置出资产，与交易对方持有的罗欣药业99.65%股权中的等值部分进行资产置换，拟置出资产最终承接主体为方秀宝指定的主体。本次交易拟置出资产的价格为90,325万元；拟置入资产为交易对方持有的罗欣药业99.65%的股权，估值为753,891万元。

上市公司控股股东、实际控制人方秀宝及其一致行动人李雪琴、方东晖、方洁音合计将60,260,900股的上市公司股票转让给对方，转让价格以不低于协议签署日前一个交易日二级市场股票收盘价的90%为基础，定为14.27元/股，交易对价合计为859,995,356元，占交易前公司总股本的16.80%。上述股票的受让方为得怡欣华、得怡恒佳、得怡成都，均为罗欣控股控制的实体，见表7-30。本次转让并不造成上市公司实际控制人发生变化。

相对于2019年4月10日停牌前的收盘价12.61元/股，本次协议转让溢价率约13.17%。

表7-30 受让情况

受让方	方秀宝（股）	李雪琴（股）	方东晖（股）	方洁音（股）	合计股数（股）	总价款（元）
得怡欣华	14,683,185	—	—	—	14,683,185	209,546,670
得怡恒佳	—	20,338,400	714,398	—	21,052,798	300,448,691
得怡成都	4,764,315	—	3,380,602	16,380,000	24,524,917	349,999,995
合计	19,447,500	20,338,400	4,095,000	16,380,000	60,260,900	859,995,356

资料来源：《东音股份：重大资产置换及发行股份购买资产暨关联交易报告书》（2020-01-03）。

根据《股份转让协议》及其补充协议，上市公司如有送股、资本公积金转增股本等除权事项，股份转让方因该等事项滋生股份的，应赠予股份受让方相应数量的股份。在执行完权益分派事项赠予股份后，得怡欣华将持有上市公司24,961,414股股份，得怡恒佳将持有上市公司35,789,757股股份，得怡成都将持有上市公司

[①] 主要由货币资产、应收票据及应收账款、存货、固定资产、在建工程、无形资产构成。

41,692,359 股股份；上述股份的受让方合计将持有上市公司 102,443,530 股股份，持股比例不变。

本减持履行了董事会和股东大会程序，相较其他"买壳+借壳"两步走的交易有一定创新性，其优势在于股份转让作为本次交易的组成部分，与本次重大资产置换、发行股份购买资产互为前提，共同实施，从而避免了上市公司原控股股东退出后，新控股股东借壳失败的风险。从过往经验来看，万魔声学在借壳共达电声前就已经取得上市公司控制权，由于第一次上会被否，面临只能进不能退的境地。

2. 发行股份购买资产

东音股份以非公开发行 A 股股票的方式向交易对方按其各自持有拟置入资产的比例购买拟置入资产与拟置出资产的差额部分 663,566 万元。本次发行对象见表 7-31。

表 7-31　发行对象

序号	股东名称	发行数量（万股）	锁定期安排
1	罗欣控股	30,546.40	36 个月
2	克拉玛依珏志	8,286.81	36 个月
3	Ally Bridge	4,490.44	12 个月
4	张斌	3,151.80	12 个月
5	陈来阳	3,151.80	12 个月
6	前海投资	1,794.91	12 个月
7	天津平安	1,504.36	12 个月
8	GL Instrument	1,305.17	12 个月
9	深圳平安	1,222.84	12 个月
10	王健	975.58	12 个月
11	许丰	974.52	12 个月
12	高瓴天成	900.52	12 个月
13	得怡投资	781.70	36 个月
14	广州德福	758.77	12 个月
15	侯海峰	625.36	12 个月
16	物明云泽	521.13	12 个月
17	Giant Star	421.70	12 个月
18	孙青华	260.57	12 个月
19	陈锦汉	260.57	12 个月
20	杨学伟	208.45	12 个月
21	云泽丰茂	178.11	12 个月
22	得盛健康	175.10	36 个月

续表

序号	股东名称	发行数量（万股）	锁定期安排
23	云泽丰盛	167.17	12个月
24	中南弘远	153.28	12个月
25	济南钰贤	134.47	12个月
26	南京捷源	104.23	12个月
27	云泽丰采	102.18	12个月
28	GL Healthcare	62.26	12个月
29	Lu Zhenyu	61.49	12个月
30	张海雷	18.14	12个月
31	Zheng Jiayi	11.68	12个月
32	Mai Huijing	3.54	12个月
33	高兰英	2.29	12个月
合计		63,317.34	—

资料来源：《东音股份：重大资产置换及发行股份购买资产暨关联交易报告书》（2020-01-03）。

本次重组上市交易完成后，上市公司的控股股东变更为罗欣控股，实际控制人变更为刘保起、刘振腾。罗欣控股及其一致行动人克拉玛依珏志、Giant Star、得怡投资、得怡健康、得怡欣华、得怡恒佳、得怡成都将合计持有上市公司54.77%的股份，其中通过3家主体协议受让的股份占发行后股本的7.14%，保证了重组后罗欣控股的持股比例达到50%以上的绝对控股地位。交易前后的情况见表7-32。

表7-32 交易前后的情况

股东名称	本次交易之前		本次交易之后	
	持股数量（股）	持股比例（%）	持股数量（股）	持股比例（%）
方秀宝	133,355,016	37.18	100,294,266	6.99
李雪琴	34,575,280	9.64	—	—
方东晖	27,846,000	7.76	20,884,500	1.45
方洁音	27,846,000	7.76	—	—
温岭市大任投资	10,442,080	2.91	10,442,080	0.73
方秀宝一致行动人持股	234,064,376	65.25	131,620,846	9.17
罗欣控股	—	—	518,843,206	36.18
克拉玛依珏志	—	—	140,754,819	9.81
得怡欣华	—	—	24,961,414	1.74
得怡恒佳	—	—	35,789,757	2.50
得怡成都	—	—	41,692,359	2.91
得怡投资	—	—	13,277,527	0.93

续表

股东名称	本次交易之前		本次交易之后	
	持股数量（股）	持股比例（%）	持股数量（股）	持股比例（%）
Giant Star	—	—	7,162,783	0.50
得盛健康	—	—	2,974,166	0.21
罗欣控股一致行动人持股	—	—	785,456,031	54.77
Ally Bridge	—	—	76,271,995	5.32
GL Instrument	—	—	22,168,899	1.55
其他发行对象合计	—	—	392,459,120	27.37
公众股东	124,606,510	34.74	124,606,510	8.69
合计	358,670,886	100.00	1,434,142,507	100.00

资料来源：《东音股份：重大资产置换及发行股份购买资产暨关联交易报告书》（2020-01-03）。

根据备考财务报告，本次交易显著提升了上市公司的业绩规模，也提升了发行后的每股收益，具体变动见表7-33。

表7-33 收益变动（2018年12月31日/2018年度）

项目	备考前	备考	变动率
资产总额（万元）	140,173.24	629,231.51	348.90%
营业收入（万元）	93,544.58	621,129.48	563.99%
利润总额（万元）	12,746.29	57,084.81	347.85%
净利润（万元）	11,134.56	52,506.84	371.57%
归属于母公司所有者的净利润（万元）	11,134.56	51,249.07	360.27%
基本每股收益（元）	0.56	0.61	8.93%

资料来源：《东音股份：重大资产置换及发行股份购买资产暨关联交易报告书》（2020-01-03）。

3. 估值与业绩承诺安排

罗欣药业100%股权的账面价值为319,606.19万元，根据收益法评估为756,502.87万元，增值率为136.70%，收购比例为99.65%，最后协商确定的交易价格为753,891.12万元。

全体交易对方承诺，罗欣药业在2019年度至2021年度实现的净利润分别不低于5.5亿元、6.5亿元、7.5亿元。如任何一年出现不足，则各交易对方按发行比例，优先以本次发行的股份进行补偿，当股份补偿的总数达到本次发行股份购买资产发行的股份总数的90%后仍须进行补偿的，交易对方可自主选择采用现金或股份的形式继续进行补偿，直至覆盖交易对方应补偿的全部金额。如股份不足以补偿，则交易对方以现金进行补偿。承诺人持股对最高补偿的覆盖率为100%，但锁定期为36

个月的股份占比仅为 62.84%，意味着 2020 年和 2021 年承诺业绩如未能实现，则 37.16% 股份已经解禁，存在承诺人无法履约的可能性。

该交易对价相对于 2018 年净利润 51,231.53 万元，静态市盈率为 14.77。对应承诺业绩 3 年平均净利润 65,000 万元，静态市盈率为 11.64。

（四）证监会审核关注及回复：盈利预测与业绩承诺可实现性

由于标的公司 2016 年业绩较 2015 年出现了下滑，且 2016 年至 2018 年业绩增长率不及承诺期业绩增长率，见表 7-34，证监会在 7 月 20 日对上市公司的反馈中要求，结合罗欣药业报告期经营业绩情况、收入及净利润增长率、2019 年上半年经营业绩实现情况、业务拓展情况、未来年度预测情况及未来年度行业竞争格局变动情况等，补充披露业绩承诺的可实现性。

表 7-34　2016 年至 2018 年业绩

项目	2016 年	2017 年	2018 年
营业收入（万元）	472,938.41	524,763.23	621,129.48
收入增长率（%）	—	10.96	18.36
归属于母公司所有者的净利润（万元）	42,558.70	46,565.91	51,231.53
利润增长率（%）	—	9.42	10.02

资料来源：《东音股份：重大资产置换及发行股份购买资产暨关联交易报告书》（2020-01-03）。

根据上市公司的披露，由于本次借壳上市前，标的公司进行了内部资产重组，将原归属于罗欣控股的医药商业业务注入了本次拟置入资产中，主要包括乐康制药和费县二院两家子公司在 2018 年合并报表，这样一方面解决了同业竞争和关联交易问题，另一方面也增厚了标的资产业绩，另外医药商业业务也体现出较强的成长性。调整后的工业板块、商业板块收入增长率及毛利率见表 7-35。

表 7-35　调整后的工业板块、商业板块收入增长率及毛利率

项目		2016 年	2017 年	2018 年	2019 年	2020 年	2021 年
营业收入（万元）		472,938.41	524,763.23	620,559.79	753,727.44	854,749.35	957,659.64
收入增长率（%）		—	10.96	18.26	21.46	13.40	12.04
营业成本（万元）		141,918.75	147,081.41	192,720.52	265,849.60	302,327.97	344,305.62
综合毛利率（%）		69.99	71.97	68.94	64.73	64.63	64.05
工业板块	收入（万元）	397,999.12	455,636.63	512,732.50	571,020.79	643,870.53	719,498.68
	收入增长率（%）	—	14.48	12.53	11.37	12.76	11.75
	成本（万元）	79,716.96	91,486.36	97,475.54	105,189.32	116,975.61	135,098.11
	毛利率（%）	79.97	79.92	80.99	81.58	81.83	81.22

续表

	项目	2016年	2017年	2018年	2019年	2020年	2021年
商业板块	收入（万元）	74,354.81	68,392.08	106,673.83	182,706.65	210,878.82	238,160.96
	收入增长率（%）	—	-8.02	55.97	71.28	15.42	12.94
	成本（万元）	61,406.50	54,861.95	94,089.98	160,660.28	185,352.36	209,207.51
	毛利率（%）	17.41	19.78	11.80	12.07	12.10	12.16

资料来源：《东音股份：重大资产置换及发行股份购买资产暨关联交易报告书》（2020-01-03）。

1. 随着整合完成，商业板块收入及净利润增长较快

2018年商业板块收入增长率高达55.97%，原因为商业板块核心子公司现代物流于2017年成立后开始着手承接罗欣控股的全部医药流通业务，并分别收购了罗欣控股下属的4家医药流通公司。随着2019年进一步整合，预计商业板块将完整体现全年业务量，当年营业收入将增长71.28%。除此之外，罗欣药业工业板块未来年度收入增长率以及2019年以后的商业板块收入增长率，均处于合理的水平，且总体上保持逐年下降的趋势。

2. 折旧摊销在未来持续降低

2020年及以后，罗欣药业利润增长率预测值略高于收入增长率，主要原因为随着公司营业收入的持续增长，折旧摊销等固定费用未随着收入同步增长，使得公司的净利润率有所上升。

（五）估值评析：借壳上市估值低于私有化估值

罗欣药业私有化退市要约价格为17港元/股，对应市值约为人民币91.82亿元，高于本次收购的交易价格12.41元/股，对应市值约为75.69亿元，借壳估值较私有化估值下降约17.83%。上市公司解释，造成这一结果的原因有3点：第一是交易目的和背景不同，第二是交易基准日不同，第三是作价形成过程不同。

实际上，该问题与A股原料药行业在2017年至2018年估值水平的变化有关。以罗欣药业私有化时点较接近的时点2015年12月31日，对比借壳上市较接近的时点2018年12月31日，其与A股可比公司估值比较见表7-36。

从该比较可看出，首先，2015年年底至2018年年底，罗欣药业所处同行业3家仿制药上市公司的估值明显下降，加权平均静态市盈率从38.76下降至27.58，较罗欣药业处在H股时期的估值水平已无优势。其次，罗欣药业净利润在2016年出现了下滑，成长性明显不足，难以继续支撑较高估值，所以本次借壳上市估值较私有化估值有所下降。

表 7-36 估值比较

可比上市公司	2018年12月31日/2018年度			2015年12月31日/2015年度		
	市值（万元）	净利润（万元）	P/E	市值（万元）	净利润（万元）	P/E
景峰医药	390,619.81	18,681.27	20.91	1,289,269.32	32,410.17	39.78
誉衡药业	615,474.43	12,589.36	48.89	2,217,353.74	66,480.86	33.35
灵康药业	360,360.00	18,270.37	19.72	907,140.00	14,969.43	60.60
合计	1,366,454.24	49,541.00	27.58	4,413,763.06	113,860.46	38.76
罗欣药业	756,502.87	51,231.53	14.77	918,200.00	49,292.90	18.63

资料来源：Wind。

五、协鑫智慧能源借壳霞客环保：港股光伏公司拆分回归A股

（一）交易背景

协鑫（集团）控股有限公司（简称"协鑫集团"）是国内知名民营能源企业，以新能源、清洁能源为主，业务涉及光伏全产业链、风电、火电、水电、清洁能源、天然气、集成电路材料等领域，实际控制人是朱共山。在2018年收购霞客环保前，协鑫集团旗下已有3家上市公司，分别为协鑫集成（002506.SZ）、保利协鑫能源（3800.HK）以及协鑫新能源（00451.HK），其中，协鑫集成通过破产重组超日太阳（*ST超日）实现了A股上市。协鑫智慧能源股份有限公司（简称"协鑫智慧能源"）专注于热电联产及清洁能源等环保电力项目的开发、投资和运营管理，是国内领先的民营热电联产及清洁能源运营商之一。公司在为电网公司、工业园区和城市提供电、热、冷等能源产品的同时，也为企业客户提供节能降耗咨询服务。

江苏霞客环保色纺股份有限公司（002015.SZ）于2004年登陆深交所。在本次重组前，公司主要从事环保彩纤、环保多彩色纤维混纺纱线、环保多纤维混纺纱线的生产和销售业务。2013年以来，我国化纤行业产能严重过剩，公司停机待料导致设备闲置并于2014年陷入流动性危机，当年因净利润巨亏11亿元而无法清偿到期债务。相关金融机构相继对公司提起诉讼。2015年4月，公司公告，将通过处置低效资产、优化产品结构并引入重整投资人的方式进行破产重整。公司2015年11月完成重整计划，在此期间公司股票停牌，停牌前市值约为18亿元。

（二）交易关键时间点及主要交易步骤

1. 交易关键时间点

2014年10月，霞客环保被债权人申请破产重整；

2015年11月，港股上市公司保利协鑫能源剥离协鑫智慧能源，由协鑫集团控制的境内投资平台上海其辰投资管理有限公司承接；

2015年12月，协鑫智慧能源第一次公告借壳霞客环保，但由于2016年下半年并购重组政策收紧，2017年4月，该项借壳交易终止；

2017年10月，协鑫科技控股有限公司以6.87亿元现金收购霞客环保21.51%的股权，自此协鑫集团成为霞客环保的实际控制人；

2018年11月，协鑫智慧能源第二次公告借壳霞客环保，于2018年12月18日召开股东大会，2019年3月19日获得证监会并购重组委审核通过，2019年5月28日完成资产交割过户。

2．主要交易步骤

（1）协鑫有限从保利协鑫能源剥离并被置入其他能源资产

保利协鑫能源控股有限公司为协鑫集团在香港的上市平台，是全球主要的多晶硅和硅片材料供应商，于2007年10月在香港上市。协鑫智慧能源在剥离前，其前身保利协鑫有限公司（简称"协鑫有限"）曾为保利协鑫能源的全资子公司，其净利润贡献约占上市母公司净利润总体规模的20%。

2015年11月，协鑫集团旗下上海其辰以32亿元现金对价私有化剥离了协鑫有限。2015年度，协鑫有限实现营业收入81.82亿元，归属于母公司所有者的净利润3.84亿元。本次收购对应协鑫有限当年净利润的静态市盈率为8.33，低于当时上市公司整体12.76的平均静态市盈率水平。

同时，上海其辰以其持有的兰溪热电100%的股权折合人民币4.44亿元、南京污泥发电100%的股权折合人民币5.69亿元和广州蓝天燃机92%的股权折合人民币2.948亿元出资，对协鑫有限进行增资。在本次剥离及增资中，上海其辰投资总计45.08亿元。

（2）首次借壳霞客环保历时一年半后终止

2015年12月，霞客环保第一次公告协鑫智慧能源借壳方案。本次方案经数次调整后，最终确定为向上海其辰发行股份购买协鑫有限100%的股权，同时向江苏协鑫等7名对象发行股份募集不超过40亿元配套资金。本次收购协鑫有限100%股权的估值为45亿元，较剥离价格增值41%，上海其辰向上市公司进行4年业绩承诺，协鑫有限2016年至2019年扣除非经常性损益后归属于母公司所有者（简称"扣非归母"）净利润分别不低于40,800万元、42,100万元、42,500万元和42,800万元。

协鑫有限100%股权的账面价值为341,328.57万元，按收益法评估价值为453,800.00万元，增值率为32.95%，交易确定对价为450,000.00万元。对应2015

年度净利润 38,425.54 万元，静态市盈率为 11.71，相对于承诺期业绩平均净利润 42,050.00 万元，静态市盈率为 10.70。

本次借壳历经证监会两轮补充材料要求和一轮问询，上市公司于 2017 年 6 月主动终止进程。公司公告终止原因：本次交易标的资产涉及海外上市公司资产回归 A 股，而目前有关该事宜的监管政策尚未明确，造成本次交易已经耗时较长且审核结果具有较大不确定性，如继续推进本次交易，不利于实现交易各方利益最大化。2016 年《上市公司重大资产重组管理办法》更新后，借壳上市标准已视同 IPO，不允许同时进行配套融资。此外，当时的监管环境对中概股及港股回归 A 股不太支持，因此公司主动终止了借壳交易。

（3）关联方以现金收购霞客环保的控股权

2017 年 6 月，已完成更名的协鑫智慧能源的 20% 股权被上海其辰以 12 亿元现金转让给潍坊聚信锦振、成都川商贰号、江苏一带一路等 3 名外部投资人，对应 100% 权益的总估值为 60 亿元。协鑫集团套现 12 亿元现金后，对协鑫智慧能源 80% 股权的成本降低为 33.08 亿元。

2017 年 10 月，协鑫科技控股有限公司（属协鑫集团同一控制下的公司主体）公告收购霞客环保前两大股东上海惇德、宁波竑悦所持上市公司 21.51% 的股份，成为上市公司第一大股东，收购总价 68,704.67 万元，较收购前市值折扣 5.51%。根据公告，本次收购的目的为取得上市公司第一大股东地位，并将利用协鑫集团自身的产业和资源整合能力，通过并购优质资产、发展新业务等方式，增加新的利润增长点，改善上市公司主业状况。即便协鑫智慧能源借壳失败，协鑫集团仍可以霞客环保为上市平台，注入集团旗下或第三方优质资产。

（4）2018 年申请 A 股 IPO 并再度中止

2018 年 1 月，协鑫智慧能源向证监会报送了 IPO 申请材料，拟在深交所上市。2018 年 10 月 19 日，证监会在例行新闻发布会上通报近期并购重组监管工作情况，表示将积极支持优质境外上市公司中的中资企业参与 A 股上市公司并购重组，不断提升 A 股上市公司质量。协鑫集团重新看到了借壳上市的机会，随即中止了 IPO 进程。

（5）2019 年成功借壳霞客环保

2018 年 11 月 6 日，协鑫智慧能源重启借壳霞客环保交易。2018 年 12 月 18 日顺利召开股东大会，2019 年 3 月 19 日获得证监会并购重组委审核通过，2019 年 5 月 28 日完成资产交割过户。

（三）借壳上市方案

1. 重大资产置换

本次交易较 2015 年第一次借壳有了调整，采取了资产置换的借壳模式，除协鑫智慧能源 100% 股权的估值从 45 亿元提升至 51.85 亿元外，还将上市公司评估基准日除保留资产以外的全部资产与负债作为置出资产，与拟借壳资产中的等值部分进行置换。保留资产主要包括货币资金和霞客机电、霞客投资等子公司。

本次重大资产置换及发行股份购买资产具体方案如下：

置出资产作价：26,938.04 万元。

置出资产受让方：上海其辰。

置入资产：协鑫智慧能源 90% 股权（剩余 10% 由潍坊聚信锦振继续持有）。

置入资产作价：466,650.00 万元。

差额部分：439,711.96 万元。

2. 发行股份收购资产

发行股份对象及发行数量见表 7-37。

表 7-37　发行股份对象及发行数量

序号	发行股份对象	发行股份数量（股）	发行占比（%）
1	上海其辰	783,413,333	82.30
2	成都川商贰号	56,114,718	5.90
3	江苏一带一路	56,114,718	5.90
4	秉颐清洁能源	56,114,718	5.90
合计		951,757,487	100.00

资料来源：《霞客环保：重大资产置换及发行股份购买资产暨关联交易报告书》（2019-05-09）。

本次交易大大提升了上市公司的经营业绩和每股收益，见表 7-38。

表 7-38　备考财务数据（2017 年 12 月 31 日/2017 年度）

项目	备考前	备考	变动率
资产总额（万元）	33,598.98	1,689,089.35	4,927.20%
营业收入（万元）	40,989.90	764,032.17	1,763.95%
利润总额（万元）	965.26	74,615.78	7,630.12%
净利润（万元）	865.13	48,797.50	5,540.48%
归属于母公司所有者的净利润（万元）	747.97	31,988.49	4,176.71%
基本每股收益（元）	0.0187	0.2365	1,164.71%

资料来源：《霞客环保：重大资产置换及发行股份购买资产暨关联交易报告书》（2019-05-09）。

本次交易后，上市公司的股权结构发生了变化，见表7-39。

表7-39 股权结构变化

股东名称	本次交易前		本次交易后	
	持股数量（股）	持股比例（%）	持股数量（股）	持股比例（%）
协鑫创展控股	86,204,109	21.51	86,204,109	6.37
上海其辰	—	—	783,413,333	57.93
成都川商贰号	—	—	56,114,718	4.15
江苏一带一路	—	—	56,114,718	4.15
秉颐清洁能源	—	—	56,114,718	4.15
京同科技	30,000,000	7.49	30,000,000	2.22
其他股东	284,499,716	71.00	284,499,716	21.03
合计	400,703,825	100.00	1,352,461,312	100.00

资料来源：《霞客环保：重大资产置换及发行股份购买资产暨关联交易报告书》（2019-05-09）。

协鑫创展控股即原协鑫科技控股。收购完成后，朱共山实际控制的上海其辰、协鑫创展控股和秉颐清洁能源合计持有上市公司68.45%的股权。

3．估值与业绩承诺安排

协鑫智慧能源100%股权的账面价值为394,163.6万元，根据收益法评估价值为518,500.00万元，增值率为31.54%。收购比例为90.00%，对应评估值为466,650.00万元，协商确定的交易价格为466,650.00万元。

上海其辰及秉颐清洁能源（占本次发行股份的88.21%）承诺，协鑫智慧能源在2018年度、2019年度、2020年度、2021年度扣非归母净利润分别不低于19,500万元、37,093万元、58,122万元、59,840万元，若最终未能完成，则承诺人应首先以通过本次交易所取得的上市公司股份进行补偿；前述股份不足补偿的，由上海其辰、秉颐清洁能源以从二级市场购买或其他合法方式所取得的上市公司股份进行补偿。股份补偿总数达到本次发行股份购买资产的发行股份总数的90%后仍须进行补偿的，上海其辰、秉颐清洁能源将自主选择采用现金或股份的形式继续进行补偿，直至覆盖上海其辰、秉颐清洁能源应补偿的全部金额。承诺人持股对最高补偿的覆盖率为88.21%。本次发行全部股份锁定期为36个月。

该交易对价相对于2018年净利润20,111.29万元，静态市盈率为25.78。对应承诺业绩4年平均净利润43,638.75万元，静态市盈率为11.88。

(四)两次借壳的方案比较:业绩承诺金额差异与配套融资

自 2015 年剥离协鑫有限以后,协鑫智慧能源的估值在两次借壳中的变动情况见表 7-40。

表 7-40 估值变动情况

项目	2015 年港股剥离	2016 年借壳上市	2019 年借壳上市
100% 权益估值(万元)	450,780.00	453,800.00	518,500.00
P/E(LYN)	8.33	11.71	25.78
收购比例(%)	100	100	90
募集配套资金	—	40 亿元,用于新能源项目建设、收购及补充流动资金和偿还银行贷款。	无配套融资,但于 2019 年 4 月发起 30 亿元定向增发融资。
业绩承诺	—	2016 年至 2019 年扣非归母净利润不低于 40,800 万元、42,100 万元、42,500 万元和 42,800 万元。	2018 年至 2021 年扣非归母净利润不低于 19,500 万元、37,093 万元、58,122 万元和 59,840 万元。

资料来源:《霞客环保:重大资产置换及发行股份购买资产暨关联交易报告书》(2019-05-09)、《霞客环保:发行股份购买资产并募集配套资金暨关联交易报告书》(2016-09-01)。

另外,由于《上市公司重大资产重组管理办法》在 2016 年修订后取消了重组上市的配套融资政策,故在第二次借壳方案中取消了原定 40 亿元的配套融资计划。

(五)证监会审核关注及回复:同业竞争与业绩估值差异

1. 同业竞争问题

2019 年 3 月 13 日,证监会向霞客环保第一次反馈意见,反馈问题涉及协鑫集团同业竞争、标的资产历史沿革中海外架构合规性等 60 个问题。关于协鑫集团其他业务与标的资产是否构成同业竞争问题,证监会提出,交易完成后,朱共山及其一致行动人控制和具有重大影响的其他企业中有 7 家非热电联产火电企业、1 家抽水蓄能发电企业、3 家风电企业、1 家水电企业、4 家光伏企业、2 家煤炭贸易企业、2 家电力投资企业与标的资产从事相同或相似业务,但不构成同业竞争,要求上市公司结合集团股权关系,披露潜在同业竞争的情况,进一步补充披露相同或相似业务不构成同业竞争的依据。

上市公司则在回复中披露,协鑫集团在标的资产之外持有非热电联产火电业务主体 7 家,其中 3 家控股,4 家非控股;持有并控股抽水蓄能发电业务主体 1 家;

持有并控股风力发电业务主体3家；持有并控股水力发电业务主体1家；持有并控股光伏发电业务主体4家；持有并控股煤炭贸易业务主体2家；持有并控股电力投资业务主体2家；持有并控股售电业务主体1家。这些所持主体与标的资产业务具有相同或相似性，但并不构成实质性同业竞争，理由如下。

首先，标的公司燃煤热电联产业务与集团所持火力电厂目的不同。标的资产的燃煤热电联产业务主要任务是供热，为保证燃料有效利用，在供热时，同时会产生电力副产品，热和电的收入比大约为3∶2；而协鑫集团旗下其他火力电厂主要任务是发电，仅可少量供热，热和电的收入比为1∶9。两者在产能、供电设备规模、客户方面差异均较大，设备无法通用。燃煤热电联产企业普遍位于各地工业园区，目的是通过实施集中供热，替代园区成立初期担负供热任务的低效、分散小锅炉，以满足热力需求为首要任务。而传统煤电项目则都要纳入国家依据总量控制制定的电力建设规划，进行新设项目审批。两者分属国家鼓励和限制的产业。此外，二者在项目开发方面、电力销售优先顺序方面、电力销售定价方面以及燃料采购方面不存在竞争关系。

其次，风电项目同业竞争问题已有解决方案。除标的资产自营风电业务外，协鑫集团还控制了3家风力发电企业，其中正式投产的1家已确认对外出售，另2家尚未正式投产，由于建设期风电公司须遵循《国家能源局关于开展新建电源项目投资开发秩序专项监管工作的通知》，不得随意变更股权，故暂时无法置入本次借壳标的资产，但已与其签订预收购协议，待相应公司达到可转让状态后，优先由协鑫智慧能源收购，如放弃收购则将其转让给无关联第三方。

最后，标的公司发电业务与集团光伏发电业务不存在竞争关系。标的公司的业务领域主要为热电联产、风力发电等清洁能源发电。虽然光伏发电也属于国家鼓励的清洁能源行业，但协鑫集团的光伏发电业务各年开发建设的指标分配独立于标的公司所从事的电力业务，且所使用的燃料或资源与协鑫智慧能源完全不同，二者不存在竞争关系。

协鑫智慧能源借壳上市在2019年3月获得并购重组委审核通过，可见证监会上市部在重大资产重组中对于上市公司实际控制人存在同业竞争问题的容忍度远高于IPO审核标准；对于上市公司关联方从事相近业务但不构成实质性同业竞争的说法，以及存在实质竞争的业务与资产只要事出有因、情有可原，且明确给出有效可行的解决方案后能予以放行。

协鑫集团主要控制企业的股权架构见图7-5。

第七章 借壳上市政策、市场情况及案例解析

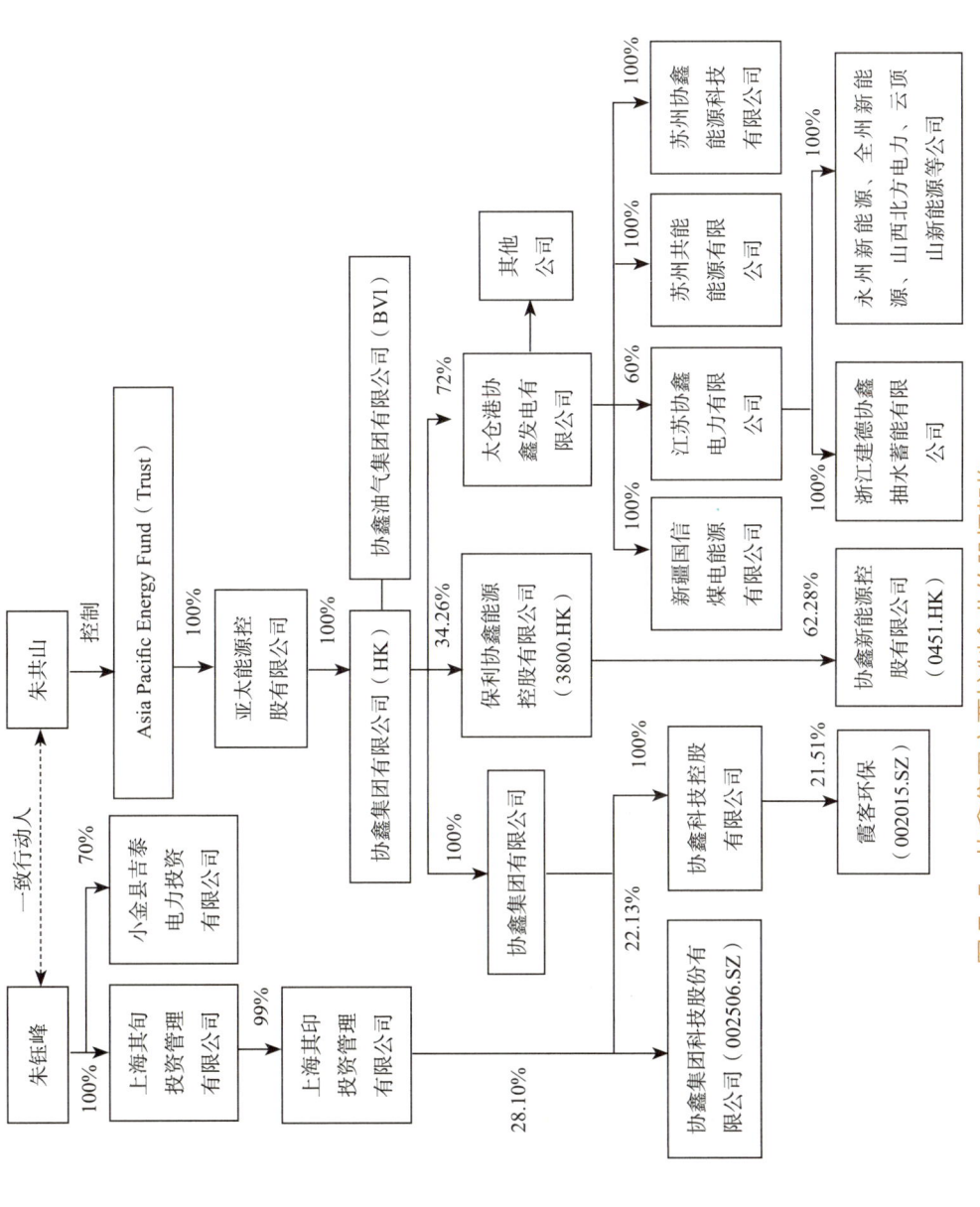

图 7-5 协鑫集团主要控制企业的股权架构

资料来源：《霞客环保：重大资产置换及发行股份购买资产暨关联交易报告书》(2019-05-09)。

2. 首次借壳承诺业绩与实际完成业绩的差异

公司 2016 年首次借壳承诺业绩与实际完成业绩对比情况见表 7-41。

表 7-41 业绩对比

项目	2016 年度	2017 年度	2018 年度
承诺净利润（万元）	40,800.00	42,100.00	42,500.00
实际完成数（万元）	46,028.31	32,406.37	20,111.29
差异率（%）	12.81	-23.03	-52.68

资料来源：《霞客环保：发行股份购买资产并募集配套资金暨关联交易报告书》（2016-09-01）。

由表 7-41 可知，协鑫智慧能源在 2017 年至 2018 年的经营中实际上并没有完成其在 2016 年拟借壳上市时的承诺额，从而间接导致其在第二次借壳的业绩承诺中 2018 年至 2019 年承诺额低于前次承诺额。针对此问题，公司回复证监会的原因包括以下几条：

第一，受宏观环境影响，燃煤热电厂蒸汽销售价格在 2017 年迎来上涨，使得主营业务成本增加。

第二，2017 年以来业务快速发展，新决策开发项目较多，间接融资导致有息负债规模增长较快，财务费用增加。

第三，随着 2017 年以来的开发项目的陆续达产，公司运营规模扩大，预计营业收入和净利润将在 2020 年起出现较大提升，并至 2025 年开始保持稳定。

（六）方案评析

1. 回归 A 股效果：未出现市场套利的财富增值效应

2019 年 12 月 31 日，协鑫能科总市值 72.17 亿元，协鑫集团实际控制的 68.45% 股份对应的市值为 49.40 亿元。本次重组，协鑫集团总成本包括收购霞客环保的 6.87 亿元，以及从香港剥离协鑫智慧能源的总成本 33.08 亿元，合计 39.95 亿元。不考虑税费利息，本次重组，协鑫集团账面财富增加了 9.45 亿元，增值率 23.65%。由于重组过程耗费了 4 年时间，如考虑交易费用和资金成本，则本次港股回归 A 股并未体现出两个市场套利的财富增值效应，原因除 2018 年 A 股整体估值下跌较深以外，也与近年清洁能源行业"消纳难"相关。在全社会用电量增速大幅放缓的当下，"十二五"时期清洁能源发展却十分迅猛，加之我国水、风、光等优势清洁能源资源普遍集中在西部地区，而当地经济发展相对滞后，电力需求量少，就地消纳能力有限，导致行业在 2019 年基本面未达到根本性好转，公司在回归 A 股后股价未

第七章 借壳上市政策、市场情况及案例解析

出现大幅上涨。

但相比之下，2019 年晶澳太阳能（JASO.O）借壳 A 股上市公司天业通联（002459.SZ）则体现了较强的溢价效应。2018 年 7 月 17 日，晶澳太阳能宣布完成与控股母公司晶龙集团的合并交易，正式从美国纳斯达克退市，彼时晶澳太阳能估值为 3.56 亿美元（折合人民币为 24.49 亿元）。在 2019 年的重组上市方案中，其作价增值至 7 亿美元，为其私有化价格的 3 倍。其原因在于美国资本市场对中概股中新能源行业公司的估值远低于中国内地和香港市场。晶澳太阳能的主营业务为硅片、太阳能电池片和太阳能电池组件的生产与销售，2018 年公司实现净利润 71,913.88 万元，对应其 25 亿元市值的静态市盈率仅为 3.48。

2．协鑫集团的资本运作重心从港股市场转战 A 股市场

截至 2019 年年底，协鑫集团所控制的 4 家上市公司的简要关系见图 7-6。

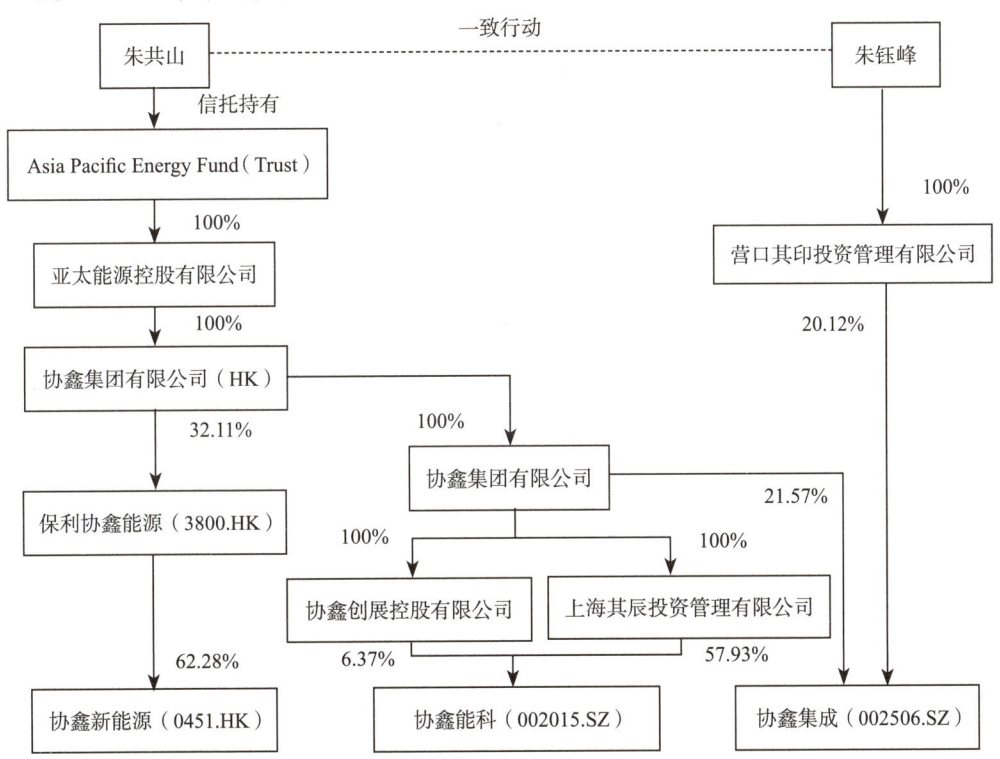

图 7-6　协鑫集团所控制的 4 家上市公司的简要关系

资料来源：Wind，数据截至 2019 年 12 月 31 日。

经整理，协鑫集团 4 家上市公司及其他未上市板块所经营业务见表 7-42。

目前，协鑫集团在光伏和其他清洁能源板块的资产均已上市。截至 2019 年年底，4 家上市公司市值合计约 451.02 亿元，协鑫集团持有部分的市值约 207.64 亿元

（计算时未考虑合并抵消）。集团旗下尚有火电、水电、石油天然气及金融业务等资产未上市。截至2019年年底，协鑫集团在香港和内地资本市场股权融资及并购的运作历程见表7-43。

由协鑫集团自保利协鑫能源上市以来的融资路径可见，公司在2015年12月以前主要的融资平台为两家港股上市公司。在2007—2015年，两家港股上市公司股权融资总计8笔，含1次IPO发行和7次再融资，金额总计183.85亿港元，另进行了1次发行股份收购集团内资产的融资、1次港股借壳上市的融资。随着协鑫集成在2015年6月成功重组超日太阳并在A股上市，公司的资本运作平台重心转到A股市场。集团在A股市场进行了股权再融资3笔，金额总计69.12亿元，另协鑫集成在2018年3月发行股份购买了中建材集团旗下的部分新能源资产。

表7-42　协鑫集团控制的主要经营实体所经营业务

序号	公司名称	所处产业板块	总持股比例（%）	市值（万元）	主营业务
1	协鑫能科（002015.SZ）	清洁能源	68.45	712,747.11	清洁能源（天然气发电、风电、生物质）项目的开发、投资和运营管理，以及相关领域的综合能源服务。
2	协鑫集成（002506.SZ）	综合能源系统集成商	41.69	3,003,190.61	一站式智慧综合能源系统集成商，提供以技术研发为基础、设计优化为依托、系统集成为载体、金融服务支持为纽带、智能运维服务为支撑的一体化"设计+产品+服务"包。
3	保利协鑫能源（3800.HK）	光伏产品	32.11	524,309.84	以环保和再生能源为投资对象的专业化投资控股企业集团，除控股协鑫新能源外，还是多晶硅、硅片等光伏上游原材料生产商，提供全球1/4左右的高效光伏产品。
4	协鑫新能源（0451.HK）	光伏电站	62.28	269,956.47	以太阳能发电为主，集开发、建设、运营于一体，集中式光伏电站和分布式光伏电站两大业务并重发展。
5	保利协鑫石油天然气集团	石油天然气	90.00	未上市	清洁能源的勘探开发、储运加工、贸易销售、终端利用。
6	太仓协鑫发电	火电	72.00	未上市	总装机容量2,170 MW，生产、销售电热及其附属产品，并提供相应的管理和技术服务。
7	协鑫金控	投资	100.00	未上市	专注于绿色金融领域。

资料来源：Wind，数据截至2019年12月31日。

表 7-43 运作历程

时间	公司	事件	发行金额
2007-10	保利协鑫能源	港股 IPO	107,210.00 万港元
2009-05	保利协鑫能源	配售	7,750.00 万港元
2009-06	保利协鑫能源	代价发行，收购协鑫集团太阳能资产	2,208,750.00 万港元
2009-08	保利协鑫能源	配售	367,900.00 万港元
2009-11	保利协鑫能源	配售	556,361.19 万港元
2014-02	保利新能源	借壳森泰集团	144,000.00 万港元
2014-10	保利新能源	配售	74,200.00 万港元
2015-06	协鑫集成	重组超日太阳上市	202,288.00 万元
2015-06	协鑫集成	重组超日太阳上市配套融资	63,000.00 万元
2015-12	保利协鑫能源	供股	346,970.00 万港元
2015-12	保利新能源	供股	234,090.00 万港元
2018-03	协鑫集成	发行股份购买中建材（合肥）新能源等资产	77,456.57 万元
2019-05	协鑫能科	重组霞客环保上市	466,650.00 万元
2019-06	保利协鑫能源	配售	68,000.00 万港元
2019-12	协鑫集成	定向增发融资	328,200.00 万元
2019-12	协鑫能科	定向增发融资	300,000.00 万元

资料来源：Wind。

总体而言，自港股到 A 股，协鑫集团两家香港上市公司在 2014 年前后总市值已经达到 300 亿元级别，其拆分资产回归 A 股后并没有体现出明显的市值增长效应。

第八章
上市公司对赌与支付的 2.0 时代

上市公司对赌方案是一个以业绩承诺和补偿为核心，包含了现金支付、股份锁定及解锁、业绩奖励等条件的估值校正体系，是并购重组各方为确保自身长期利益的一致性而作出的协议安排。合理的对赌方案，可以防止上市公司在并购重组中高估标的资产的预期盈利业绩，敦促标的资产管理层在交割完成后继续履行勤勉尽责的经营义务，保护上市公司及中小股东的利益。2019 年，A 股上市公司并购重组在交易方案中呈现多样化的特点，尤其在支付方式和对赌方案的设计方面出现了不少创新，本章在此予以总结以飨读者。

一、上市公司并购重组中对赌的要求及基本情况

（一）对赌的意义

对赌的基本含义是"估值调整机制"（Valuation Adjustment Mechanism, VAM），指投资方与融资方在达成投资或并购协议时，为解决交易双方对目标公司未来发展的不确定性、信息不对称以及代理成本三大问题而设计的股权价格调整机制。对赌被广泛应用在 VC 及 PE 投资和并购重组交易中。由于在签订股权投资或并购重组协议时，标的资产未来的经营业绩无法准确预测，为顺利完成交易，双方将该不确定性暂时搁置，待未来再根据实际情况进行结算。

无论是外延扩张还是集团母公司注入资产，上市公司并购重组的核心诉求都是增强上市公司的持续盈利能力和核心竞争力，因此标的资产能否实现预期的盈利水平或其他重要经营目标，成为上市公司股东和监管部门最关注的问题。无法完成业绩预测的原因包括宏观经济调整、行业景气度下降、外部环境变化、企业自身经营

不善等，也可能因为预测本身脱离实际，无论哪种原因导致的，均会对上市公司尤其是中小股东的利益造成损害。

与 VC 及 PE 中对赌条款不同的是，上市公司往往采取发行股份购买资产的方式进行资产重组，本质上是以增资扩股来换取资产，如标的资产未来收益折现后无法覆盖所付出的股份对价，则意味着该次增资扩股出资不实，故除了补足差额外，还往往要注销交易对方不应多得的股份。

（二）盈利预测及补偿方面的监管要求

1. 强制利润补偿的情形及相关责任界定

《上市公司重大资产重组管理办法》（2019 年 10 月 18 日）第三十五条对需要强制进行利润补偿的情况作了详细规定：

采取收益现值法、假设开发法等基于未来收益预期的方法对拟购买资产进行评估或者估值并作为定价参考依据的，上市公司应当在重大资产重组实施完毕后 3 年内的年度报告中单独披露相关资产的实际盈利数与利润预测数的差异情况，并由会计师事务所对此出具专项审核意见；交易对方应当与上市公司就相关资产实际盈利数不足利润预测数的情况签订明确可行的补偿协议。

预计本次重大资产重组将摊薄上市公司当年每股收益的，上市公司应当提出填补每股收益的具体措施，并将相关议案提交董事会和股东大会进行表决。负责落实该等具体措施的相关责任主体应当公开承诺，保证切实履行其义务和责任。

上市公司向控股股东、实际控制人或者其控制的关联人之外的特定对象购买资产且未导致控制权发生变更的，不适用本条前二款规定，上市公司与交易对方可以根据市场化原则，自主协商是否采取业绩补偿和每股收益填补措施及相关具体安排。

向非关联的对象购买资产的并购，可以根据实际情况安排对赌，不强制要求进行利润补偿。相对于 2014 年 10 月 23 日之前所有的重大资产重组若"采取收益现值法、假设开发法等基于未来收益预期的方法对拟收购资产进行评估或者估值并作为定价参考依据的"都必须单独披露利润预测数以及补偿安排，2016 年修订的《上市公司重大资产重组管理办法》更贴近市场，上市公司向第三方"购买资产且未导致控制权发生变更的"，不再强制要求利润承诺和补偿了。但涉及购买控股股东、实际控制人或其他关联方资产，基于未来收益预期的方法估值的，业绩对赌仍然是硬性要求。

此外，《关于并购重组业绩补偿相关问题与解答》（2016 年 1 月 15 日）明确了即使是大股东并不实际控制的重组对象（如仅作为并购基金发起者或参与者），仍需要承担业绩补偿责任；此外，对资产基础法评估中的一些特殊情况还进行了强制限定：

（a）无论标的资产是否为其所有或控制，也无论其参与此次交易是否基于过桥等暂时性安排，上市公司的控股股东、实际控制人或者其控制的关联人均应以其获得的股份和现金进行业绩补偿。

（b）在交易定价采用资产基础法估值结果的情况下，如果资产基础法中对于一项或几项资产采用了基于未来收益预期的方法，上市公司的控股股东、实际控制人或者其控制的关联人也应就此部分进行业绩补偿。

另外，《上市公司重大资产重组管理办法》（2019年10月18日）第五十九条还对盈利预测实施情况界定了相关责任：

重大资产重组实施完毕后，凡因不属于上市公司管理层事前无法获知且事后无法控制的原因，上市公司所购买资产实现的利润未达到资产评估报告或者估值报告预测金额的80%，或者实际运营情况与重大资产重组报告书中管理层讨论与分析部分存在较大差距的，上市公司的董事长、总经理以及对此承担相应责任的会计师事务所、财务顾问、资产评估机构、估值机构及其从业人员应当在上市公司披露年度报告的同时，在同一报刊上作出解释，并向投资者公开道歉；实现利润未达到预测金额50%的，中国证监会可以对上市公司、相关机构及其责任人员采取监管谈话、出具警示函、责令定期报告等监管措施。

虽然重组办法并未强制规定赔偿经济损失，但重组后利润不达预期会成为上市公司未来并购重组、再融资等运作的"黑历史"。赛摩电气前次并购重组业绩预测未能完成，是其2019年发行股份收购广浩捷100%股权被证监会并购重组委不予通过的原因之一。

2. 法定补偿的情形、补偿计算公式和承诺期限

《上市公司监管法律法规常见问题与解答修订汇编》（2015年9月18日）就法定补偿的情形、补偿计算公式和承诺期限作了具体的规定：交易对方为上市公司控股股东、实际控制人或者其控制的关联人，应当以其获得的股份和现金进行业绩补偿。如构成借壳上市的，应当以拟购买资产的价格进行业绩补偿的计算，且股份补偿不低于本次交易发行股份数量的90%。进行业绩补偿，应先以股份补偿，不足部分以现金补偿。

在交易对方以股份进行业绩补偿的情况下，通常按照下列原则确定应当补偿股份的数量及期限。

（1）补偿股份数量的计算

基本公式：

（a）以收益法、假设开发法等基于未来收益预期的估值方法对拟购买资产进行

评估或估值的,每年补偿的股份数量为:

当期补偿金额=(截至当期期末累积承诺净利润数-截至当期期末累积实现净利润数)÷业绩承诺期内各年度承诺净利润之和×标的资产交易价格-累积已补偿金额

当期应当补偿股份数量=当期补偿金额÷本次股份的发行价格

当期股份不足补偿的部分,应以现金补偿。

采用现金流量法对拟购买资产进行评估或估值的,交易对方计算出现金流量对应的税后净利润数,并据此计算补偿股份数量。

此外,在补偿期限届满时,上市公司应当对拟购买资产进行减值测试。

如果期末减值额除以拟购买资产交易作价的数值大于补偿期限内已补偿股份总数除以认购股份总数的数值,则交易对方须另行补偿股份:

补偿的股份数量=期末减值额÷每股发行价格-补偿期限内已补偿股份总数

(b)以市场法对拟购买资产进行评估或估值的,每年补偿的股份数量为:

当期应当补偿股份数量=期末减值额÷每股发行价格-补偿期限内已补偿股份总数

当期股份不足补偿的部分,应以现金补偿。

其他事项:

按照前述(a)与(b)两项公式计算补偿股份数量时,应遵照下列原则:

净利润数应当以拟购买资产扣除非经常性损益后的利润数确定。

减值额为拟购买资产交易作价减去期末拟购买资产的评估值并扣除补偿期限内拟购买资产股东增资、减资、接受赠予以及利润分配的影响。会计师应当对减值测试出具专项审核意见,同时说明与本次评估选取重要参数的差异及合理性,上市公司董事会、独立董事及独立财务顾问应当对此发表意见。

在逐年补偿的情况下,在各年计算的补偿股份数量小于0时,按0取值,即已经补偿的股份不冲回。

拟购买资产为非股权资产的,补偿股份数量比照前述原则处理。

拟购买资产为房地产公司或房地产类资产的,上市公司董事会可以在补偿期限届满时,一次性确定补偿股份数量,无须逐年计算。

发表意见:

上市公司董事会及独立董事应当关注拟购买资产折现率、预测期收益分布等其他评估参数取值的合理性,防止交易对方利用降低折现率、调整预测期收益分布等方式减轻股份补偿义务，并对此发表意见。

独立财务顾问应当进行核查并发表意见。

（2）补偿期限

业绩补偿期限一般为重组实施完毕后的三年，对于拟购买资产作价较账面值溢价过高的，视情况延长业绩补偿期限。

3. 承诺方股份优先用于履行业绩补偿的规定

针对存在部分重组交易对象在承诺期间因减持股份导致持股数量低于应补偿股份数量而无法兑现承诺的情况，以及部分交易对象在履行补偿义务时，质押股份少于应补偿股份，也无法履行业绩承诺的情况，证监会在《关于业绩承诺方质押对价股份的相关问题与解答》（2019年3月22日）中规定：

上市公司重大资产重组中，交易对方拟就业绩承诺作出股份补偿安排的，应当确保相关股份能够切实用于履行补偿义务。如业绩承诺方拟在承诺期内质押重组中获得的、约定用于承担业绩补偿义务的股份（以下简称对价股份），重组报告书（草案）应当载明业绩承诺方保障业绩补偿实现的具体安排，包括但不限于就以下事项作出承诺：

业绩承诺方保证对价股份优先用于履行业绩补偿承诺，不通过质押股份等方式逃废补偿义务；未来质押对价股份时，将书面告知质权人根据业绩补偿协议上述股份具有潜在业绩承诺补偿义务情况，并在质押协议中就相关股份用于支付业绩补偿事项等与质权人作出明确约定。

上市公司发布股份质押公告时，应当明确披露拟质押股份是否负担业绩补偿义务，质权人知悉相关股份具有潜在业绩补偿义务的情况，以及上市公司与质权人就相关股份在履行业绩补偿义务时处置方式的约定。

独立财务顾问应就前述事项开展专项核查，并在持续督导期间督促履行相关承诺和保障措施。

4. 其他方面

《关于上市公司业绩补偿承诺的相关问题与解答》（2016年6月17日）规定：

重组方的业绩补偿承诺是基于其与上市公司签订的业绩补偿协议作出的，该承诺是重组方案的重要组成部分，因此，重组方应当严格按照业绩补偿协议履行承诺。

《关于并购重组业绩奖励有关问题与解答》（2016年1月15日）规定业绩奖励应基于标的资产实际盈利数大于预测数的超额部分，奖励总额不应超过其超额业绩部分的100%，且不超过其交易作价的20%。上市公司应在重组报告书中充分披露设置业绩奖励的原因、依据及合理性，相关会计处理及对上市公司可能造成的影响。

（三）2019年上市公司并购重组对赌安排的统计分析

根据证监会会计部每年发布的《证券资产评估市场分析报告》，2016—2018年3年，A股市场重组采用收益法资产评估的加权平均增值率分别为874.16%、1,054.36%和572.98%，高盈利预测仍然具有普遍性，特别是在计算机软件、生物医药、互联网等轻资产行业表现得更显著。为了支撑高估值交易，减少交易双方的信息不对称风险，并取得上市公司中小股东和监管部门的认可，在实务中不论是否为法定情形，交易普遍使用对赌方案。在2019年过会的103单并购中，85单采用了对赌方案，占全部交易单数的82.52%。具体情况请参见本章附件《2019年上市公司并购重组采用资产评估方法及对赌情况一览表》。

上市公司在并购重组中采取了收益法、资产基础法、市场法，或两种方法的组合。根据评估方法的不同，对赌方案的统计数据见表8-1。

表8-1 对赌方案的统计数据

评估方法	交易数（单）	对赌数（单）	对赌比例（%）
收益法	72	69	95.83
资产基础法	19	7	36.84
市场法	6	4	66.67
资产基础法+收益法	5	5	100.00
未评估	1	0	0.00
合计	103	85	82.52

资料来源：Wind。

由表8-1可知，在运用了收益法（含运用两种评估方法）的77单交易中，只有3单交易未进行业绩补偿约定，这3单交易为：中国中铁（601390.SH）发行股份收购子公司少数股权，因为该交易为收购子公司少数股权交易，不构成关联交易，不构成重大资产重组，所以无须安排对赌；沃施股份（300483.SZ）发行股份收购中海沃邦13.30%的股权及耐曲尔99%的股权，因为前次重大资产购买相关方作出的业绩承诺补偿范围能够覆盖本次交易，所以无须安排对赌（2018年2月，沃晋能源支付现金购买中海沃邦27.20%的股权时，当时的交易对方山西汇景、山西瑞隆、博睿天晟作出了业绩承诺，并且本次收购对象均为财务投资人，无法对标的公司的生产经营产生影响，故不存在安排业绩承诺的基础）；华友钴业（603799.SH）发行股份收购华友衢州15.68%的股权，交易虽然采用收益法对标的公司进行评估并作为定价参考依据，但交易对方非上市公司控股股东、实际控制人或者其控制的关联人，也未导致控制权发生变更，不属于法规规定的必须设置业绩承诺的情形。

在以资产基础法进行评估的19单交易中，有7单设置了对赌方案。在以市场法进行评估的6单交易中，在没有强制要求的情况下，也有4单进行了对赌安排，而未进行对赌安排的2单分别为闻泰科技收购荷兰安世半导体，以及置信电气收购英大金融资产。其中，闻泰科技以发行股份及支付现金的方式间接收购安世半导体是A股市场上有标志意义的半导体并购交易；置信电气收购英大金融资产属于国有资产间的资产重组，置信电气第一大股东为国家电网下属的电力科学研究院，对方也是国家电网的全资子公司。

二、定向可转债用于支付并购价款和募集配套资金

A股上市公司对外并购的支付方式主要是发行股份加现金。2018年以来A股市场持续下跌，并购重组和再融资市场屡屡破发，加之减持规定的严格限制，通过发行股份购买资产或募集配套资金达成交易的难度很大。定向可转债作为一种含权债券的支付工具，可以基于交易双方更多的未来选项，开始应用于并购市场以解决单一支付手段的问题。根据统计，2019年全年总计有13家上市公司发行定向可转债作为重要的支付工具，总额达到29.22亿元。2020年随着定增再融资规则出现调整，定增市场又开始转热，但可转债因为有减缓股份稀释速度、没有锁定期、票面利率低等方面的优势，仍然在上市公司的并购交易中受到青睐。

（一）上市公司并购重组支付手段分类

A股并购重组的支付方式可分为以下几类。

1. 自有资金支付

自有资金支付的优势在于支付起来简单快速，[①]且可以保持上市公司的股权结构不变，控股股东的权益不被稀释。自有资金支付的弊端在于会消耗上市公司的资金，限制了交易规模及交易标的范围。此外，它无法利用股份锁定的功能将交易对方与上市公司的长远利益绑定起来，不利于履行对赌条款。对于交易对方来说，股权转让收入能及时落袋为安，无须承担股票价格波动的风险，但往往会因为上市公司分期支付而延迟获得部分现金。在实务中，在境内并购交易中被安排以纯现金支付的项目往往规模不大。

---

① 原则上由股东大会审议批准即可。在实务中，由于涉及信息披露，往往需要提前与交易所沟通并获得认可。

2. 发行普通股份支付

发行普通股份支付为上市公司最常见的支付方式。与现金支付相比，发行普通股份支付的优势在于避免了上市公司动用现金的财务压力，充分利用了资本市场的股权融资功能。交易对方在购买股份后成为上市公司股东，有利于交易双方长期利益的一致性，便于设计和执行对赌条款。此外，根据财税〔2014〕116号文件关于换股收购所得税处理的优惠政策，符合免税条件的发行普通股份支付能够很大程度降低并购双方的税负压力。发行普通股份支付的缺陷在于对上市公司控股股东的权益具有稀释作用，对部分上市公司实际控制权的稳定性会造成一定影响。另外，发行普通股份需要履行证监会上市部或发行部的审核程序。除直接发行普通股份支付外，也可以通过非公开发行普通股份募集资金支付，或者运用配套融资资金支付现金对价。在实践中，往往综合运用上述方式以达到融资目的。

3. 利用并购贷款支付

并购贷款指商业银行等金融机构向并购主体发放的，专门用于支付并购交易的款项。2015年银监会发布《商业银行并购贷款风险管理指引》，允许符合条件的商业银行开展并购贷款业务，并购资金来源中并购贷款所占比例最高可达60%，最长期限为7年。相对于其他类别项目贷款，并购贷款具有期限长、杠杆比例高等特点。其缺点在于会增加企业的负债和财务费用，降低企业并购后的财务盈余指标。此外，金融机构执行放贷标准、增信要求不一，增加了此类融资的不确定性。在上市公司并购实务中，并购贷款经常与并购基金等结构化融资工具配合使用。

4. 组建并购基金收购

上市公司通过并购基金进行杠杆收购，在初期只占用上市公司较少资金来控制标的公司，在后期通过上市公司再发股或现金支付方式受让基金其他出资人的份额，实现各方利益最大化。并购基金的风险在于条款复杂，利益方多，存续期有限。若收购效果不及预期，会对上市公司造成较大的财务和法律风险。

5. 发行含权债券与优先股等工具

可转换债与可交换债两类工具均可被上市公司在并购中向交易对方定向支付，也可以此来募集资金。优先股是一种其股份持有人优先于普通股股东分配公司利润和剩余财产，但参与公司决策管理等权利受到限制的股票。在股价下跌、上市公司股权融资存在困难的情况下，含权债券及优先股能给予投资者选择权，是国际资本市场上并购重组应用广泛的支付工具。

6. 其他方式

指以除现金和发行证券外的其他资产作为并购支付手段的支付方式，类似于以物易物交易。在上市公司重大资产置换中，以土地使用权、知识产权、子公司股权等资产作为支付对价的较常见。此类支付也常见于非上市公司重组。

（二）定向可转债作为支付工具的优势

可转换债券简称"可转债"。对于投资者而言，可转债既能持有到期，也能转换成股票或出售变现，是一种主动权在自己手里的理想投资品种。对于发行主体而言，可转债的票面利率低，未来可以在更好的价格转成股本，相对于现在直接发股给大股东带来稀释效果而言，发行可转债的好处很多。

1. 赋予交易对方远期选择权，有利于达成交易

上市公司发行股份收购资产时，交易对方往往无法对上市公司经营及其股价走势形成准确的判断，如接受可转债支付，未来根据二级市场的走势再决定是否转股，虽然最终获得现金或股份会延期，但却使交易风险可控。此外，上市公司募集配套资金时，通过发行可转债也可吸引更多风险偏好较低的保险公司、社保基金、公募偏债基金之类的机构投资者，从而拓宽上市公司的融资渠道。

2. 延缓上市公司支付现金的时间，降低支付压力

定向可转债支付降低了上市公司当期支付现金的压力，对于因并购产生的债务有延后、缓冲和平滑作用。定向可转债期限一般为3至6年，票面利率极低。并购完成后，如整合效果良好，上市公司业绩和股价增长，持有者有较大概率选择转股；即便持有者选择不转股，也能为上市公司大幅降低财务成本，并争取到长期的支付时间以改善公司的经营状况。

3. 有助于降低对上市公司实际控制权的直接冲击

发行定向可转债不会像发行股份那样立即稀释上市公司控股股东的控股比例，在转化为股本前也不具有权益实质，可避免上市公司股权结构立即发生变化。在交易对方持有期间，控股股东可通过回购或其他交易方式稳固控股权。发行定向可转债可避免摊薄当期每股收益，对股价有稳定作用。

（三）定向可转债的有关规则

截至 2019 年年底，关于定向可转债发行具体细则尚未出台，相关法规要求见表 8-2。虽然定向可转债在性质上属于私募债，但在当前的实践中，其发行条件仍与公开发行可转债的要求一致。

表 8-2　发行定向可转债收购资产的法规要求

法规名称	法规条款
证券法（2019-12-31）	**第十五条**：公开发行公司债券，应当符合下列条件： （一）具备健全且运行良好的组织机构； （二）最近三年平均可分配利润足以支付公司债券一年的利息； （三）国务院规定的其他条件。 公开发行公司债券筹集的资金，必须按照公司债券募集办法所列资金用途使用；改变资金用途，必须经债券持有人会议作出决议。公开发行公司债券筹集的资金，不得用于弥补亏损和非生产性支出。 上市公司发行可转换为股票的公司债券，除应当符合第一款规定的条件外，还应当遵守本法第十二条第二款的规定。但是，按照公司债券募集办法，上市公司通过收购本公司股份的方式进行公司债券转换的除外。
上市公司重大资产重组管理办法（2019-10-18）	**第五十条**：上市公司可以向特定对象发行可转换为股票的公司债券、定向权证用于购买资产或者与其他公司合并。
上市公司证券发行管理办法（2020-02-14）	**第七条**：上市公司的盈利能力具有可持续性，符合下列规定： （一）三个会计年度连续盈利。扣除非经常性损益后的净利润与扣除前的净利润相比，以低者作为计算依据； **第十四条**：公开发行可转换公司债券的公司，除应当符合本章第一节规定外，还应当符合下列规定： （一）三个会计年度加权平均净资产收益率平均不低于百分之六。扣除非经常性损益后的净利润与扣除前的净利润相比，以低者作为加权平均净资产收益率的计算依据； （二）本次发行后累计公司债券余额不超过最近一期末净资产额的百分之四十； （三）三个会计年度实现的年均可分配利润不少于公司债券一年的利息。 **第十五条**：可转换公司债券的期限最短为一年，最长为六年。
公司债券发行与交易管理办法（2015-01-15）	**第二十六条**：非公开发行的公司债券应当向合格投资者发行，不得采用广告、公开劝诱和变相公开方式，每次发行对象不得超过二百人。 **第三十一条**：非公开发行的公司债券仅限于合格投资者范围内转让。转让后，持有同次发行债券的合格投资者合计不得超过二百人。

资料来源：证监会官网。

按照国际市场通行规则，私募债券发行条件应较公募债券更为宽松和灵活，而目前 A 股发行定向可转债要求上市公司必须满足规模上限和过往持续盈利的要求，于中小型上市公司不利。未来国内市场会就定向可转债推出适当放宽要求的发行细则。2019 年 12 月 3 日，新劲刚（300629.SZ）公告完成发行定向可转债后，深交所有关负责人表示，将在首只产品落地实施的基础上，进一步优化定向可转债发行登记、转股、转让等业务的办理流程，为上市公司提供更加便捷高效的服务，平稳有序地推进定向可转债试点工作，不断提升并购重组的市场化水平。

（四）运用定向可转债支付并购价款的情况

1. A 股首只定向可转债

2014 年，国务院发布的《关于进一步优化企业兼并重组市场环境的意见》指出：

允许符合条件的企业发行优先股、定向发行可转换债券作为兼并重组支付方式，研究推进定向权证等作为支付方式。

2018 年 11 月，证监会发布《证监会试点定向可转债并购支持上市公司发展》，提到要积极推进以定向可转债作为并购重组交易支付工具的试点，支持包括民营控股上市公司在内的各类企业通过并购重组做优做强。在证监会推出政策后的次日，即 2018 年 11 月 17 日，赛腾股份（603283.SH）发布公告拟通过发行可转债、股份及支付现金的方式购买菱欧科技 100% 的股权并配套融资，对价 21,000 万元，其中以发行可转债的方式支付交易对价的 60%。根据 2019 年 1 月 23 日晚披露的《并购重组委 2019 年第 2 次会议审核结果公告》，赛腾股份获无条件通过，审核用时仅 22 个工作日，体现了证监会顺应市场新形势，创造条件支持上市公司利用新工具并购重组的积极态度。

根据 2019 年 10 月 25 日众华会计师事务所（特殊普通合伙）对本次交易出具的《验资报告》披露：截至 2019 年 10 月 25 日，本次发行可转债、股份及支付现金购买资产之发行可转债购买资产部分完成后，赛腾股份已经向张玺、陈雪兴以及邵聪发行人民币 126,000,000.00 元的可转债，债券面值为 100 元/张，债券票面利率为年化 0.01%，计息方式为债券到期后一次性还本付息。2019 年 12 月 24 日，上市公司收到登记结算公司上海分公司出具的《证券登记证明》，公司向交易对方发行可转债的相关证券登记手续已办理完毕。

下面讲述一个小小的插曲。创业板上市公司新劲刚（300629.SZ）以发行股份、可转债及支付现金的方式收购宽普科技 100% 的股权，其中以发行股份方式支付对价的 50%，以发行可转债方式支付对价的 10%，以现金方式支付对价的 40%，同时采用了发行股份和可转债相结合的方式募集配套资金不超过 3 亿元，其中可转债募集不超过 7,500 万元。2019 年 12 月 3 日，新劲刚（300629.SZ）公告完成发行定向可转债购买资产的登记工作，定向可转债简称为"劲刚定转"，定向可转债代码为 124001。这是 A 股市场首只完成发行登记的定向可转债，标志着定向可转债产品正式落地实施，深交所走在了上交所前面。

2. 2019 年发行定向可转债进行并购的统计

在 2019 年过会的 103 单并购重组交易中，有 13 单使用了发行定向可转债方式作为支付手段或募集配套资金手段，数量占比为 12.62%。

过会的 13 单并购交易发行定向可转债购买资产的情况见表 8-3。

表 8-3　2019 年上市公司发行定向可转债购买资产的情况

序号	上市公司	总对价（万元）	可转债对价（万元）	可转债占比（%）	募集配套资金（万元）	其中：可转债（万元）	配融可转债占比（%）
1	赛腾股份	21,000.00	12,600.00	60.00	14,000.00	—	0.00
2	继峰股份	375,400.00	40,000.00	10.66	79,800.00	未定	未定
3	新劲刚	65,000.00	6,500.00	10.00	30,000.00	7,500.00	25.00
4	华铭智能	86,500.00	10,000.00	11.56	12,000.00	未定	未定
5	长春高新	563,678.79	45,000.00	7.98	100,000.00	—	0.00
6	中京电子	27,000.00	2,700.00	10.00	24,000.00	24,000.00	100.00
7	雷科防务	62,500.00	28,374.99	45.40	39,700.00	39,700.00	100.00
8	中闽能源	253,855.00	20,000.00	7.88	56,000.00	56,000.00	100.00
9	国泰集团	56,984.32	25,642.95	45.00	28,492.16	28,492.16	100.00
10	必创科技	62,000.00	3,100.00	5.00	25,000.00	12,500.00	50.00
11	科斯伍德	81,289.93	30,000.00	35.71	30,000.00	—	0.00
12	辉隆股份	82,800.00	4,000.00	4.83	64,406.52	51,406.52	79.82
13	中国动力	1,006,332.09	64,250.00	6.38	150,000.00	150,000.00	100.00
合计		2,744,340.13	292,167.94	10.65	561,598.68	369,598.68	65.81

资料来源：Wind。

由于发行标准尚未放开，定向可转债发行规模受限，所有项目均搭配了股份发行或现金支付。在 13 家上市公司中共有 10 家采取了"发行股份 + 发行可转债 + 支付现金"模式，另外 3 家则采取了"发行股份 + 发行可转债"模式。发行可转债总额为 29.22 亿元，占支付总额的比例平均值为 10.65%，可见定向可转债在并购中更多用于向部分特定对象发行。在上述案例中，雷科防务（002413.SZ）收购西安恒达及江苏恒达 100% 股权的交易发行可转债比例最高，达到总对价的 45.40%。

13 单并购交易均向投资者非公开募集配套资金，其中 5 单为 100% 发行可转债募集，3 单为 100% 发行股份募集，剩余 5 单采取"发行股份 + 发行可转债"的方式募集。在可以确认募集发行占比的 11 单交易中，发行可转债募集资金总额为 36.96 亿元，占募集资金总额的 65.81%。

（五）以定向可转债作为支付工具的并购案例

1. 赛腾股份收购菱欧科技：开以定向可转债收购资产之先河

这是 A 股第一个采用发行定向可转债收购资产的案例。苏州赛腾精密电子股份有限公司（603283.SH，简称"赛腾股份"）成立于 2007 年，主要从事自动化生产设备的研发、设计、生产、销售及技术服务，主要产品包括自动化组装设备、自动化检测设备及治具类产品，2017 年在上交所上市。本次收购标的苏州菱欧自动化科技股份有限公司（简称"菱欧科技"）是一家为客户提供各类自动化生产和检测设备、智能制造解决方案和服务的高新技术企业，2016 年在新三板挂牌（837056.OC）。2018 年 11 月，赛腾股份董事会通过交易方案，拟通过发行可转债、股份及支付现金的方式购买张玺、陈雪兴、邵聪持有的菱欧科技 100% 的股权，标的总作价 21,000 万元，其中发行可转债支付 12,600 万元（占比 60%），发行股份支付 2,100 万元（占比 10%），以现金支付 6,300 万元（占比 30%），向 3 名发行对象的各类支付手段及比例一致。本次交易，上市公司还将通过询价方式向不超过 10 位特定对象发行股份募集不超过 14,000 万元配套资金。本次交易不构成重大资产重组或关联交易，发行股份和可转债对原控股股东稀释比例很低。具体发行购买方式见表 8-4。

表 8-4 具体发行购买方式

交易对方	持有标的股份比例（%）	总对价（万元）	可转债对价（万元）	现金对价（万元）	股份对价（万元）
张 玺	41.00	8,610.00	5,166.00	2,583.00	861.00
陈雪兴	37.50	7,875.00	4,725.00	2,362.50	787.50
邵 聪	21.50	4,515.00	2,709.00	1,354.50	451.50
合计	100.00	21,000.00	12,600.00	6,300.00	2,100.00

资料来源：《赛腾股份发行可转换债券、股份及支付现金购买资产并募集配套资金报告书》（2019-01-31）。

（1）发行定向可转债方案

由于上市公司 2015—2017 年实现归属于母公司所有者的净利润分别为 12,704.65 万元、4,804.87 万元、9,566.91 万元，加权净资产收益率分别为 60.09%、16.35%、27.40%，本次发行可转债后公司累计债券余额为 1.26 亿元，不超过最近一期期末净资产的 40%，符合公开发行可转债的全部条件。

本次发行可转债的主要条款如下。

发行面值：100 元 / 张。

发行数量：126 万张。

票面利率：0.01% / 年，计息方式为债券到期后一次性还本付息。

转股价格及可转股数量：参照本次发行股份购买资产的定价标准确定为 19.30 元 / 股。发行价格的定价依据为不低于定价基准日前 60 个交易日公司股票交易加权平均价格的 90%，即 19.29 元 / 股。据此计算可转股数量为 6,528,495 股，占转股后总股本的 3.83%。

转股来源：公司发行的股份或公司因回购股份形成的库存股。

债券期限：发行之日起 3 年。

转股期限：自相应债券满足解锁条件时起，至债券存续期终止日止。

锁定期：12 个月内不得转让及转股（限制期），12 个月后分批解锁。

解锁条件：12 个月限制期届满后，其所持的因本次交易而获得的可转债应按 30%、30%、40% 的比例分三期解锁，解锁条件与业绩承诺完成及补偿执行情况挂钩，具体解锁条件见表 8-5。

表 8-5 解锁条件

期数	解锁条件	累计可解锁的可转债
第一期	赛腾股份在指定媒体披露标的公司 2018 年度盈利预测实现情况的专项审核报告且 12 个月限制期届满后，标的公司 2018 年的实际净利润达到 2018 年的承诺净利润。	可解锁的可转债 = 本次向交易对方发行的可转债 ×30% − 当年已补偿的可转债
第二期	赛腾股份在指定媒体披露标的公司 2019 年度盈利预测实现情况的专项审核报告后，标的公司 2018—2019 年的实现净利润之和达到 2018—2019 年的承诺净利润之和。	可解锁的可转债 = 本次向交易对方发行的可转债 ×60% − 累计已补偿的可转债
第三期	赛腾股份在指定媒体披露标的公司 2020 年度盈利预测实现情况的专项审核报告和承诺期间减值测试报告后，标的公司 2018—2020 年的实现净利润之和达到 2018—2020 年的承诺净利润之和，本次向交易对方发行的全部可转债均可解锁。	可解锁的可转债 = 本次向交易对方发行的可转债 ×100% − 累计已补偿的可转债

资料来源：《赛腾股份发行可转换债券、股份及支付现金购买资产并募集配套资金报告书》（2019-01-31）。

转股价格向下或向上修正的条款见表 8-6。

业绩承诺及补偿：补偿义务人（全部 3 名发行对象）承诺 2018—2020 年净利润不低于 1,500 万元、1,700 万元、2,100 万元，先以本次交易所取得的可转债进行补偿，不足部分以本次所取得的股份进行补偿，仍有不足的部分则以现金进行补偿。

表 8-6　转股价格向下或向上修正的条款

适用安排		具体安排
向下修正	修正前提	公司股票在任意连续 30 个交易日中至少有 15 个交易日的收盘价低于当期转股价格的 90%。
	修正次数	不限。
	修正后的价格区间	不得低于董事会决议公告日前 20 个交易日、60 个交易日或者 120 个交易日交易均价的 90%，且不低于上市公司最近一期经审计的每股净资产值和股票面值。
	修正程序	1. 公司股票价格运行情况符合修正价格前提； 2. 公司召开董事会提出修正方案并提交公司股东大会审议表决； 3. 公司召开股东大会审议转股价格修正方案。
向上修正	修正前提	持有人提交转股申请日前 20 日赛腾股份股票交易均价不低于当期转股价格的 150%。
	修正次数	不限。
	修正后的价格区间	当期转股价格的 130%，最高不超过初始转股价格的 130%。
	修正程序	1. 交易对方提出转股申请； 2. 上市公司审查提交转股申请日前 20 日公司股价运行情况是否符合修正前提； 3. 如满足修正条件，则上市公司通知交易对方及交易所以当期转股价格的 130% 作为转股价格进行转股； 4. 交易对方完成转股登记。

资料来源：《赛腾股份发行可转换债券、股份及支付现金购买资产并募集配套资金报告书》（2019-01-31）。

强制转股条款：公司股价连续 30 个交易日不低于当期转股价格的 130% 时，上市公司董事会有权提出强制转股方案，经股东大会三分之二以上通过可实施。

提前回售安排：可转债达到解锁条件后，如股价连续 30 个交易日均低于转股价格的 80%，则交易对方有权行使提前回售权，将满足解锁条件的可转债的全部或部分以面值加当期应计利息的金额回售给上市公司。

（2）方案分析

①超低利息支付

本次定向发行可转债的票面利率仅 0.01%，几乎可忽略不计。根据 Wind 统计的数据，2019 年沪深交易所共发行 161 只可转债（含公募和私募可转债，不含定向可转债），其中希望转债（127015.SZ）票面利率最低，为 0.20%—1.60%（5 年期），其余大部分公募可转债票面利率为 0.40%—2.00%。2019 年用作并购重组的定向可转债票面利率则大部分采取 0 利率。假设 3 名发行对象均持有到期，不进行转股，则上市公司相当于延期 3 年支付 1.26 亿元支付款；按照 4.35% 贷款基准利率计算，上市公司每年节省了 548.10 万元财务费用。

发行对象之所以能够接受这样的利率安排，是因为可转债的"期权"特性可以保障其在股价下跌时选择以债券的方式获得确定的现金回报,在股价上涨时选择转换为股票以获取股权增值收益。在这种兜底安排下,交易对方对可转债的利率水平敏感度不高。

②锁定期与对赌方案挂钩,有利于交易双方的利益平衡

本次发行可转债设置了分期解锁条件,并将可转债解锁条件与业绩承诺执行情况挂钩,既能够对冲并购后标的公司经营业绩波动给上市公司带来的风险,又能够在锁定期内绑定交易对方。可转债持有人在并购完成后仍担任菱欧科技管理层职位,锁定期内将更重视收购后双方的整合以及上市公司未来的成长,促进了双方长远利益的一致性。

③特殊安排条款兼顾各方利益

特殊安排条款是对发行条件中价格修正条款、强制转股条款和提前回售条款的统称。2019年发行定向可转债收购资产的上市公司均针对项目特质设置了特殊安排条款。在本项目中,由于上市公司大股东控股比例较高(发行后为62%),涉及股东大会表决的条款均采取了三分之二以上通过原则。

价格修正条款包括转股价格下修条款和转股价格上修条款。

转股价格下修条款:设置转股价格下修条款的目的是促进可转债持有人转股,避免因公司股价下跌至转股价以下后,可转债持有人不进行转股而增加上市公司的偿债压力。在本项目中,转股价格下修条款的触发条件为"任意连续30个交易日中至少有15个交易日的收盘价低于当期转股价格的90%",由董事会提议,并由股东大会三分之二表决通过,确保中小股东利益。

转股价格上修条款:设置转股价格上修条款的目的是保护原股东利益,避免可转债持有人在股价大幅上涨后转股导致每股收益被过分稀释。在本项目中,转股价格上修条款的触发条件为"持有人提交转股申请日前20日赛腾股份股票交易均价不低于当期转股价格的150%",符合条件即强制通知持有人以当期转股价格的130%作为转股价格进行转股,无须履行其他内外部程序。由于可转债已赋予持有人看涨期权,保障了其最低收益,为遵循风险收益配比的原则,也应在转股数量上给予其一定的"打折",从而让上市公司原股东能够更加公平地分享股价上涨带来的收益,平衡各方利益。转股价格上修条款具有促使持有人行权的作用,上市公司股价上涨至转股价格的150%时会令可转债持有人出现"断崖"式损失,有利于其在股价上涨不高时尽快转股。

强制转股条款:由于可转债的债权属性,在股价下跌时,它保障了持有人的利益,在股价上升时,上市公司则承担了支付债务的潜在现金压力,强制转股条款可以解除这种压力。在本项目中,"股价连续30个交易日不低于当期转股价格的130%

时，上市公司董事会有权提出强制转股方案"，提交股东大会表决通过即可转股，能够有效保护原股东利益，也能保证上市公司财务的稳健性。

提前回售条款：设置提前回售条款的目的是保护可转债持有人利益。当上市公司股价长期远低于行权价时，长期持有对于持有人来说就失去了意义，由上市公司现金回购可实现持有人提前退出。在本项目中，提前回售条件为满足解锁条件后，"股价连续30个交易日均低于转股价格的80%"，条件成立时，可转债持有人可以决定是否行权，如当期放弃行权，须在下个会计年度股价重新满足条件时才能提出行权。值得注意的是，如果持有人放弃行权，则未回售的可转债将按照每年0.6%计算利息，高于票面利率。这也是给予债券持有人的一项优惠条件，促进其持有债券，在条件达到时再转股。

2. 中国动力收购子公司少数股权：创新的"债转股"式重组

中国动力（600482.SH）全称是中国船舶重工集团动力股份有限公司，是央企中船重工集团的成员企业，是国内最大的动力装备上市公司，业务涵盖燃气动力、蒸汽动力、化学动力、全电动力、柴油机动力、热气机动力、海洋核动力等动力及相关辅机配套。公司前身为风帆股份，于2004年在上交所上市。截至2018年年底，中船重工集团一致行动人合计持有公司64.79%的股份。

本次重组，上市公司拟分别向中国华融、大连防务投资、国家军民融合产业投资基金、中银投资、中国信达、太平国发、中船重工集团、中国重工发行普通股和可转债购买其持有的广瀚动力7.79%的股权、长海电推8.42%的股权、中国船柴47.82%的股权、武汉船机44.94%的股权、河柴重工26.47%的股权、陕柴重工35.29%的股权、重齿公司48.44%的股权，交易对价1,006,332.09万元，并拟向不超过10名投资者公开发行可转债募集配套资金150,000万元。本次重组本质上是一次创新的"债转股"式重组。

（1）重组基本方案

2018年8月至2019年1月，本次重组的7家标的公司引入特定投资者进行增资，投资者包括中船重工集团、中国重工和其他6名外部投资者。用作增资的资产包括债权、土地使用权、国有独享资本公积、应收股利、现金等。

本次重组的标的资产及支付方式见表8-7。重组完成后，考虑收购及配套融资发行的可转债转股后，实际控制人的持股比例将为56.16%，不改变其绝对控股地位。其中，关于发行可转债的相关条款如下。

票面利率：第一年0.5%、第二年1%、第三年1.5%、第四年2%、第五年2.5%。采用每年付息一次的付息方式，到期归还所有未转股的可转债本金和最后一年利息。

表 8-7 标的资产及支付方式

序号	标的资产	交易对方	支付方式 普通股（万元）	可转债（万元）
1	广瀚动力 7.79% 的股权	国家军民融合产业投资基金	7,366.41	—
		中银投资	4,604.01	—
2	长海电推 8.42% 的股权	国家军民融合产业投资基金	15,188.85	—
		中银投资	9,493.03	—
3	中国船柴 47.82% 的股权	中国华融	81,263.35	—
		大连防务投资	86,597.27	—
		中船重工集团	19,945.86	—
		中国重工	106,893.06	—
4	武汉船机 44.94% 的股权	大连防务投资	85,133.68	—
		国家军民融合产业投资基金	38,058.90	—
		中银投资	23,786.81	—
		中船重工集团	39,649.16	—
		中国重工	103,076.10	—
5	河柴重工 26.47% 的股权	大连防务投资	30,116.39	—
		国家军民融合产业投资基金	19,101.72	—
		中银投资	11,938.57	—
6	陕柴重工 35.29% 的股权	中国信达	80,271.30	20,689.66
		太平国发	20,990.24	4,250.00
7	重齿公司 48.44% 的股权	中国信达	158,607.38	39,310.34
合计		—	942,082.09	64,250.00

资料来源：《中国动力发行普通股和可转换公司债券购买资产并募集配套资金暨关联交易报告书》（2019-12-04）。

转股价格及可转股数量：上市公司发行可转债的初始转股价格为 20.23 元 / 股，与发行股份定价方式相同，不低于定价基准日前 20 个交易日股票交易均价的 90%。据此计算可转股数量为 3,175.98 万股（不含配套融资发行的可转债可转股数量），占转股后总股本的 1.45%。

转股来源：公司发行的股份或公司因回购股份形成的库存股。

债券期限：发行之日起 5 年。

担保评级：不设担保，不安排评级。

转股期限：自发行结束之日起满 12 个月后第一个交易日起至可转债到期日止。

锁定期：债券持有人取得标的资产股权的时间低于 12 个月的，可转债锁定期为 36 个月；高于 12 个月的，锁定期为 12 个月。锁定期内满足转股条件的可转股，所转股份亦遵守前述限售期约定。

特殊条款：转股价格向上／向下修正条款、赎回条款、回售条款等。

（2）发行可转债配套募资

中国动力拟向不超过 10 名投资者非公开发行可转债来募集配套资金，总额不超过 15 亿元，所发行的可转债主要条款与收购资产所发行可转债基本一致，区别主要在于定价基准日（上市公司募集配套资金发行期首日）和可转债期限（6 年）。募集的配套资金扣除中介机构费用及其他相关费用后，将用于补充上市公司的流动资金和偿还债务。这是 A 股上市公司第一次采用 100% 发行定向可转债的形式募集配套资金。

截至 2019 年 9 月 30 日，公司长短期借款共计 349,467.44 万元，公司经营活动产生的现金净额为 –109,511.11 万元，面临较大的流动性压力。本次发行可转债期限为 6 年，能较大程度地缓解公司资金的流动性问题。

（3）方案评析

其一，突破公开发行可转债财务指标限制。中国动力 2016—2018 年扣除非经常性损益后加权净资产收益率分别为 5.50%、4.15%、3.68%，三年平均低于 6%，突破了法规对于公开发行可转债"最近三个会计年度加权平均净资产收益率平均不低于百分之六"的要求。它也是全年唯一突破这一要求的公司，虽然有其央企背景的特殊性，但也显示出监管部门对于上市公司运用含权债进行并购重组的鼓励。未来如可以复制，则通过发行定向可转债收购资产的上市公司将大幅扩容。

其二，信达资管通过对子公司债转股方式投资，以获取上市公司可转债实现退出。在本项目中，发行对象中国信达对陕柴重工和重齿公司的投资完全是以购买可转债方式进行的，对价总额为 60,000.00 万元。根据重组方案披露的前次债转股交易信息，中国信达在 2018 年以 10 亿元债权对陕柴重工增资，以 19 亿元债权对重齿公司增资，增资所用的债权均为受让中船财务对标的公司的贷款债权而来。本次针对这两笔投资的发行对价分别为 100,960.96 万元和 197,917.72 万元，溢价率为 3.06%。

信达资管在上市公司的子公司层面以债转股方式投资陕柴重工和重齿公司，在财务报表上不仅能够降低上市公司的债务比例，还能避免上市公司的融资性现金流出。对于陕柴重工和重齿公司而言，引入特定投资者偿还债务，能够减轻公司的财务负担，提高利润水平。随后上市公司以发行股份与可转债的方式收购这部分增资的子公司股权，就能在母公司层面实现证券化，优化上市公司的资本结构。另外，引入信达集团等特定投资者将增强上市公司的综合实力。

三、2019 年上市公司并购重组中对赌与支付案例评析

吸取了 2016—2018 年相当数量的业绩承诺人无力补偿,致使上市公司的 2018 年年报纷纷暴雷商誉的教训,2019 年的上市公司对赌方案设计较之前更严格缜密,本节选取几个代表性案例进行简要评析。

(一)华铭智能收购聚利科技:股份及可转债的解锁与对赌条件挂钩

华铭智能(300462.SZ)收购聚利科技(430162.OC),一方面安排了可转债支付工具,另一方面就解锁条件专门约定了出售方的利润补偿义务、应收账款补偿义务和减值测试补偿义务。

1. 方案概述

上海华铭智能终端设备股份有限公司(简称"华铭智能")是专业从事轨道交通、快速公交(BRT)等各个领域自动售检票系统终端设备的自主研发、制造与销售的公司,2015 年在创业板上市。本次收购对象北京聚利科技股份有限公司(简称"聚利科技")曾在新三板挂牌,是专业从事 ETC 系统系列产品、车载设备等产品的研发、生产和销售的公司。韩智作为大股东及实际控制人,持有聚利科技 49.04% 的股份。

上市公司拟向韩智等 52 名聚利科技股东以发行股份、可转债及支付现金的方式购买聚利科技 100% 的股权,并向不超过 5 名特定投资者非公开发行可转债募集配套资金。标的公司作价 86,500.00 万元,其中股份对价 70,000.00 万元,可转债对价 10,000.00 万元,现金对价 6,500.00 万元。募集配套资金总额不超过 12,000.00 万元。

本次标的资产的评估采用收益法。有关标的资产评估及交易对价情况见表 8-8。

表 8-8 标的资产评估及交易对价

标的资产	账面价值(万元)	评估方法	评估值(万元)	增值率(%)	交易对价(万元)
聚利科技 100% 的股权	48,131.10	收益法	86,600.00	79.93	86,500.00

资料来源:《华铭智能:发行股份、可转换债券及支付现金购买资产并募集配套资金暨关联交易报告书》(2019-09-12)。

交易对价相对于 2018 年度 4,551.09 万元净利润,其市盈率为 19.01;对应承诺期平均净利润 7,756.67 万元,其市盈率为 11.15。

2. 对赌方案

(1)补偿义务人

韩智等 7 名交易对象均为标的公司创始人及管理团队成员。在本次收购中,7 名

交易对象获得的交易对价占交易总对价的 84.85%。有关业绩承诺方获取对价的情况见表 8-9。

表 8-9 业绩承诺方获取对价的情况

序号	承诺方	交易对价总额（万元）	持有标的比例（%）	现金对价（万元）	股份对价（万元）	可转债对价（万元）	非现金对价合计（万元）	非现金对价占比（%）
1	韩 智	42,423.91	49.04	—	36,079.25	6,344.66	42,423.91	100.00
2	桂 杰	15,919.81	18.40	—	13,538.94	2,380.87	15,919.81	100.00
3	韩 伟	3,277.61	3.79	3,277.61	—	—	—	0.00
4	孙福成	3,277.61	3.79	—	2,787.43	490.18	3,277.61	100.00
5	吴亚光	3,277.61	3.79	—	2,787.43	490.18	3,277.61	100.00
6	张永全	3,262.00	3.77	3,222.39	39.61	—	39.61	1.21
7	曹 莉	1,966.57	2.27	—	1,672.46	294.11	1,966.57	100.00
承诺方合计		73,405.11	84.85	6,500.00	56,905.11	10,000.00	66,905.11	91.15
非承诺方（45人）		13,094.89	15.15	—	13,094.89	—	13,094.89	100.00
总计		86,500.00	100.00	6,500.00	70,000.00	10,000.00	80,000.00	92.49

资料来源：《华铭智能：发行股份、可转换债券及支付现金购买资产并募集配套资金暨关联交易报告书》(2019-09-12)。

（2）业绩承诺与利润补偿相关条款

业绩承诺方承诺聚利科技 2019—2021 年度的利润分别不低于 6,500 万元、7,800 万元、8,970 万元。聚利科技经营业绩及盈利预测见表 8-10。

表 8-10 经营业绩及盈利预测

项目	经营业绩		盈利预测			
	2017 年	2018 年	2019 年	2020 年	2021 年	承诺合计
净利润（万元）	8,370.68	4,551.09	6,500.00	7,800.00	8,970.00	23,270.00

资料来源：《华铭智能：发行股份、可转换债券及支付现金购买资产并募集配套资金暨关联交易报告书》(2019-09-12)。

①逐年补偿触发比例

业绩承诺期前两年（2019 年、2020 年），如聚利科技当年实际净利润数不低于当年承诺净利润数的 95%，则业绩承诺方可暂不履行补偿义务。

②承诺第一年加重补偿力度机制

如 2019 年度实际净利润数低于承诺净利润数的 90%，则业绩承诺方须补偿金额为按照《业绩补偿协议》约定公式计算的应补偿金额的 1.3 倍。

③ 补偿公式

应补偿金额的计算公式如下。业绩承诺方按照各自所转让的聚利科技的相对比例承担补偿责任。该公式为 A 股市场利润补偿中以股份补偿的一般公式，即

当期补偿金额 =（截至当期期末累积承诺净利润数 − 截至当期期末累积实现净利润数）÷ 业绩承诺期内各年度承诺净利润之和 × 标的资产交易价格 − 累积已补偿金额

④ 补偿顺序

股份和现金优先于可转债。各业绩承诺方应当优先选择以其通过本次交易所获得的上市公司股份或以现金方式进行补偿；剩余部分，先以其通过本次交易所获得的可转债转换的华铭智能股份进行补偿后，再以可转债进行补偿。

⑤ 补偿上限

各业绩承诺方以其在本次交易中所获得的全部交易对价作为其履行《业绩补偿协议》约定的补偿义务的上限。由前述安排可计算出本交易的利润补偿覆盖比例为 84.85%，即 7 名交易对象以在交易中所获得的全部股份、现金及可转债作为补偿上限。

⑥ 设定权利限制条款

业绩承诺方通过本次交易所获得的上市公司新增股份、新增可转债及可转债转换的股份将按照《购买资产协议》及其补充协议的约定设置锁定期，同时业绩承诺方承诺，未经上市公司书面同意，业绩承诺方不会对其所持有的尚处于锁定期内的新增股份、可转债及可转债转换的股份设定质押或其他权利负担。

⑦ 应收账款回收考核机制

由于聚利科技应收账款的账面价值高（评估基准日账面价值为 4.16 亿元，应收账款周转率为 0.53 次/年），回款风险较大，故专门针对业绩承诺到期时标的公司应收账款情况设置 2022—2024 年为期 3 年的延长期考核计划。该考核的补偿义务人与业绩承诺人一致。考核机制的核心内容整理如下。

（a）上市公司将对聚利科技业绩承诺期末的应收账款的后续回收情况进行考核。

考核基数 = 聚利科技截至 2021 年 12 月 31 日经审计的应收账款账面金额 × 90%

应收账款账面金额 = 应收账款账面余额 − 应收账款坏账准备

（b）如聚利科技在 2023 年 12 月 31 日对上述截至 2021 年 12 月 31 日的应收账款账面金额仍未能完全回收的，则业绩承诺方应就未能回收的差额部分向上市公司支付补偿金。

补偿金额 = 聚利科技截至 2021 年 12 月 31 日经审计的应收账款账面金额 × 90% − 聚利科技截至 2023 年 12 月 31 日对前述应收账款的实际回收金额

（c）如聚利科技于 2024 年 1 月 1 日至 12 月 31 日期间继续收回截至 2021 年 12 月 31 日应收账款，则上市公司应在聚利科技每次收回前述应收账款（以聚利科

技实际入账为准）之日起 5 个工作日内，向业绩承诺方支付与所收回账款等额的金额。聚利科技已收回金额达到截至 2021 年 12 月 31 日经审计的应收账款账面金额的 90% 后，继续收回应收账款的，上市公司无须向业绩承诺方支付等额价款。

⑧ **股份及可转债质押担保**

以本次交易中业绩补偿义务人取得的处于限售期股份的 70% 及可转债面值的 70% 进行质押，作为其履行利润补偿义务、应收账款补偿义务和减值测试补偿义务的担保。每期限售股或可转债解除限售后，方可办理该批解禁限售股或可转债面值的 70% 数量的股票或可转债的解质押登记手续。

⑨ **股份锁定期**

除韩伟外，其余 6 名承诺人均取得了股份对价，解锁安排如下。

完成业绩承诺的解锁比例：

持股期满 12 个月后，2019—2021 年如实现对赌业绩，按照 35%、40%、25% 的比例进行解锁。由于各年承诺业绩占总承诺比值分别为 27.93%、33.52%、38.55%，本安排并未完全与业绩承诺同步。

应收账款回收考核对应股份锁定：

由于整体对赌方案安排了应收账款回收考核，并将考核期延伸至 2024 年年底，故在此基础上延长了 2021 年解锁股份比例。假设 2021 年实现业绩对赌，仍须将按照以下公式计算的股份进行质押，并对差额所对应的可转债转换的股份及可转债（若有）进行锁定。

继续质押股份数 = 截至 2021 年 12 月 31 日聚利科技经审计合并报表应收账款账面金额 ×90% ÷ 本次新增股份的发行价格

应收账款账面金额 = 应收账款账面余额 − 应收账款坏账准备

继续质押可转债张数 = 锁定可转债张数 = [（截至 2021 年 12 月 31 日聚利科技经审计合并报表应收账款账面金额 ×90% − 本次新增股份的发行价格 ×（业绩承诺方于本次交易中所获得股份 ×25% + 可转债转换的股份）] ÷ 可转债面值

根据聚利科技 2019 年 6 月 30 日的财务数据，公司应收账款账面金额为 41,566.55 万元，如 2021 年年底仍保持这一水平，据此计算业绩承诺方全部 25% 的股份都不得解锁，除非应收账款账面价值低于 19,444.44 万元（本次发行全部股份对价 ÷90%×25%），否则 2021 年年末解锁的剩余股份将被继续质押。

应收账款回收考核对应股份解锁：

（a）2023 年 1 月 31 日前，按照已收回金额对业绩承诺方锁定的相应可转债进行解锁后，对业绩承诺方锁定的相应新增股份及可转债转换的股份进行解锁，若业绩承诺方相应可转债未完全解锁，则不对新增股份及可转债转换的股份进行解锁。

解锁股份数量＝（已收回金额－锁定的可转债票面金额）÷本次新增股份的发行价格

（b）2024年1月31日前，若已收回金额达到截至2021年12月31日聚利科技经审计合并报表应收账款账面金额的90%，或已按照《业绩补偿协议》及其补充协议之约定完成现金补偿，则对剩余股份及可转债转换的股份进行解锁。

该股份解锁方案与应收账款的考核期严格对应，但如交易对象完成业绩承诺，则针对应收账款考核回收考核的股份数量为业绩承诺人在交易中获取股份的25%和全部可转债，即用于应收账款考核对应的锁定证券上限为24,226.28万元。

⑩**可转债锁定**

承诺人中5名获得可转债对价的发行对象，可转债发行结束之日起36个月内不得转让，通过可转债转换的华铭智能股票自可转债发行结束之日起36个月内不得转让。36个月后，视业绩完成情况和应收账款账面价值情况，在完成补偿和应收账款考核锁定后，解锁剩余可转债及可转债转换的股份。

由于可转债在补偿顺位上劣后于股份和现金，故其锁定期遵从补足股份锁定中不足补偿要求的部分即可。

⑪**超额业绩奖励**

若聚利科技2019—2021年度累积实现的扣除非经常性损益后归属于母公司所有者的净利润超过《业绩补偿协议》约定的承诺净利润总和，上市公司应当将聚利科技2019—2021年度累积实现的净利润总和超过承诺净利润总和部分的50%（上限为本次标的资产交易价格总额的20%）作为奖金奖励给届时仍在聚利科技或上市公司任职的包括但不限于聚利科技的核心管理团队成员在内的相关主体，具体奖励对象由业绩承诺方自行协商确定。

3. 对赌方案的进一步评析

华铭智能收购聚利科技的交易对赌方案综合运用了股份及可转债锁定、质押担保等，并根据标的公司回款周期较长的特点设置了应收账款回收考核机制，具备较强的风险控制能力和履行义务保障。

（1）根据承诺相应设置了锁定期

在本次交易中，业绩补偿义务人获得的股份及可转债对价占其获得总对价的91.15%，占比较高，且《购买资产协议》及其补充协议约定，将本次交易获得的股份在业绩承诺期内按照业绩补偿义务履行情况设置分批解锁条件，将获得的可转债自发行结束之日起36个月后按照业绩补偿义务履行情况设置解锁条件，且针对截至2021年12月31日聚利科技应收账款回收情况设置了股份及可转债的锁定。通过上述安排能够确保如果触发补偿义务、应收账款补偿义务和减值测试补偿义务,业绩补偿义务人具有充分的履约保障能力。

(2)安排应收账款考核降低了标的公司承诺期虚增业绩的风险

根据 2016—2018 年以来的实际情况,部分上市公司在高价收购资产后,标的资产往往能够完成承诺期内的利润要求,但对赌期一过,标的公司业绩立即"变脸",其中因应收账款出现大面积回收风险而计提坏账准备的情况十分普遍。

2018—2019 年,类似风险的暴露使证监会并购重组委在审核时尤其关注标的方应收账款、存货以及关联方依赖的问题,仅仅安排业绩对赌并不足以有效控制风险,传统上仅安排资产减值测试又缺乏业务针对性,故部分上市公司在并购重组中针对标的公司的业务特性设置了应收账款考核、存货减值测试、无形资产减值测试条款,并针对性地设计了补偿方案。在本项目中,由于聚利科技过往 3 年应收账款恶化情况较严重,净利润在近 3 年也经历了严重下滑,因此在对赌方案中针对特有风险设置了考核机制,并将考核期延伸到对赌期后 3 年。该方案得到了股东和监管层的认可。

(二)汇川技术收购贝思特:运用多项非营利性指标对赌

1. 方案概述

深圳市汇川技术股份有限公司(300124.SZ,简称"汇川技术")是专门从事工业自动化和新能源相关产品研发、生产和销售的高新技术企业,为机电业综合产品及解决方案供应商。公司于 2010 年 9 月在创业板上市。本次收购的标的上海贝思特电气有限公司(简称"贝思特")是一家国内领先的电梯电气部件的专业制造商,产品涵盖人机界面、门系统、电缆、井道电气及其他(控制系统等)电梯电气部件。

本次收购,汇川技术拟分别向赵锦荣、朱小弟、王建军发行股份及支付现金购买其合计持有的贝思特 100% 的股权。发行及支付情况见表 8-11。

表 8-11 发行及支付情况

序号	交易对方	持有标的公司比例(%)	总交易金额(万元)	现金购买 51% 股权的金额(万元)	发行股份购买 49% 股权的金额(万元)
1	赵锦荣	84	208,939.92	106,559.36	102,380.56
2	王建军	8	19,899.04	10,148.51	9,750.53
3	朱小弟	8	19,899.04	10,148.51	9,750.53
合计		100	248,738.00	126,856.38	121,881.62

资料来源:《汇川技术:发行股份及支付现金购买资产并募集配套资金报告书》(2019-08-27)。

汇川技术拟通过询价方式向其他不超过 5 名特定投资者发行股份募集配套资金，募集配套资金的总额不超过 32,000 万元，拟用于支付本次交易的中介机构费用以及补充上市公司的流动资金。标的资产评估及支付对价情况见表 8-12。

表 8-12 标的资产评估及支付对价情况

标的资产	账面价值（万元）	评估方法	评估值（万元）	增值率（%）	支付对价（万元）
贝思特 100% 的股权	46,707.66	收益法	249,389.01	433.94	248,738.00

资料来源：《汇川技术：发行股份及支付现金购买资产并募集配套资金报告书》（2019-08-27）。

标的资产相对于 2018 年度 23,910.01 万元净利润，其市盈率为 10.40。

上市公司在《购买资产协议》签订后即分两期支付全部现金对价，总计 126,856.38 万元。其中，86,856.38 万元为公司自有资金，40,000.00 万元为并购贷款，贷款期限 1 年。

2. 对赌方案基本条款

承诺人为全部 3 名交易对象；业绩承诺期则是 2019—2021 年 3 个年度。有关业绩承诺指标及股份锁定期安排如下。

（1）设立了 3 项业绩承诺指标

业绩承诺指标分为 3 项，分别为跨国企业业务与海外业务累计毛利润、大配套中心建设完成情况、核心人员离职率。

①跨国企业业务与海外业务累计毛利润

对赌基数：2018 年中国电梯产量 85 万台，贝思特跨国企业业务与海外业务毛利润总额为 36,961.54 万元。

假设情形及对赌指标：假设国内电梯产量 2019—2021 年的年复合增长率为 R（依据中国电梯行业协会的权威数据），则分以下 3 种情形，承诺人应完成业绩为：

（a）当 R ≥ -7% 时，则标的公司的跨国企业业务与海外业务 2019—2021 年毛利润的年复合增长率应高于 5%，即标的公司 2019—2021 年 3 年合计的跨国企业业务与海外业务经审计的毛利润应高于 122,347.30 万元。

（b）当 -20% ≤ R < -7% 时，则标的公司的跨国企业业务与海外业务 2019—2021 年 3 年毛利润的年复合增长率应高于 0%，即标的公司 2019—2021 年 3 年合计的跨国企业业务与海外业务经审计的毛利润应高于 110,884.61 万元。

（c）当 R < -20% 时，则双方不进行业绩对赌。

"帮助销售业绩"计入对赌业绩：所谓"帮助销售业绩"，指本次发行股份交割日起 36 个月内，交易对方或标的公司帮助上市公司产品（具体产品目录由双方签署书面文件予以确认)单独销售予上市公司指定的跨国企业客户(具体客户名单由上市公司指定并由双方签署书面文件予以确认),由该类客户直接向上市公司下单,上市公司所获得订单产生的经双方共同指定的具有证券业务资格的会计师事务所审计的毛利润可以计入标的公司的累计实际毛利润。

补偿方式:交易对方应补偿金额按以下公式计算。

应补偿金额=(贝思特承诺年度累计承诺毛利润−贝思特承诺年度累计实际毛利润)÷贝思特承诺年度累计承诺毛利润×上市公司购买相应标的资产的总对价×K

K根据R的数值分两种情况得出:

当R ≥ -12%时,K=1;当R < -12%时,K=0.6。

② **大配套中心建设完成情况**

业绩承诺期为全部交割后6个月届满12个月内。交易对方承诺,在业绩承诺期内,标的公司成立大配套中心,并明确大配套中心内的产品结构、生产模式、客户需求,且具备以下能力:

(a)准时交付率:承诺期内准时交付的订单占承诺期内总订单的比例大于或等于95%。准时交付率的具体计算公式为:

准时交付率=承诺期内满足客户交货期的订单数量÷承诺期内的总订单数量

(b)平均交货质量:一次开箱合格率不低于95%。

补偿方式:若承诺期届满,贝思特未达到承诺业绩,补偿义务人应向上市公司补偿2,000万元。

③ **核心人员离职率**

交易对方承诺,在业绩承诺期内,贝思特核心人员离职率Q应低于10%。核心人员名单由交易双方签署书面文件予以确认。补偿方式如下:

10% ≤ Q < 20%,补偿金额为1,000万元;

20% ≤ Q < 30%,补偿金额为4,000万元;

30% ≤ Q,补偿金额为9,000万元。

(2)股份锁定期

总体锁定:交易对方在本次发行股份购买资产中取得的上市公司股份,自股份发行结束之日起12个月内不得进行转让、上市交易。

股份分期解锁(60%用于对赌):交易对方所持上市公司股份按照以下约定予以解禁。

其一,在交易对方取得上市公司股份之日满12个月后10个交易日内,解禁交易对方在本次发行股份购买资产中取得上市公司股份的20%。

其二，在交易对方取得上市公司股份之日满 24 个月后 10 个交易日内，解禁交易对方在本次发行股份购买资产中取得上市公司股份的 20%。

其三，在以下条件均满足之日起 10 个交易日内，解禁交易对方在本次发行股份购买资产中取得上市公司股份的 60%：贝思特业绩承诺年度（2019 年、2020 年、2021 年）累计实际毛利润达到累计承诺的毛利润，或者贝思特实际毛利润未达到累计承诺的毛利润但补偿义务人已完成相应的业绩补偿；上市公司 2021 年度审计报告已通过董事会审议。

补偿完后解锁剩余股份：贝思特未达到业绩承诺期承诺业绩的，交易对方应按照《业绩补偿协议》补偿上市公司相应的股份。交易对方股份锁定期届满时，上市公司实际解禁交易对方所持上市公司的股份数，以预先扣除交易对方应补偿股份后的余额为限。

设定质押上限为 70%：对于股份锁定期，交易对方承诺对于交易对方本次交易所获上市公司股票，不少于总股票数量的 30% 部分，交易对方不得存在设定质押等权利限制的情形，直至上述股份锁定期届满且补偿义务人补偿完毕（如涉及）。

3. 对赌方案的进一步分析

本次交易所使用的业绩承诺指标共 3 项，但核心承诺指标为跨国企业业务与海外业务累计毛利润，后 2 项的最高补偿金额分别总计为 11,000 万元，占交易总额 248,738.00 万元的 4.42%，覆盖率很低，故只能作为整体业绩承诺的补充项目。按照前述情况分类，假设未来国际电梯市场良好，在极端情况下，公司未来 3 年完成跨国企业业务与海外业务累计毛利润为 0 时，交易对方将赔偿收到的全部现金及股份。由于出现这种极端情况的可能性极低，故用于保障的锁定股份为发行总股份的 60%，风险覆盖率为 29.40%，表明上市公司对标的公司经营基本面有较高把握。根据公开披露的信息，本次对赌方案未采用净利润等业绩指标，而采取了更富有行业针对性的业绩指标，其原因如下。

（1）并购整合完成后，标的公司毛利润较净利润更能衡量经营业绩

首先，贝思特属于电梯零部件行业，营业成本容易受上游原材料价格的影响，而业内销售费用率、管理费用率则较稳定，一般二者之和在 10% 左右，相较而言，毛利润比净利润能更直观地反映经营业绩。更重要的是，上市公司在并购后整合两家公司的业务，其销售团队、管理运营团队势必被整合为一个统一的"大平台"，届时销售费用、管理费用的分摊会出现困难，一旦出现分摊不公平、不科学的情况，可能引起与承诺人之间的矛盾，不如采取毛利润考核，这样更公平、直观。

其次，上市公司本次收购的目的除了获得资产外，更重要的是获得贝思特国际大客户的资源及渠道，使用净利润作为对赌指标不能反映也不能促进这种目标的达成，而使用毛利润则可以激励目标的达成。

（2）方案综合考虑了标的公司的主要业绩驱动因素

贝思特主要业绩驱动因素包括外部因素和内部因素两个层面。外部因素上，国内外电梯行业的良好发展将有利于电梯部件市场的持续发展；内部因素上，以奥的斯、蒂森克虏伯等为代表的美欧日国际品牌客户的持续认可是标的公司保持长期良好业绩的基础，也是公司核心竞争力及企业价值的重要体现。跨国品牌电梯厂商长期占据全球电梯市场的主导地位，代表着行业主流价值市场及其发展趋势。此外，领先的技术水平及稳定的优秀人才团队也是公司保持行业领先地位的关键。本次收购可以大幅提升公司供应电梯电气整体解决方案的能力及核心竞争力，并可以进一步有效地拓展国际品牌电梯市场，使公司逐步发展成为全球领先的电梯电气部件整体解决方案供应商。

本对赌方案综合考虑了贝思特作为电梯行业上游部件供应商的行业特性，以核心业务指标代替财务业绩指标，契合并购目的和行业特性，能够更精准地衡量本次收购的效果。此外，标的公司报告期内跨国企业业务与海外业务营业收入规模占总营业收入的60%左右，跨国企业业务与海外业务是标的公司的核心业务及主要利润来源，大配套中心供货能力、核心人员稳定性也与公司运营效率、市场竞争力、经营业绩等紧密相关，因此，尽管本次交易并未直接采取营业收入、净利润等常用业绩指标，但所采取的3个考核指标均与整体业绩指标有着强关联度，较大程度上能有效反映出业绩水平。

（3）刺激协同效应的最大化

汇川技术与贝思特在业务上具有很强的协同性和互补性，双方在产品、技术、管理等方面各具优势，通过并购整合，能发挥显著的协同效应：一方面可进一步降低标的公司部分生产成本及运营管理费用，提升经营效率；另一方面还可拓展业务发展空间，相互导入资源，带来新的利润增长点。在对赌方案中，特别设置了"帮助销售指标"，用于激励贝思特未来帮助母公司导入国际大客户，更有利于加快双方的业务整合，促进协同效应的最大化。

除汇川技术外，兆易创新（603986.SH）在2018年向联意香港、青岛海丝、上海正芯泰等股东收购上海思立微100%的股权时，除了与交易对象约定了总计3.21亿元的净利润对赌目标之外，还在对赌方案中增加了非财务业绩指标。补偿义务人联意香港承诺：

（a）标的公司在业绩承诺期内须累计新增 3 家全球前十的移动终端客户，或在业绩承诺期内保持在指纹识别芯片领域的中国市场前三地位，排名以上市公司认可的第三方机构出具的行业报告或研究报告为准，前述"新增"以客户实际使用标的公司产品为准；

（b）通过 6 项与主营业务相关的发明专利的初审程序（国内或国际范围），以专利行政或主管部门的公示或确认通知为准；

（c）完成 MEMS 超声波传感器工艺和工程样片的研发，以上市公司认可的第三方检测机构出具的鉴定报告为准。

从上述非财务对赌指标可以看出，本次并购，上市公司的长期目标着眼于并购标的的产品竞争力和研发能力，这是 A 股并购向产业逻辑回归的一个例证。

（三）三泰控股现金收购龙蟒大地：Earn-out 支付

Earn-out 是目前国际上流行的股权投资和并购现金支付方式，其大致特点为，在并购交易中，收购方并不一次性付清收购对价，而是分期支付收购对价，其中收购方先支付一部分价款，余下部分的购买价格则需要根据被购标的公司未来一定时期内的业绩表现来计算并支付，简而言之就是"先达成目标，再支付"。Earn-out 的应用主要出现在跨境并购中，如梅泰诺（300038.SZ）在 2017 年收购美国 BBHI 的交易中即采取了 Earn-out 方式。

目前国内并购交易仍惯于采取"先支付，后补偿"的对赌方案，三泰控股现金收购龙蟒大地是 A 股上市公司境内现金收购中运用 Earn-out 支付机制的代表性案例。

1. 方案概述

成都三泰控股集团股份有限公司（002312.SZ，简称"三泰控股"）是一家主要从事金融服务外包业务的公司。2018 年度公司亏损 2.17 亿元。出于保壳的需要，公司拟在 2019 年以现金收购经营业绩稳定的标的公司。2019 年 6 月 7 日，三泰控股公告通过现金支付向李家权及龙蟒集团购买龙蟒大地农业有限公司（简称"龙蟒大地"）100% 的股权，作价 36.75 亿元。龙蟒大地是四川龙蟒集团旗下主要从事磷酸一铵、磷酸氢钙等磷酸盐产品以及各种复合肥产品的生产、销售的企业。2018 年，龙蟒大地实现营业收入 33.17 亿元，实现净利润 2.86 亿元。交易对方及现金交易对价情况见表 8-13。标的资产评估及支付对价情况见表 8-14。标的资产相对于 2018 年度 28,597.54 万元净利润，其市盈率为 12.44；对应承诺期平均净利润 37,600.00 万元，市盈率为 9.46。

表 8-13　交易对方及现金交易对价情况

序号	交易对方	出资金额（万元）	出资比例（%）	现金交易对价（万元）
1	李家权	115,200.00	64.00	227,648.00
2	龙蟒集团	64,800.00	36.00	128,052.00
合计		180,000.00	100.00	355,700.00

资料来源：《成都三泰控股集团股份有限公司重大资产购买报告书》(2019-08-10)。

表 8-14　标的资产评估及支付对价情况

标的资产	账面价值（万元）	评估方法	评估值（万元）	增值率（%）	支付对价（万元）
龙蟒大地 100% 股权	180,162.61	收益法	355,778.27	97.48	355,700.00

资料来源：《成都三泰控股集团股份有限公司重大资产购买报告书》(2019-08-10)。

2．交易对价支付

全部 355,700.00 万元交易对价分六期支付。

第一期：股权转让协议生效之日起 10 个工作日内，三泰控股向交易对方支付交易对价的 20%，即 71,140.00 万元。

第二期：标的资产经工商变更登记至三泰控股名下之日起 10 个工作日内，三泰控股向交易对方支付对价的 33%，即 117,381.00 万元。

第三期：于 2019 年 12 月 31 日之前（如届时标的资产尚未完成交割，则调整至标的资产工商登记变更完成之日起 10 个工作日内），三泰控股向交易对方支付交易对价的 15.29%，即 54,379.00 万元。

第四期：龙蟒大地 2019 年度承诺利润实现情况出具专项审核报告之日起 10 个工作日内，三泰控股支付交易对价的 8.43%，即 30,000.00 万元。

第五期：龙蟒大地 2020 年度承诺利润实现情况出具专项审核报告之日起 10 个工作日内，三泰控股支付交易对价的 10.63%，即 37,800.00 万元。

第六期：在交易对方不存在重大违约的前提下，龙蟒大地 2021 年度承诺利润实现情况及资产减值情况出具专项审核报告之日起 10 个工作日内，三泰控股支付交易对价的 12.65%，即 45,000.00 万元。

扣除补偿支付条款：实际支付第四期、第五期及第六期股权转让款时，须考虑当期利润承诺完成情况及减值测试情况；若交易对方须承担利润补偿或减值补偿义务，则上市公司分别按前述第四期、第五期、第六期股权转让款扣除交易对方当期应承担的利润补偿或减值补偿后的净额进行支付。

3. 对赌方案

承诺人：李家权、龙蟒集团，按其交易前持股龙蟒大地的比例进行分摊补偿。

承诺期间：2019—2021 年度。

承诺业绩：标的公司在承诺期内实现的净利润分别不低于 30,000 万元、37,800 万元和 45,000 万元。

补偿方式：由具备资质的会计师事务所出具承诺期内标的公司的专项审计报告，利润承诺期内龙蟒大地任意年度累计实现的实际净利润数少于相应年度累计的承诺净利润数的，其差额部分由交易对方以现金方式进行补偿。

计算公式：

交易对方当期应支付的利润补偿 =（当期期末累计承诺净利润 - 当期期末累计实际实现的净利润）- 累计已支付的利润补偿

当期期末实现净利润为负时，按 0 取值，超额完成的利润可累积。

4. 对赌方案的进一步分析

本次并购的对赌方案采取"补利润"方式，最高补偿金额 112,800 万元，赔偿上限对交易价款的风险覆盖率仅 31.71%，风险保障力度并不大。但考虑到龙蟒大地所处行业为传统化工行业，重资产占比高，盈利能力比较稳定，加之上市公司收购目的为"保壳"，更看重标的公司的持续盈利能力，故采取这样的对赌方案对上市公司而言不失为合理的安排。

在现金支付节奏上，合计支付金额与对赌业绩要求的完成情况直接挂钩，具体支付情况见表 8-15。

表 8-15 具体支付情况

序号	支付对价性质	支付条件	最高支付金额（万元）	占比（%）	对赌业绩要求（万元）	最低支付金额（万元）
1	非对赌支付	股权交割完成日与 2019 年 12 月 31 日中较晚日	242,900.00	68.29	—	242,900.00
2	第一期对赌支付	2019 年对赌业绩完成	30,000.00	8.43	30,000.00	—
3	第二期对赌支付	2020 年对赌业绩完成	37,800.00	10.63	37,800.00	—
4	第三期对赌支付	2021 年对赌业绩完成	45,000.00	12.65	45,000.00	—
合计		—	355,700.00	100.00	112,800.00	242,900.00

资料来源：《成都三泰控股集团股份有限公司重大资产购买报告书》(2019-08-10)。

Earn-out 支付有以下优势:

从买方角度来看,Earn-out 机制具有较强的保护作用,一方面可以延迟支付对价,调整过高的溢价,降低标的资产在收购后不可预知的经营风险,尤其是不可控的系统性风险;另一方面可以激励交易对象超额完成承诺业绩,保证承诺期内管理层的平稳过渡。由于补偿义务人存在承诺期到期后客观或主观上无法履行补偿义务的风险,所以应用 Earn-out 真正实现了支付过程中的即时风险校正,使得收购方在交易中更加主动。

从卖方角度来看,采取 Earn-out 的交易对价往往比不采取的更为优厚,但存在不能如期获得约定对价的可能性,不能实现交易对价的"落袋为安"。

(四)杭州下城国投收购润达医疗:纾困收购上市公司中应用现金业绩对赌

1. 方案概述

上海润达医疗科技股份有限公司(603108.SH,简称"润达医疗")是一家医学实验室综合服务商,主营业务为通过自有综合服务体系向各类医学实验室提供体外诊断产品及专业技术支持的综合服务。公司于 2015 年在上交所上市,其公司 2015—2018 年的经营业绩见表 8-16。

表 8-16 2015—2018 年的经营业绩

项目	2015 年	2016 年	2017 年	2018 年
营业收入(万元)	162,864.19	216,468.88	431,880.98	596,433.92
归属于母公司所有者的净利润(万元)	26,195.38	21,918.67	11,642.78	9,176.03

资料来源:《润达医疗详式权益变动报告书》(2019-09-04)。

2019 年 8 月 31 日,公司实际控制人朱文怡等 7 方与杭州市下城国投签署了《股份转让协议》,转让所持公司 20.02% 的股份并向受让方委托了 6.98% 股份的表决权,交易总价 150,220.00 万元,较签署日的股票收盘价,溢价了 26.69%。下城国投为杭州市下城区财政局实际控制的城投公司,本次转让完成后实际取得上市公司 27% 的表决权股份。由于大股东质押率达到 86.69%,且公司股价在 2018 年下跌惨重,本次交易具有国资纾困的特质。

2. 对赌方案

承诺人:朱文怡、冯荣、卫明、刘辉。本次出让股份总计占比 18.05%,获得现金对价总计 13.55 亿元,占总额的 90.20%。

承诺期间：2020—2022年度。

业绩承诺：包括以下5项。

（a）净利润指标：不低于32,000万元、35,000万元、38,000万元。

（b）每股收益指标：不低于0.55元、0.6元、0.66元。若目标公司发行股份购买资产，则每股收益指标不做调整。若润达医疗实施再融资，是否调整每股收益由各方另行协商确定。

（c）少数股东损益指标：业绩承诺期内，上市公司合并报表项下少数股东损益为正。

（d）经营效率指标：业绩承诺期内，上市公司应收账款周转率、存货周转率、销售收现比率（销售商品、提供劳务收到的现金/营业收入）不出现与同行业可比上市公司（迪安诊断、巨星医疗控股等医药流通业务为主的企业）不一致的变动趋势。在市场环境、医疗政策改革未出现严重影响相关指标的情况下，原则上不劣于以往可比年度水平，管理层将根据市场情况及业务发展规划，在管理层及相关部门负责人考核的KPI（关键绩效指标）中纳入上述指标。

（e）其他：在业绩承诺期内，目标公司保持净利润与经营活动现金净流量之间的合理匹配。

补偿措施：按以下公式计算。

当期补偿金额 = 截至当期期末累计承诺净利润数 − 截至当期期末累计实现净利润数 − 累计已补偿金额

补偿义务人因业绩承诺差额所支付的补偿总额不超过朱文怡、冯荣、卫明通过本次交易取得的股份转让对价。刘辉作为原控股股东（朱文怡为其一致行动人），并未在本次转让中出让所持股份，但承担了对赌义务。

3. 对赌方案的进一步分析

本次并购对赌方案采取"补利润"方式，最高补偿金额为105,500万元，赔偿上限对交易价款的风险覆盖率为69.90%，对于以纯现金收购的并购交易而言，风险保障力度很大。

在2019年以前的A股控股权转让市场，与上市公司进行业绩对赌的案例并不多，原因在于被收购的上市公司以"壳公司"为主，主营业务成长性不强；而收购方的目的往往在于通过上市公司获取A股融资和整合资产的平台，对上市公司自身的经营业绩不抱有太高要求，其并购的风险控制措施则以经营保持稳定、不出现重大或有负债等风险为目的而制定。在本案例中，对赌业绩与补偿上限的金额与收购总对价几乎持平，且业绩承诺金额较上市公司过往经营业绩有大幅度提升，在同类交易中较少见。

润达医疗 2018 年净利润仅 2.62 亿元，业绩承诺收购后其复合增长率达到 13.20%，这对于上市公司而言并不轻松。这种安排体现了杭州下城国投在本次收购中的角色仅为财务投资人，并不参与公司经营或公司资产重组。同时，由于上市公司主营业务发展态势良好，本次收购导入杭州政府资源，收购方和被收购方均持续看好公司未来，才作出了较高的业绩对赌安排。

从业绩承诺指标上看，双方约定了每股收益目标，但并未明确其补偿方式。可推测上市公司有进一步融资或发行股份对外并购的计划，下城国投为保证自身每股收益不被稀释，要求交易对方进行承诺。该安排对上市公司纾困交易具有启示意义。

另外，对赌方案中还安排了经营效率类指标，将上市公司与同行业上市公司进行对标，主要用于对管理层的考核。这体现了下城国投对润达医疗所处行业的了解较深，为此设置了精准衡量上市公司经营业务质量的关键考核指标，对公司未来的发展有良好的促进作用。

附件：2019年上市公司并购重组采用资产评估方法及对赌情况一览表

序号	过会日期	上市公司	评估方法	是否对赌
1	1月17日	同有科技	收益法	是
2	1月17日	盛屯矿业	收益法	是
3	1月23日	赛腾股份	收益法	是
4	1月23日	科力远	资产基础法	是
5	1月29日	新力金融	收益法	是
6	2月20日	美的集团	无	否
7	2月20日	世纪华通	市场法	是
8	2月27日	中工国际	收益法	是
9	2月27日	万达电影	收益法	是
10	2月28日	青松股份	收益法	是
11	2月28日	云南白药	资产基础法	否
12	3月6日	鄂尔多斯	资产基础法	否
13	3月6日	国机汽车	收益法	是
14	3月13日	云南旅游	资产基础法	是
15	3月13日	蓝黛传动	收益法	是
16	3月19日	霞客环保	收益法	是
17	3月19日	汉嘉设计	收益法	是
18	3月25日	皖能电力	资产基础法	否
19	3月25日	新开源	资产基础法	否
20	3月27日	宁波热电	资产基础法	否
21	3月27日	上海临港	资产基础法	是
22	4月3日	长川科技	资产基础法	否
23	4月3日	兆易创新	市场法	是
24	4月11日	博威合金	收益法	是
25	4月11日	露笑科技	收益法	是
26	4月16日	汤臣倍健	资产基础法	否
27	4月22日	朗新科技	收益法	是
28	4月24日	中泰股份	收益法	是
29	4月26日	利安隆	收益法	是
30	4月28日	东湖高新	收益法	是
31	4月28日	中孚信息	收益法	是
32	5月5日	中国中铁	收益法	否
33	5月6日	韦尔股份	资产基础法、收益法	是

续表

序号	过会日期	上市公司	评估方法	是否对赌
34	6月5日	纳尔股份	收益法	是
35	6月5日	闻泰科技	市场法	否
36	6月19日	中欣氟材	收益法	是
37	6月26日	福鞍股份	收益法	是
38	6月27日	广东骏亚	收益法	是
39	6月27日	兴发集团	收益法	是
40	7月4日	继峰股份	资产基础法	否
41	7月4日	朗姿股份	收益法	是
42	7月5日	宜昌交运	收益法	是
43	7月11日	双汇发展	资产基础法	是
44	7月11日	新劲刚	收益法	是
45	7月17日	易成新能	收益法	是
46	7月25日	乐凯胶片	收益法	是
47	7月25日	华铭智能	收益法	是
48	7月26日	大冶特钢	收益法	是
49	8月1日	上海新梅	收益法	是
50	8月7日	康拓红外	收益法	是
51	8月8日	慧球科技	收益法	是
52	8月14日	华菱钢铁	资产基础法	否
53	9月10日	汇川技术	收益法	是
54	9月10日	长春高新	收益法	是
55	9月19日	中国海防	资产基础法、收益法	是
56	9月19日	天业通联	收益法	是
57	9月24日	建研院	收益法	是
58	9月24日	合肥城建	资产基础法	否
59	9月26日	优博讯	收益法	是
60	9月27日	鼎龙股份	收益法	是
61	9月27日	华峰氨纶	收益法	是
62	9月27日	中京电子	收益法	是
63	10月9日	赤峰黄金	资产基础法	是
64	10月9日	威华股份	资产基础法	是
65	10月10日	雷科防务	收益法	是
66	10月17日	武汉中商	收益法	是
67	10月21日	通产丽星	收益法	是
68	10月21日	大烨智能	收益法	是
69	10月22日	中航善达	收益法	是

续表

序号	过会日期	上市公司	评估方法	是否对赌
70	10月25日	重庆港九	收益法	是
71	10月30日	中信证券	市场法	是
72	10月30日	中闽能源	收益法	是
73	10月31日	国泰集团	收益法	是
74	10月31日	必创科技	收益法	是
75	11月1日	岷江水电	收益法	是
76	11月1日	南纺股份	收益法	是
77	11月4日	江苏索普	收益法	是
78	11月6日	科斯伍德	收益法	是
79	11月6日	国农科技	收益法	是
80	11月6日	兰太实业	收益法	是
81	11月13日	上海莱士	市场法	是
82	11月13日	东方能源	资产基础法	否
83	11月14日	北京君正	资产基础法、收益法	是
84	11月20日	航天长峰	收益法	是
85	11月20日	沃施股份	收益法	否
86	11月28日	中金黄金	资产基础法、收益法	是
87	11月28日	福能股份	资产基础法	否
88	11月29日	多喜爱	收益法	是
89	12月4日	辉隆股份	收益法	是
90	12月4日	天津磁卡	资产基础法	是
91	12月10日	金杯电工	收益法	是
92	12月10日	润邦股份	收益法	是
93	12月11日	天瑞仪器	收益法	是
94	12月11日	河池化工	收益法	是
95	12月12日	亨通光电	收益法	是
96	12月17日	晶瑞股份	收益法	是
97	12月17日	东音股份	收益法	是
98	12月18日	中国动力	资产基础法、收益法	是
99	12月25日	国睿科技	收益法	是
100	12月25日	置信电气	市场法	否
101	12月26日	荣科科技	收益法	是
102	12月30日	万邦德	收益法	是
103	12月31日	华友钴业	收益法	否

资料来源：Wind。

第九章
上市公司跨境并购与并购基金过桥收购

中国加入 WTO 之后,伴随着国内经济的长足发展及自身实力的提升,越来越多的中国企业开始借助境外并购去实现全球布局。最初,境外并购的战略目标主要是获取能源、矿产等战略性资源,后来逐步呈现多元化趋势,如获取核心技术、开拓境外市场等,涉及能源、汽车、电信、电子设备、机械设备等行业。

一、跨境并购市场综述

从国内看,宽松的经济政策和民营企业的崛起推动了境外市场的扩张,国内资本市场的繁荣更是境外并购的重要推手。从全球看,2008 年金融危机以及欧元区债务危机后,境外资产价格相对较低,中国企业的境外收购活动大大增加。

(一)近年来跨境并购概览

根据波士顿咨询公司 BCG 的报告,2004—2014 年中国企业跨境并购交易规模的年均复合增长率为 35%,交易数量的平均 CAR 增长率达 9.5%,交易总金额在 2010 年达到峰值 411 亿美元,2014 年为 261 亿美元。2014—2016 年中国企业跨境并购交易规模持续增长,峰值出现在 2016 年,全年的并购交易数量为 340 单,总金额为 9,487.56 亿元。[①] 2004—2019 年中国企业跨境并购交易规模如图 9-1 所示。

---

① 按照首次披露日期进行的统计。

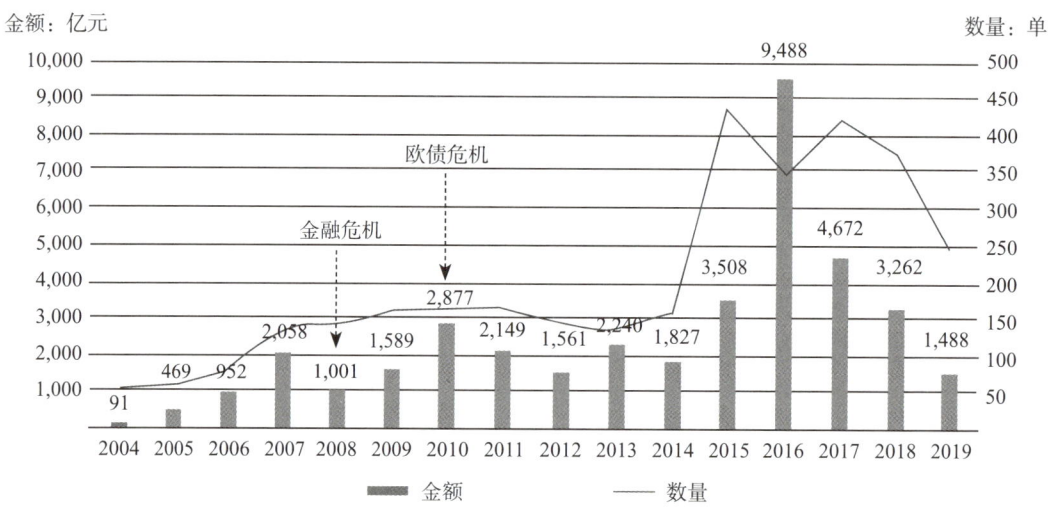

图 9-1　2004—2019 年中国企业跨境并购交易规模

资料来源：Wind，Thomson ONE Banker。

（二）政策主动引导跨境并购方向

1. 国家政策引导跨境并购战略方向

政府近五年陆续制定颁布的一系列国家政策，如"十三五"规划、中国制造 2025、国家集成电路产业发展推进纲要、"一带一路"倡议等，在相当程度上推动了境外并购趋势的形成。国家引导跨境并购战略方向的政策见表 9-1。

表 9-1　国家引导跨境并购战略方向的政策

名称	主要内容
"十三五"规划 （2016 年 3 月，国务院印发）	（1）支持战略性新兴产业发展，瞄准技术前沿，把握产业变革方向，围绕重点领域，优化政策组合，拓展新兴产业增长空间。 （2）支持新一代信息技术、新能源汽车、生物技术、绿色低碳、高端装备与材料、数字创意等领域的产业发展壮大。 （3）大力推进先进半导体、机器人、增材制造、智能系统、新一代航空装备、空间技术综合服务系统、智能交通、精准医疗、高效储能与分布式能源系统、智能材料、高效节能环保、虚拟现实与互动影视等新兴前沿领域创新和产业化，形成一批新增长点。
中国制造 2025 （2015 年 5 月，国务院印发）	（1）瞄准新一代信息技术、高端装备、新材料、生物医药等战略重点，引导社会各类资源集聚，推动优势和战略产业快速发展。 （2）重点发展新一代信息技术、高档数控机床和机器人、航空航天装备、海洋工程装备及高技术船舶、先进轨道交通装备、节能与新能源汽车、电力装备、新材料、生物医药及高性能医疗器械、农业机械装备十大领域。

续表

名称	主要内容
"一带一路"倡议（2015年3月，发改委、外交部、商务部联合发布）	（1）发改委、外交部、商务部联合发布了《推动共建丝绸之路经济带和21世纪海上丝绸之路的愿景与行动》。 （2）加强经济与文化的团结与协作，使融资渠道多样化，金融互联互通。
国家集成电路产业发展推进纲要（2014年6月，国务院印发）	着力发展集成电路设计业、加速发展集成电路制造业、提升先进封装测试业发展水平、突破集成电路关键装备和材料。

资料来源：国务院及各发布部门官网。

2. 四部委《关于进一步引导和规范境外投资方向的指导意见》

2017年8月，发改委、商务部、人民银行及外交部四部委联合发布了《关于进一步引导和规范境外投资方向的指导意见》（2017年8月18日），明确规定了"鼓励类""限制类""禁止类"对外投资，引导和规范企业的境外投资方向，规范对外投资，限制资本外流，展现了我国政府对有助于刺激我国长期发展潜力和经济效益的投资的支持，同时严格限制、打击了"非理性"投资。指导意见的要点见表9-2。

表9-2　分类指导意见要点整理

类别	要点
鼓励类	支持境内有能力、有条件的企业积极稳妥地开展境外投资活动，推进"一带一路"建设，深化国际产能合作，带动国内优势产能、优质装备、适用技术输出，提升我国技术研发和生产制造能力，弥补我国能源资源短缺，推动我国相关产业提质升级。 （1）重点推进有利于"一带一路"建设和周边基础设施互联互通的基础设施境外投资。 （2）稳步开展带动优势产能、优质装备和技术标准输出的境外投资。 （3）加强与境外高新技术和先进制造业企业的投资合作，鼓励在境外设立研发中心。 （4）在审慎评估经济效益的基础上稳妥参与境外油气、矿产等能源资源的勘探和开发。 （5）着力扩大农业对外合作，开展农林牧副渔等领域互利共赢的投资合作。 （6）有序推进商贸、文化、物流等服务领域境外投资，支持符合条件的金融机构在境外建立分支机构和服务网络，依法合规开展业务。
限制类	限制境内企业开展与国家和平发展外交方针、互利共赢开放战略以及宏观调控政策不符的境外投资，包括： （1）赴与我国未建交、发生战乱或者我国缔结的双多边条约或协议规定需要限制的敏感国家和地区开展境外投资。 （2）房地产、酒店、影城、娱乐业、体育俱乐部等境外投资。 （3）在境外设立无具体实业项目的股权投资基金或投资平台。 （4）使用不符合投资目的国技术标准要求的落后生产设备开展境外投资。 （5）不符合投资目的国环保、能耗、安全标准的境外投资。

续表

类别	要点
禁止类	禁止境内企业参与危害或可能危害国家利益和国家安全等的境外投资，包括： （1）涉及未经国家批准的军事工业核心技术和产品输出的境外投资。 （2）运用我国禁止出口的技术、工艺、产品的境外投资。 （3）赌博业、色情业等境外投资。 （4）我国缔结或参加的国际条约规定禁止的境外投资。 （5）其他危害或可能危害国家利益和国家安全的境外投资。

资料来源：发改委官网。

在此背景下，中国企业一方面面临外部环境不确定性的增加，另一方面面临国内金融市场去杠杆带来的流动性紧缩的困境，"走出去"并购重组的交易数量和规模均显著下降。就行业而言，基于国家政策的引导，半导体、新一代信息技术、生物医药、高端装备制造等行业的并购景气度上升；石油、天然气、钢铁和矿产等资源型行业则跟随全球宏观经济周期的波动而变动，交易数量相对稳定；金融、房地产、公用事业等行业规模持续降低；影视、文旅、酒店等行业的境外投资已基本停止。

二、2019 年跨境并购情况分析

（一）总规模及行业分布情况

2019 年中国企业的跨境并购交易规模在低谷期继续下降。根据 Wind 中国并购库对 A 股上市公司跨境并购的统计数据，该年度跨境并购交易总计 243 单，同比下降了 35.54%；总金额 1,487.71 亿元，同比下降了 54.39%，较 2016 年高峰下降了 84.32%；超过 50 亿元人民币的大型并购仅有 5 单，为近 5 年来最低。从行业来看，2019 年跨境并购交易数量、交易金额排名前三的是工业、信息技术和材料，分别为 51 单、36 单和 29 单，交易金额分别为 460.56 亿元、340.60 亿元和 253.92 亿元。可选消费行业并购金额较 2017 年、2018 年均超过 800 亿元的规模大幅下降到 87 亿元，交易数量也从 60 多单剧降至 26 单。

（二）2019 年 A 股上市公司跨境并购交易统计

1. 规模超过 10 亿元的上市公司跨境并购情况

2019 年 A 股上市公司完成的规模超过 10 亿元的跨境并购交易（不含红筹公司回归 A 股）见表 9-3。

表 9-3　规模超过 10 亿元的跨境并购交易

审批时间	上市公司	最终标的	金额（万元）	标的行业	支付方式
2019-02-20	长川科技	新加坡 STI	49,032.26	电子半导体	股份
2019-03-25	新开源	美国 BioVision 100% 的权益	170,000.00	生物医药	股份
2019-04-16	汤臣倍健	澳洲 LSG[①]46.67% 的权益	140,000.00	食品	股份
2019-05-06	韦尔股份	美国豪威	1,302,310.62	电子半导体	股份
2019-06-05	苏宁易购	家乐福中国 80% 的股权	480,000.00	零售	现金
2019-06-05	闻泰科技	荷兰安世半导体 100% 的权益	1,992,500.00	电子半导体	股份+现金
2019-08-15	继峰股份	德国 Grammer 84.23% 的股份	375,400.00	汽车	股份+可转债+现金
2019-08-23	蓝色光标	美国 Legacy 44.44% 的股份	272,220.00	传媒	股份+现金
2019-09-03	亿帆医药	波兰佰通公司 31.65% 的股权	71,630.00	生物医药	现金
2019-11-13	上海莱士	西班牙 GDS 45% 的股份	1,324,624.36	生物医药	股份
2019-11-14	北京君正	美国 ISSI	720,031.86	电子半导体	股份+现金
审批中	紫光国微	法国 Linxens	1,800,000.00	电子半导体	股份
审批中	蓝帆医疗	瑞士 NVT AG	105,949.19	生物医药	现金
合计	—	—	8,803,698.29	—	—

资料来源：Wind。

注：①汤臣倍健通过基金出资已经于 2018 年直接持有澳洲 LSG 53.33% 的权益，2019 年发股收购澳洲 LSG 剩余 46.67% 的权益。收购完成后，上市公司持有澳洲 LSG 100% 的权益。

2. 聚焦于国家战略的新兴产业的上市公司并购情况

自 2018 年开始，随着政府的产业引导以及中国高科技企业在全球竞争力的提升，战略新兴行业逐步成为跨境并购的热点。2019 年，细分行业里半导体、生物医药行业发生的上市公司并购具有代表性。[①]

（1）半导体行业

以半导体行业为例，该行业是目前全球产业链协作与开放程度最高的行业。2014 年以来，中国政府出台《国家集成电路产业发展推进纲要》（2014 年 6 月 24 日），成立 1,300 亿元集成电路产业基金，各地政府也陆续出台政策并出资金扶持集成电路产业。重塑半导体产业被写入《中国制造 2025》规划之中。对国内半导体产业而言，收购拥有关键技术能力的境外半导体企业可以快速补强产业短板，完善国内半导体产业链。企业通过走出去可以迅速获取境外人才、先进技术以及管理经验，在经营上规避贸易壁垒和进出口带来的其他高额费用，拉近与国际先进水平的距离。

---

① 虽然都源自 Wind 统计的数据，但由于统计的口径不一致，半导体、生物医药行业收购交易统计的数据与 Wind 并购库中行业分类统计的数据不一致，请读者明鉴。

2019年，A股上市公司半导体跨境并购交易（含正在进行中的项目）金额合计约724.77亿元，具体情况见表9-4。

表9-4　2019年中国A股半导体企业跨境并购交易

审批完成时间	收购方	被收购方	产品领域	交易金额（亿元）
2019-01	华天科技	Unisem（马来西亚）	半导体封装测试	29.20
2019-01	晶方科技	Anteryon（荷兰）	光学器件、镜头	2.42
2019-02	长川科技	STI（新加坡）	光学监测设备	4.90
2019-03	苏州固锝	AICS（马来西亚）	半导体封装测试	0.46
2019-05	赛腾股份	Optima（日本）	高端半导体检测设备	2.37
2019-05	韦尔股份	豪威科技（美国）	CMOS图像传感芯片	152.00
2019-06	闻泰科技	安世半导体（荷兰）	汽车、工业功率半导体	268.00
2019-08	汇顶科技	恩智浦VAS（荷兰）	音频应用解决方案	11.55
2019-09	精测电子	WINTEST（日本）	CCD、CMOS的成像器件	1.65
2019-11	北京君正	ISSI（美国）	存储器（汽车、工业）	72.00
进行中	紫光国微	Linxens（法国）	存储、智能卡	180.00
进行中	通富微电	Fabtronic（马来西亚）	半导体封测	0.22
合计	—	—	—	724.77

资料来源：Wind。

在这些成功案例中，以韦尔股份收购美国豪威，闻泰科技收购安世半导体，北京君正收购ISSI，以及紫光国微收购Linxens这4单交易最为引人关注，且收购方案具有类似性。本书后面章节将重点以韦尔股份收购美国豪威的交易为专题进行评析。由于当下美国对中国半导体行业进行封锁，自收购美国豪威后，美国半导体行业对中国的通道近乎关闭，中企对美投资并购交易也多次被美国外资投资委员会（CFIUS）否决。由此，2019年中国半导体出境并购的目标转为以欧洲为主（也包括日本和马来西亚的企业）。

（2）生物医药行业

生物医药是另一个受到境内投资者普遍关注的行业。作为世界上人口最多的国家和未来最大的医药市场，目前我国生物医药技术水平与欧美国家差距较大。生物医药产业具有高科技含量、高附加值、低能耗、知识密集等特质，是符合科技工业高质量发展要求的新兴战略产业。在2019年A股市场跨境并购中，新开源收购美国生物分析试剂盒公司BioVision，汤臣倍健收购澳洲益生菌龙头LSG，以及上海莱士收购全球血液制品巨头基立福的血液诊断业务45%的股权等案例受到了市场的关注。2019 年中国 A 股生物医药企业跨境并购交易情况见表 9-5。

表 9-5　2019 年中国 A 股生物医药企业跨境并购交易

审批完成时间	收购方	被收购方	产品领域	交易金额（亿元）
2019-03	新开源	BioVision（美国）	试剂盒、生物科技	17.00
2019-04	汤臣倍健	LSG（澳大利亚）	益生菌等健康食品	14.00
2019-04	凯利泰	Elliquence（美国）	手术能量平台、高值耗材	4.95
2019-06	赛托生物	LIBFLS.P.A（意大利）	化学药品研发	0.83
2019-07	华海药业	普霖强生 24.24% 股权（美国）	仿制药研发及生产	8.76
2019-09	亿帆医药	佰通公司 31.65% 股权（波兰）	重组人胰岛素制造	7.16
2019-09	九州医药	PharmAgra（美国）	实验室 CRO	1.10
2019-12	昭衍新药	Biomere（美国）	临床前 CRO	1.88
进行中	蓝帆医疗	NVT AG（瑞士）	主动脉瓣置换术器械	10.59
合计	—	—	—	66.27

资料来源：Wind。

三、跨境并购面临的国内监管审核

（一）中国企业跨境并购监管概述[①]

自 2017 年以来，国内企业面临的境外投资法律环境趋于复杂，政府对中国企业"走出去"提出更高、更全面的要求。此前，中国的对外投资监管环境相对宽松，经历 10 年持续增长后，在 2016 年，中国企业在酒店、餐饮、文化、体育和娱乐业以及房地产业的投资高速增长，与中国的外汇储备下降幅度较大、人民币面临贬值压力等情况形成对比。2017 年国家外汇政策收紧，境外投资监管部门陆续发布新规，在简政放权的指导原则下开始形成多层次、多方面的境外投资监管体系。至今为止，国资委、外汇局、人民银行、国家发改委、商务部等部门相继单独或联合针对性地发布了一些新规，具体见表 9-6。

这些新规可以概括为从境外投资的投资范围（"鼓励发展＋负面清单"）、审查程序（事前审批程序以及事中、事后监管程序）、真实性三方面对中国企业"走出去"提出多层次和多方面的要求。在资金政策方面，国家外汇政策收紧幅度最大。

A 股上市公司在进行跨境并购时除了履行自身信息披露义务、证监会审批程序以及国资主管部门的审核批准（适用国资背景的收购主体）外，与其他收购企业一

[①] 本节参考了《中国、美国、欧盟近期法律法规对中国境外投资的影响及相应对策》，作者邬国华、雷宇鸣。

样，在境内还要满足发改委、商务部、外汇管理部门等多个部门的常规审核或备案，在境外则须面临所在国就垄断、国家安全等方面的一系列审查程序，整个并购审核流程和信息披露要求较国内并购复杂得多，相应地对投资银行、律师、会计师和其他中介机构的专业性要求更高、更全面。

表9-6 监管部门近年发布的国内企业跨境并购文件

发布时间	发布部门	文件名称
2017年1月7日	国资委	《中央企业境外投资监督管理办法》
2017年1月26日	外汇局	《关于进一步推进外汇管理改革完善真实合规性审核的通知》
2017年8月4日	发改委、商务部、人民银行、外交部	《关于进一步引导和规范境外投资方向的指导意见》
2017年12月6日	发改委、商务部、人民银行、外交部、全国工商联	《民营企业境外投资经营行为规范》
2017年12月26日	发改委	《企业境外投资管理办法》
2018年1月18日	商务部、人民银行、国资委、银监会、保监会、外汇局	《对外投资备案（核准）报告暂行办法》

资料来源：发布部门官网。

（二）境内主要部委的审查流程："鼓励发展＋负面清单"监管模式

1. 发改委审查

《企业境外投资管理办法》（2017年12月26日，或称"11号令"）规定，国家发改委将根据境外投资是否属于敏感类项目分别进行核准与备案管理。该办法体现了国内各监管部门"鼓励发展＋负面清单"的监管模式，明确了负面清单的范围。所谓敏感性项目，包括涉及敏感国家和地区的项目，以及敏感行业的项目。

本办法所称敏感国家和地区包括：

（一）与我国未建交的国家和地区；

（二）发生战争、内乱的国家和地区；

（三）根据我国缔结或参加的国际条约、协定等，需要限制企业对其投资的国家和地区；

（四）其他敏感国家和地区。

本办法所称敏感行业包括：

（一）武器装备的研制生产维修；

（二）跨境水资源开发利用；

（三）新闻传媒；

（四）根据我国法律法规和有关调控政策，需要限制企业境外投资的行业。

敏感行业目录由国家发展改革委发布。

核准申请报告须准备的内容：

项目申请报告当包括以下内容：

（一）投资主体情况；

（二）项目情况，包括项目名称、投资目的地、主要内容和规模、中方投资额等；

（三）项目对我国国家利益和国家安全的影响分析；

（四）投资主体关于项目真实性的声明。

根据本次最新修订，原商务部备案审批被取消，在实行备案管理的项目中，投资主体是中央企业的，备案机关是国家发改委；投资主体是地方企业且中方投资额 3 亿美元及以上的，备案机关是国家发改委；投资主体是地方企业且中方投资额 3 亿美元以下的，备案机关是投资主体注册地的省级政府发展改革部门。

项目申请报告或附件不齐全、不符合法定形式的，核准机关应当在收到项目申请报告之日起 5 个工作日内一次性告知投资主体需要补正的内容。项目涉及有关部门职责的，核准机关应当商请有关部门在 7 个工作日内出具书面审查意见。核准机关应当在受理项目申请报告后 20 个工作日内作出是否予以核准的决定。故境内公司从事跨境并购的发改委审核流程最快能在 1 个月内完成，重大项目若涉及须委托咨询机构进行评估的，时间则可能延长到 2 至 3 个月。

2. 商务部审核

反垄断由发改委、商务部和工商总局等几个部门联合管理，本章重点针对境内公司跨境并购如采取换股收购所涉及商务部的审核流程[①]进行分析。具体适用法规包括《鼓励外商投资产业目录（2019 年版）》（2019 年 7 月 30 日）、《外国投资者对上市公司战略投资管理办法》（2015 年 10 月 28 日）。商务部对上市公司所属产业是否属于外商投资限制性产业，以及交易对象作为境内上市公司战略投资者的适格性进行审核。商务部收到申报文件后应在 30 日内作出原则批复。

《中华人民共和国反垄断法》第二十一条：

经营者集中达到国务院规定的申报标准的，经营者应当事先向国务院反垄断执法机构申报，未申报的不得实施集中。

第二十五条：

国务院反垄断执法机构应当自收到经营者提交的符合本法第二十三条规定的文

---

① 境外公司收购境内公司的跨境并购也涉及国内反垄断审查。

件、资料之日起三十日内，对申报的经营者集中进行初步审查，作出是否实施进一步审查的决定，并书面通知经营者。国务院反垄断执法机构作出决定前，经营者不得实施集中。国务院反垄断执法机构作出不实施进一步审查的决定或者逾期未作出决定的，经营者可以实施集中。

第二十六条：

国务院反垄断执法机构决定实施进一步审查的……作出禁止经营者集中的，应当说明理由。审查期间，经营者不得实施集中。有下列情形之一的，国务院反垄断执法机构经书面通知经营者，可以延长前款规定的审查期限，但最长不得超过六十日……国务院反垄断执法机构逾期未作出决定的，经营者可以实施集中。

《国务院关于经营者集中申报标准的规定》（国务院令第529号）第三条：

经营者集中达到下列标准之一的，经营者应当事先向国务院反垄断执法机构申报，未申报的不得实施集中……

2018年9月29日，国家市场监督管理总局发布《经营者集中反垄断审查办事指南》，明确了申报资料的要求及许可程序：

申报文件、资料：

一、申报书；

二、集中对相关市场竞争状况影响的说明；

三、集中协议及相关文件；

四、参与集中的经营者经会计师事务所审计的上一会计年度财务会计报告；

五、国家市场监督管理总局（反垄断局）要求提交的其他文件、资料。

申报人应同时提交申报文件、资料的公开版本和保密版本各一套，并提交内容相同的电子光盘各一套。

许可程序：

一、申报人依照有关规定或通知将申报文件、资料交给反垄断局，反垄断局向申报人出具《国家市场监督管理总局经营者集中材料接收单》。反垄断局核查申报文件、资料是否完备，如不完备，由反垄断局书面通知申报人补充材料。

二、申报人提交的文件、资料不完备的，由反垄断局书面通知申报人在规定的期限内补交文件、资料。申报人逾期未补交文件、资料的，视为未申报。

三、对符合法律法规规定，申报文件、资料完备的申报，由反垄断局书面通知申报人立案。

四、自立案之日起三十日内完成初步审查，作出是否实施进一步审查的决定，由反垄断局书面通知申报人。

五、对需要实施进一步审查的，自决定之日起九十日内完成审查，作出是否禁止经营者集中的决定,由反垄断局书面通知申报人。

六、有下列情形之一的,由反垄断局书面通知申报人延长进一步审查的期限,时间最长不超过六十日:

(一)经营者同意延长审查期限的;

(二)经营者提交的文件、资料不准确,需要进一步核实的;

(三)经营者申报后有关情况发生重大变化的。

七、经营者集中反垄断审查工作结束,由反垄断局将审查决定书面通知申报人。禁止经营者集中的决定或者对经营者集中附加限制性条件的决定向社会公布。

3. 国资委审核

根据《中央企业境外投资监督管理办法》(2017年1月7日),国资委在中央企业境外投资和并购活动中,按照以管资本为主加强监管的原则,以把握投资方向、优化资本布局、严格决策程序、规范资本运作、提高资本回报、维护资本安全为重点,依法建立信息对称、权责对等、运行规范、风险控制有力的中央企业境外投资监督管理体系,推动中央企业强化境外投资行为的全程全面监管。审核原则主要有以下三项。

第一,央企适用更严格的负面清单制度。国资委根据国家有关规定和监管要求,建立发布中央企业境外投资项目负面清单,设定"禁止类"和"特别监管类"境外投资项目,实行分类监管。列入负面清单"禁止类"的境外投资项目,中央企业一律不得投资;列入负面清单"特别监管类"的境外投资项目,中央企业应当报送国资委履行出资人审核把关程序;负面清单之外的境外投资项目,由中央企业按照企业发展战略和规划自主决策。中央企业境外投资项目负面清单的内容保持相对稳定,并适时动态调整。目前国资委境外投资负面清单尚未对外发布。

第二,对负面清单项目实行特批管理。列入中央企业境外投资项目负面清单"特别监管类"的境外投资项目,中央企业应当在履行企业内部决策程序后,在向国家有关部门首次报送文件前,报国资委履行出资人审核把关程序。中央企业应当报送以下材料:开展项目投资的报告、企业有关决策文件、项目可行性研究报告(尽职调查)等相关文件、项目融资方案、项目风险防控报告及其他必要的材料。国资委依据相关法律、法规和国有资产监管规定等,从项目风险、股权结构、资本实力、收益水平、竞争秩序、退出条件等方面履行出资人审核把关程序,并对有异议的项目在收到相关材料后20个工作日内向企业反馈书面意见。国资委认为有必要时,可委托第三方咨询机构对项目进行论证。

第三,央企的境外投资必须聚焦主业,原则上不得在境外从事非主业投资。有特殊原因确须开展非主业投资的，应当报送国资委审核把关，并以与具有相关主业优势的中央企业合作的方式开展投资。

（三）跨境并购资金出境方面的监管

1. 外汇部门审批流程及要求

在获得各类监管机构的批文后，境内公司须向外汇局办理外汇来源备案并提交资金汇出程序。根据我国外汇管理办法，境内公司可以使用自有的外汇资金、符合规定的国内外汇贷款、人民币购汇或实物资产、无形资产及经外汇局核准的其他外汇资产进行境外直接投资；境内机构在境外直接投资所得利润也可留存境外用于境外直接投资。外汇局出台的《境内机构境外直接投资外汇管理规定》（汇发〔2009〕30号），规定境内机构境外直接投资在获得境外直接投资主管部门核准后，应持相关材料到所在地外汇局办理境外直接投资外汇登记。在取得前述外汇登记后，境内机构应凭境外直接投资主管部门的核准文件和境外直接投资外汇登记证，在外汇指定银行办理境外直接投资资金汇出手续。外汇指定银行进行真实性审核后为其办理。至此，境内审批流程完成。

2. 2017年之后跨境投资的外汇管控

根据中国人民银行的统计数据，截至2016年12月，我国外汇储备3.01万亿美元，相较于2014年年底3.84万亿美元已持续两年下降。在美元升值、人民币贬值的情形下，为限制资本外流，中国政府自2016年年底开启了一轮严控国内企业实施境外投资的管理周期。国家外汇管理部门秉持"扩流入、控流出、降逆差"的监管态度，强化外汇管控，对于大额外汇出境都改为窗口指导，需要事先沟通。

2017年8月18日，国务院发布《国务院办公厅转发国家发展改革委商务部人民银行外交部关于进一步引导和规范境外投资方向指导意见的通知》（国办发〔2017〕74号），对境外投资方向提出了指导意见，并明确将境外投资项目分成鼓励开展、限制开展和禁止开展三类情况，引导和规范企业的境外投资方向。其中，以下三类情况属于限制开展的境外投资，须经境外投资主管部门核准：

（一）赴与我国未建交、发生战乱或者我国缔结的双多边条约或协议规定需要限制的敏感国家和地区开展境外投资。

（二）房地产、酒店、影城、娱乐业、体育俱乐部等境外投资。

（三）在境外设立无具体实业项目的股权投资基金或投资平台。

除指导意见外，2016年以来其他用以规范资本项目出境监管的文件涉及跨境并购相关的监管措施见表9-7。

第九章 上市公司跨境并购与并购基金过桥收购

表9-7 其他涉及跨境并购的资本项目出境监管文件

序号	文件名称	监管导向	与跨境并购相关的监管措施
1	人民银行：《关于进一步明确境内企业人民币境外放款业务有关事项的通知》（2016年11月29日）	1.加强对人民币跨境流出的管理，将其纳入本外币一体化的宏观审慎监管框架；2.对放款主体、放款对象、须履行程序、放款额度、放款资金来源、放款利率、放款期限和用途等方面进行了规定；3.人民币境外放款政策监管逐渐趋严；4.内保外贷、跨境委贷等业务将进一步缩紧。	1.境外债权放款主体：境内企业和企业集团财务公司，且注册成立1年以上；2.放款人、借款人：必须具有股权关系；3.放款人在办理放款业务前外管部门前置备案登记，并在放款余额上限内放款；4.境外放款额度：企业境外放款余额上限为最近一期经审计的所有者权益乘以宏观审慎调节的系数；5.放款资金来源：不得为个人资金或自身债务融资，只可为经营性所得融资；6.放款期限：控制在6个月至5年内，超过5年应备案；放款原则上可展期1次，逾期应说明合理原因等。
2	发改委：《国家发展改革委办公厅关于调整境外收购或竞标项目信息报告报送格式的通知》（2016年12月5日）	对投资主体的财务情况、投资项目背景加强审慎性审核。	增加2项申请填报内容：投资主体最新经审计的财务报表、项目尽职调查报告。
3	发改委、商务部、人民银行、外汇局四部门负责人就当前对外投资形势下加强对外投资监管答记者问（2016年12月6日）	1.ODI方式资金出境应严控投资领域及行业，避免非理性投资等；2.加强对境外投资真实性的审查，严防资金外逃。	1.支持国内有能力、有条件的企业开展真实合规的对外投资活动，参与"一带一路"共同建设和国际产能合作，促进国内经济转型升级，深化我国与世界各国的互利合作；2.监管部门也密切关注近期在房地产、酒店、影城、娱乐业、体育俱乐部等领域出现的一些非理性对外投资的倾向，以及大额非主业投资、有限合伙企业对外投资、"母小子大"、"快设快出"等类型对外投资中存在的风险隐患，建议有关企业审慎决策。
4	新华社：跨境资金流动总体稳定——专访国家外汇管理局有关负责人（2016年12月8日）	总结4类境外投资异常行为，严打虚假对外投资。	境外投资行为异常情况大致分为4类：1.成立不足数月的企业，在无任何实体经营的情况下即开展境外投资活动；2.企业境外投资规模远大于境内母公司注册资本，企业财务报表反映的经营状况难以支撑其境外投资的规模；3.企业境外投资项目与境内母公司主营业务相去甚远，不存在任何相关性；

续表

序号	文件名称	监管导向	与跨境并购相关的监管措施
			4. 企业投资人民币来源异常，涉嫌为个人向境外非法转移资产和地下钱庄非法经营。 外汇局将会对于虚假的对外投资行为保持打击力度。
5	人民银行：《金融机构大额交易和可疑交易报告管理办法》（2016年12月28日）	针对洗钱、恐怖活动的目的，加大对资金外流的监控。	1. 自然人和非自然人的大额现金交易，境内和跨境的报告标准均为人民币5万元以上、外币等值1万美元以上； 2. 非自然人银行账户的大额转账交易，境内和跨境的报告标准均为人民币200万元以上、外币等值20万美元以上。
6	外汇局：《国家外汇管理局关于进一步推进外汇管理改革完善真实合规性审核的通知》（2017年1月26日）	加强对ODI资金流出的真实性、合法性审核	加强境外直接投资真实性、合规性审核。境内机构办理境外直接投资登记和资金汇出手续时，除应按规定提交相关审核材料外，还应向银行说明投资资金来源与资金用途（使用计划）情况，提供董事会决议（或合伙人决议）、合同或其他真实性证明材料。银行按照展业原则加强真实性、合规性审核。

资料来源：根据发布部门官网文件整理。

在严控ODI（对外直接投资）资金出境的当下，国内企业进行跨境并购申请资金出境须注意以下几点。

（a）根据目前的监管要求，对于合伙企业形式的资金出境采取严管措施，故应避免以合伙企业作为境外直接投资的主体，境外并购采取的SPV主体以有限责任公司为主。

（b）在向发改委、商务部和外汇局进行申报时，均须提交财务资料以供审核，应选择具备一定注册资本规模或运营效益的实体作为境外投资实体，避免出现"母小子大"的情况。

（c）跨境并购领域应尽量符合国家政策导向，对于"房地产、酒店、影城、娱乐业、体育俱乐部"等行业的投资项目，目前处于严控状态，应谨慎投资，应以投资实业类、符合国家产业引导方向的企业为目标，避免"快设快出"情形。

（d）资金出境申报时，应详细填写项目资料，提供尽职调查资料，合理安排各项监管部门手续，主动约谈监管部门以说明投资情况。

四、境外并购标的所在国审查机构及审查要求

中国企业境外投资所面临的境外环境越来越复杂。为应对和减轻这些风险，中

国企业在境外投资时应做好准备，采取应对措施，尤其需要深入了解境外并购所在国的审查机构及审查要求。本章重点就美国 CFIUS 审查和欧盟投资审批条例做一简要整理说明，供读者参考。

（一）美国 CFIUS 审查

美国的外资审查制度和实践有较长的历史，近年来对于外资收购自然资源、高新技术、基础设施的交易随着贸易保护主义的重新抬头而表现出更为严格的审查倾向，并在最新的立法活动中将这些审查倾向制度化。

境内公司跨境并购美国公司所面临的主要审查机构为美国外国投资委员会，即 CFIUS（The Committee on Foreign Investment in the United States）。CFIUS 成立于 1950 年，由 11 个政府机构的首长和 5 个观察员组成，美国的财政部部长担任委员会主席。CFIUS 的代表们来自国防部、国务院以及国土安全部等，对可能影响美国国家安全的外商投资交易进行审查。2018 年 8 月，美国总统特朗普签署了新修订的《外国投资风险评估现代法案》（简称 FIRRMA），该法案的修订大幅扩大了 CFIUS 对外国投资审查的权限范围，也对 CFIUS 的审查程序进行了修改。

1. 管辖范围 1（FIRRMA 实施前）

CFIUS 对外国资本直接投资审查范围[①]有控制权和属地 2 项界定标准。

控制权标准： CFIUS 管辖的交易主要是可能导致外国主体控制任何从事美国州际贸易的主体且可能影响国家安全的合并、收购或其他投资。在实践中一般认为，外国主体持股 10% 是构成"控制"的底线。2017 年 9 月，四维图新（002405.SZ）收购荷兰高精地理信息服务公司 Here 10% 的股权就受到了 CFIUS 的审查，并最终被否决。

属地标准： 即使被收购的目标公司并非美国公司，只要该公司在美国从事州际贸易，该等交易亦可能受到 CFIUS 的管辖。在实践中，总部位于德国的半导体涂料企业 Aixtron SE、总部位于意大利的帕马斯幕墙公司，在面对中资企业的收购中，均因在美国市场占有较大市场份额而受到 CFIUS 的审查，并最终被否决。

非管辖范围： 根据美国联邦法律，"纯投资目的"或"外国投资者无意控制或指挥目标公司的基本商业决策"的交易不属于 CFIUS 的管辖范围。这些交易主要包括：

（a）外国投资者获得不超过目标公司 10% 股权或股份的交易；

---

① 该范围参考了通力律师事务所《CFIUS 审查全解析：新趋势及中国投资者的应对》的内容。

（b）银行、信托公司、保险公司、投资公司、养老基金、社保基金、共同基金、金融公司或证券经纪公司为自身利益，在正常业务范围内进行的直接投资。

其他不属于CFIUS管辖范围的交易还包括：

（a）不影响控制权的拆股或等比例的股票股息；

（b）对任何不构成"美国业务"的实体或资产的收购；

（c）证券承销商在正常业务范围内进行证券承销时对相关目标公司证券的收购；

（d）根据保险人在正常业务范围内订立的合同内规定的有关忠实义务、担保或人身伤亡责任相关的条款及条件进行的收购。

2. 管辖范围2（FIRRMA实施后）

除以上列举的CFIUS管辖范围外，2018年实施的FIRRMA明确将以下4类交易纳入CFIUS的管辖范围2。

（1）外国投资者购买、租赁或占有临近敏感政府设施的不动产交易

不动产涉及以下情形之一的，即属于CFIUS的管辖范围：

（a）位于机场、海港内或是其一部分；

（b）临近军事设施或其他基于国家安全原因而属于敏感设施的；

（c）使外国投资者可以在敏感设施附近收集情报；

（d）存在使不动产或设施中进行的国家安全活动暴露于被外国监控的风险。

FIRRMA同时也规定了上述不动产交易的若干除外情形：

（a）美国人口普查局所定义的单一"住房单元"；

（b）位于美国人口普查局所定义的"城市化地区"的房地产，但CFIUS咨询美国国防部部长后认定属于受CFIUS管辖范围的除外。

（2）特定的非控制权投资

除传统的股权控制外，FIRRMA还将以下类型的"其他投资"列入CFIUS管辖范围：

（a）外国投资者能够接触美国公司拥有的重大非公开技术信息；

（b）外国投资者担任美国公司的董事；

（c）外国投资者掌握对美国公司的决策权等。

（3）外国投资者在美国公司中享有的权利的变更

如果外国投资者在其已经投资的美国公司内享有的权利发生变更，从而导致外国投资者能够控制美国公司或者构成上述第（2）项中提及的"其他投资"情形，导致该等权利变更的交易或安排同样受到CFIUS的管辖。

(4) 其他任何旨在规避 CFIUS 管辖的交易或安排

2018 年实施的 FIRRMA 将其他任何旨在规避 CFIUS 管辖的交易或安排纳入其管辖范围 2。

在实践中，早在 FIRRMA 实施以前，CFIUS 就会在审查中对投资主体进行"穿透"识别，直至识别出投资主体的最终受益人或实际控制人为止。在 2017 年，一只名为 Canyon Bridge 的硅谷私募基金拟收购美国莱迪思半导体公司，CFIUS 的审查将基金收购方的架构穿透调查到底，发现基金 LP 中有一家名为 Yitai Capital Limited 的香港公司，而这家香港公司的股东为中国本土公司 China Venture Capital Fund Corporation Limited（即中国风险投资有限公司，CVCF），最终 CFIUS 以基金的中国背景可能损害美国国家安全为由，不批准这项并购交易。

3. 审查流程

CFIUS 的审查通常需要 30 至 100 天，审查经历的流程见表 9-8。具体时间根据交易涉及国家安全问题的复杂性而定。事实上，绝大多数交易审查不会经历以下全部 4 个阶段。

表 9-8 CFIUS 审查流程

阶段	事宜
初步协商阶段（无时间限制）	审阅提报材料的完整性，评估项目潜在的问题。
初始审查阶段（30 日）	（1）根据标的公司所处行业确定审查成员的组成； （2）从 12 个方面的风险因素展开评估； （3）美国国家情报总监审核； （4）如评估无风险，不采取进一步行动，否则进入正式调查阶段。
正式调查阶段（45 日）	（1）解决未解决的问题，与交易方协商或执行批准交易的条件； （2）采取消解措施或临时保护措施，设定重新提交申报的时间期限，或对交易方作出的承诺进行监督； （3）如问题得到解决，不采取进一步行动，否则提交总统决定。
总统最终决定（15 日）	总统决定。

资料来源：根据通力律师事务所《CFIUS 审查全解析：新趋势及中国投资者的应对》中"四、CFIUS 的审查流程"整理。

4. 审查关注点

根据前述审查管辖范围的内容，可大致推断出 CFIUS 审查的关注重点：

其一是标的公司的业务性质是否为影响到美国国家安全的敏感性行业。从 CFIUS 否决的交易来看，部分公司涉及向美国政府、军队提供特定产品或服务，如新纶科技在 2018 年拟收购的柔性材料制造企业 Akron Polymer，就曾向美国军方提供产品和服务。此外，如飞机制造、发动机制造、电子半导体、计算机软件、生物医药等涉及美国国家利益与保持核心竞争力的高技术产业，在CFIUS的审查中会面临更高的敏感性审查。

其二是外国收购方的身份背景是否对美国国家安全具有威胁。这一点也体现在对收购方的"穿透"审查中。

5. CFIUS近年否决的中国企业跨境并购项目

根据商务部数据，中国对美国的直接投资在2016年曾达到峰值，为456亿美元，2017年下降到290亿美元，2018年则大幅缩水至48亿美元，两年下降幅度高达83%，而中国对美直接投资中约96%为中国企业对美国企业的并购及投资。究其原因，除中美贸易摩擦和中国在2016年开始严控资本外流以外，CFIUS对中国企业跨境收购美国企业审批趋严也是重要原因之一。根据搜狐网的报道，截至2019年4月，CFIUS累计否决的中国企业跨境并购交易总计达16单。[①] 其中，引起社会普遍关注的有以下13单交易，见表9-9。

表9-9　近年CFIUS否决的13单中国企业跨境并购交易

序号	中国资本方	标的公司	行业	金额（万美元）	终止日期	交易背景
1	Go Scale Capital	Lumileds 80.1%的股权	电子半导体	280,000	2016-01-29	收购方是金沙江创投（GSR Ventures）与橡树投资伙伴（Oak Investment Partners）联合组成的投资基金，标的公司是荷兰飞利浦集团旗下LED和汽车照明组件生产商。
2	中国福建宏芯基金	Aixtron SE 65%的股份	电子半导体	67,600	2016-11-18	标的公司为全球领先的半导体行业涂料设备供应商，生产基于化合物、硅和有机半导体材料以及碳纳米结构的电子和光电应用高性能部件。
3	喜乐航（837676.OC）	Global Eagle Entertainment Inc（ENT.O）34.9%的股份	互联网软件与服务	41,600	2017-07-25	喜乐航为海航集团旗下专注于航空互联网技术开发与平台运营的高科技企业，标的公司全球鹰娱乐为美国机上娱乐系统供应商。CFIUS基于国家安全的原因，对喜乐航的收购交易表示了反对。
4	Canyon Bridge Capital Partners	Lattice Semiconductor Corp（LSCC.O）	电子半导体	13,000	2017-09-13	收购方是具有中国背景的注册在美国境内的财团，国新基金为其唯一有限合伙人。标的公司莱迪思半导体公司是一家从事可编程逻辑产品及相关软件设计、

[①] 特朗普上台后，中国在美国的收购现状. https://www.soho.com/a/307358898_825950.

续表

序号	中国资本方	标的公司	行业	金额（万美元）	终止日期	交易背景
						开发及销售的公司。CFIUS 表示，由于交易各方未能消除 CFIUS 对这项交易的国家安全顾虑，建议拒绝批准该交易。
5	四维图新（002405.SZ）	HERE International B.V. 10% 的股权	互联网软件与服务	28,300	2017-09-26	收购方为四维图新、腾讯和新加坡政府投资基金（GIC）联合出资组成的财团，标的公司为荷兰高精地理信息服务商和无人驾驶地图服务商。CFIUS 认为此项交易对美国国家安全构成潜在危害。
6	蚂蚁金服	MoneyGram（MGI.O）	金融服务	88,000	2018-01-02	速汇金公司为美国个人环球汇款服务商。CFIUS 通知双方交易不会被批准后，该交易终止。CFIUS 审查的主要顾虑为标的公司所控制的个人信息被中国投资者所控制。
7	蓝色光标（300058.SZ）	Cogint（FLNT.A）63% 的股权	数字化营销	38,200	2018-02-20	Cogint 是一家数据分析公司，通过先进的专有技术和庞大的数据存储库，揭示不同数据点的相关性，并将其转化为对人、企业、资产及其相互关系的全面而深入的洞察。CFIUS 告知双方该交易很可能得不到批准，该交易即终止。
8	中青芯鑫（苏州工业园区）资产管理有限责任公司	Xcerra Corporation（XCRA.O）	半导体	58,000	2018-02-22	标的公司是美国专业半导体测试设备商。中青芯鑫是一家含有国资成分的半导体投资基金。CFIUS 告知双方该交易很可能得不到批准，该交易即终止。
9	大北农（002385.SZ）	Waldo Farms Inc. 100% 的股权	生物	1,650	2018-03-03	Waldo Farms 是美国规模最大的种猪育种企业之一。
10	中国重汽集团	UQM Technologies（UQM.A）34% 的股份	汽车	2,830	2018-05-09	标的公司为纽交所上市公司，专注于车辆电动化动力系统的开发和制造。由于中国重汽集团为国有企业，CFIUS 对这笔交易存有顾虑。
11	新纶科技（002341.SZ）	Akron Polymer System 45%	材料	990	2018-05-10	Akron 的主营业务为高性能聚合物，新纶科技拟通过收购整合布局下一代柔性显示材料市场。

续表

序号	中国资本方	标的公司	行业	金额（万美元）	终止日期	交易背景
		的股权				由于Akron参与了美国某军事项目中的材料项目，CFIUS始终明确表示将对本次交易实施限制。
12	深圳能源（000027.SZ）	Mojave、Cantua、Arabian 100%的股权	能源	23,200	2018-08-09	标的公司分别拥有Garland、Tranquillity、Mustang三个太阳能电站项目，均位于美国加州，总容量为66.4万千瓦。
13	广田集团（002482.SZ）	意大利帕马斯100%的股权	建筑	46,700	2018-11-27	标的公司为全球幕墙行业龙头企业，属于日本骊住集团成员。

资料来源：商务部官网。

除上述案例外，不少大额收购并未进展至CFIUS审查层面就被标的公司内部否决，以电子半导体领域的并购最多。如紫光集团曾在2014年尝试以230亿美元收购美国最大的存储芯片企业美光科技（MU.O），在2015年尝试以38亿美元收购全球存储产品龙头西部数据（WDC.O）15%的股份，均因标的公司董事会层面"担心无法通过CFIUS审查"而被否决。同年，全球半导体元老级公司仙童半导体（FSC.O）因为担心无法通过CFIUS审查，拒绝了来自华润集团和清芯华创的收购要约。

除了CFIUS外，境内企业在收购企业为美国境内上市公司时，还可能需要经过美国证券交易委员会（SEC）对上市公司信息披露和公平交易方面的审查，以及美国联邦贸易委员会（FTC）和司法部基于反垄断合规方面的调查。由于这两个部门的审查并不涉及敏感的国际政治问题，目前并未对中国企业赴美收购构成实质性障碍。

（二）欧盟投资审查条例

与美国有所区别，欧盟在2017年以前未曾有统一的外资审查制度，也无专门的机构负责审查。即使在欧盟各成员国内，也仅有12个国家[1]（英国已于2020年1月脱离欧盟）单独制定了外资审查制度，且各国的审查范围、审查标准差异很大。2019年2月14日，欧洲议会正式签署通过了《审查外国对欧盟的直接投资的框架条例》（简称《投资审查条例》），为欧盟各国制定相关的外资审查法律提供了参考依据，对中国企业赴欧投资的领域及周期产生了很大影响。

---

[1] 12个国家分别是奥地利、丹麦、德国、芬兰、法国、拉脱维亚、立陶宛、意大利、波兰、葡萄牙、西班牙、英国。Foreign direct investment screening – a debate in light of China–EU FDI flows. http://www.europarl.europa.eu/RegData/etudes/BRIE/2017/603941/EPRS_BRI(2017)603941_EN.pdf.

1. 审查框架

总体而言，欧盟《投资审查条例》与美国 CFIUS 审查制度类似，采取了较为开放的立法模式，通过定义审查范围和列举考量因素确定了审查的基础。与美国 CFIUS 多部门参与存在一定相似性，《投资审查条例》要求欧盟各成员国建立合作机制并共享信息。与美国 CFIUS 的单一组织审查的不同之处在于，《投资审查条例》并非旨在建立欧盟统一的审查制度，而是为各成员国提出审查的基础框架和可参考的因素，此外《投资审查条例》也另行约定了欧盟委员会审查机制。欧盟《投资审查条例》将审查范围定义为可能引起"安全或公共秩序忧虑"的非欧盟投资者在欧盟成员国所进行的投资。这里所说的投资并不限于直接投资，还包括实质性地参与对欧盟成员国企业的管理或控制。

2. 具体标准

《投资审查条例》主要列举了以下考量因素：

（a）关键基础设施，包括能源、交通、通信、数据存储、空间或金融基础设施及敏感设施；

（b）关键技术，包括人工智能、机器人技术、半导体、可能构成军民两用的技术、网络安全、空间或核技术；

（c）关键投入要素供应的安全性；

（d）获取敏感信息或控制敏感信息的途径。

除此 4 项标准外，还需要考虑投资者是否受非欧盟国家政府控制（包括重要资金支持），以判断对安全和公共秩序的影响情况。考量因素有对具体行业和具体技术的列举，特别是人工智能、机器人技术等也纳入安全或公共秩序的考量因素。鉴于中国赴欧投资的重点是收购高新技术企业，因而《投资审查条例》对中国跨境并购活动的指向性很明显。

3. 审查主体及合作机制

就审查主体而言，《投资审查条例》提供了各成员国自己审查和欧盟委员会审查两套机制。其中，欧盟委员会仅在可能影响欧盟整体的安全或公共秩序时有权进行审查，其具体的审查方式是向该外商投资的目标成员国要求提供信息并向该成员国发表意见，如果该成员国未遵守欧盟委员会的意见则须另行解释。欧盟委员会的审查看似非强制性，但在"安全"和"公共秩序"未明确定义的情况下，该条款突破了一国的地域范围而扩展到整个欧盟，给中国企业赴欧并购的审查造成了更多不确定性。

就合作机制而言,《投资审查条例》提出,欧盟成员国自审查程序启动之日起,5个工作日内告知欧盟委员会及其他成员国。如果一成员国认为本国内的外商投资可能影响其他成员国的安全或公共秩序,或认为其他成员国内的外商投资可能影响本国的安全或公共秩序,该成员国可以向其他成员国提供或要求其他成员国提供意见或必要信息。

五、上市公司发股收购境外标的:上海莱士跨境并购西班牙 GDS

2018年12月7日,上海莱士血液制品股份有限公司(002252.SZ)发布公告,将以发行股份的方式购买基立福持有的GDS全部或部分股权,以及天诚德国股东持有的天诚德国100%的股权,后来方案变更为收购GDS 45%的股份。2019年11月13日,该重大资产重组事项获得证监会并购重组委审核通过。

该案例是2018年9月20日商务部发布《外国投资者对上市公司战略投资管理办法》(征求意见稿)后,A股第一个跨境直接发行股份收购非上市公司股权的成功案例。

(一)并购背景

1. 收购方上海莱士

上海莱士是1988年成立的中外合资血液制品大型生产企业,专门从事血液制品、疫苗、诊断试剂及检测器具的生产和销售业务并提供检测服务,主要产品包括人血白蛋白、静注人免疫球蛋白(pH4),是国内较早实现血液制品批量生产的厂家之一。公司2008年6月在深交所中小板上市。2016—2018年,上海莱士实现营业收入分别为232,625.03万元、192,774.84万元和180,423.54万元,实现归属于母公司所有者的净利润分别为161,315.36万元、83,582.86万元和-151,839.70万元[1]。在本次收购前,上市公司市值403亿元,控股股东为科瑞天诚投资控股有限公司和莱士中国,合计持股67.98%。

本次收购交易对方为GRFS.O,即基立福。基立福是全球血液制品行业的领导者,在全球30多个国家和地区拥有21,000多名员工,产品和服务销往100多个国家和地区。其业务主要分为生命科学、诊断和医院3大板块。公司2018年实现营业收入448,672万欧元,净利润59,441万欧元,总市值约130亿美元。

---

[1] 由于证券投资业务受市场波动影响,上市公司持有和处置风险投资而产生的公允价值变动损益和投资收益合计亏损19.80亿元,导致公司2018年度业绩大幅亏损。

2. 标的公司 GDS

本次收购标的为 Grifols Diagnostic Solutions Inc.（GDS）已发行在外的 40 股 A 系列普通股以及已发行在外的 50 股 B 系列普通股（合计 45% 的股权）。标的公司 GDS 于 2013 年 10 月成立，为基立福从事血液诊断业务的全资子公司，主要开展核酸检测、免疫抗原和血型检测三类业务。2016 年以前，GDS 主要进行核酸检测试剂和设备的销售，以及免疫抗原、血型检测产品的生产和销售。2016 年 12 月 14 日，GDS 以 130.04 亿元从美国豪洛捷公司（HOLX.O）收购了生产核酸检测试剂和设备的相关资产，实现了核酸检测业务产业链向上游的延伸，核酸检测业务的毛利率明显提升。GDS 近 3 年及 1 期财务数据见表 9-10。

表 9-10 GDS 近 3 年及 1 期财务数据

单位：万元

资产负债项目	2019 年 6 月 30 日	2018 年 12 月 31 日	2017 年 12 月 31 日	2016 年 12 月 31 日
资产总额	2,747,336.36	2,663,195.44	2,640,868.16	1,467,643.06
负债总额	273,406.82	253,120.99	267,533.02	1,024,063.53
所有者权益	2,473,929.54	2,410,074.45	2,373,335.14	443,579.53
利润表项目	2019 年 1—6 月	2018 年度	2017 年度	2016 年度
营业总收入	243,541.08	512,876.59	508,898.15	461,949.52
净利润	61,323.68	155,491.56	118,271.07	27,378.28

资料来源：《上海莱士：发行股份购买资产暨关联交易报告书》（2019-10-28）。

（二）并购方案

本次并购方案经历过一次重大调整，原收购 GDS 全部或部分股权和天诚德国 100% 股权的总作价约 343.96 亿元（50 亿美元），并拟募集配套资金 30 亿元。调整后的方案仅收购 GDS 45% 的股权，作价降为 132.46 亿元（19.26 亿美元），并取消了募集配套资金的方案。修改的主要原因是上海莱士股价在预案发布后大幅度下跌，从 19.52 元/股跌至 6.81 元/股，导致原发行方案无法推进。

本次交易后，科瑞天诚和莱士中国共同控制上市公司的情况不会发生变化，上市公司实际控制人仍为郑跃文、Kieu Hoang。本次交易前后股东持股情况见表 9-11。

标的公司 GDS 100% 的股权，账面价值为 2,473,930 万元，用可比上市公司法评估的价值为 3,093,615 万元，增值率 25.05%，最终协商价格为 2,943,609 万元，对应标的资产 GDS 45% 股权的最终作价为 1,324,624 万元。对应 2018 年净利润 155,492 万元，静态市盈率为 18.93。

表 9-11　本次交易前后股东持股情况

股东名称	本次交易前		本次交易后	
	持股数量（股）	持股比例（%）	持股数量（股）	持股比例（%）
科瑞天诚及其一致行动人	1,801,744,412	36.22	1,801,744,412	26.73
基立福	—	—	1,766,165,808	26.20
莱士中国及其一致行动人	1,592,793,430	32.02	1,592,793,430	23.63
其他投资者	1,580,084,257	31.76	1,580,084,257	23.44
总股本	4,974,622,099	100.00	6,740,787,907	100.00

资料来源：《上海莱士：发行股份购买资产暨关联交易报告书》（2019-10-28）。

股份锁定期安排：基立福认购的所有新股的锁定期为发行之日起 36 个月。

业绩承诺及补偿方式：基立福承诺 GDS 在 2019 年 1 月 1 日至 2023 年 12 月 31 日（合计 5 年期内）累积 EBITDA 总额不少于 13 亿美元。如存在不足，则基立福应向上海莱士现金补偿，补偿部分的金额应相当于（a）上海莱士持有的 GDS 完全稀释的股份相对于 GDS 全部完全稀释的股份的合计百分比（在拟出资 GDS 股份交割后即为 45%），乘以（b）不足部分的金额。

基立福以支付现金的方式履行差额调整义务。

GDS 2016—2018 年及 2019 年 1—6 月的 EBITDA 情况见表 9-12。

表 9-12　GDS 2016—2018 年及 2019 年 1—6 月的 EBITDA 情况

利润表项目	2019 年 1—6 月	2018 年	2017 年	2016 年
EBITDA（万美元）	13,263.30	35,064.10	27,943.40	13,852.90

资料来源：《上海莱士：发行股份购买资产暨关联交易报告书》（2019-10-28）。

从本次收购的对赌方案来看，交易对方基立福的最高补偿金额为 5.85 亿美元（假设 GDS 未来不稀释老股东股权），仅为本次收购对价的 30.37%，但由于对赌期长达 5 年，基于目前的业绩水准，业绩的完成难度应该不大。

（三）CFIUS 审查情况

2019 年 6 月 24 日，交易相关主体向 CFIUS 递交审查申请。

2019 年 7 月 3 日，交易相关主体收到 CFIUS 的《确认函》。

2019 年 9 月 30 日，CFIUS 确定本次交易不存在未决的涉及国家安全的事项，审查通过，审查期总计约 100 天。

（四）本次并购的意义和启示

1. 开启 A 股民营上市公司跨境发行股份并购之先河

在 A 股上市公司过往的跨境并购中，针对最终交易对象的收购均为现金收购。如果交易金额较小，则直接以外币支付；如果交易金额较大，则主流模式为上市公司在境外搭建 SPV 进行现金过桥收购，再由上市公司对 SPV 的境内出资人发行股份购买其持有的境外资产，实现间接购买资产。在实务中，这类 SPV 的发起人除了上市公司自身外，更多情况下为上市公司大股东及其关联方、其他机构出资人。之所以未直接对交易对象发行股份以收购资产，主要有以下两个原因。

第一，《关于外国投资者并购境内企业的规定》（2006 年 9 月 8 日）要求，外国投资者以股权并购境内公司所涉及的境内外公司的股权，则境外公司的股权应在境外公开合法的证券交易市场（柜台交易市场除外）挂牌交易，且境外公司的股权最近 1 年交易价格稳定。由于国内上市公司向境外主体发行股份收购其持有的标的公司股权，同样可能被界定为"外国投资者以股权并购境内公司"，即所谓换股收购，即要求标的公司必须为境外的上市公司，这对收购范围限制过大。

第二，目前境外投资者对中国大陆公司证券法规、A 股交易规则和监管环境不熟悉，对获取 A 股股票的意愿不高。A 股对发行对象的锁定期要求较国际市场而言过于严格，尤其是对于战略投资者要求锁定 36 个月的规定也令境外投资者难以接受。

为了深化外商投资管理体制改革，拓宽利用外资的渠道，商务部在 2018 年 9 月 20 日发布《外国投资者对上市公司战略投资管理办法》（征求意见稿），其中对战略投资的定义已被拓宽为"外国投资者通过协议转让、上市公司定向发行新股（包括非公开发行股票募集资金和发行股份购买资产）、要约收购以及国家法律法规规定的其他方式取得并持有一定时期上市公司 A 股股份的行为"，且"外国投资者通过战略投资方式取得的上市公司 A 股股份 12 个月内不得转让"，对该等境外公司的条件作出了较为宽松的规定，为 A 股上市公司跨境换股收购境外上市公司提供了条件。2009 年 6 月颁布的《关于外国投资者并购境内企业的规定》已经提及了跨境换股，外国投资者可以其持有的境外公司的股权作为支付手段并购境内公司。截至 2019 年年底，该办法仍未正式下发，但 A 股会放宽上市公司直接对境外发行股份购买非上市公司股权的限制条件和交易对方股份锁定期的要求。

上海莱士收购 GDS 45% 股权的交易，在相关办法并未正式施行时率先直接对海外交易对象发行股份购买其旗下资产，开启了 A 股民营上市公司跨境发行股份并购的先河，意义重大。

2. 国际血液制品巨头作为上市公司战略股东，对标的公司提供业绩承诺

发行股份收购资产比现金收购的优势除不占用上市公司现金外，还能将交易对方引为上市公司的战略投资人。本案交易对方基立福是全球排名前三的血液制品巨头，在输血和血液制品行业已有70多年的发展历史，在血液制品生产工艺和产品适应证扩展方面处于世界领先水平。收购完成后，上海莱士与基立福将在多个领域进行战略合作，包括在生产质量规范、知识产权、技术研发、管理经验、销售渠道、工程和协作服务等多个领域达成具有行业开创性的合作方案。建立深入的独家合作关系，将有利于我国血液制品市场的技术提升和我国输血医疗与血液制品行业的健康发展。

本次交易后基立福将成为上市公司第二大股东，持有26.20%的股份，锁定期为3年。作为战略股东，基立福承诺GDS在2019—2023年合计5年期内累积EBITDA总额不少于13亿美元。如存在不足，则基立福以支付现金的方式履行差额调整义务。这种安排在过去的大型跨境并购中是比较少见的，对上市公司及全体股东而言是一种有效的利益保护。

第十章

韦尔股份：接力产业并购基金跨境收购美国豪威

韦尔股份（603501.SH）通过收购中国北京豪威从而收购美国豪威科技，交易金额超过 130 亿元，属于典型的产业跨境并购交易，是 2019 年国内民营上市公司跨境并购的代表性案例。整个交易从产业并购基金进行私有化开始，到上市公司完成对北京豪威收购的交割程序，总共耗时 5 年。通过收购，韦尔股份主营业务范围延伸至 CMOS 图像传感器的研发及销售领域，提升了盈利能力，推动了公司主营业务的升级。

一、交易背景

美国豪威科技（OmniVision Technologies, Inc.，简称"豪威科技"）成立于 1995 年，主营业务为 CMOS 图像传感芯片（CIS）的设计、测试与销售，总部位于美国加利福尼亚州桑尼威尔，并于 2000 年在纳斯达克上市。豪威科技是全球领先的数字图像处理方案提供商，其图像传感芯片产品广泛应用于工业、汽车电子和消费电子领域。公司为 CIS 领域全球传统三强之一，竞争地位仅次于索尼和三星。2014 年，由于索尼取代豪威科技成为苹果公司 CMOS 指定供应商，豪威科技股价大幅下跌。

2015 年 5 月，北京清芯华创投资管理有限公司（简称"华创投资"）作为牵头方成立了私有化财团北京豪威科技有限公司（简称"北京豪威"）。华创投资是清华系旗下的投资公司，由国内资深半导体投资团队联合了清华控股和聚源资本于 2014 年 1 月共同组建。其官网显示，公司"坚持以专业化、国际化、注重全产业链的投资理念进行集成电路产业投资"。华创投资亦为国家集成电路产业发展股权投资基金旗下子基金北京集成电路设计与封测股权投资中心（有限合伙）的基金管理公司。

这只子基金是本次私有化资金来源之一。

上海韦尔半导体股份有限公司（简称"韦尔股份"）于2007年5月15日在上海市成立，实际控制人是虞仁荣。公司经营范围包括集成电路、计算机软硬件的设计、开发、销售等，具体包括半导体分立器件和电源管理IC等半导体产品的研发设计，以及被动件（包括电阻、电容、电感等）、结构器件、分立器件和IC等半导体产品的分销。这些产品广泛应用于移动通信、车载电子、安防、网络通信、家用电器等领域。公司于2017年5月在上海证券交易所上市。

二、并购基金、私有化及股权结构调整

（一）组建SPV中国北京豪威，私有化美国豪威科技

1. 发起人搭建并购基金，发起私有化要约

根据美国证监会网站的公告，2014年8月12日，豪威科技收到来自华创投资的有关现金收购的非约束性报价函（现金收购要约）。该现金要约提出的报价为29美元/股，总计价值约16.7亿美元。

2015年4月23日，中信资本MB在境外设立了Seagull Acquisition，后者在2015年4月24日依次成立了Seagull International和Seagull Investment Holdings。Seagull Acquisition股权架构见图10-1。

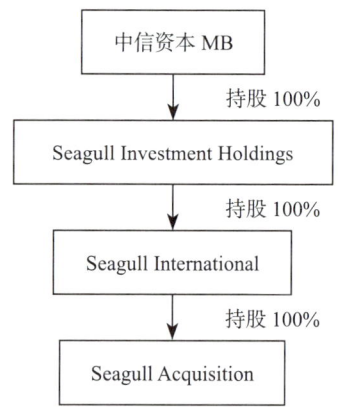

图10-1　Seagull Acquisition股权架构

资料来源：《韦尔股份发行股份购买资产并募集配套资金暨关联交易报告书》（2019-06-25）。

华创投资牵头组建了私有化豪威科技的财团。2015年4月30日，华创投资、中信资本MB和金石NC签署《财团协议》，共同组成私有化财团，拟在境内设立一

家 SPV 公司（北京豪威）用于收购中信资本 MB 所持 Seagull Investment Holdings 的全部股权，以实现对美国豪威科技的私有化收购。

北京豪威于 2015 年 7 月设立，并于 2016 年 7 月完成 11 亿美元增资，其本质是有限责任公司形式的并购基金。北京豪威的股权资金来源情况见表 10-1。

表 10-1 北京豪威的股权资金来源情况

序号	股东名称	出资额（万美元）	出资比例（%）	投资人背景
1	开元朱雀	40,000.00	36.3636	金石投资发起的私募基金
2	北京集电	35,000.00	31.8182	华创投资、北京集成电路基金发起的私募基金
3	海鸥香港	21,165.00	19.2409	中信资本 MB 的孙公司，海鸥开曼的子公司
4	奥视嘉创	13,830.00	12.5727	中信资本发起的私募基金
5	海鸥开曼	5.00	0.0045	中信资本 MB 的子公司
合计		110,000.00	100.0000	—

资料来源：Wind。

2. 获得并购贷款

2015 年 4 月 30 日，中国银行澳门分行和招商银行纽约分行组成借款银团向 Seagull International 出具贷款承诺函。借款银团承诺将向北京豪威设置在境外的第二层主体 Seagull International 提供私有化借款 8 亿美元。

2016 年 1 月 28 日，Seagull Investment Holdings、Seagull International 与中国银行澳门分行、招商银行纽约分行正式签署《信贷及担保协议》，借款银团向 Seagull International 提供借款 8 亿美元。根据《信贷及担保协议》，Seagull Investment Holdings 及 Seagull International 在其现有及未来所拥有的、尚未被设置抵押或未被转让的全部资产之上设置了浮动抵押，抵押权人为中国银行澳门分行。根据《股权质押协议》，Seagull Investment Holdings 将其持有的 Seagull International 100% 的股权质押给中国银行澳门分行，Seagull International 将其持有的美国豪威科技 100% 的股权质押给中国银行澳门分行。美国豪威科技作为《信贷及担保协议》的担保方，与中国银行澳门分行签署《质押及担保协议》，约定以其大部分资产和所持有的股权为《信贷及担保协议》项下贷款提供担保。由于中国银行澳门分行为本次银团贷款的贷款代理人及担保代理人，全部私有化贷款申请主体仅向中国银行澳门分行提供担保和质押。

贷款金额：中国银行澳门分行向 Seagull International 提供 3.75 亿美元定期贷款 A 和 2.25 亿美元过桥定期贷款。招商银行纽约分行向 Seagull International 提供 1.25 亿美元定期贷款 A 和 0.75 亿美元过桥定期贷款。贷款金额合计为 8 亿美元。

还款期限：定期贷款 A 的到期日为协议生效日起 6 年，过桥定期贷款的到期日为协议生效日起 1 年。

利率：定期贷款 A 的年利率等于伦敦银行间的拆借利率（LIBOR）加上在 3.75%—4.25% 间浮动的年利率。过桥定期贷款的年利率等于伦敦银行间的拆借利率（LIBOR）加上在 3.55%—4.05% 间浮动的年利率。

3．实施私有化

私有化美国豪威科技的架构见图 10-2。

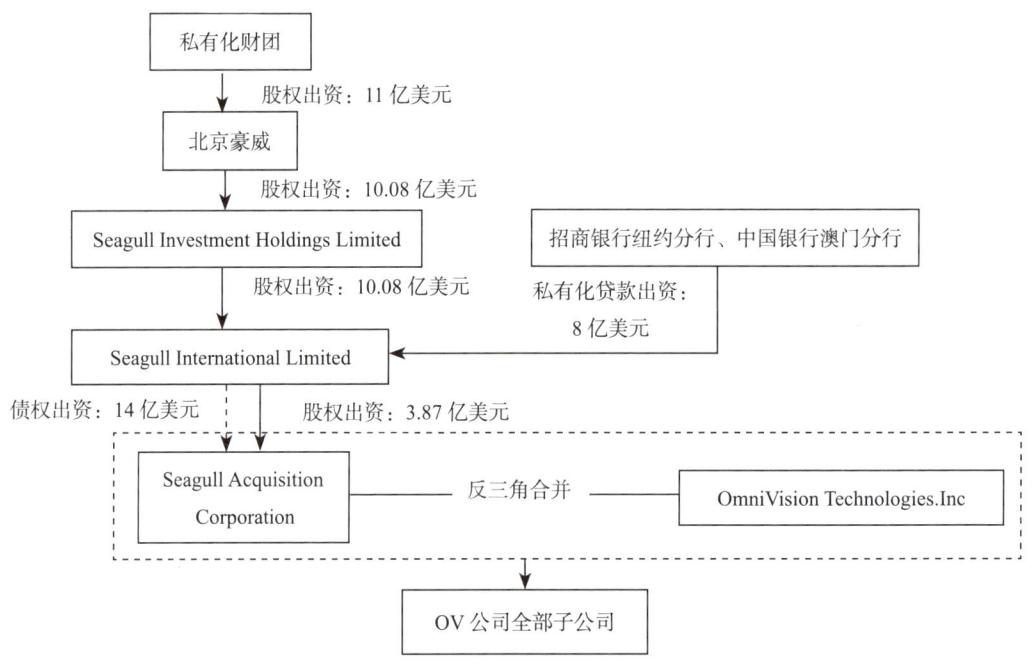

图 10-2　私有化美国豪威科技的架构

资料来源：《韦尔股份发行股份购买资产并募集配套资金暨关联交易报告书》（2019-06-25）。

2015 年 4 月 30 日，Seagull International、Seagull Acquisition 和美国豪威科技签署《合并协议》。2015 年 7 月 23 日，美国豪威科技股东大会通过《合并协议》及相关议案。

2016 年 1 月 21 日，中信资本 MB 向北京豪威转让其持有的 Seagull Investment Holdings 100% 的股权。随之，北京豪威向其出资 10.08 亿美元，Seagull Investment Holdings 将该资金用于对 Seagull International 的出资，后者资本金连同取得的并购贷款 8 亿美元，共计拥有 18.08 亿美元。Seagull International 用 3.87 亿美元出资 Seagull Acquisition，再出借 14 亿美元给全资子公司 Seagull Acquisition。私有化主体 Seagull Acquisition 就此获得 17.87 亿美元，加上美国豪威科技垫付的 0.81

亿美元，共计支付 18.68 亿美元完成私有化。其私有化交易资金最终来源见表 10-2。

表 10-2 Seagull Acquisition 私有化交易资金最终来源

序号	股东名称	出资额（万美元）	出资比例（%）	投资人背景
1	股权出资	38,700.00	20.72	北京豪威的 11 亿美元财团出资
2	股东贷款	60,000.00	32.12	北京豪威的 11 亿美元财团出资
3		80,000.00	42.83	招引纽约和中银澳门的 8 亿美元私有化贷款
4	垫付款	8,100.00	4.34	美国豪威科技垫付款
合计		186,800.00	100.00	—

资料来源：《韦尔股份发行股份购买资产并募集配套资金暨关联交易报告书》（2019-06-25）。

（二）吸收合并，以标的公司的现金偿还部分银团贷款

2015 年 1 月 28 日，Seagull Acquisition 被美国豪威科技吸收合并完成注销。美国豪威科技作为合并后的存续主体取得了新的注册证书。2016 年 2 月 8 日，美国豪威科技完成退市。

Seagull Acquisition 被豪威科技吸收合并后，上述内部贷款的债务人变更为美国豪威科技。截至 2017 年 1 月 1 日，美国豪威科技向 Seagull International 偿还了 200,544,293 美元款项，后者向银行偿还了 2 亿美元过桥贷款。Seagull International 尚余近 6 亿美元的银团贷款未偿还。

2017 年 2 月，Seagull International 将其对银行的 6 亿美元债务转让给美国豪威科技，并由美国豪威科技与银行重新签署了贷款协议，因此 Seagull International 对美国豪威科技的债权变更为 599,455,707 美元。

2017 年 3 月，Seagull International 与美国豪威科技签署出资协议，Seagull International 将上述对美国豪威科技的债权本金及利息转为对美国豪威科技的出资。剩余大约 6 亿美元私有化借款由美国豪威科技作为借款人来偿还。

2017 年 2 月 3 日，美国豪威科技再偿还私有化贷款 2 亿美元，剩余借款尚有 4 亿美元。之后，美国豪威科技又分批偿还约 0.9 亿美元循环贷款。截至 2018 年 12 月 31 日，北京豪威合并报表长期应付款中私有化银团贷款余额为 3.35 亿美元。

（三）北京豪威股权调整，投资人发生大幅变化

私有化完成后，北京豪威投资人于 2016 年 8 月 25 日平价对外转让了绝大部分股权，具体情况见表 10-3。

表 10-3　北京豪威第一次股权调整情况

转让方	受让方	管理人/实际控制人	转让的出资（万美元）	占注册资本比例（%）	转让对价（万元）	每1美元出资转让价格（元）
北京集电	嘉兴水木	华清基业	7,564.30	6.88	49,500.00	6.54
	嘉兴豪威	华清基业	7,564.30	6.88	49,500.00	6.54
	首誉光控	中邮基金	4,584.42	4.17	30,000.00	6.54
	清控华科	清大紫荆投资	3,056.28	2.78	20,000.00	6.54
	惠盈一号	深圳惠友投资	2,597.84	2.36	17,000.00	6.54
	金信华创	清控金信资本	1,833.77	1.67	12,000.00	6.54
	金信华通	清控金信资本	1,222.51	1.11	8,000.00	6.54
	西藏大数	张丽萍	916.88	0.83	6,000.00	6.54
	西藏锦祥	陈靖	611.26	0.56	4,000.00	6.54
	德威资本	深圳德威资本	152.81	0.14	1,000.00	6.54
	深圳远卓	邹树林	152.81	0.14	1,000.00	6.54
	深圳兴平	深圳天岳资本	152.81	0.14	1,000.00	6.54
	小计		30,410.00	27.65	199,000.00	—
	转让后剩余		4,590.00	8.71		
开元朱雀	珠海融锋	张学政	17,543.07	15.95	114,800.12	6.54
	芯能投资	金石投资	5,500.00	5.00	35,991.45	6.54
	芯力投资	金石投资	5,500.00	5.00	35,991.45	6.54
	金石暴风	金石投资	2,683.92	2.44	17,563.27	6.54
	西藏长乐	芦清云	2,468.14	2.24	16,151.28	6.54
	小计		33,695.13	30.63	220,497.57	—
	转让后剩余		6,304.87	5.73		
海鸥香港	创意传奇	—	7,500.00	6.82	49,050.00	6.54
	转让后剩余		13,665.00	12.42		
奥视嘉创	润信豪泰	沈中华	1,634.82	1.49	10,712.75	6.55
	泰康保险		1,500.00	1.36	9,829.32	6.55
	小计		3,134.82	2.85	20,542.07	—
	转让后剩余		10,695.18	9.72		
合计			74,739.95	67.95	489,089.64	—
财团投资人转让后总剩余			35,255.05	32.05	—	—

资料来源：《韦尔股份发行股份购买资产并募集配套资金暨关联交易报告书》（2019-06-25）。

本次股权转让的原因为私有化出资方进行股权架构调整。通过转让，北京豪威引入了大量外部资金，包括潜在接盘方闻泰科技（600745.SH）实际控制人张学政设立的珠海融锋（受让 15.95% 的股权），以及国内大量的私募基金。在本次转让中，转让价格均为 1 美元或等值人民币对应 1 美元的注册资本，无溢价。总计 20 名新股东受让了北京豪威总计 67.95% 的股权，北京豪威在被韦尔股份收购前又进行了 6 次股权转让，具体情况见表 10-4。

表 10-4　北京豪威后续股权调整情况

序号	时间	转让方	受让方	管理人/实际控制人	转让的出资（万美元）	转让对价	每 1 美元出资转让价格
1	2016-11	首誉光控	天元滨海	中兵投资	4,584.42	30,000 万元	6.54 元
		珠海融锋	深圳测度	茅惠英	2,249.38	2,249.38 万美元	1 美元
2	2017-09	金石暴风	芯能投资	金石投资内部转让	2,683.92	17,617.30 万元	6.56 元
		泰康保险	泰康人寿	泰康保险内部转让	1,500.00	—	—
3	2017-11	珠海融锋	青岛融通	陈劲松	15,293.70	170,912.21 万元	11.18 元
		深圳测度			2,249.38	25,137.55 万元	11.18 元
4	2018-04	海鸥香港	绍兴韦豪	虞仁荣	13,665.00	228,423.89 万元	10.79 元
		创意传奇			7,500.00		
		海鸥开曼			5.00		
		润信豪泰	绍兴韦豪	虞仁荣	1,634.82	17,639.62 万元	10.79 元
		泰康人寿	上海清恩	虞仁荣	1,500.00	16,184.97 万元	10.79 元
		奥视嘉创	上海唐芯	上海仟品投资	6,487.50	70,000.00 万元	10.79 元
			领智基石	基石资本	2,595.00	28,000.00 万元	10.79 元
			上海清恩	虞仁荣	1,056.06	11,394.84 万元	10.79 元
			上海摩勤	上海华勤通讯	556.63	6,006.00 万元	10.79 元
5	2018-07	清控华科	元和华创	刘越	3,056.28	32,977.22 万元	10.79 元
		西藏长乐			2,468.14	26,631.21 万元	10.79 元
		Seagull（A1）、（C1）	香港韦尔	韦尔股份	2,535.69	3,964.75 万美元	1.46 美元
6	2018-08	上海清恩	韦尔股份	韦尔股份	2,556.05	27,776.81 万元	10.79 元

资料来源：《韦尔股份发行股份购买资产并募集配套资金暨关联交易报告书》（2019-06-25）。

根据韦尔股份的公告，在表 10-4 所列的股权转让中，首誉光控向天元滨海转让的原因为"首誉光控代表资管计划持有北京豪威股权，该资管计划投资人及实际控制人与天元滨海具有关联关系",金石暴风向芯能投资转让的原因为金石投资进行内部调整,其他股权转让的原因均为原股东退出,由新进入的股东按照一定的溢价购买老股。另外,公司在2016年11月增资至129,750万美元,吸收了1.975亿美元投资,投资方为Seagull(A1)等5名外国投资者。

前述北京豪威总计7次的股权转让,涉及三个目的:

第一是通过引入新资金,实现私有化财团投资人部分退出,缓解资金压力。这部分股权转让既有平价转让,也有溢价转让。

第二是通过引入更多的产业资本,为标的公司引入潜在的并购投资人,为最终由上市公司收购开辟路径。如通过转让引入韦尔股份、闻泰科技、兵器装备集团及其关联的主体。

第三是韦尔股份及其实际控制人为锁定北京豪威所进行的溢价收购,为其最终的发行股份购买标的公司做好准备。

三、上市公司发行股份收购豪威科技

(一)第一次资本化尝试未果,北京豪威股权调整并确定新实际控制人

1. 北京君正第一次收购北京豪威失败

在韦尔股份收购北京豪威的方案通过证监会审核前,北京君正(300223.SZ)曾于2016年12月发布董事会预案,拟以120亿元对价收购北京豪威100%的股权,同时以26.22亿元收购国内另一家CIS器件厂商思比科(833220.OC)94.29%的股权。但该方案于2017年3月中止。

北京君正公告的中止原因为:由于近期国内证券市场环境、政策等客观情况发生了较大变化,交易各方认为继续推进本次重大资产重组的条件不够成熟。合理推测,本次交易终止与2017年上半年证监会关于并购重组配套融资的政策变化较大有关。配套融资新政出台后,配套融资所发行股份的定价基准日必须为发行期首日,使上市公司实际控制人参与配套融资的风险加大,但如果实际控制人不参与配套融资,则发行股份后其持股比例将被过分稀释,造成实际控制权不稳定。

2. 韦尔股份第一次收购北京豪威失败

北京君正收购北京豪威失败后,韦尔股份在2017年8月发起了对北京豪威的收购。当年9月,韦尔股份与北京豪威33名股东签订了重大资产重组框架性协议,拟

以发行的股份购买该 33 名股东合计持有的北京豪威 86.48% 的股权。但由于单一最大股东珠海融锋股权投资合伙企业（有限合伙）①拒绝放弃对剩余 32 名股东所持股权的优先购买权，该收购计划失败，该交易于 2017 年 9 月终止。

3. 韦尔股份实际控制人提前收购北京豪威部分股权以锁定标的

2018 年 4 月，韦尔股份实际控制人虞仁荣通过其控制的主体绍兴市韦豪股权投资基金合伙企业（有限合伙），收购了北京豪威 4 名股东所持有的 17.57% 的股权；其实际控制的上海清恩资产管理合伙企业（有限合伙）收购了北京豪威其他 2 名股东所持有的 1.97% 的股权。

2018 年 7 月，韦尔股份的香港子公司香港韦尔收购了北京豪威其他 3 名股东所持有的 1.95% 的股权。

2018 年 11 月，韦尔股份通过云交所成功竞买瑞滇投资挂牌出售的芯能投资 100% 的股权、芯力投资 100% 的股权，成交价格合计 168,741.93 万元。韦尔股份及其实际控制人收购北京豪威部分股权的经过见表 10-5。

表 10-5 韦尔股份及其实际控制人收购北京豪威部分股权的经过

时间	转让方	受让方	转让出资（万美元）	转让占比（%）	转让对价	每 1 美元出资对应转让价格
2018-04	海鸥香港	绍兴韦豪	13,665	10.53	228,423.89 万元	10.79 元
	创意传奇		7,500	5.78		
	海鸥开曼		5.00	0.00		
	润信豪泰		1,634.82	1.26		
	泰康人寿	上海清恩	1,500.00	1.16	16,184.97 万元	10.79 元
2018-04	奥视嘉创		1,056.06	0.81	11,394.84 万元	10.79 元
2018-07	Seagull（A1）等	香港韦尔	2,535.69	1.95	3,964.75 万美元	1.46 美元
2018-11	芯能投资	韦尔股份	8,183.92	6.31	168,741.93 万元	12.33 元
	芯力投资		5,500.00	4.24		
合计			41,580.49	32.05	—	—

资料来源：《韦尔股份发行股份购买资产并募集配套资金暨关联交易报告书》（2019-06-25）。

综上，虞仁荣控制的韦尔股份、香港韦尔、绍兴韦豪以及芯能投资和芯力投资合计持有北京豪威 32.05% 的股权，为持有北京豪威股权最多的股东。自 2018 年 4

---

① 最大出资人为闻泰科技（600745.SH）实际控制人张学政设立。

月起，虞仁荣在北京豪威董事会 9 名成员中提名了 5 名董事，成为北京豪威实际控制人。

虞荣仁在发行股份前的系列收购行为达到了两个目的：

一是通过韦尔股份及关联方提高对北京豪威的持股比例，增大其在董事会层面的控制力，从而锁定北京豪威，预防个别持异议的股东阻止交易的进行。除收购其他股东股权外，韦尔股份的实际控制人还与部分有委派董事资格的股东签订了联合协议，约定他们委派董事的人选需要经过其同意，从而锁定了北京豪威董事会 9 个席位中的 6 席，最终将收购北京豪威的主动权掌握在自己手中。

二是防止发行股份收购资产后，上市公司的控制权过度稀释。有了北京君正的教训，韦尔股份实际控制人也做好了不参与配套融资的准备，因而提前收购绍兴韦豪部分其他股东的股权，以增加自身的筹码。

综上，韦尔股份发行股份收购前北京豪威股权结构见图 10-3。

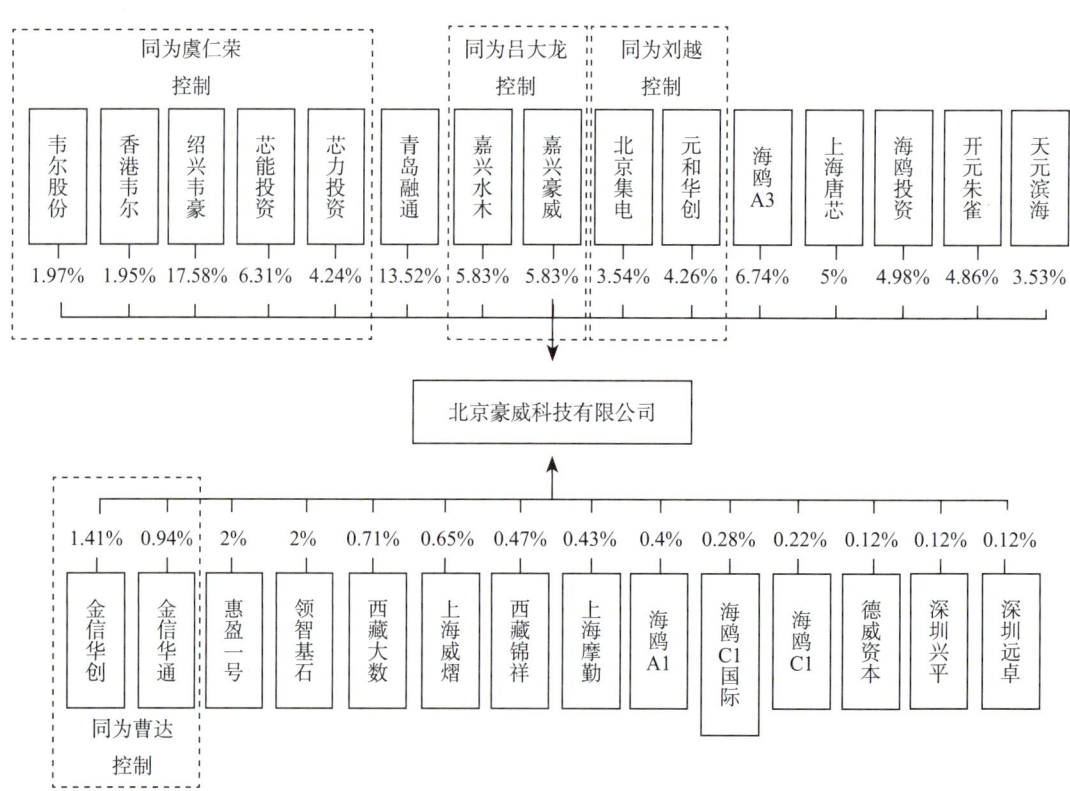

图 10-3　韦尔股份发行股份收购前北京豪威股权结构

资料来源：《韦尔股份发行股份购买资产并募集配套资金暨关联交易报告书》(2019-06-25)。

（二）韦尔股份成功发行股份购买资产

1. 发行购买方案

2018年12月1日，韦尔股份第二次公告重大资产购买方案（草案），以发行股份的方式购买25名股东持有的北京豪威85.53%的股权。另外，本次收购还同时购买了国内另一家CIS器件厂商思比科的股权。

针对北京豪威单一标的的主要收购方案为：

交易对价：1,302,310.62万元。

发行价格：33.88元/股（执行时根据分红情况调整为33.70元/股）。

发行股份：386,442,308股。

发行股份募集配套资金：不超过20亿元，用于标的公司晶圆测试生产线等项目及支付中介机构费用。

资产评估结果见表10-6。

表10-6 资产评估结果

标的公司	100%权益账面价值（万元）	100%权益评估值（万元）	增值率（%）	收购比例（%）	标的资产对应评估值（万元）	标的资产实际对价（万元）
北京豪威	957,186.83	1,413,100.00	47.63	85.53	1,208,624.43	1,302,310.62

资料来源：《韦尔股份发行股份购买资产并募集配套资金暨关联交易报告书》（2019-06-25）。

业绩承诺方：合计持有北京豪威68.82%股权的13名交易对象。

业绩承诺：2019—2021年，北京豪威归属于母公司所有者的净利润分别不低于54,541.50万元、84,541.50万元、112,634.60万元。

估值测算见表10-7。

表10-7 估值测算

标的公司	实际交易对价对应估值（万元）	对应上一年业绩		对应承诺期业绩	
		2018年净利润（万元）	P/E	平均净利润（万元）	P/E
北京豪威	1,522,636.06	28,172.12	54.05	83,905.87	18.15

资料来源：《韦尔股份发行股份购买资产并募集配套资金暨关联交易报告书》（2019-06-25）。

2. 对上市公司股权结构的影响

在本次交易前，韦尔股份总股本455,703,940股，虞仁荣持有279,435,000股，占61.32%。在本次交易前后，韦尔股份的股权结构变化见表10-8。

表 10-8 交易前后的股权结构变化

项目		本次交易前		本次交易后（含配套融资）	
		持股数量（股）	持股比例（%）	持股数量（股）	持股比例（%）
原上市公司股东	虞仁荣	279,435,000	61.32	279,435,000	32.35
	其他股东	176,268,940	38.68	176,268,940	20.41
	小计	455,703,940	100.00	455,703,940	52.76
交易对方	绍兴韦豪	—	—	80,409,522	9.31
	其他交易对方	—	—	320,541,925	37.11
	小计	—	—	400,951,447	46.42
募集配套资金	5 名交易对象			7,006,711	0.81
	合计	455,703,940	100.00	863,662,098	100.00
虞仁荣实际控制		279,435,000	61.32	359,844,522	41.66

资料来源：《韦尔股份发行股份购买资产并募集配套资金暨关联交易报告书》(2019-06-25)。

本次交易完成后，在考虑配套融资的情况下，虞仁荣直接持有韦尔股份 279,435,000 股，占上市公司总股本的 32.35%；通过其控制的绍兴韦豪间接持有韦尔股份 80,409,522 股，占上市公司总股本的 9.31%。虞仁荣合计持股数占上市公司总股本的 41.66%，仍为控股股东及实际控制人，本次交易将不会导致上市公司的控制权变更。

2019 年 8 月 2 日，韦尔股份公告本次发行股份购买资产暨关联交易资产交割完成。

四、案例评析

（一）并购基金在跨境产业并购中发挥重要作用

跨境并购美国豪威科技并完成 A 股资本化总共分成两步：先由国有资本组成并购基金（SPV 形式）完成了标的公司的私有化，类似于 LBO 收购；后由民营企业中途接力并购基金完成对 A 股上市公司的收购。两步走的过程兼顾了国资的融资优势以及民营上市公司的资本化优势，为在有限的时间里快速完成私有化提供了便利条件，赢得了时间，真正实现了产业资本的跨越式发展。

基于看好美国豪威科技的未来发展以及国家产业政策的大力支持，华创投资作为牵头方，引入中信资本和金石投资组成财团共出资 11 亿美元来参与美国豪威科技的私有化，并向金融机构由北京豪威境外子公司申请境外贷款 8 亿美元，并购贷款约占到整个交易金额的 40%。私有化完成后，北京豪威又经历了 7 次股权转让和 1 次增资，引入了包括韦尔股份、闻泰科技等在内的诸多半导体行业的上市公司和其他财务投资人。原私有化财团的三个机构将其所持境内收购主体北京豪威 67.95% 的股权转让予相关受让方，套现约 7 亿美元，既实现了前期私有化大额投资资金的部分置换，也保留了未来资本化退出享受估值溢价的机会，实现了多方共赢。

（二）接盘资金与退出渠道多样性安排之利弊

在私有化美国豪威科技后，收购主体北京豪威成功引入了韦尔股份、闻泰科技等业内上市公司，为接盘的并购基金出资人筹措了多样化资金，也为并购标的的资本化退出谋求了多个途径。不过，凡事有利有弊，这些安排也为后续标的资产的争夺留下了一些隐患。

北京君正于 2016 年 12 月 2 日发布重组预案，拟以 120 亿元作价收购北京豪威 100% 的股权。[1] 该交易由于北京君正大股东持股比例较低（截至 2016 年年底实际控人暨一致行动人刘强和李杰合计持股比例为 34.73%），又恰逢 2017 年 2 月中国证监会出台再融资新规，大股东无法参与锁价配套融资，交易完成就会带来上市公司控制权不稳定性的问题[2]，而不得不终止。

2017 年 8 月 5 日，韦尔股份公告重组北京豪威。韦尔股份拟以发行股份的方式购买北京豪威全体 35 名现任股东中的 33 名股东合计持有的 86.48% 的股权。在韦尔股份已经与北京豪威 33 名股东签订重组框架协议的情况下，闻泰科技实际控制人控制的珠海融锋明确反对且拒绝放弃优先购买权。鉴于交易所对重大资产重组停牌时间有要求，各方难以在规定时间内达成一致意见，该收购计划于 2017 年 9 月终止。此后，由于珠海融锋转让了其持有的北京豪威全部股权，闻泰科技彻底退出了标的的争夺，且北京君正也不再寻求收购，韦尔股份得以在 2018 年 12 月 1 日第二次启动重大资产购买计划。

北京君正和闻泰科技之所以退出收购韦尔股份的交易，与各自有了新的境外并购标的有关。2018 年 10 月 25 日，闻泰科技公告重大资产重组预案，拟通过发行股

---

[1] 同时还作价 26.22 亿元收购思比科 94.29% 的股权。
[2] 按照大股东不参与募集配套资金的假设，本交易完成后北京君正实际控制人刘强和李杰合计持股比例将下降至 10.30%，而北京豪威出资人奥视嘉创及其关联方、开元朱雀及其关联方、珠海融锋、嘉兴水木及其关联方换股后则将分别持有北京君正 9.30%、9.30%、9.07%、8.97% 的股份，不仅与刘强、李杰出资比例接近，而且均高于刘强、李杰单独持有股份占上市公司总股本的比例。

份及支付现金的方式收购欧洲芯片企业安世集团 100% 的股权，交易对价 268 亿元人民币。该交易于 2019 年 6 月 26 日获得证监会批准。2019 年 1 月 11 日，北京君正公告重大资产重组预案，北京君正及其全资子公司合肥君正拟以发行股份及支付现金的方式购买北京矽成 100% 的股权，间接收购美国半导体企业 ISSI 100% 的股权，交易对价 72 亿元人民币，从而打造"处理器 + 存储器"芯片的整合优势，该交易于 2019 年 11 月 14 日获得并购重组委审核通过。这两家境内半导体上市公司各自有了除美国豪威科技以外的选项，也是其退出本次交易的前提条件。否则，若北京君正和闻泰科技没有芯片行业其他优质标的可选，围绕北京豪威估计很可能发生控制权争夺，进而可能导致退出的不确定性因素增加。值得一提的是，2015 年中国的财团以 6.5 亿美元私有化 ISSI 时，华创投资也是财团组建方之一。

（三）上市公司"蛇吞象"并购

面对巨额并购标的，意向上市公司买家需要具备足够的资金实力且能继续保持上市公司控制权的稳定，方能成功实施"蛇吞象"交易。面对交易金额超过百亿元的北京豪威，北京君正、韦尔股份虽然并购前市值都不算高，但并购的结果不一样，核心差别在于上市公司大股东的持股比例及持股市值不同。

韦尔股份实际控制人先后通过绍兴韦豪等主体提前增持，最终持有了北京豪威 32.05% 的股份，在韦尔股份 2018 年第二次启动对北京豪威的收购前，已成为北京豪威的实际控制人。这种安排对韦尔股份再次并购北京豪威发挥了重要作用。此外，实际控制人持有上市公司 61.32% 的股权避免了并购大额标的时发行股份后自身持股比例被大幅摊薄的问题。实际控制人在发行后直接和间接持股合计达到 1.66%，公司的控制权依然稳定。

（四）本质是 LBO 性质的私有化

本私有化交易通过反三角合并下沉债务，由收购标的偿还并购贷款，是一个典型的 LBO 性质的私有化交易。

反三角合并指买方公司的子公司与目标公司合并后，目标公司也变成买方公司的子公司，而原先子公司的独立法律形式将不复存在。在私有化过程中，境外第二层主体 Seagull International 向最终合并主体 Seagull Acquisition 提供了 14 亿美元的内部贷款，其中 8 亿美元来源于银团贷款。私有化完成后，Seagull Acquisition 被美国豪威科技吸收合并，上述内部贷款的债务人变更为美国豪威科技，极大地降低了收购人的偿债压力。

境外大型并购常用 LBO 模式，前提是标的公司有稳定的业绩表现和良好的现金流，EBITDA 边际较高。因为在 LBO 中收购方实际只是个持股平台，并不具备任何经营实体，其收购债务的清偿完全依赖于被收购公司富余的现金流，因此标的公司通常不会有大额负债，资产负债率也往往较低，甚至会有不少固定资产用以进行债务抵押。

美国豪威科技稳定的经营实力和良好的财务状况是本次私有化采用 LBO 模式并采用反三角合并实现债务下沉的基本保障。依据公开披露的信息，美国豪威科技私有化之前的主要经营情况见表 10-9。

表 10-9 美国豪威科技私有化之前的主要经营情况

年度	2014	2013	2012	2011
利润表摘要				
营业总收入（万元）	842,941.67	895,329.48	875,844.47	563,657.74
营业利润（万元）	46,541.15	45,505.16	30,280.37	40,254.00
净利润（万元）	57,095.84	58,499.15	26,688.48	41,344.61
EBITDA（万元）	67,747.13	65,657.83	50,512.90	58,946.32
资产负债表摘要				
流动资产（万元）	638,571.07	557,853.84	513,326.11	466,359.86
资产总计（万元）	897,733.26	814,749.58	763,300.87	692,513.61
流动负债（万元）	123,233.24	126,775.98	155,956.08	131,553.83
非流动负债（万元）	63,611.21	80,267.07	81,557.18	83,226.68
负债总计（万元）	186,844.45	207,043.04	237,513.25	214,780.51
股东权益（万元）	710,888.81	607,706.54	525,787.61	477,733.10
现金流量表摘要				
经营活动现金流量（万元）	45,978.08	146,494.51	-37,712.98	5,297.34
投资活动现金流量（万元）	-40,226.92	-84,995.18	-29,277.57	-8,186.80
筹资活动现金流量（万元）	7,061.32	4,853.12	4,577.89	-52,916.88
现金净增加额（万元）	12,802.09	66,371.54	-62,407.69	-55,809.48
期末现金余额（万元）	194,961.00	183,478.84	118,301.58	182,391.21
关键比率				
净资产收益率（%）	8.69	10.37	5.34	8.71
销售毛利率（%）	22.01	18.96	17.34	27.63
销售净利率（%）	6.77	6.53	3.05	7.34
EBITDA Margin（%）	8.57	9.61	6.06	11.64
资产负债率（%）	20.81	25.41	31.12	31.01

资料来源：《韦尔股份发行股份购买资产并募集配套资金暨关联交易报告书》（2019-06-25）。

2014年度，美国豪威科技净利润约 5.71 亿元，EBITDA 约 6.78 亿元，期末现金为 19.50 亿元。北京豪威在 2018 年度净利润降至 2.65 亿元，较稳定时下降 53.59%，但 EBITDA 约 5.19 亿元，较 2014 年度下降仅 23.45%。当年财务费用 1.19 亿元，对当期净利润造成了较大的负面影响，且该财务费用水平将持续至 2023 年。可见 LBO 交易后，高企的财务费用会对并购标的的净利润造成很大影响，但如以 EV/EBITDA 指标进行估值，则对企业真实价值的影响小得多。

（五）投资者通过换股在二级市场获益

上市公司的收购如涉及关联交易，为获得监管部门和外部股东认可，低溢价（如收购价 + 资金成本）往往是关联交易定价公允、避免二次套利的基本方案，但也会影响其他非关联中小股东的利益，在操作中需要得到他们的认可才能保障交易的顺利实施。

本次北京豪威 85.53% 的股权交易作价 1,302,310.62 万元，其 100% 的股权交易作价 1,522,636.06 万元。从估值上看，其对应承诺期第一年承诺净利润市盈率为 27.92，承诺期 3 年平均市盈率为 18.15，较国内半导体行业上市公司平均市盈率有较大的折价。从并购主体的投资收益上看，投资人对北京豪威的最终出资 12.975 亿美元，按照 1 美元兑 7 元人民币的汇率计算，北京豪威的收购估值约 21.75 亿美元，按照持有期 5 年计算的年化收益（单利）率约为 10.89%。考虑到跨境收购的审批不确定、汇率波动、市场变化以及审核的不确定性等风险，该收益应属正常水平。

本次交易的低溢价收购彰显了投资者对收购前景、上市公司股价表现有乐观的预期。本次交易前，韦尔股份总股本 4.56 亿股，按照 2018 年 12 月 28 日（最后一个交易日）的收盘价计算，总市值 133 亿元。本次交易后，公司总股本 8.64 亿股，公司市值在 2020 年 2 月 25 日最高达到 1,917 亿元，较收购预案公告前上涨了 7.3 倍左右，北京豪威投资者以及韦尔股份的大股东的账面收益非常可观。

第十一章

汤臣倍健：通过"上市公司+PE"基金模式过桥收购澳洲LSG

健康食品领域是国内近年消费行业中最受关注的细分领域。从国际上的发展规律看，当居民人均可支配收入达到每年5,000美元时，健康食品行业会迎来爆发式增长。尽管目前我国健康食品市场拥有巨大的需求，但相比国际同行，我国健康食品生产企业在研发水平、产品差异化、管理能力等方面仍存在很大差距，尤其是产品同质化严重，品牌的国际认可度较低。

一、交易背景

近年来，随着国际品牌借助跨境电商涌入国内市场，消费者出于食品安全的考虑，更愿意选择发达国家的成熟品牌，这倒逼着国内食品企业进行改革。不少新进入者以"中国资本+国外品牌"模式进入健康食品市场，如2014年上海复星医药（600196.SH）与美国自然阳光（Nature's Sunshine Product）成立合资企业；2015年合生元（01112.HK）收购澳大利亚Swisse Wellness；2016年西王食品（000639.SZ）收购加拿大Kerr Investment Holdings Corp.。

2019年，国内领先的健康食品厂商汤臣倍健（300146.SZ）成功收购澳大利亚市场份额排名第二的益生菌食品生产商LSG。

（一）交易双方基本情况

1. 标的公司LSG基本情况

本次交易收购的标的公司LSG成立于1994年，主要从事益生菌产品的研发、生产和销售，旗下最主要的品牌为Life-Space（"益倍适"），包含约26种益生菌产品,剂型以益生菌粉和胶囊为主,针对孕妇、婴儿、儿童、青少年、成年人、老年人,协助他们进行营养素的消化和吸收。LSG 有较大比例的产品通过经销商方式销往中国,享有广泛的知名度并赢得了众多消费者的认可。截至 2018 年年末,Life-Space 是天猫、淘宝电商平台市场占有率排名前三的益生菌品牌。

该公司实际上是一家控股公司,自身并不经营,旗下有 3 家全资子公司。

(a) Evolution Health 主营业务为 LSG 产品的对外销售。

(b) Ultra Mix 主营业务为健康食品和综合保健品的生产。Ultra Mix 虽然拥有生产资质,但是实际上只生产液体类的产品以及对第三方生产的产品进行瓶装和包装。

(c) Divico 为 LSG 核心商标等无形资产持有方,并未开展实际经营业务。

2017—2018 年公司营业收入分别为 4.74 亿元、7.19 亿元,净利润分别为 0.63 亿元、0.84 亿元。

2. 收购方汤臣倍健基本情况

汤臣倍健是中国膳食补充剂行业的领先企业,成立于 2005 年,并于 2010 年 12 月于创业板上市。公司主营业务为膳食补充剂的生产和销售,产品涵盖蛋白质、维生素、矿物质、天然动植物提取物及其他功能性膳食补充食品,拥有健力多、健视佳等针对运动营养、眼部健康等细分市场的 7 条产品线。

在本次收购前,公司 2018 年营业收入 43.51 亿元,归属于母公司所有者的净利润 9.08 亿元。截至 2019 年 12 月 31 日,公司市值 257.38 亿元,控股股东、实际控制人梁允超持股 44.90%,市值 115.56 亿元。

(二)并购目的

标的公司所拥有的 Life-Space 是全球最受欢迎的益生菌品牌之一,在中国电商平台也占据领先地位,汤臣倍健通过收购标的公司将丰富自身的产品线,补足其在益生菌产品线的布局。

收购完成后,汤臣倍健通过已有的营销渠道,可以帮助 Life-Space 快速进入实体店面,扩大知名度,提升销售额。收购人将 LSG 整合到上市公司体系后,将提高标的公司及上市公司的品牌知名度,增加协同销售机会,提升业绩。另外,本次收购将使上市公司拥有境外销售网络及团队,以便进行全球业务拓展和更多境外并购,也将为上市公司及股东创造更高的价值。

（三）并购过程及主要时间点

2018年1月31日，汤臣倍健筹划重大资产重组停牌；

2018年2月，汤臣倍健联同4名投资人共同设立境内收购主体汤臣佰盛；

2018年5月4日，汤臣倍健收购LSG 100%的股权事宜获得国家发改委境外投资项目备案；

2018年6月5日，汤臣倍健收购LSG 100%的股权事宜获得广东省商务厅境外投资项目备案；

2018年6月14日，汤臣倍健收购LSG 100%的股权事宜获得澳大利亚外国投资审查委员会（FIRB）审查通过；

2018年7月12日，汤臣倍健第四届董事会第十三次会议审议通过《关于〈汤臣倍健股份有限公司重大资产购买报告书（草案）〉及其摘要的议案》及相关议案；

2018年7月30日，公司披露《关于公司股票复牌的提示性公告》，公司股票于2018年7月31日开市起复牌；

2018年8月2日，公司召开第四届董事会第十六次会议，审议通过《关于〈汤臣倍健股份有限公司重大资产购买报告书（草案）（修订稿）〉及其摘要的议案》《关于〈汤臣倍健股份有限公司发行股份购买资产预案（修订稿）〉及其摘要的议案》等议案，并按要求进行信息的披露；

2018年8月30日，汤臣佰盛通过竞价收购LSG 100%的股权；

2019年4月16日，公司发行股份购买资产事宜经证监会并购重组委审核并获得有条件通过；

2019年4月23日，公司与相关中介机构就审核意见所涉及的问题作出书面回复并报送证监会；

2019年7月2日，公司收到证监会核发的《关于核准汤臣倍健股份有限公司向上海中平国璟并购股权投资基金合伙企业（有限合伙）等发行股份购买资产的批复》（证监许可〔2019〕1029号）；

2019年8月，汤臣倍健完成发行股份购买资产事宜。

二、"上市公司+PE"基金模式组建SPV完成跨境并购

（一）设立并购基金，筹集并购资金

汤臣倍健于2018年1月向LSG创始人Alan Messer等人确定收购意向，并设

立境外收购主体香港佰盛和澳洲佰盛。2019年2月27日,汤臣倍健与投资人签订出资协议,专门为本次交易出资设立境内特殊目的公司广州汤臣佰盛有限公司,并通过其持有香港佰盛和澳洲佰盛100%的股权。

1. 出资设立SPV公司汤臣佰盛

汤臣佰盛是一家有限责任公司,除汤臣倍健自身外,另有4只有限合伙制私募基金参与出资,本质上是有限责任公司形式的并购基金,共募集资金35.86亿元。

汤臣佰盛出资人及股权架构情况见表11-1。

表11-1 汤臣佰盛出资人及股权架构情况

序号	股东名称	出资额(万元)	出资比例(%)	投资人背景
1	汤臣倍健	160,000	53.33	—
2	中平国璟	60,000	20.00	中国平安
3	嘉兴仲平	10,000	3.33	中国平安
4	信德厚峡	65,000	21.67	广发证券
5	信德敖东	5,000	1.67	广发证券、吉林敖东
合计		300,000	100.00	—

资料来源:《汤臣倍健:发行股份购买资产报告书》(2019-07-03)。

其中,汤臣倍健出资16亿元,占比53.33%;4名境内投资者出资14亿元,占比46.67%。参与汤臣倍健出资的境内投资者分别为中平资本和广发信德。根据汤臣佰盛与中平资本、广发信德签订的《联合投资协议》,汤臣倍健承诺在18个月到36个月以内促成投资人退出,如果未能实现,则以现金回购股份的形式完成投资人退出,给予投资人单利年化12%的基本收益。但如果发行股份方案得以实施,则给予投资人的股份对价无须遵从12%的基本收益,而是"尽力"以同等水平的发行价格完成其证券化退出。

2018年4月27日,人民银行、银保监会、证监会、外汇局联合发布《关于规范金融机构资产管理业务的指导意见》(即"资管新规"),要求投资于单一投资标的的私募产品不得存在份额分级,其中投资比例超过50%的即视为单一。而市场上大量以并购为目的而设立的私募股权基金和信托资管产品,均属于投资单一标的的资管产品。在该等要求下,上市公司不论是采取有限责任制还是有限合伙制或信托资管产品形式组建并购基金或其他主体,均须避免结构化安排和兜底义务安排。汤臣佰盛的设立遵从了这一新规的要求。

主要外部投资人信息如下。

(1)中平资本

上海中平国珺资产管理有限公司(简称"中平资本")为中国平安集团旗下的另类投资平台,管理的基金主要为股权、创业投资基金。目前中平资本旗下资产管理规模达300亿元人民币,重点投资方向为健康医疗、智能制造及新材料、环保新能源、TMT、金融服务行业。本交易中参与投资设立汤臣佰盛的两只基金分别为上海中平国璟并购股权投资基金合伙企业(有限合伙)(简称"中平国璟")和嘉兴仲平国珺股权投资基金合伙企业(有限合伙)(简称"嘉兴仲平")。

中平国璟合伙人出资情况见表11-2。

表11-2 中平国璟合伙人出资情况

序号	合伙人	认缴出资(万元)	认缴比例(%)	类别
1	西藏仲平企业管理有限公司	100	0.03	GP
2	中国平安人寿保险股份有限公司	300,000	99.97	LP
3	中平国珺资产管理有限公司	—	—	管理人
合计		300,100	100.00	—

资料来源:《汤臣倍健:发行股份购买资产报告书》(2019-07-03)。

嘉兴仲平合伙人出资情况见表11-3。

表11-3 嘉兴仲平合伙人出资情况

序号	合伙人	认缴出资(万元)	认缴比例(%)	类别
1	中平国珺资产管理有限公司	1	0.01	GP/管理人
2	西藏仲平企业管理有限公司	160	1.58	GP
3	伊宁市盛景普华股权投资有限公司	5,000	49.45	LP
4	11名自然人投资者	4,950	48.96	LP
合计		10,111	100.00	—

资料来源:《汤臣倍健:发行股份购买资产报告书》(2019-07-03)。

(2)广发信德

广发信德投资管理有限公司(简称"广发信德")是广发证券(000776.SZ)全资私募基金子公司,公司累计管理的资产规模超过270亿元人民币,涵盖医疗健康、消费升级、工业创新升级、TMT等多个领域,覆盖PE投资、VC投资、并购投资等多个范畴。其于本交易中参与投资设立汤臣佰盛的两只基金为广州信德厚峡股权投资合伙企业(有限合伙)(简称"信德厚峡")和吉林敖东创新产业基金管理中心(有限合伙)(简称"信德敖东")。

信德厚峡合伙人出资情况见表11-4。

表 11-4　信德厚峡合伙人出资情况

序号	合伙人	认缴出资（万元）	认缴比例（%）	类别
1	广发信德投资管理有限公司	13,187	20.00	GP/管理人
2	北京盈泰丰顺资产管理有限公司	20,000	30.33	LP
3	深圳前海纳斯特锦栩一号创业投资企业（有限合伙）	7,000	10.62	LP
4	广东省绿色金融投资控股集团有限公司	5,000	7.58	LP
5	天津仁爱恒泽企业管理有限公司	4,500	6.82	LP
6	珠海康远投资企业（有限合伙）	3,500	5.31	LP
7	广州市广永国有资产经营有限公司	3,000	4.55	LP
8	广东粤财产业投资基金合伙企业（有限合伙）	3,000	4.55	LP
9	洪城大厦（集团）股份有限公司	2,000	3.03	LP
10	共青城亚美投资合伙企业（有限合伙）	1,000	1.52	LP
11	广州创盈健科投资合伙企业（有限合伙）	150	0.23	LP
12	3名自然人投资者	3,600	5.46	LP
合计		65,937	100.00	—

资料来源：《汤臣倍健：发行股份购买资产报告书》（2019-07-03）。

信德敖东合伙人出资情况见表 11-5。

表 11-5　信德敖东合伙人出资情况

序号	合伙人	认缴出资（万元）	认缴比例（%）	类别
1	广发信德投资管理有限公司	600	2.00	GP/管理人
2	敦化市财政投资有限公司	9,000	30.00	LP
3	吉林敖东药业集团股份有限公司	20,400	68.00	LP
合计		30,000	100.00	—

资料来源：《汤臣倍健：发行股份购买资产报告书》（2019-07-03）。

2．筹集并购贷款

为向 LSG 原股东支付交易对价，澳洲佰盛向工行悉尼分行和新加坡分行分别借款 7,000 万澳元和 3,000 万澳元（等值人民币约 5.86 亿元）。上市公司为境外贷款承担财务费用，LSG、香港佰盛以及澳洲佰盛，均以其全部现在和将来资产对全部债权提供担保。贷款偿还期限为 2018 年 8 月 27 日起的 4 年零 11 个月。约定的年利率为澳大利亚的银行票据互换率上浮 2%，折合年利率约 4.00%，澳洲佰盛合计

1亿澳元并购贷款年利息约400万澳元（等值人民币约2,344万元）。

本次并购募集资金总额35.86亿元，贷款所占比例约16.34%。由于标的公司LSG为典型的轻资产公司，流动资产占总资产比率达到90%以上，本身举债能力有限，其经营活动产生的现金流量净额较小（2017年至2018年其经营活动产生的现金流量分别为988.39万元和−6,605.60万元），如以LSG为债务偿还主体进行杠杆收购，将会导致LSG经营负担过重，故本次收购并购贷款所占比例较低，且最终将由汤臣倍健偿还。

（二）汤臣佰盛竞价收购LSG 100%的股权

经过竞价交易，2018年8月30日，LSG的3名创始人Irene Messer、Alan Messer和Craig Silbery将其持有的所有股份转让给澳洲佰盛。LSG 100%的股权完成交割后由澳洲佰盛持有，收购总对价为不超过6.90亿澳元（等值人民币约35.14亿元）。2018年年底执行Earn-out条款后的最终收购价款为6.69亿澳元（等值人民币约33.33亿元）。标的公司资产评估情况见表11-6。

表11-6 标的公司资产评估

标的公司	账面价值（万元）	评估值（万元）	增值率（%）	收购比例（%）	收购作价（万元）	最终支付对价（万元）
LSG 100%的权益	10,147.37	356,248.84	3,410.75	100.00	351,400.00	333,300.00

资料来源：《汤臣倍健：发行股份购买资产报告书》（2019-07-03）。

标的公司估值测算结果见表11-7。

表11-7 标的公司估值测算

标的公司	最终交易对价对应估值（万元）	对应上一年业绩		对应承诺期业绩	
		2017年净利润（万元）	P/E	平均净利润	P/E
LSG	333,300.00	6,337.19	52.59	—	—

资料来源：《汤臣倍健：发行股份购买资产报告书》（2019-07-03）。

本次交易对标的公司采用了市场法进行估值。从资产评估结果来看，LSG的溢价率大幅超过了A股收购兼并的估值水平。估值溢价率高的问题也成为上市公司后续发行股份购买资产被证监会问询的核心问题。

受让完成后LSG的股权架构见图11-1。

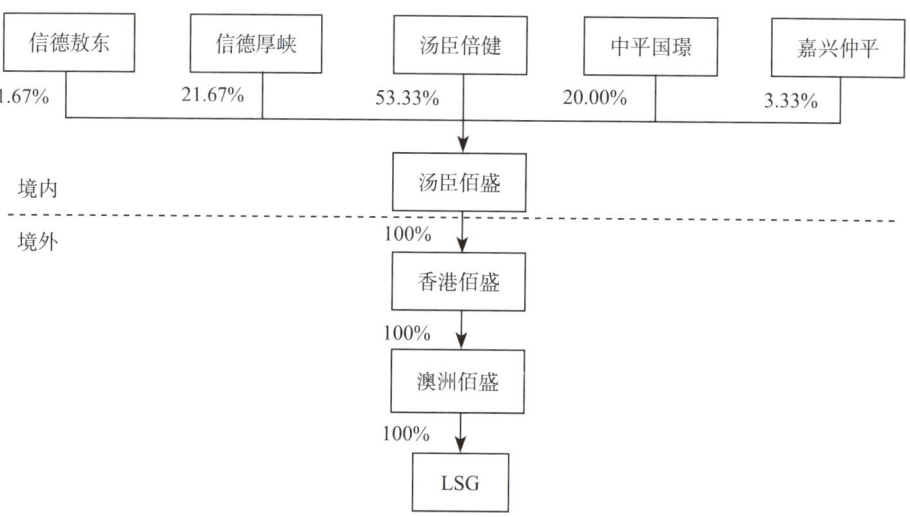

图 11-1　收购完成后 LSG 的股权架构

资料来源:《汤臣倍健:发行股份购买资产报告书》(2019-07-03)。

三、上市公司发行股份购买汤臣佰盛 46.67% 的股权

2018 年 12 月 22 日,汤臣北京公告重大资产购买方案,以发行股份的方式购买除汤臣倍健外 4 名股东持有的汤臣佰盛 46.67% 的股权,交易对价 140,000.00 万元(即 4 名股东出资金额)。发行价格确定为董事会公告日前 120 个交易日交易均价的 90% 即 13.14 元作为定增价格(2019 年 4 月分红除权后为 12.31 元),共计发行 11,372.87 万股。标的公司的资产评估情况见表 11-8。

表 11-8　标的公司的资产评估

标的公司	100% 权益账面价值(万元)	100% 权益评估值(万元)	增值率(%)	收购比例(%)	标的资产对应评估值(万元)	标的资产实际对价(万元)
汤臣佰盛	265,786.37	358,411.81	34.85	46.67	144,016.34	140,000.00

资料来源:《汤臣倍健:发行股份购买资产报告书》(2019-07-03)。

评估值 35.84 亿元相对于收购标的资产 LSG 100% 股权的实际对价 33.33 亿元,溢价 7.53%。考虑从收购到完成换股所需的实际时间,相当于增加了 1 年的资金成本,但对于 2018 年度的净利润而言,市盈率则达到了 35.54。此外,该收购不存在业绩承诺的安排。标的公司估值测算结果见表 11-9。发股收购后上市公司股权结构的变化见表 11-10。

本次发行股份购买资产完成后,上市公司控股股东及实际控制人均未发生变化,梁允超仍为公司的控股股东和实际控制人。

表 11-9 标的公司估值测算

标的公司	实际交易对价对应估值（万元）	对应上一年业绩		对应承诺期业绩	
		2018 年净利润（万元）	P/E	平均净利润	P/E
汤臣佰盛	299,978.57	8,439.76	35.54	—	—

资料来源：《汤臣倍健：发行股份购买资产报告书》（2019-07-03）。

表 11-10 发股收购后上市公司股权结构的变化

序号	股东名称	交易前		交易后	
		持股数量（万股）	持股比例（%）	持股数量（万股）	持股比例（%）
1	梁允超	71,061.17	48.38	71,061.17	44.90
2	中平国璟	—	—	4,874.09	3.08
3	嘉兴仲平	—	—	812.35	0.51
4	信德厚峡	—	—	5,280.26	3.34
5	信德敖东	—	—	406.17	0.26
6	其他股东	75,815.22	51.62	75,815.22	47.91
总计		146,876.39	100.00	158,249.26	100.00

资料来源：《汤臣倍健：发行股份购买资产报告书》（2019-07-03）。

本次发行对价相对于投资人投入汤臣佰盛的资金为 0 溢价收购，故投资人的收益寄希望于重组完成后汤臣倍健股票在二级市场的表现。就本方案而言，其他股东在汤臣佰盛里的投资相当于以 14 亿元参与汤臣倍健的非公开发行募集资金，资金用途为收购标的资产的股权。

四、案例评析

本案例在重大资产购买报告书草案披露时引起较大关注，其中标的资产盈利水平与估值、上市公司高溢价收购带来的商誉问题等引起了市场一些讨论。本境外并购案例有不少值得借鉴讨论的地方。

（一）"上市公司 +PE"基金模式跨境并购

依据国际惯例，LSG 本次出售股权采用公开竞标的方式。此类跨境并购，为增加交易的确定性，减少外部审批的不确定性，收购主体通常采用"控股股东 +PE"基金模式。此次汤臣倍健的跨境竞购采用"上市公司 +PE"基金模式，即汤臣倍健联合外部投资者中平国璟、嘉兴仲平、信德厚峡、信德敖东通过组建并购主体 SPV 汤臣佰盛参与竞购 LSG 100% 的股权，为此，汤臣倍健为外部投资者作出了回购承诺，承诺在 18 个月到 3 年以内促成投资人退出，如果未能实现，则以现金回购股份的形式完成投资人退出，给予投资人年化 12% 的基本收益。

选择直接以上市公司参与的并购主体来公开竞购境外标的，更易获得财务投资人的认可，有助于提高标的在资本市场退出的确定性。如果是"控股股东+PE"基金模式主导过桥收购并作出承诺，上市公司的控股股东将面临极大的回购风险。同时，由于上市公司信誉高，由上市公司承担补充支付义务更易获得财务投资人的认可。此外，本次交易未设置业绩承诺，鉴于汤臣佰盛用重大现金购买 LSG 100% 的股权后辨认的无形资产摊销将导致汤臣佰盛净利润为负，上市公司发行股份购买资产后归属于母公司所有者的净利润、基本每股收益在交易完成后的一段期间内会被摊薄。如果由上市公司控股股东进行过桥收购，那么上市公司面向包含上市公司控股股东在内的全体投资人发股收购时，关联交易就需要设置业绩承诺，并且监管审核会更加严格。

"上市公司+PE"基金模式要求上市公司作为收购方应对收购标的比较了解，也要求上市公司有充裕的现金储备。汤臣倍健财务数据显示，公司 2018 年 3 月 31 日货币资金余额达到 28.51 亿元，2017 年公司经营性现金净流量达到 9.54 亿元，有实力直接发起大规模现金并购交易。

尽管具备前述各项优势，但在实务中，采取上市公司为主体联合其他资金方组建 SPV 参与境外标的公开竞购模式并不常见，因为该模式存在以下困难。

1. 停牌把控难度高，信息披露工作量大

在过往的跨境并购交易中，大多数上市公司采取以控股股东作为主体组建并购基金或有限责任形式的 SPV 作为收购主体，然后再择机装入上市公司。由于境外并购全程耗时通常较长，如由上市公司直接参与，则需要完成内部审批、监管核准程序以及履行相应的信息披露义务，导致时间成本和工作量增加。同时，一些竞购类标的在关键时点上要求收购方迅速决策，也让重重监管下的 A 股上市公司难以满足该要求。

2016 年 5 月 27 日，沪深交易所同时发布了停复牌新规，限制上市公司"任性停牌"的问题，对上市公司各类停牌的时限及信息披露要求作出了严格的规定[①]。此外，经历了 2015 年 A 股股灾中不少上市公司大面积、长时间停牌的风波，A 股投

[①] 例如，对于上市公司筹划重大资产重组的，停牌时间原则上不超过 3 个月，而对于连续筹划重组的，上交所停牌不超过 5 个月，深交所停牌不超过 6 个月。在此期间，要求公司和财务顾问等中介机构对公司停牌事由和停牌时间的合理性、重大事项终止原因的真实性等事项发表意见并对外披露。停牌期间应分阶段披露所筹划重大事项的进展情况，避免笼统、概括式披露，并至少每 5 个交易日披露一次进展公告。

资者对上市公司长时间停牌难以认可。基于这些原因，上市公司直接参与并购 SPV 组建的案例不多。在本交易中，上市公司从首次公告到复牌交易，停牌时间总计 6 个月，由于采取了境外现金收购和境内发行股份购买同步操作的模式，交易时间大幅缩减，控制住了停牌时间。此外，上市公司在停牌过程中完成了信息的披露，并回复了深交所创业板的问询，效率还是非常高的。

2. 并购成本费用由上市公司承担，直接影响公司业绩

"上市公司 +PE"基金模式作为并购主体，如果上市公司出资比例高则可能合并报表。并购主体在海外并购过程中支付的各项成本费用，包括聘请中介机构进行尽职调查费用、并购贷款财务成本及费用、交易各项税费以及其他或有费用，将直接体现在上市公司报表中。如上市公司未成功并购，则需要履行对其他投资人的回购义务，支付兜底财务费用，对上市公司业绩将产生影响。本交易中披露 2017 年 LSG 业务出售交易费用（包括尽职调查和商业咨询）为 1,014.88 万元，2018 年为 937.95 万元。如以"控股股东 +PE"基金模式收购，则该等成本可在上市公司体系外消化，不影响上市公司业绩。

3. 标的公司的资产和业务不能在上市公司并购前梳理

由于在实施跨境并购的过程中信息存在不对称，以及境内外政策法律环境存在差异，A 股上市公司在收购境外标的时往往需要一个"缓冲期"，预留时间以完成并购后的重组整合工作。标的公司的资产负债及业务有可能需要整合，更有可能需要按照境内的监管要求将其梳理规范，而后才能注入上市公司。在"控股股东 +PE"基金模式下，该步骤可以在上市公司体外完成。但在"上市公司 + PE"基金模式下，项目因为缺乏缓冲期而对收购的过程控制提出了更高的要求，同时还须对公众履行信息披露义务，往往会增加整合风险。

（二）同步推进境外竞购和发行股份购买资产的创新安排

汤臣佰盛收购 LSG 的完成时间为 2018 年 8 月 30 日，在之前的 7 月 13 日，汤臣倍健公告了《发行股份购买资产预案》，拟收购 4 名私募基金投资人持有的汤臣佰盛 46.67% 的股份，即境外竞购和发行股份购买资产同步操作。这一操作方式节省了一般跨境并购中现金并购完毕到发行股份购买资产之间的等待时间。

在本次收购中，上市公司主要的信息披露时间节点见表 11–11。

表 11-11 汤臣倍健收购 LSG 的信息披露时间节点

披露时间	状态	披露事项
2018-02-01	停牌	重大资产重组停牌提示性公告。董事会审议通过收购 Life-Space Group Pty Ltd 100% 的股份。
2018-02-27	停牌	董事会审议通过并签署附条件生效的《股东协议》,协议内容为拟与 4 名投资人共同设立汤臣佰盛。
2018-04-11	停牌	延期复牌公告,停牌时间自停牌首日起累计不超过 6 个月。
2018-04-13	停牌	收到并回复深交所问询函,回答了收购和 SPV 公司组建的进展情况。
2018-05-30	停牌	与 4 名 SPV 投资人重新签署《联合投资协议》和《股东协议》,更新出资金额和退出条款。
2018-06-07	停牌	收到并回复深交所问询函,回答了关于境外投资所需主管部门审批备案、FIRB(澳大利亚外国投资审查委员会)获批进度,以及并购资金筹措等方面的问题。
2018-07-12	停牌	董事会审议通过《重大资产购买报告书(草案)》及《发行股份购买资产预案》,同时推进跨境现金并购和发行股份购买事项。
2018-07-20	停牌	收到深交所《关于对汤臣倍健股份有限公司的重组问询函》,公司于 8 月 1 日回复,回答了关于收购标的估值和合规性方面的一系列问题。
2018-07-31	复牌	重大资产重组复牌提示性公告。
2018-08-17	交易	股东大会审议通过本次《重大资产购买方案》,同意票占比 99.91%。
2018-08-31	交易	交割 LSG 100% 的股权。
2018-12-21	交易	董事会审议通过《发行股份购买资产报告书(草案)》,表决结果:赞成 7 票,反对 0 票。
2019-01-09	交易	股东大会审议通过《发行股份购买资产报告书(草案)》,同意票占比 99.45%,正式提交证监会核准。
2019-01-29	交易	收到证监会《项目审查一次反馈意见》,于 3 月 13 日回复。
2019-03-28	交易	收到证监会《项目审查二次反馈意见》,于 4 月 2 日回复。
2019-04-16	交易	证监会并购重组委审核通过本次发行购买事项。

资料来源:Wind。

1. 加速完成上市公司发股并购

在重大资产重组停牌的 6 个月时间里,上市公司完成了 SPV 组建、收购资金筹措、收购协议签订、发行股份方案获得董事会审批等重要事项,在半年内推进完成了本次跨境并购的核心事项。上市公司在境外并购中行动迅速,避免了因停牌时间过长而来自监管部门和投资者的压力,彰显了成功完成交易的信心。

上市公司在发布重组预案前停牌,主要基于两个考虑:一是锁定股价,二是避免内幕交易。由于 2018 年 9 月证监会实行了发行股份价格调整机制,且意向性预案发布的日期也可以作为定价基准日,"锁价"问题得到了解决,故停牌的最主要目的为防范内幕交易。2018年11月，沪深两市同时发布了《关于完善上市公司股票停复牌制度的指导意见》，从减少停牌事由、压缩停牌期限、强化信息披露、完善停复牌监管方面对上市公司停牌进行了规范。2019年以后，A股上市公司完全不停牌的重大资产重组交易开始成为主流，因而对上市公司境外并购的过程控制将提出更高的操作要求。

2. 标的公司其他小股东的解禁期延长

同步推进境外竞购和发行股份购买资产虽然提高了上市公司的实施效率，但对投资者而言却有额外的锁定成本。根据重大资产重组管理办法，上市公司在《发行股份购买资产报告书》中对定增股份"锁定期"有以下说明：持有用于对价的资产持续时间不满12个月，则锁定期为36个月；持有用于对价的资产持续时间已满12个月，则锁定期为12个月。如果本次定向增发安排在四家机构持有汤臣佰盛股权满12个月后进行，即2019年8月之后进行，则四家机构所持的限售股将不用等3年，而只需1年后即可解禁抛售。不满12个月则要延长解禁期。就本案例而言，在四家财务投资人看来，尽快将股权资产置换成上市公司的股份的选择比12个月的解禁期安排更有吸引力。

（三）对财务投资人无刚性兑付义务，无业绩承诺

根据公开披露的信息，汤臣佰盛对4家财务投资人无刚性兑付义务，LSG也未对汤臣佰盛进行业绩承诺，汤臣佰盛相应对上市公司也无业绩承诺压力。整个并购交易是基于海外消费品行业估值及收购惯例的市场化操作而进行的。

1. 实质上属于提前通过非公开发行股份方式筹集资金14亿元

在并购主体组建阶段，汤臣倍健为给汤臣佰盛引入财务投资人作出了回购承诺，但无刚性兑付义务。根据汤臣佰盛与中平资本、广发信德签订的《联合投资协议》，汤臣倍健承诺在18个月到3年以内促成投资人退出，如果未能实现，则以现金回购股份的形式完成投资人退出，给予投资人年化12%的投资收益。但如果发行股份方案得以实施，给予投资人的股份对价并不遵从12%的投资收益，而是由各方股东以公司的经具有证券从业资格的评估机构评估价值为基础协商确定。

各方股东应尽合理的商业努力配合（但汤臣倍健无义务确保）评估机构获得不低于以下两者中较高的评估值：（1）等于（A）汤臣倍健董事会决议通过投资退出交易之前过去四个完整日历季度公司的正常化EBITDA，乘以（B）收购交易使用的企业价值，除以（C）2018年正常化EBITDA，减去（D）该四个完整日历季度末

公司及其子公司以及所投资企业的账面净负债后的余额；和（2）各财务投资人对公司的出资额本金与每年12%内部收益率计算的收益之和，并扣减已取得的股息红利后的余额。

根据上述约定，汤臣倍健在这笔收购完成后需要发行股份来购买这些股东所持的子公司汤臣佰盛的股权，之后汤臣佰盛就变成全资子公司。因为上市公司发股收购小股东所持股权时对价完全等额于投资入股汤臣佰盛的出资，所以这实质上等于汤臣倍健提前安排了一次非公开股份发行并筹集资金14亿元，加上自有资金16亿元以及借款6亿元，共筹集了36亿元，用于收购澳洲LSG公司100%的股权。该方案相对于直接非公开发行募资收购需要由证监会审核，缩短了筹资时间，提升了并购效率。对于四家财务投资人而言，它们实质上是间接参与了一次非公开股份发行，只是该方式适当拉长投资期了。

2. 现金购买与发行股份购买，未设置业绩承诺

在现金购买阶段，本次交易不构成关联交易，本次标的资产的交易作价是根据国际并购交易的惯例，经过交易双方多轮报价、谈判并根据《股份出售协议》约定的价格及调整机制最终确定的，并未设置盈利补偿机制。虽然本次交易设计了盈利能力浮动金额支付方案（Earn-out），但固定支付金额仍然高达85%，由于未设置盈利补偿机制，若标的公司的业绩无法达到预期，会给上市公司经营业绩带来重大不利影响。

根据《上市公司重大资产重组管理办法》第三十五条的规定，以下条件同时满足时，为必须作出业绩承诺的情况：（a）估值方法为收益法、假设开发法等基于未来收益预期的方法；（b）购买资产的交易对方为上市公司控股股东、实际控制人或其关联方；（c）重组导致上市公司控制权发生变更。本次跨境并购对LSG的资产评估使用了收益法、市场法两种方法。收益法评估结果为37.08亿元，市场法评估结果为34.46亿元，公司最终采用了市场法的评估结果。由于本次交易不同时满足上述条件，公司未进行业绩承诺，也未设置业绩补偿机制。

本次收购从财务角度来看，上市公司虽然在营业收入上有一定程度的增厚，但受并购LSG产生的无形资产摊销及财务费用支出等影响，并购对上市公司的业绩贡献短期内为负。对于商誉减值风险，汤臣倍健在《发行股份购买资产报告书》中进行了披露："根据《企业会计准则》，购买方对合并成本大于合并中取得的被购买方可辨认净资产公允价值部分的差额，应当确认为商誉……汤臣佰盛已确认一定金额的商誉。本次发行股份购买资产完成后，LSG将成为上市公司全资子公司，若LSG未来经营情况未达预期，则相关商誉存在减值风险，从而对上市公司未来经营业绩

产生不利影响。"因此，整个并购交易更多的是从产业的角度出发进行的基于境外消费品行业估值及收购惯例的市场化操作，更多考量的是赛道的选择和产业的协同问题。

（四）标的估值方法及溢价分析：市场估值差异的合理性说明

本跨境并购项目采取了更适合境外消费品行业的市场法估值。从估值逻辑来看，上市公司并未局限于本次收购对短期业绩的提升效果，而更多体现了上市公司对未来的业绩、并购协同效应以及换股后股价表现的信心。

LSG 为澳大利亚企业，本次出售依据国际惯例采用公开竞标的出售方式。LSG 在 2017 年盈利仅 0.63 亿元，收购价格在未经最终调整前却达到了 35 亿元，相对 2017 年静态市盈率约为 56，而上市公司自身市盈率是 15—25。同时，上市公司因合并 LSG 增加的 14 亿元商誉是按 10 年的预计受益年限进行直线法摊销的，每年影响 1.4 亿元，因并购贷款每年产生约 2,300 万元的财务费用，借款时长为 5 年，受这些因素影响，收购标的对上市公司的业绩贡献短期内为负。本次跨境并购的估值成为证监会审核中关注的重点，市场的议论声音比较大。[1]

对此，上市公司向监管部门详细说明了本交易对 LSG 使用的资产评估方法，论证不同方法加权平均计算后得出 LSG 股东的全部权益价值的合理性。下面摘录出来供读者参考。

1. 可比上市公司的评估情况

汤臣倍健挑选了澳洲本土同处于市场膳食补充剂细分行业的 Blackmores，以及其他营养食品（奶粉）上市公司 A2 Milk、Bellamy 共 3 家公司作为可比公司。这些公司的主要市场均为澳洲本土及中国市场，与标的公司具有较强的可比性。基于快消行业轻资产、重品牌的特性，评估选择了与企业收益相关的盈利价值比率（净利润指标和 EBITDA 指标）作为本次市场法评估的价值比率。在此基础上，评估按照盈利能力、资产质量、偿债能力、成长能力 4 个维度，以 LSG 为基准对可比公司进行打分，按照各家公司的得分赋予一定的特性系数进行修正，并得出了各家可比公司的调整系数。根据计算得出的可比公司市盈率和 EV/EBITDA 倍数，按照加权平均的方式来确定标的公司对应的指标和权益价值，最终评估结果见表 11-12 和表 11-13。

---

[1] 砖头财报研究院.汤臣倍健：35亿高价并购，到底买了龙肉还是火腿．https://xueqiu.com/7796211544/111179649.

表 11-12　可比公司市盈率法评估结果

公司名称	市盈率	流动性折扣	调整系数	权重
Blackmores	36.97	0.16	1.47	0.40
Bellamy	26.59	0.18	1.21	0.30
A2 Milk	42.04	0.18	0.94	0.30
被评估单位市盈率	35.90			
被评估单位净利润（万澳元）	2,263.85			
被评估单位股权价值（万澳元）	81,272.25			

资料来源：《汤臣倍健：发行股份购买资产报告书》（2019-07-03）。

表 11-13　可比公司 EV/EBITDA 法评估结果

| 公司名称 | 市值（百万澳元） | 可比公司财务指标（百万澳元） | | | | 流动性折扣 | 调整系数 | 权重 |
		付息债务	少数股东权益	现金	EBITDA			
Blackmores	2,587.93	86.00	0.46	36.47	117.50	0.16	1.47	0.40
Bellamy	1,150.50	0.06	-0.02	87.63	64.60	0.18	1.21	0.30
A2 Milk	7,584.28	—	—	311.72	261.00	0.18	0.94	0.30
被评估单位 EV/EBITDA	22.32							
被评估单位 EBITDA（万澳元）	3,729.61							
被评估单位 EV（万澳元）	83,244.94							
被评估单位付息债务（万澳元）	2,588.85							
被评估单位现金（万澳元）	197.29							
被评估单位股权价值（万澳元）	80,853.38							

资料来源：《汤臣倍健：发行股份购买资产报告书》（2019-07-03）。

经对比，市盈率计算的评估值要高于 EV/EBITDA。为谨慎起见，评估选取 EV/EBITDA 结果为可比上市公司的评估结果，即被评估单位股权价值按当期汇率折算后为 400,887.23 万元人民币。

2．可比交易案例的评估情况

公司搜集了能获取交易数据的 2 个并购案例作为可比案例，分别为合生元（01112.HK）2015 年收购澳洲 Swisse Wellness（主营产品为复合维生素补充剂）83% 的股权和上海医药（601607.SH）2018 年收购 Vitaco（主要产品为综合健康食品）100% 的股权。

评估过程从谨慎性角度考虑，未进行特性差异调整或时间修正，最终仅采用了 2 单交易实际达成的结果进行简单平均，见表 11-14。

表 11-14　可比交易 EV/EBITDA 法评估结果的平均值

序号	交易案例	交易价格（万澳元）	EV/EBITDA
1	合生元收购 Swisse Wellness	138,600	14.71
2	上海医药收购 Vitaco	31,300	14.70
平均值		—	14.71

资料来源：《汤臣倍健：发行股份购买资产报告书》（2019-07-03）。

据此计算的 LSG 股东全部权益价值为 260,161.86 万元人民币。

3．综合赋权调整

由于本次在运用可比上市公司和可比交易案例进行评估的过程中，前者获取的市场数据更充分且进行了特性差异修正，可比性更强，因此在最终赋权中给予了60%的权重，而后者则相应降低到40%，由此计算出的全部权益价值为344,597.08万元人民币。

证监会在两轮反馈中对估值方法的选用问题都重点进行了询问，汤臣倍健在对证监会第一次反馈意见的回复中对估值方法选取适用性与合理性的考虑为：

市场法是以现实市场上的参照物来评价估值对象的现行公平市场价值，具有评估数据直接取材于市场、评估结果说服力强的特点……在评估基准日，LSG 在所处地区、产品特征、产销模式及经营方式等方面有比较明确的特征，可以找到与其相似的可比案例和可比公司，构成市场法评估的可靠基础。

对于 LSG 的高估值是否具有合理性，上市公司在对证监会的回复中则进行了以下 4 个方面的论证。

（1）LSG 具有轻资产运营的特点

LSG 生产主要采用外包模式，场地为租赁，同时其具有较好的资产周转率，所以占用的流动资产相对较少；LSG 核心资产为无形资产，其旗下品牌 Life-Space 在澳大利亚药房和中国线上益生菌补充剂市场份额排名靠前，具有很高的知名度，随着其销售收入的快速增长，未来知名度会进一步提升，品牌价值更为明显。除品牌外，LSG 的客户关系、管理团队、人力资源等一起驱动了企业的盈利。上述优势均未在账面上体现，因此，LSG 具备明显的轻资产运营、高品牌溢价的特点。

（2）LSG 所在的益生菌补充剂行业增长迅速

目前，LSG 产品主要市场为澳新地区和中国市场。中国市场方面，根据欧睿数据统计，2018年益生菌补充剂市场为5.43亿美元，2013—2018年年化复合增长率为19.90%，预计未来5年年化复合增长率为14.71%。

(3) LSG 原有业务成长性较好

LSG 2016 财年至 2018 财年的复合增长约为 76%，高于可比公司平均增长率 27%。澳大利亚市场方面，2018 年 LSG 旗下品牌 Life-Space 在澳大利亚药房益生菌补充剂销售市场占有率排名第一。据 Aztec 统计，截至 2018 年年末，Life-Space 为澳大利亚药房渠道排名第一的益生菌补充剂，占市场比例约 43.80%。根据情报通数据，截至 2018 年，Life-Space 亦是阿里系天猫、淘宝电商平台市场占有率排名前三的益生菌补充剂品牌。

(4) LSG 在中国线下市场的发展潜力较大

中国线下市场是 LSG 借助汤臣倍健强大的线下渠道开展的新业务。汤臣倍健为国内膳食营养补充剂领导品牌和标杆企业，拥有优质的经销商和零售终端资源，在同行业中零售终端规模处于领先地位。充分发挥汤臣倍健的渠道优势，同时结合其正在实施的大单品战略，能够为 LSG 带来良好的发展前景。

综上，从估值逻辑来看，上市公司并未局限于收购对短期业绩的提升，而着眼于收购对长期产业的协同。上市公司看好益生菌补充剂这一细分赛道，因而选择细分市场的知名品牌作为收购标的。益生菌品牌 Life-Space 具有产品配方优势，在澳洲和中国市场具有较高的知名度。目前，LSG 产品主要市场为澳新地区和中国市场，之前主要通过跨境电商方式进入中国市场，已有稳定合作的主要跨境出口经销商和终端销售伙伴。汤臣倍健以其线下销售网络和营销能力，将 Life-Space 国内产品作为上市公司第三个大的单品，相关产品可以保健食品或普通食品方式快速在中国的线下销售，充分发挥业务的协同效应。

这些解释最终得到了证监会的认可，收购事宜于 2019 年 4 月被并购重组委审核通过。

第十二章

继峰股份：通过"大股东+PE"基金模式过桥要约收购格拉默

受宏观经济增速放缓、中美贸易摩擦、购置税优惠退出等因素影响，2018年是我国汽车销量下降的第一年，较2017年下降2.8%，2019年延续了下降趋势。汽车销量短期下滑导致产业链上游的零部件公司面临着业绩压力，国内部分优质的零部件企业借机进行全球化扩张，缓解因国内汽车销量增速放缓而带来的影响。

宁波继峰汽车零部件股份有限公司（603997.SH，简称"继峰股份"）在境外通过并购基金过桥收购了德国汽车座椅厂商格拉默（Grammer，GMMG.DE）。其先以"白衣骑士"身份入场，再通过在境内外融资，以要约收购方式获得标的公司的绝对控股权。虽然困难重重，但实际控制人调动资源，调整方案，最终以发行股份、可转债及现金交易方式将跨境并购资产成功注入上市公司，展现了高超的资本控制力。这是2019年传统汽车零部件产业跨境并购、全球化扩张的一个重点案例。①

一、交易背景

为了扩张境外市场，继峰股份的控股股东于2017年开始着手并购德国汽车座椅厂商格拉默，并在2019年完成向上市公司的注入工作。在收购期间，格拉默还于2018年10月完成了对美国工程热塑性零件制造厂商TMD（Toledo Molding & Die）的收购，成为跨越欧洲和北美两大洲的全球性厂商。上市公司寄希望于与格拉默一起在区域、产品、客户、供应链等方面进行全面整合，充分发挥跨境并购的协同作用。

---

① 参考了符胜斌发表于《新财富》2019年9期的《继峰股份"蛇吞象"并购术：工具、博弈与均衡》。

（一）交易双方基本情况

1. 标的公司格拉默基本情况

格拉默是一家成立于 1880 年、全球领先的汽车零部件集团公司。其主要业务包括乘用车座椅扶手、座椅头枕、中控系统以及商用车的座椅系统的研发、生产和销售，为全球领先的车辆座椅内饰细分行业的供应商，在商用车座椅等领域具有很强的技术实力，也是商用车座椅相关标准的制定者，在欧洲地区商用车座椅市场份额高达 90%。格拉默在全球建立了 30 个控股子公司，业务覆盖范围广泛。公司总部位于德国安伯格。公司于 1996 年在法兰克福证券交易所及慕尼黑证券交易所完成 IPO 上市，并被纳入 SDAX 指数。

格拉默 2017—2018 年度的营业收入折合人民币分别为 158.29 亿元、164.14 亿元，净利润相应为 4.01 亿元、4.41 亿元。

2. 收购方继峰股份基本情况

继峰股份在 2011 年 10 月整体变更成立，前身为于 2003 年 7 月 11 日成立的外商独资企业宁波福天金属制品有限公司。2015 年 3 月，继峰股份在上交所 IPO 上市。上市公司为乘用车座椅系统零部件制造商，主营业务为乘用车座椅头枕及扶手的研发、生产与销售，主营产品包括乘用车座椅头枕、头枕支杆、座椅扶手。继峰股份作为国内乘用车座椅头枕及扶手的龙头企业，为安道拓、李尔、大众等国内外知名汽车座椅与整车厂商配套，国内头枕市场占有率达到 18%，扶手市场占有率达到 10%。2014 年公司在欧洲成立了德国继峰与捷克继峰，相继获得了大众、宝马、保时捷等高端客户的认可。2018 年公司的欧洲业务收入 2.2 亿元人民币，占总收入的 10%。

王义平、邬碧峰、王继民为上市公司的一致行动人和实际控制人。交易前，实际控制人通过其所控制的继弘投资、Wing Sing 合计持有上市公司 459,000,000 股股票，占上市公司总股本的 71.97%。

公司 2016—2018 年的主要财务数据见表 12-1、表 12-2。

表 12-1　资产负债表主要数据

单位：万元

项目	2018 年 12 月 31 日	2017 年 12 月 31 日	2016 年 12 月 31 日
资产合计	253,367.04	219,181.74	193,353.02
负债合计	62,246.12	43,159.39	38,890.97
所有者权益合计	191,120.92	176,022.35	154,462.05
归属于母公司所有者权益	186,932.48	172,310.10	152,849.46

资料来源：Wind。

表 12-2　利润表主要数据

单位：万元

项目	2018 年度	2017 年度	2016 年度
营业收入	215,134.71	190,207.21	146,550.79
利润总额	38,031.32	35,725.16	30,304.92
净利润	31,575.08	29,866.55	25,086.77
归属于母公司所有者的净利润	30,238.56	29,284.71	24,971.19

资料来源：Wind。

继峰股份2017—2018年度营业收入分别仅为19亿元、22亿元，格拉默2017—2018年度营业收入则分别达到158亿元、164亿元，前者仅为后者的12%、13%。继峰股份并购格拉默属于典型的"蛇吞象"交易。

（二）并购目的

根据2018年10月12日披露的《宁波继峰汽车零部件股份有限公司发行股份及支付现金购买资产暨关联交易意向性预案（修订稿）》，其并购目的如下。

1．以智能制造为抓手，引领国内细分行业产业升级

格拉默具备行业领先的研发能力，并购有助于将上市公司改造升级成具备国际综合研发竞争能力的跨国大企业集团，向新型制造业跃进，有效提升民族工业之自主设计水平及系统集成能力。本次并购成功后将使更多优质主机厂成为上市公司核心客户，有利于增强上市公司的业务深度和布局广度。并购格拉默是上市公司整体推进全球化布局、提升企业核心竞争力的重大举措。

2．实现外延式发展，提升市场份额

通过取得目标公司控制权，上市公司将渗入格拉默及TMD既有业务领域，打造覆盖全球的营销网络，实现自身业务领域的全球化延伸，上市公司市场知名度及影响力将进一步得到拓展。本次交易是上市公司在新形势下对业务的增强和升级，是实现全球化战略布局的重要一步，将为上市公司未来的发展奠定良好的基础。

3．发挥产业并购协同优势，增进持续经营能力

上市公司将成功打通境内境外两个平台，进一步向成为全球领先的汽车内饰供应商之愿景迈进。借助目标公司先进的生产技术、广阔的境外渠道、现代化的管理理念、领先的研发水平，上市公司将进一步改进生产技术，降低生产成本。格拉默

的营销网络也有助于进一步提升上市公司产品在全球范围内的知名度。上市公司与格拉默同属汽车零部件制造行业，本次整合可以推动双方充分发挥各自的优势，相得益彰。整合后的上市公司将与格拉默产生境内外协同效应，在成本端、销售端、企业战略、技术储备等诸多领域发挥协同优势，有利于增强上市公司持续经营能力及核心竞争力。

（三）并购过程及主要时间点

2017年2月，格拉默面临Hastor家族的恶意收购。继峰股份实际控制人控制的JAP作为"白衣骑士"认购格拉默发行的6,000万欧元强制性可转债。

2017年4月，该可转债转为格拉默普通股106.24万股，占总股本的9.20%。

2017年5月，JAP开始在二级市场增持格拉默的股份，至2017年10月累计持股达到25.56%。

2018年5月，继峰股份实际控制人通过并购基金筹集资金，以并购主体继烨投资在2018年5月29日发布要约收购格拉默的股份。要约期于2018年6月25日正式开始，并于8月23日结束，要约收购价较前一日停牌价有19%的控制权溢价。

2018年8月，要约收购于8月28日确认收购结果，继烨投资合计将收购格拉默84.23%的股权。

2018年9月，继烨投资完成股权增资，并支付要约收购款，办理股权交割。

2018年10月，上市公司董事会审议通过《发行股份及支付现金购买资产的议案》，上市公司股票于10月12日复牌。

2018年10月，格拉默完成对美国TMD的收购。

2019年4月，调整发行股份方案，改为发行股份及可转债并支付现金购买资产，同时下调发行股份价格，董事会重新审议通过。4月29日，股东大会审议通过发行购买方案，同意票占比超95%。

2019年8月，发行股份购买方案获得证监会核准通过。

2019年10月，发行股份购买资产及股权交割全面完成。

二、组建并购基金，通过增持、要约收购成为标的公司大股东

（一）JAP以"白衣骑士"身份成为格拉默第一大股东

自2016年开始，波斯尼亚汽车零部件厂商Prevent的实际控制人波斯尼亚的Hastor家族通过其控制的主体Cascade International Investment GmbH逐步持有

了格拉默 20% 左右的股份，并试图对格拉默的日常经营施加重大影响。由于 Hastor 家族控制的其他业务主体在德国与大众、戴姆勒等客户有若干起金额较大的法律诉讼，若 Hastor 家族作为第一大股东对格拉默施加重大影响，将对格拉默的日常运营产生较大影响。此外，Hastor 家族在成为格拉默第一大股东后发起了对公司管理层的声讨，认为现任管理层未能尽职，从而导致经营利润下滑，并于 2017 年 2 月要求更换格拉默半数监事会成员。因此，格拉默董事会、监事会、工会代表在与继峰股份实际控制人进行多轮沟通后，认可继峰股份的核心竞争优势、经营理念，希望继峰股份或其关联企业能够以"白衣骑士"的身份稳定格拉默的股权结构，维持经营的稳定和可持续发展。

2017 年 2 月，格拉默发布公告，与继峰股份达成战略伙伴关系。同时，继峰股份实际控制人之一邬碧峰全资持股的德国注册公司 JAP Capital Holding GmbH（简称"JAP"）认购了格拉默发行的 6,000 万欧元强制性可转债，该可转债可转换为格拉默普通股 1,062,447 股（约合 56.47 欧元/股，与当时格拉默股价一致），占其转股前总股本的 9.20%，且在当年 5 月即完成全部可转债的转股。随后，JAP 又不断在二级市场增持格拉默的股份。截至 2017 年 10 月，JAP 已累计持格拉默 25.56% 的股份，超越 Hastor 家族所持 20.22% 的比例，成为格拉默第一大股东。

（二）"大股东 +PE"基金模式进行要约收购

继峰股份实际控制人为成功要约收购格拉默，通过"大股东 +PE"基金模式筹措并购资金总计 49.82 亿元，其中并购基金 31.25 亿元，并购贷款 18.57 亿元。

1. 设立并购基金东证继涵和并购主体 SPV 公司继烨投资

2017 年 10 月，继峰股份的第一大股东宁波继弘投资有限公司（简称"继弘投资"）直接发起设立了 SPV 公司宁波继烨投资有限公司（简称"继烨投资"），设立时注册资本 3,000 万元。

继峰股份实际控制人为此次要约收购组建的境内并购基金分两层，第一层为宁波东证继涵投资合伙企业（有限合伙）（简称"东证继涵"），总计出资 18.80 亿元，第二层由东证继涵通过受让，控股并购主体继烨投资，总计出资 31.25 亿元。

（1）并购基金东证继涵

东证继涵成立于 2017 年 12 月，是一只经中国基金业协会备案的私募投资基金，由继峰股份的第一大股东继弘投资作为 GP 出资设立，管理人为东证融通投资管理有限公司。截至 2018 年 10 月，东证继涵的出资结构见表 12-3。

表 12-3 东证继涵的出资结构

序号	合伙人类别	合伙人名称	出资额（万元）	出资比例（%）	合伙人背景
1	GP	继恒投资	108,000.00	57.45	继峰股份实际控制人
2	GP	东证融通	30,000.00	15.96	东北证券
3	LP	继创投资	50,000.00	26.60	继峰股份实际控制人
合计			188,000.00	100.00	

资料来源：《继峰股份发行可转换公司债券、股份及支付现金购买资产并募集配套资金暨关联交易报告书》(2019-07-03)。

继恒投资：宁波继恒投资有限公司（简称"继恒投资"）为继峰股份第一大股东继弘投资全资设立的子公司，成立于 2017 年 11 月，注册资金 11.02 亿元，在本项目中，继恒投资作为 GP 出资 10.80 亿元。

东证融通：东证融通投资管理有限公司（简称"东证融通"）为东北证券（000686.SZ）的私募基金管理子公司。在本项目中，东证融通作为 GP 出资 3 亿元。

继创投资：宁波继创投资合伙企业（有限合伙）（简称"继创投资"）设立于 2018 年 7 月。继创投资认缴出资额总计 5.01 亿元，其中继弘投资在继创投资中出资 4 亿元，占比 79.84%。在本项目中，继创投资作为 LP 出资 5 亿元。

东证继涵同时也是本次要约收购所借并购贷款的申请人。为筹措要约收购对应的资金之需要，东证继涵向浦发银行申请提款上限 198,750 万元的银行贷款。

前述股权结构完成对格拉默的要约收购以后，东证继涵于 2019 年 1 月完成新一轮增资，引入的 2 名地方政府 LP 总计出资 3 亿元。该轮增资的主要目的是置换部分并购贷款。

变更完成后东证继涵的出资结构见表 12-4。

表 12-4 变更完成后东证继涵的出资结构

序号	合伙人类别	合伙人名称	出资额（万元）	出资比例（%）	合伙人背景
1	GP	继恒投资	110,100.00	50.02	继峰股份实际控制人
2	GP	东证融通	30,000.00	13.63	东北证券
3	LP	继创投资	50,000.00	22.72	继峰股份实际控制人
4	LP	宁波金帆投资	20,000.00	9.09	宁波经济技术开发区管委会
5	LP	宁波经开发展	10,000.00	4.54	宁波经济技术开发区管委会
合计			220,100.00	100.00	

资料来源：《继峰股份发行可转换公司债券、股份及支付现金购买资产并募集配套资金暨关联交易报告书》(2019-07-03)。

上市公司收购前，东证继涵的产权及控制关系如图 12-1 所示。

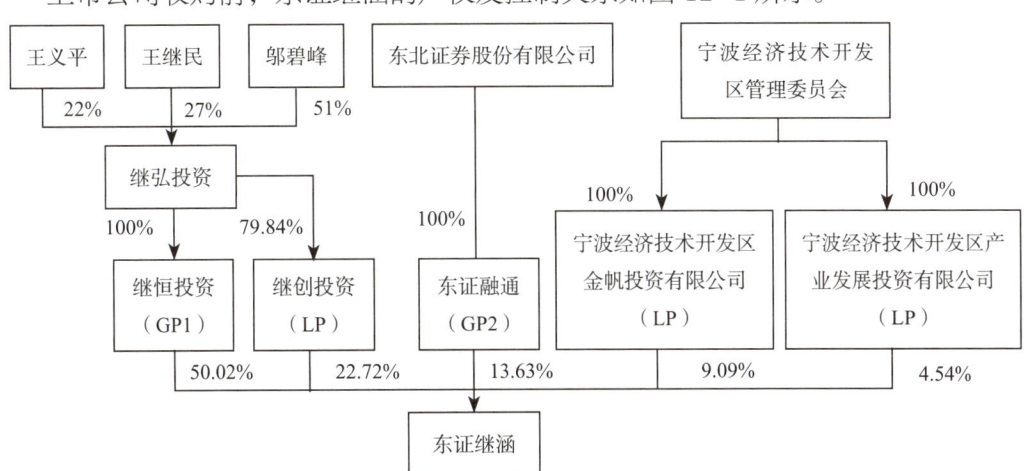

图 12-1　东证继涵收购前股权架构

资料来源：《继峰股份发行可转换公司债券、股份及支付现金购买资产并募集配套资金暨关联交易报告书》（2019-07-03）。

（2）并购主体 SPV 公司继烨投资

2018 年 10 月，继弘投资将所持继烨投资 100% 的股权平价转让给东证继涵。东证继涵连同外部投资人一起对继烨投资进行增资，使其注册资本增至 312,500 万元，用于支付要约收购的对价。增资完成后继烨投资的出资结构见表 12-5。

表 12-5　增资完成后继烨投资的出资结构

序号	股东名称	出资额（万元）	出资比例（%）	投资人背景
1	东证继涵	188,000.00	60.16	继峰股份实际控制人
2	上海并购基金	50,000.00	16.00	海通证券
3	润信格峰	30,000.00	9.60	中信建投
4	绿脉程锦	18,000.00	5.76	中国中车
5	力鼎凯得	15,000.00	4.80	广州力鼎凯得基金
6	固信君瀛	11,500.00	3.68	上海固信投资
合计		312,500.00	100.00	—

资料来源：《继峰股份发行可转换公司债券、股份及支付现金购买资产并募集配套资金暨关联交易报告书》（2019-07-03）。

除东证继涵外，继烨投资剩余 39.84% 的股权融资的投资人情况如下。

上海并购基金：上海并购股权投资基金合伙企业（有限合伙）（简称"上海并购基金"）成立于 2014 年 8 月 5 日，由海通并购资本管理（上海）有限公司担任执行事务合伙人设立。海通并购资本为海通开元投资有限公司的子公司，海通开元为海通证券（600837.SH）的私募基金管理子公司。上海并购基金总认缴出资额为29.69亿元，其LP包括海通开元、招商财富等。上海并购基金在本项目中的投资额为5亿元。

润信格峰：新余润信格峰投资合伙企业（有限合伙）（简称"润信格峰"）成立于2018年3月，普通合伙人为中信建投资本管理有限公司（简称"中信建投资本"）。中信建投资本为中信建投（601066.SH）的私募基金管理子公司。润信格峰总认缴出资额为3.16亿元，在本项目中的投资额为3亿元。

绿脉程锦：宁波梅山保税港区绿脉程锦投资合伙企业（有限合伙）（简称"绿脉程锦"）成立于2018年5月，执行事务合伙人为上海中车绿脉股权投资基金管理有限公司，该公司是中国中车（601766.SH）下属的私募基金管理平台。绿脉程锦总认缴出资额为1.80亿元，在本项目中的投资额为1.80亿元。

力鼎凯得：广州力鼎凯得股权投资基金合伙企业（有限合伙）（简称"力鼎凯得"）成立于2017年12月，执行事务合伙人为广州力鼎凯得基金管理有限公司。力鼎凯得总认缴出资额为12.56亿元，在本项目中的投资额为1.50亿元。

固信君瀛：马鞍山固信君瀛股权投资基金合伙企业（有限合伙）（简称"固信君瀛"）成立于2018年4月，是一只双GP结构的私募基金，执行事务合伙人为上海固信投资控股有限公司，另一GP是君瀛投资管理（北京）有限公司。固信君瀛总认缴出资额为1.84亿元，在本项目中的投资额为1.15亿元。

截至收购格拉默前，继烨投资的产权及控制关系如图12-2所示。

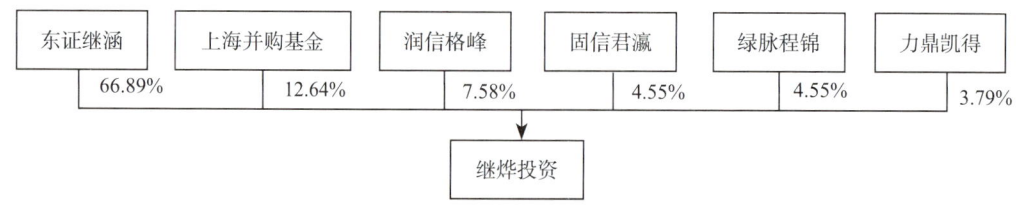

图12-2 继烨投资收购前股权架构

资料来源：《继峰股份发行可转换公司债券、股份及支付现金购买资产并募集配套资金暨关联交易报告书》（2019-07-03）。

继烨投资在完成要约收购后，东证继涵于2019年2月通过债转股的形式，将其对继烨投资7亿元债权投资转为股权投资，并继续增资1.31亿元，从而将继烨投资的注册资本从312,500万元增至395,600万元。至此，继烨投资层面不再对股东负有债务，本次要约收购的境内并购贷款由东证继涵作为负担主体。

调整后继烨投资的股权架构见表12-6。

第十二章 继峰股份：通过"大股东+PE"基金模式过桥要约收购格拉默

表12-6 调整后继烨投资的股权架构

序号	股东名称	出资额（万元）	出资比例（%）
1	东证继涵	264,600.00	66.89
2	上海并购基金	50,000.00	12.64
3	润信格峰	30,000.00	7.58
4	绿脉程锦	18,000.00	4.56
5	固信君瀛	18,000.00	4.56
6	力鼎凯得	15,000.00	3.79
合计		395,600.00	100.00

资料来源：《继峰股份发行可转换公司债券、股份及支付现金购买资产并募集配套资金暨关联交易报告书》（2019-07-03）。

继烨投资通过在境外设立全资控股子公司继烨（卢森堡）和继烨（德国），用于要约收购格拉默。

2．并购基金申请并购贷款筹集要约收购资金

2018年8月21日，为筹集要约收购资金，东证继涵向浦发银行申请提款上限198,750万元的银行贷款，综合利率5.8%。继烨投资以持有的继烨（卢森堡）100%的股权，继烨（卢森堡）以持有的继烨（德国）100%的股权，继烨（德国）质押持有的格拉默58.67%的股份为该等贷款事项提供质押担保。继烨（卢森堡）及继烨（德国）同时为该等事项提供保证担保。该笔贷款分为境内境外两部分贷给继烨投资。第一部分为境内并购贷款85,000万元，由浦发银行贷给东证继涵，再由东证继涵以股东委贷形式划拨给继烨投资，由继烨投资与全部股权出资款融资换汇后一并拨付给继烨（德国）。第二部分为境外并购贷款17,600万欧元（约合人民币100,700万元），由浦发银行位于德国的分支机构直接向继烨（德国）放款。

2019年1月24日，继烨（德国）在完成对格拉默的要约收购以后，作为借款方与德商行签署了一份贷款协议及附属协议，由继烨（德国）向德商行贷款1.76亿欧元（以下简称"德商行贷款"）置换对浦发银行的境外贷款。该部分贷款的年利率降至2.25%，贷款期限为一年，并可续期两次，第一次续期时间为六个月，第二次续期时间为一年。前述贷款协议的主要条款见表12-7。

为了取得该笔贷款，继烨（德国）与德商行签订股权质押协议，将其持有的格拉默84.23%的股权质押给德商行。同月，东证继涵通过引入2家宁波政府投资平台出资共筹集3.30亿元偿还了部分境内并购贷款。至此，东证继涵向浦发银行境内总计并购贷款余额为5.3亿元。

本次要约收购的总体资金筹集架构如图12-3所示。

表 12-7 贷款协议的主要条款

金额	年利率	偿还期限
1.76亿欧元	EURIBOR+2.25% 与 2.25% 孰高	本贷款协议签订之日起一年
	EURIBOR+2.25% 与 2.25% 孰高	本贷款协议签订之日起一年后的六个月内（第一次贷款续期期间）
	EURIBOR+2.75% 与 2.75% 孰高	本贷款协议签订之日起一年半后的十二个月内（第二次贷款续期期间）

资料来源：《继峰股份发行可转换公司债券、股份及支付现金购买资产并募集配套资金暨关联交易报告书》（2019-07-03）。

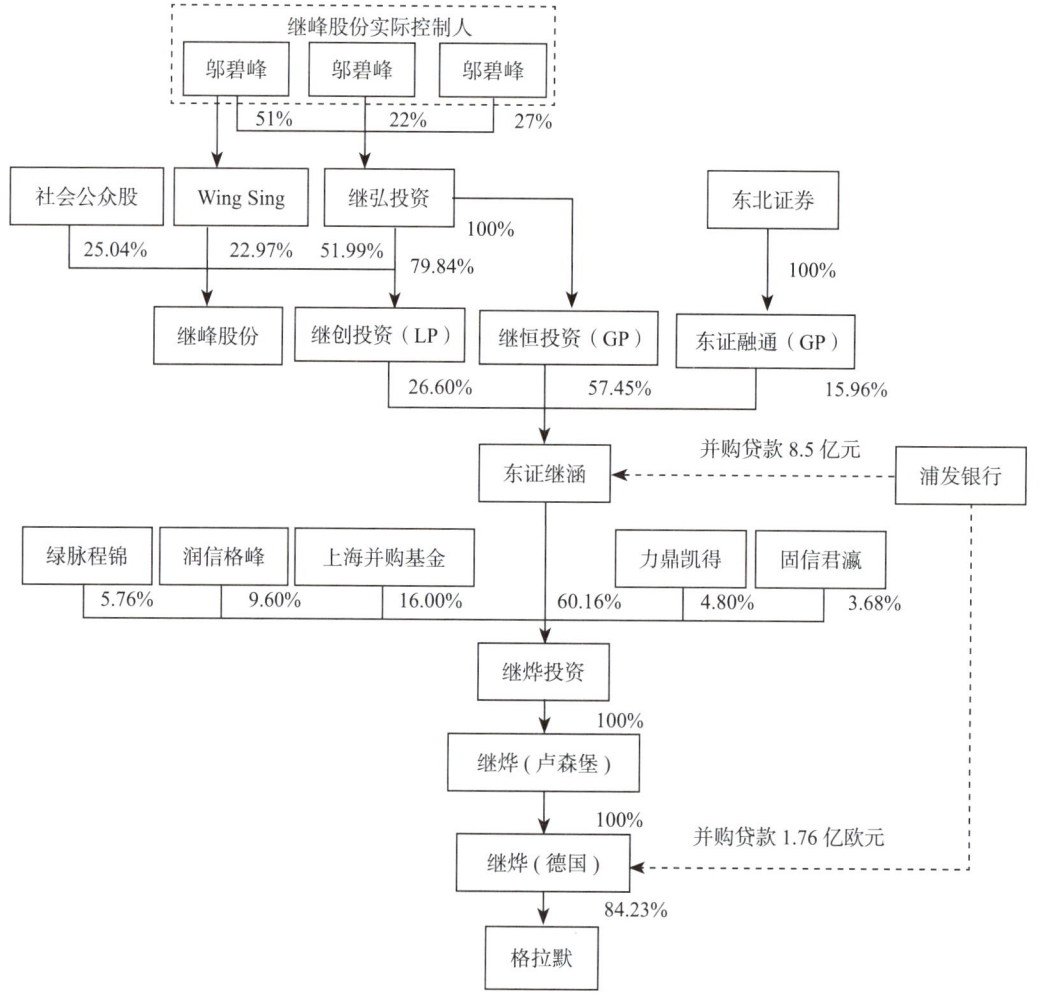

图 12-3　要约收购格拉默资金筹集架构

资料来源：《继峰股份发行可转换公司债券、股份及支付现金购买资产并募集配套资金暨关联交易报告书》（2019-07-03）。

第十二章 继峰股份：通过"大股东+PE"基金模式过桥要约收购格拉默

（三）发起并完成要约收购

2018年5月29日，继峰股份公告将以继烨（德国）要约收购格拉默。具体要约执行过程如下。

1. 要约收购过程

整个要约收购分两个部分。继烨（德国）通过自愿公开要约方式收购格拉默股份7,395,720股（约占格拉默股本总数的58.66%）；继烨（德国）通过与JAP Capital Holding GmbH签署股份购买协议方式收购另外3,222,961股（约占格拉默股本总数的25.56%）。其收购价格与自愿公开要约方式收购价格一致，相关股份购买协议于2018年5月30日签署，在6月14日完成交割。

2. 发布要约条件

2018年5月29日，继烨（德国）发布自愿公开要约收购格拉默股份的意向。2018年6月25日，继烨（德国）正式发布要约文件，要约收购价格为每股60.00欧元，较前一日停牌价溢价19%，对应市盈率为23。要约期自2018年6月25日起至2018年7月23日止，额外要约期自2018年7月27日起至2018年8月9日止，要约成功的最低股份比例要求为要约方至少收购格拉默50%的股份加一股，即至少6,303,562股。7月18日，继烨（德国）更新了要约收购文件，将要约成功的最低股份比例要求更改为要约方至少收购格拉默36%的股份加一股，即至少4,538,565股。由此，要约期再延长两周。

3. 要约期结束

2018年8月6日要约到期。8月9日继烨（德国）公告了要约收购结果，合计6,108,421股股份接受了要约，约占格拉默股本的48.45%。8月23日，额外要约到期，8月26日继烨（德国）公告了额外要约收购结果，合计7,395,720股股份接受了收购要约，约占格拉默股本的58.66%。截至9月6日，格拉默84.23%的股份全部登记至继烨（德国）的股票账户。[1]

继烨投资购买格拉默84.23%股份的成本见表12-8。

继烨投资收购格拉默84.23%的股份总价为49.82亿元，对应其100%的权益总价为59.15亿元。本次要约的收购标的按照2018年年底各项指标的估值水平测算，相对于标的资产的账面总价18.71亿元，市净率为3.16。2018年度的净利润为2.54亿元，交易估值的市盈率为23.29。

---

[1] 按照德国的收购法律，要约成功结束后，需要额外延长两周要约期。

表 12-8　继烨投资购买格拉默 84.23% 股份的成本

时间	交易内容	交易数（股）	交易比例（%）	交易金额（万欧元）	折合人民币（万元）
2018-06-14	继烨（德国）受让 JAP 所持有的格拉默股份	3,222,961	25.56	19,337.77	145,920.85
2018-09-06	继烨（德国）要约收购格拉默的股份	7,395,720	58.66	44,374.32	352,278.85
合计		10,618,681	84.23	63,712.09	498,199.70

资料来源：Wind。

（四）中间的插曲：格拉默收购美国 TMD

在继烨投资公开要约收购格拉默股份意向的前一周，即 2018 年 5 月 22 日，格拉默同意向 TMD 母公司收购其所持 TMD 100% 的股份，收购总对价为 23,929.65 万美元（约 16.46 亿元）。该收购于 2018 年 10 月 1 日完成。收购完成后，预期 TMD 将会较大程度增厚格拉默 2019 年及以后年度的业绩。

TMD 公司 1989 年成立于美国的特拉华州，是设计、研发和制造工程热塑性零件的专家，具备高质量的产品开发、原型设计、模具及实验能力。TMD 的主要产品包括进气系统、内饰、空调零件、流体蓄积、塑料功能件、工程服务等，主要客户包括 FCA、福特、阿尔派等国际知名的整车和一级零部件供应商，在北美有良好的客户基础。TMD 在 2017—2018 年营业收入分别为 21.76 亿元、23.60 亿元，相应净利润分别为 1.44 亿元、1.59 亿元。

根据披露的信息，格拉默收购 TMD 有三方面的目的：第一是希望依托 TMD 在功能塑料领域丰富的研发能力提升格拉默工艺技术；第二是依托 TMD 在热塑性技术领域的领导地位扩充格拉默产品线；第三是拓展公司在北美的大客户市场。

根据继峰股份披露的模拟财务报表等信息，格拉默为收购 TMD，在 2018 年 10 月 1 日向 Commerz Bank 等 4 家银行组成的财团借入 2.6 亿美元（折合人民币 172,390.87 万元）。格拉默为 TMD 提供股东借款，截至 2018 年 12 月 31 日，由于格拉默替 TMD 公司归还银行借款和次级债务，其对 TMD 的借款余额折合人民币为 32,672.86 万元，形成格拉默对 TMD 的其他应收款（含前述并购贷款在取得后调拨给 TMD 的 7,829.77 万元）。

值得说明的是，格拉默收购 TMD 的协议签署于 2018 年 5 月 22 日，2018 年 10 月 1 日收购完成。而继烨（德国）于境外市场公告要约收购时间为 2018 年 5 月 29 日，8 月 26 日继烨（德国）公告了额外要约收购结果，两者基本同时进行。此外，从 2018 年 10 月 12 日公告的《宁波继峰汽车零部件股份有限公司发行股份及支付现金购买资产暨关联交易意向性预案（修订稿）》所披露的"预案阶段交易作价未考虑后续对 Toledo Molding & Die 100% 股权的收购事项，预估基准日下未考虑对 Toledo Molding & Die 100% 股权的收购事项，后续估值报告若考虑收购 Toledo Molding & Die 100% 股权的影响，是否构成本次收购格拉默公司的定价之重大调整将根据具体情况予以确定等"有关说明来看，可以合理判断，格拉默收购 TMD 应该为管理层自主决策行为，非继峰股份实际控制人所能控制的。

三、上市公司调整方案，以"股票＋可转债＋现金"方式收购标的公司

2018 年 9 月 3 日，继峰股份公告《发行股份及支付现金购买资产暨关联交易意向性预案》，拟以 312,500 万元（与继烨资本注册资本一致）的价格发行股票和支付现金收购继烨投资 100% 的股权。随着公司股票的复牌，公司股价一路下跌，从停牌前的 10.41 元 / 股跌至最低 6.94 元 / 股。考虑到再以 10.19 元 / 股发行困难较大，该方案在通过董事会以后未提交股东大会审核，而是进行了一次重大调整。

2019 年 4 月 1 日，公司重新公告了《发行可转换公司债券、股份及支付现金购买资产并募集配套资金暨关联交易报告书》，较前方案，涉及的主要调整内容为继烨投资 100% 股权的交易价格确定为 395,600 万元，公司拟以发行可转换公司债券、股份及支付现金的方式购买资产，其中：股份发行价为 7.90 元 / 股，支付对价 291,600 万元，对应发行 369,113,921 股；发行可转换债券 40,000 万元（初始转股价格 7.90 元 / 股，票面利率不超过 3%）；现金支付对价 64,000 万元。公司还将以发行可转换公司债券、股份方式募集配套资金 100,000 万元。

继烨投资的资产评估情况（评估基准日 2018 年 12 月 31 日）见表 12-9。

表 12-9　继烨投资的资产评估情况

标的公司	100% 权益的账面价值（万元）	100% 权益的评估值（万元）	增值率（%）	收购比例（%）	标的资产对应评估值（万元）	标的资产实际对价（万元）
继烨投资	389,000.00	389,271.57	0.07	100.00	389,271.57	375,400.00

资料来源：《继峰股份发行可转换公司债券、股份及支付现金购买资产并募集配套资金暨关联交易报告书》(2019-07-03)。

在上市过程中，继峰股份与监管部门就格拉默估值、盈利稳定性等问题多次回复反馈意见，此外因其股票发行价格下调而标的公司价值上调 8.3 亿元，发行人及相

关中介就市场质疑及监管部门的关注进行了深入沟通并修订方案。最终，实际控制人主动承担了业绩对赌和补偿义务，以满足参与各方的利益与监管部门的要求。

本次交易的最终对价较继烨投资的总出资做了折让，交易对价确定为375,400.00万元（相对于标的公司2018年度净利润34,748.28万元，其静态市盈率为10），下调的20,200万元由东证继涵承担。具体方式为：对于东证继涵以外的投资人，均以0溢价收购其持有的股权，对于东证继涵之作价，在其总出资额基础上下调20,200万元，向东证继涵支付的交易作价为244,400万元。同时，上市公司增加了补偿现金对价条款：若目标公司格拉默在标的资产交割完成当年及随后两个会计年度EBITDA合计数达到389,085万元，则上市公司须向东证继涵支付补偿性现金对价20,200万元。最终，股票发行价格7.90元/股（除息后为7.59元/股），上市公司总计发行38,418.97万股，具体情况见表12-10。

表12-10 发行情况

交易对方	持股比例（%）	总对价（万元）	现金对价（万元）	现金支付比例（%）	可转债对价（万元）	可转债比例（%）	股份对价（万元）	股份支付比例（%）
东证继涵	66.89	244,400	31,800	72.60	40,000	100.00	172,600	59.19
上海并购基金	12.64	50,000	12,000	27.40	—	—	38,000	13.03
润信格峰	7.58	30,000	—	—	—	—	30,000	10.29
固信君瀛	4.55	18,000	—	—	—	—	18,000	6.17
绿脉程锦	4.55	18,000	—	—	—	—	18,000	6.17
力鼎凯得	3.79	15,000	—	—	—	—	15,000	5.14
合计	100.00	375,400	43,800	100.00	40,000	100.00	291,600	100.00

资料来源：《继峰股份发行可转换公司债券、股份及支付现金购买资产并募集配套资金暨关联交易报告书》（2019-07-03）。

发行结束后，上市公司实际控制人通过继弘投资、Wing Sing及东证继涵控制上市公司股本总比例为63.07%，仍为上市公司实际控制人。

四、案例评析

（一）以"白衣骑士"身份介入发起要约收购之利弊

继峰股份的大股东自从以"白衣骑士"身份介入格拉默股权争夺战，到拿下控制权并将其注入上市公司，整个过程耗时两年半，彰显了其娴熟的资本运作技巧。其作为"白衣骑士"解围Hastor家族对格拉默的敌意收购，获得目标公司管理层的

第十二章　继峰股份：通过"大股东+PE"基金模式过桥要约收购格拉默

支持,为最终的成功收购奠定了坚实的基础。

由于 Hastor 家族在 2016 年 12 月通过公开增持成为格拉默第一大股东,公司与大众汽车的业务极有可能因为 Hastor 家族的敌意收购而受到威胁。① 格拉默管理层面对 Hastor 的敌意收购,决定引入战略股东以帮助其稳定格拉默的股权结构,与其长期合作的中国厂商继峰股份则成为邀请目标。以此为契机,继峰股份从交易一开始就扮演了"白衣骑士"角色,开出优厚的报价条件阻止 Hastor 公司的恶意收购。2017 年 2 月 14 日,继峰股份与格拉默在德国签署了《谅解备忘录》并发布公告,披露了 JAP 将认购格拉默强制可转债的情况。可以合理推断,Hastor 的恶意收购触发了格拉默公司章程中事先约定的"白衣骑士"条款,公司以向继峰股份发行强制可转债来稳定股权架构。该可转债转股后,JAP 持股比例达到 9.20%。2017 年 10 月,JAP 通过在二级市场不断增持格拉默的股票正式成为格拉默第一大股东,在持股 25.56% 而超越 Hastor 家族的 20.22% 时,继峰股份正式筹划要约收购事宜。作为格拉默管理层引入的"白衣骑士",继峰股份承诺不会改变格拉默现有的员工结构,不主导其战略规划,维持其上市地位,保持融资和鼓励政策不发生改变,格拉默保持自身的运营独立性和知识产权权利。

2018 年 5 月 29 日,格拉默发布公告,继烨(德国)以 60 欧元/股的价格全面要约收购格拉默的股份。5 月 30 日,Hastor 家族表示反对,认为 60 欧元/股的价格过低,格拉默的合理收购价格应为 100 欧元/股,但并未提出竞争要约。从最终的受让结果来看,格拉默 84.23% 的股份由继烨(德国)受让。截至 2017 年年底,Hastor 家族持股比例在 20% 左右,故实际上 Hastor 家族至少有部分股票接受了要约报价,实现了退出。

综上,继峰股份本次收购得到目标公司监事会、董事会及管理层的支持,是为数不多的中国民营企业跨国并购以"白衣骑士"角色发起收购的案例。自 2017 年以来,中国企业跨境并购有诸多以"搅局者"角色加入已经出现意向性报价的交易案例,典型如瓦里安医疗(VAR.N)报价澳大利亚医疗器械公司 Sirtex Medical 后,中国的鼎晖投资在 2018 年加入竞争并赢得收购;新西兰乳业企业恒天然在报价本国乳业公司威士兰后,中国伊利集团加入竞争并赢得收购。此外,央企在油气行业的境外并购也通常以竞购方式赢得。纯粹以"白衣骑士"身份与恶意收购者竞争的案例非常少,该类收购包含正反两方面效果,对国内企业进行跨境并购有较强的启示作用。

---

① 根据国内汽车媒体的报道,德国大众汽车在 2016 年陷入"排放门"丑闻,为了削减成本改善业绩,大众汽车向上游施压并大范围更换供应商,就此与波斯尼亚零部件供应商 Prevent Group 产生合同纠纷。2018 年 4 月,大众汽车正式全面中止与 Prevent 的合作。Prevent 的实际控制人即为波斯尼亚 Hastor 家族。

1. 优势：后续整合易实施，产业并购属性强

"白衣骑士"是在目标公司面临恶意收购时由其董事会或管理层邀请引入的，相对于恶意收购，在收购过程中和收购后的整合过程中可以避免与目标公司发生战略、经营上的冲突，从而能节省整合成本。在本案例中，继峰股份在 2017 年以前与格拉默有少量业务合作，2017 年 2 月因希望参与格拉默在中国境内的项目投资而结成战略合作关系，彼此构建了互信基础，故能够在格拉默陷入 Hastor 家族恶意收购时获得对方信任。在收购过程中，收购方承诺不对目标公司的监事会和管理层进行大范围重组，也使得对方的合作信心增强了。互信关系有助于收购后产业上的整合，有理由相信继峰股份后续对德国格拉默的整合会比较顺畅，有利于两个公司发挥协同效应。

2. 劣势：收购成本不易控制，需要理性地估值

从本质上说，"白衣骑士"策略就是寻找能够提供更优厚收购条件的收购者以与恶意收购者展开竞争。在实际操作中，目标公司管理层希望避免恶意收购，很难从投资者利益角度出发。如果收购方没有经过对标的公司的内在价值进行充分的评估，"白衣骑士"在很多时候往往沦为保护目标公司管理层利益的工具，造成基于管理层的个人利益和私人交情来寻找"最熟悉、最友善"收购者的扭曲结果，恶意收购者也能够就此获得比自身收购更优厚的投资报酬，从而最终损害收购者的利益。因此，"白衣骑士"付出的投资溢价需要合理计算，以便有效控制投资风险。

在本案例中，要约收购价格对应格拉默 2017 年业绩的市盈率为 23.29。汽车零部件行业在欧洲的二级市场市盈率中位数为 11.89，即便考虑控股权溢价因素，60 欧元／股的收购价格也偏高。从结果上看，在收购完成后，格拉默股价经历了大幅下挫，60 欧元／股的收购价格成为格拉默自上市以来的峰值。站在投资者角度，本次收购对目标公司的定价存在高估的可能性。

图 12-4　Grammer AG 2014—2020 年股价走势

资料来源：Investing.com。

（二）"蛇吞象"交易的挑战与压力

在本次收购前，格拉默2017年度的资产总额、资产净额、营业收入三个指标分别为继峰股份的394.05%、181.36%、732.81%，交易双方相差悬殊，要约收购的资金安排成为交易能否成功的关键。2018年5月29日，继峰股份公告了将以继烨（德国）要约收购格拉默时，继峰股份的股票收盘价为10.99元，公司总市值70.09亿元，实际控制人持股市值50.44亿元。其最后要约收购格拉默，筹措资金总计49.82亿元，其中股权资金31.25亿元，并购贷款18.57亿元。实际控制人需要以极大的决心、高超的资金筹集能力才能成功完成"蛇吞象"交易。

由于继峰股份为民营上市公司，其所处的汽车座椅配件行业较为传统，不属于国家战略新兴产业，难以像半导体、高端装备等行业的民营企业那样获得国家层面大基金的支持。公司实际控制人通过质押股权、构架两层嵌套并购主体引入市场化的PE基金和并购贷款等路径，最终完成了约50亿元人民币的过桥资金筹集。在2018年国内银根普遍紧缩的环境下，继峰股份实际控制人能完成这笔跨境收购非常了不起。

不考虑继涵投资和继创投资的内部结构安排，在本次收购中，继峰股份实际控制人用15.80亿元资金撬动了49.82亿元资金，资金杠杆率为2.15，最大化了外部资金来源。要约收购最终的出资结构见表12-11。

表12-11 出资结构

出资性质	出资人	出资金额（万元）	出资占比（%）
实际控制人股权出资	继恒投资、继创投资	158,000.00	31.72
其他投资人股权出资	东证融通、上海并购基金、润信格峰、绿脉程锦、力鼎凯得、固信君瀛	154,500.00	31.01
并购贷款	浦发银行宁波北仑支行	185,700.00	37.27
合计	—	498,200.00	100.00

资料来源：《继峰股份发行可转换公司债券、股份及支付现金购买资产并募集配套资金暨关联交易报告书》（2019-07-03）。

在该等安排下，继峰股份完成发行股份和可转债购买继烨投资100%的权益后，原实际控制人通过东证继涵仍然能保持63.07%的绝对控股比率，故本次交易展现了继峰股份实际控制人在资本市场上的控制力。

在本次收购中，继峰股份实际控制人对其股票进行了质押融资。根据继峰股份2018年的公告，公司实际控制人持股比例为74.96%。截至2018年年底，公司

58.21% 的股权已对外质押（详细情况见表 12-12），质押率下降，一定程度上缓解了大股东的资金压力。可以合理推测，其质押股权所获取的资金，绝大部分已用于本次收购。截至 2019 年年底，前述股票均未解除质押。

表 12-12　股票质押情况

股东名称	质押对象	质押起始日	质押股数（万股）	质押占总股本比（%）	质押截止日	质押日股价（元）
继弘投资	申万宏源	2017-03-29	12,000.00	19.05	2020-03-26	16.15
继弘投资	浦发银行	2017-06-12	16,487.07	26.17	—	14.26
Wing Sing	浦发银行	2018-05-11	8,188.00	13.00	—	11.05
合计	—	—	36,675.07	58.21	—	—

资料来源：Wind。

继峰股份的股价在 2018—2019 年下跌幅度较大，最大跌幅超过 60%。2018 年底跌至 7 元一线，之后一直在 7 元至 9 元之间波动。在本次收购引入的外部资金中，仅有 1.76 亿欧元并购贷款由格拉默承担，其余债务均须继峰股份实际控制人承担，其面临的资金压力较大。也出于这个原因，东证继涵的交易对价中安排了现金对价 3.18 亿元和可转债对价 4 亿元，一定程度上减缓了实际控制人的资金压力。

（三）传统产业的境外并购未带来 A 股溢价效应，须通过协同效应提升市场价值

如前分析，继烨（德国）在 2018 年 5 月以 60 欧元 / 股收购格拉默时，格拉默在 2017 年净利润为 2.54 亿元（不考虑收购 TMD 导致的追溯调整），以此计算的市盈率为 23.29。根据公开信息查询，欧美汽车零部件上市公司的市盈率中位数为 11.89，同一时点 A 股汽车零部件行业市盈率约为 25，继峰股份的市盈率约为 34，故格拉默的要约股价已与 A 股平均水平相当，因此收购本身不会带来境外并购中常见的 A 股溢价效应。继峰股份的市场价值提升须通过格拉默自身的成长和整合带来的协同效应实现。

A 股企业跨境并购半导体、新一代信息技术、生物医药板块的境外公司后，收购方股价往往大涨，这是由于此类产业在国内被投资者寄予厚望，估值较境外市场有更高的溢价。而汽车座椅配件属于不带有高技术、高附加值特性且市场比较成熟的传统行业，国内投资者对此交易反应一般，继峰股份在 2018 年 5 月 29 日停牌前收盘价 10.87 元，发布购买资产预案后股价一路走低，到 10 月 18 日收盘价 7.55 元，共计下跌 30.54%，此后股价长期在 7—8 元区间波动。由于境外市场格拉默股

价也深幅下跌，证监会在反馈意见中重点关注了格拉默评估基准日的市值远低于评估价值的问题。

由于2019年继峰股份发起对继烨投资的收购时，格拉默已完成对TMD的收购，故2019年对继烨投资进行重新评估时，对格拉默2017年和2018年的财务报表均进行了追溯调整。调整后，格拉默2017年度净利润增加到4.01亿元，2018年度净利润增加到4.41亿元。在此基础上，评估机构使用市场法对格拉默股权进行评估，主要选取的价值比率为企业价值比率EV/EBITDA。格拉默2018年EBITDA高达12.35亿元，选定样本后得出市场EV/EBITDA一般水平为5.99，在此基础上得出格拉默企业价值为73.99亿元。考虑控制权溢价、欧洲股市整体下跌幅度等调整因素，在扣除债务总价值后得出格拉默股权的总价值为61.78亿元，折合股价为422.92元/股，继烨（德国）所持有的格拉默股份价值为52.04亿元，继烨投资按资产基础法得出的评估价值为38.93亿元。总体上看，在该估值法下，格拉默的EV/EBITDA水平为5.99，相比该行业在欧美市场6—8倍的水平并不高，证监会也认可了此估值逻辑。但如果以市盈率估值，即便格拉默2018年净利润按照4.41亿元计算，其估值对应的市盈率仍达到了14，与继峰股份在二级市场约18的市盈率相当。由此可见，汽车座椅部件行业的折旧摊销对经营业绩影响巨大。

针对证监会提出的格拉默二级市场股价严重缩水的问题，继峰股份进行了多次沟通，总体上坚持的原则是二级市场股价波动受到了短期因素影响，市值不能反映公司的内在价值，股价下跌与公司基本面持续向好无关，而与以下因素有关：

（a）与收购TMD产生的一次性费用有关。受到控制权变更、管理层变动和本次并购重组等相关事项的影响，格拉默承担了较多与日常经营无关的成本费用，导致企业EBITDA有所下降，二级市场股价受到影响。今后随着控制权稳定和并购重组事项完成，非经常性损益会减少，业绩会随之回到正常状态。

（b）同一时段欧美市场股价由于系统性风险而大幅度下行。本次估值使用的价值比率5.99已涵盖了二级市场股价下降对估值的系统性影响，该价值比率已合理反映了基准日客观的价值比率。

（c）与流通股占比低有关。自要约收购完成后，市场上的格拉默流通股数量只占总流通股的13.51%（不含库存股）。格拉默股票的成交量维持在历史较低水平，换手率较低，交易不活跃。在没有较高交易量保证的前提下，其二级市场股价无法合理反映企业的内在价值。

（四）标的公司在被收购的同时主动大额对外并购

格拉默2018年5月开始收购TMD时，JAP已是格拉默第一大股东，正在资本市场对格拉默发起要约收购。根据继峰股份在 2018 年 10 月 12 日披露的意向性预案（修订稿），继峰股份披露，格拉默拟以现金方式收购美国汽车零部件制造厂商 Toledo Molding & Die 100% 股权，由于该等收购的交割日期为 2018 年 10 月初，截至回复出具之日，估值机构尚未获取到 Toledo Molding & Die 公司的相关财务数据。重组基准日时点相关公司的股权价值并未在格拉默体现，因此本次预估当前无法考虑其后续对 Toledo Molding & Die 100% 股权所产生的影响。在此基础之上，该等情况是否构成本次收购格拉默公司的定价之重大调整将根据具体情况予以确定。由于有关本次交易的尽职调查工作尚未完成，该等收购事项对于格拉默财务方面的影响将在尽职调查完成后，在本次交易的重大资产重组报告书中予以披露。

鉴于 JAP 在 2017 年 10 月成为格拉默第一大股东后并未谋求对格拉默经营权的控制，可推测在收购 TMD 这样的重大事宜上，管理层或董事会、监事会发挥了主动作用，继峰股份应没有决策或直接干预。格拉默收购 TMD 同样采用以 EV/EBITDA 为核心指标的市场法估值，按照 5.99 倍水平得出其 100% 的股权作价应为 16.47 亿元，对应公司 2017 年净利润 1.44 亿元，市盈率为 11.44。

1. 收购 TMD 对格拉默财务报表的影响

根据披露的模拟报表，假设格拉默 2017 年 1 月 1 日即完成对 TMD 的收购，则对于格拉默利润表主要指标的影响见表 12-13。

表 12-13 收购 TMD 对格拉默财务指标的影响

项目	2018 年度			2017 年度		
	收购 TMD	未收购 TMD	变动比例	收购 TMD	未收购 TMD	变动比例
营业收入（万元）	1,641,358.18	1,408,753.86	14.17%	1,582,887.03	1,365,292.00	13.75%
净利润（万元）	44,007.01	33,644.46	23.55%	40,076.42	28,580.25	28.69%
EBITDA（万元）	123,519.19	94,107.13	23.81%	115,152.35	88,944.16	22.76%
资产负债率	78.16%	72.09%	6.07%	78.56%	71.64%	6.92%

资料来源：《继峰股份发行可转换公司债券、股份及支付现金购买资产并募集配套资金暨关联交易报告书》(2019-07-03)。

2. TMD 估值已包含在格拉默整体估值中，起到了业绩增厚作用

在要约收购期间，由于要约收购发起日之前格拉默已与 TMD 签署协议，届时格拉默的股价已经反映了收购 TMD 的预期变化，因此继烨（德国）收购格拉默时给予 60 欧元 / 股的对价，已包含 TMD 对应的估值。

在继峰股份收购继烨投资的资产评估中，估值机构在估值过程中虽然未针对 TMD 进行单独估值，但鉴于 TMD 和格拉默同属汽车零部件行业，TMD 可视为格

拉默全球布局及经营战略不可分割的一部分，估值人员根据包括 TMD 业绩在内的 EBITDA 进行估值测算，并扣除了因使用并购贷款所承担的负债因素。资产评估机构在对格拉默进行估值时，根据合并财务报表的相关假设，视同格拉默已在 2017 年 1 月 1 日完成与 TMD 的合并。因此从要约收购开始，全部交易均已反映格拉默收购 TMD 带来的各种影响。从账面上看，收购 TMD 对格拉默的业绩是增厚的。

3. 整合难度更大

TMD 业务为乘用车领域的功能塑料件研发、生产与销售，具体应用范围主要包括乘用车空气及液体管理系统等领域，同时向客户提供功能塑料件及新材料轻量化吹塑件领域的一揽子解决方案，其客户包括菲亚特克莱斯勒、福特、通用、本田、尼桑、大众等，主要市场为美国。对 TMD 100% 股权的收购，可以增强格拉默在北美的市场地位，有利于其与美国本土客户建立联系。通过该等收购行为，格拉默可进一步扩展自身在功能塑料领域的产品组合及工艺技术。

对继峰股份而言，上述目标的实现有赖于成功并购及整合。格拉默成为上市公司的控股子公司，上市公司与目标公司格拉默虽同处于汽车零部件行业，但在经营模式和企业内部运营管理系统等方面存在差异，双方需要在战略规划、资源配置、管理等层面进行融合，可能会为日后整合带来一定难度。在此背景下，格拉默同步收购 TMD，其在经营整合格拉默之外还要面对 TMD 的整合，应该挑战更大，能否顺利实现整合、发挥协同效应具有不确定性。万一整合不好，管理层离职或出现其他不确定因素，会给上市公司带来巨大风险。

根据 2018 年 10 月 12 日披露的宁波继峰汽车零部件股份有限公司《发行股份及支付现金购买资产暨关联交易意向性预案（修订稿）》重大风险提示之"执行委员会成员稳定性风险"所揭示："格拉默首席执行官 Hartmut Müller 先生、首席财务官 Gérard Cordonnier 先生和首席运营官 Manfred Pretscher 先生向格拉默的监事会主席提出，拟行使其劳动合同中约定的控制权变更权利并辞职。同时，根据公开信息，上述 3 名董事会（执行委员会）成员均会在正式离职前继续履职。格拉默存在由于前述人员离职导致的核心人员稳定性风险。"

后 记

本书完稿交付出版社时，心中一块沉甸甸的石头终于落地。

写一本自认为有点价值的书需要勇气，更需要克服重重困难。刚开始的时候，只是希望结合工作时的观察与思考，利用与同事们在分享会上的讨论，就2019年度资本市场并购重组的情况、监管审核动态、重点案例以及并购基金等内容做一个整理分析。到真正动笔写书的时候才发现，资本市场信息量大，变化快，时效性要求高，而要把相关资料以从业者视角加以整理、提炼并分析，既要有市场敏感度，还要自身有足够的积淀。离开校园时间太长，工作耗散了太多精力，要顺利完成本书，难度远超预期，其间好几次想打退堂鼓。倒是2020年突如其来的疫情，根据政府防疫要求及社区管理规定，在居家期间有了更多的时间来重新构建全书体系，梳理平时的思考及积累的资料，静下心来认真完成写书任务。

本书得以完成首先要感谢宝鼎资本研究部负责人尤北阳同志。他在2019年度公司例行分享会上帮我准备的资料是本书的基础。在2020年新冠病毒肆虐期间，他当时身陷武汉重灾区，克服了重重困难帮我补充查阅案例及相关资料，整理、核对本书有关数据。没有他的帮助与所付出的心血，本书不可能完成并如期交稿。此外，陈俊丽、王翊涓、邹爽、周凯等同事与朋友在此期间也给了我很多帮助与支持，在此一并表示感谢。

真诚感谢华夏出版社副社长陈振宇先生对本书的认可，帮我安排了优秀老师审阅本书。特别感谢华夏出版社的张平、裘艳红以及曾华三位老师，张平老师对本书给了系统性指导，提出了很多中肯意见；裘艳红、曾华两位老师经验丰富，工作严谨细致，尤其是她们高标准严要求的把关帮我大幅提升了本书质量。由于自己才学疏浅，本书难免有疏漏、错误之处，一些评析也乃一家之见，不一定准确，本人除了文责自负之外，也望读者朋友们多加指正并不吝赐教。

衷心感谢中国并购公会创始会长王巍老师、淮北矿业董事长孙方先生、重庆富民银行董事长张国祥先生、数知科技董事长张志勇先生，知名经济学家马光远博士、清华五道口校友会秘书长张伟博士，还有我的老领导中国银河证券的前任总裁顾伟国先生。他们在百忙之中抽出时间为本书写了推荐语。我视这些肯定之辞为领导与朋友们对自己的鼓励与期望，鞭策我更加努力前行。

特别感谢信任我和宝鼎资本的投资人。面对错综复杂、挑战重重的市场环境，他们依旧给了尚在初创期的宝鼎资本以充分的信任与支持，让我内心充满感激。一直以来，要给投资人回馈成功的结果和优厚的回报是我坚定的信念，也是宝鼎资本继续砥砺前行、全力以赴的最大动力。

还要感谢我的家人。在北京严控疫情期间，全家人朝夕相处，夫人做好了家庭后勤工作，为我静心写书提供了坚实的保障；孩子们居家学习、分担家务、积极锻炼，闲暇时家人们一起下棋读书，和谐温馨。经历这次疫情，我们更坚信，家永远都是温暖、幸福和给予续航力量的安全港湾。

最后，感谢所有的朋友，感谢这个伟大的时代！路漫漫其修远兮，我会继续努力。

陈金荣

2020.06.15